Waxmann Verlag GmbH
Steinfurter Straße 555, 48159 Münster
info@waxmann.com

David Gerlach

wordly-Rechtschreibtraining

Konzeption und Evaluation eines Interventionsprogramms
für lese-rechtschreib-schwache Englischlerner

Waxmann 2013
Münster / New York / München / Berlin

Bibliografische Informationen der Deutschen Nationalbibliothek

Die Deutsche Nationalbibliothek verzeichnet diese Publikation in der
Deutschen Nationalbibliografie; detaillierte bibliografische Daten sind im
Internet über http://dnb.d-nb.de abrufbar.

Diese Arbeit wurde von der Philipps-Universität Marburg
im Jahre 2013 als Dissertation angenommen.

Internationale Hochschulschriften, Bd. 600

Die Reihe für Habilitationen und sehr
gute und ausgezeichnete Dissertationen

ISSN 0932-4763
ISBN 978-3-8309-2996-3

© Waxmann Verlag GmbH, 2013
Postfach 8603, 48046 Münster

www.waxmann.com
info@waxmann.com

Umschlaggestaltung: Anne Breitenbach, Tübingen
Umschlagabbildung: © lil_22 – Fotolia.com
Gedruckt auf alterungsbeständigem Papier, säurefrei gemäß ISO 9706

Printed in Germany

*„Writing is easy. All you do is stare at a blank sheet of paper
until drops of blood form on your forehead.“*

Gene Fowler, amerikanischer Journalist und Autor

Inhalt

Abbildungsverzeichnis

Tabellenverzeichnis

1 Einleitung

> *„Ich kann eine kurze einfache Postkarte schreiben, z.B. Feriengrüße.*
> *Ich kann auf Formularen, z.B. in Hotels, Namen,*
> *Adresse, Nationalität usw. eintragen."*
>
> (Formulierung des Kompetenzniveaus eines Sprachanfängers im Bereich Schreiben
> nach dem Gemeinsamen Europäischen Referenzrahmen für Sprachen;
> TRIM ET AL. 2001, S. 36)

Nicht erst seit den deutschen „Bildungsschocks" mit PISA, welche die Einführung von Bildungsstandards vorangetrieben haben, gibt es in der europäischen Fremdsprachenforschung die Entwicklung von gemeinsamen Kriterien, die die Leistungen von Schülern[1] verschiedener Sprachen vergleichbar machen sollen. Dies mündete in den *Gemeinsamen Europäischen Referenzrahmen für Sprachen* (GER, TRIM ET AL. 2001), der – in verschiedene übergeordnete Kompetenzbereiche unterteilt wie Sprechen und Verstehen, aber auch Schreiben – es vermag, die fremdsprachliche Performanz eines Schülers einzuordnen und zu diagnostizieren. Die einzelnen Kompetenzniveaus werden als *„can do"*-Formulierungen dargestellt: Ein Schüler der untersten Stufe, auf der man z.B. mündlich einen deutschen Englischlerner der 5. Klasse einstufen würde, kann einfachste, bekannte Sätze produzieren (wie z.B. sich knapp vorstellen). In Bezug auf die Schriftlichkeit wird einem Lerner der untersten Stufe (A1) als Kompetenz attestiert, was eingangs dieser Einleitung zitiert wurde. Auffällig ist, dass diese Kompetenz des Schreibens scheinbar keinerlei Wert legt auf sprachliche Richtigkeit, insbesondere auch nicht explizit auf die Korrektheit von Orthographie.[2] Dabei spielt gerade in diesem Alter der Fünftklässler Orthographie auch in der Muttersprache noch eine besondere Rolle (und wird es in der gesamten Schullaufbahn), haben sie doch gerade erst in der Grundschule ihren Schriftspracherwerb erfahren. Leider haben viele Schüler Schwierigkeiten, in ihrer eigenen Muttersprache lesen und schreiben zu lernen, was sich als Legasthenie oder Lese-Rechtschreib-Schwäche, mindestens aber als Lese-Rechtschreib-Schwierigkeiten[3] äußern kann. Die Kompetenzstufe des GER für Schreiben in einer Fremdsprache auf dem Niveau A1 scheint dann zwar nur auf den Einsatz von Wendungen zu achten,

---

1   Zur besseren Lesbarkeit werden bei geschlechtlich bivalenten Begriffen im Folgenden primär die männlichen Formen verwendet, es sei denn es soll spezifisch auf männliche oder weibliche Personen Bezug genommen werden.

2   An anderer Stelle wird auch die „Beherrschung der Orthographie" (TRIM ET AL. 2001, S. 118) grundlegend in das Kompetenzraster eingefügt, jedoch sind „[diese] Deskriptoren ... nicht empirisch skaliert worden" (TRIM ET AL. 2001, S. 118) und beinhalten lediglich auf der Stufe A1 das korrekte Abschreiben von Wörtern sowie das korrekte, eigenständige Schreiben von personenbezogenen Daten.

3   Zur Abgrenzung und Definition der Begriffe siehe Kapitel 2.2.1.

in Wirklichkeit wird in weiterführenden Schulen aber auch jederzeit die Rechtschreibung bewertet – Schüler mit Rechtschreibschwierigkeiten können daher in ihrer Leistungsbewertung nicht die – in Noten ausgedrückte – fremdsprachliche Performanz erbringen, die sie aufgrund der oben aufgeführten „can do"-Formulierung vermutlich erreichen könnten.

Erschwerend kommt hinzu, dass die Fremdsprache Englisch insbesondere für lese-rechtschreib-schwache Lerner mit einigen Besonderheiten aufwartet: So ist die englische Orthographie weniger transparent und komplizierter zu lernen als die deutsche. Rein rechnerisch sind im Englischen aufgrund der orthographischen Intransparenz ungefähr 1.500 verschiedene Verknüpfungen zwischen einzelnen Lauten und ihren Schreibweisen möglich (GOSWAMI 1995), die häufigsten Kombinationen (Graphem-Phonem-Korrespondenzen) zeigen ein Verhältnis von insgesamt 98 Buchstaben und Buchstabenkombinationen bei 44 Lauten in der englischen Sprache (UHRY 2011), während das Deutsche,

> „although far from having perfect one-to-one correspondences between graphemes and phonemes, is certainly much more on the shallow side of the continuum of orthographic consistency and is therefore a more typical example of an alphabetic writing system than English" (LANDERL 2003, S. 15).

Studien zeigen entsprechend auch allgemein schon für englische Muttersprachler größere Schwierigkeiten beim Erlernen ihrer Schriftsprache als für Lerner, die mit anderen alphabetischen Muttersprachsystemen aufwachsen (CARAVOLAS 2004), obwohl grundlegende Kompetenzen gerade auch für lese-rechtschreib-schwache Lerner über alle Sprachen hinweg gleich gut oder schlecht angelegt zu sein scheinen (SPARKS 1995).

Allerdings gilt Englisch in Deutschland als wichtigste Fremdsprache, über 6,27 Millionen Kinder lernen die Sprache im Laufe ihres Schulunterrichts (KNAPP 2003). Da Englisch damit auch zu einem Teil der Berufsqualifikation wird, müssen auch lese-rechtschreib-schwache Schüler in dieser Sprache – und nicht nur ihrer Muttersprache Deutsch – gefördert werden. In einer Studie stellten ESSER und SCHMIDT zum Beispiel (1994) fest, dass etwa ein Viertel der in der Grundschule als legasthen diagnostizierten Kinder mit 25 Jahren arbeitslos waren. Rechtschreibkompetenz insgesamt wird demzufolge weiterhin als einer der Schlüssel zu beruflichen Chancen gesehen. Lesen und (Recht-)Schreiben sind als integrale Bestandteile von Bildung zu verstehen, während nach PISA aufgrund der Schwerpunktsetzung Rechtschreibung zugunsten von Lesekompetenz oft vernachlässigt wurde, obwohl auch für Lesekompetenz sprachlich grundlegende Fähigkeiten nötig sind, die Einfluss auf eine hohe orthographische Kompetenz nehmen.

Orthographische Kompetenz ist in dieser Arbeit als das Ergebnis der Summe von Fähigkeiten und Fertigkeiten[4] zu sehen, die die Rechtschreibleistung positiv oder nega-

---

4 Zum Diskurs zwischen den Begriffen „Kompetenz" sowie der oft unscharf unterschiedenen „Fähigkeit" und Fertigkeit siehe STORK (2010) und ZYDATIß (2010).

tiv beeinflussen. Im Gegensatz zu anderen Kompetenzen im fremdsprachendidaktischen Diskurs wie z.B. sprachlich-mündliche oder Hörverstehens-Kompetenz ist orthographische Kompetenz bzw. dessen Ergebnis ohne Abstufung oder Referenzrahmen bewertbar, sondern lässt sich transparent in „richtig" oder „falsch" einstufen.[5] Eine Schreibkompetenz allgemein bezieht zwar sicherlich auch die Rechtschreibung als Fähigkeit und Kriterium mit ein, betrachtet aber ebenfalls Aspekte wie ein dem Lernstand angemessener, adressatengerechter Ausdruck, Gebrauch von Grammatik und Wortschatz oder auch die Länge des produzierten Textes. Innerhalb dieses Kontinuums ist die orthographische Kompetenz also ein kleiner Bestandteil, der dafür eindeutig bewertbar und – auch aus diesem Grund – lohnenswert förderbar ist. Schüler, die eine schwächere orthographische Kompetenz besitzen, schreiben nämlich im Allgemeinen weniger Text (MOATS ET AL. 2006), schränken dabei ihre Wortwahl ein und drücken sich somit in nur unzureichendem Maße bei Schriftprodukten aus.

Dabei sind Schüler im Allgemeinen in der Grundschule schon hoch motiviert, Fremdsprachen zu lernen (EDELENBOS ET AL. 2006) und zeigen früh den großen Drang zu schreiben und transferieren dabei deutsche Rechtschreibprinzipien auf das Englische. Die Lehrkräfte müssen hier darauf achten, „eine Fossilierung dieses *invented spelling* zu verhindern und ferner darauf zu achten, dass die Motivation der Kinder nicht zerstört wird" (RYMARCZYK 2010, S. 62). Diese Motivation der englischlernenden Grundschüler mit Problemen in der Schriftsprache dürfte allerdings spätestens mit dem Beginn des intensiven Vokabellernens und -schreibens an der weiterführenden Schule absinken, wenn Kinder erleben, dass auch das englische Schriftsprachsystem auf alphabetischen und oftmals intransparenteren Prinzipien basiert. Zwar wird verstärkt – und auch spielerisch motivierend – bereits zu Beginn des Grundschulenglischs sprachliche Produktion und Interaktion hervorgehoben und im Gegensatz dazu „sollte die Orthografie besonders im Englischunterricht **nicht überbetont werden**" (HASS 2006, S. 107; Hervorhebung im Original). Dennoch räumt HASS (2006) an anderer Stelle ein, dass Schriftsprache, wie bereits oben angedeutet, aufgrund von Leistungsnachweisen ab der weiterführenden Schule immer noch eine hohe Bedeutung hat. Sie wirkt damit offensichtlich in der Schule (auch in den Fremdsprachen) als großer Bestandteil der Leistungsbewertung. Solange hier kein genereller Paradigmenwechsel vorgenommen wird, müssen also auch rechtschreibschwache Englischlerner in ihrer orthographischen Kompetenz spezifisch gefördert werden – zumal diese Lerner in einer anderen Sprache schon zu einem Zeitpunkt grundlegend „kompetent" werden sollen, während sie in ihrer Muttersprache noch nicht einmal den Schriftspracherwerb vollständig abgeschlossen haben.

---

5   Welche Faktoren diese orthographische Kompetenz aufbauen und beeinflussen wird anhand der theoretischen Grundlagen (Kapitel 2) erläutert und für die Untersuchungsziele (Kapitel 3) spezifiziert werden.

1.1 Das Forschungsvorhaben

Es existiert kein Zweifel, dass „zu Fragen von LRS und Mehrsprachigkeit immer noch erheblicher Forschungsbedarf besteht" (VON SUCHODOLETZ 2007, S. 5). Es gilt, Schüler mit entsprechenden Schwierigkeiten im laufenden Unterricht sowie bei besonderen Schwierigkeiten extern anhand von Trainingsprogrammen auch in der Fremdsprache Englisch zu fördern, die ihren Bedürfnissen gerecht werden. Dafür müssen Konzepte und Materialien entworfen werden, die wissenschaftlich fundiert sind und spezifisch auf die Bedürfnisse dieser Schüler eingehen. Bisher existieren nur eher allgemeine Empfehlungen zur Gestaltung von Englischförderung aus dem Erfahrungsbereich von Praktikern bei Anwesenheit lese-rechtschreib-schwacher Schüler (DAST 2003, SELLIN 2008, NIJAKOWSKA 2010, GERLACH 2010, BUDA 2012) sowie diverse theoretische Konstrukte und Ansätze, die diesen Schülern in der Fremdsprache Englisch helfen sollen. Während es mittlerweile zahlreiche Rechtschreibtrainingsprogramme für die Zielsprache Deutsch gibt, die von verschiedensten Verlagen und Autoren veröffentlicht und teilweise auch empirisch evaluiert wurden, gibt es für Englisch als Fremdsprache auf dem deutschen Markt lediglich nicht evaluierte Übungssammlungen (z.B. BUDA 2005, KERSTIN 2009, NIEBERLE 2005), was auch bereits in der Literatur kritisiert wurde (VON SUCHODOLETZ 2007). Eine evaluierte Software namens *Dybuster*, mit der mittlerweile auch englische Wörter multi-sensorisch trainiert werden können, wurde zwar empirisch evaluiert (KAST ET AL. 2007), allerdings bisher nur zu entsprechenden Lernfortschritten mit deutschen Wörtern.

Ziel dieses Forschungsvorhabens soll daher sein, eine Forschungslücke zu schließen: ein Trainingskonzept zu entwickeln und zu evaluieren für deutsche Schüler, die unter Rechtschreibschwierigkeiten leiden, Englisch als Fremdsprache lernen und in der englischen Orthographie demzufolge ebenfalls vor großen Herausforderungen und Problemen stehen dürften. Grundlage dieses Interventionsprogramms sollen evidenzbasierte Fördermaßnahmen aus dem Bereich der Lese- und Rechtschreibförderung sein sowie fremdsprachendidaktische/-methodische Herangehensweisen, die im Fremdsprachenunterricht als förderlich angesehen werden.

1.2 Aufbau der Arbeit

Die vorliegende Arbeit beschäftigt sich zunächst in Kapitel 2 mit den theoretischen Grundlagen, zu denen insbesondere der Schriftspracherwerb sowie seine Störungen als Lese-Rechtschreib-Schwierigkeiten gehören sowie mögliche Ansatzstellen für Interventionsprogramme. Die Grundlagen der Lese-Rechtschreib-Schwierigkeiten werden daraufhin im Kontext des Fremdsprachenlernens betrachtet, um aus dieser Verknüpfung in Kapitel 3 die Untersuchungshypothesen und -ziele herleiten zu können.

In Kapitel 4 wird unter Darlegung der didaktisch-methodischen Grundlagen eines Interventionsprogramms das Konzept des zu evaluierenden Trainingskonzepts vorgestellt. Einbezogen werden sowohl entwicklungspsychologische Aspekte der untersuchten

Zielgruppe und rechtschreibspezifische Besonderheiten, die in einem Trainingskonzept beachtet werden sollten, sowie linguistische Aspekte der Wortschatzauswahl als auch Erwägungen auf inhaltlicher und methodischer Ebene wie z.B. mögliche Übungsformen, Motivationsverstärker.

Die eigentliche Untersuchung sowie das Testdesign wird mitsamt den Ergebnissen in Kapitel 5 vorgestellt. Die Ergebnisse werden dabei in die quantitativen und qualitativen Erhebungen untergliedert: Die quantitativen Ergebnisse stellen die statistischen Auswertungen aufgegliedert nach den in Kapitel 3 postulierten Hypothesen dar, die qualitativen Ergebnisse werden unterteilt in die Daten der Protokollbögen sowie die Interviews der Trainer, die über den gesamten Studienzeitraum mit dem Trainingskonzept gearbeitet haben.

Die Diskussion der Studienergebnisse und die Überprüfung der Untersuchungshypothesen erfolgt in Kapitel 6 mitsamt einer Darstellung der möglichen Einschränkungen der durchgeführten Studie sowie einzelnen Fallbeispielen von Probanden, die als Trainingskinder das Konzept durchlaufen haben.

Kapitel 7 schließt die eigentliche Untersuchung mit einem Fazit des Forschungsvorhabens zusammenfassend ab und gibt einen untersuchungsspezifischen Ausblick und Anregungen für die zukünftige Forschung.

Fazit und Ausblick der Evaluation des außerschulischen Förderkonzepts dienen anschließend in Kapitel 8 zur Diskussion möglicher Implikationen für die Schulentwicklung auf Basis der Forschungsergebnisse.

2 Theoretische Grundlagen

Um über konzeptionelle Lösungsansätze für den Bereich Englisch als Fremdsprache bei Lese- und Rechtschreibschwierigkeiten nachzudenken, wird zunächst nötig sein, theoretische Aspekte zum allgemeinen Erwerb von Schriftsprache darzulegen und dann die differenzierte Problematik und Symptomatik für legasthene/lese-rechtschreib-schwache Kinder sowie evidenzbasierte Interventionsmöglichkeiten zu diskutieren, bevor diese dann genauer auf das Lernen von Englisch als Zweitsprache bezogen werden können. Dieser Aufteilung folgend wird zum Ende der theoretischen Grundlagen bereits eine Verknüpfung der Fundamente zum Schrift- und Zweitspracherwerb sowie zu Legasthenie/Lese-Rechtschreib-Schwäche und deren Fördermöglichkeiten möglich sein, bevor diese im nächsten Kapitel zur Formulierung zielführender Untersuchungshypothesen des Forschungsvorhabens dienen können.

2.1 Schriftspracherwerb

Die Fähigkeit, Schrift lesen und schreiben zu können, gilt als eine der Schlüsselkompetenzen in unserer modernen Gesellschaft und wird in dem Zusammenhang als Literalität bezeichnet (BERTSCHI-KAUFMANN/ROSEBROCK 2009). Schrift ist dabei die durch Symbole, d.h. Buchstaben, repräsentierte gesprochene Sprache. Schriftspracherwerb beginnt dabei jedoch nicht erst in der ersten Klasse mit dem Erlernen des Alphabets, sondern bereits in abstrakterer Form früher durch das Lernen, Erkennen bzw. Interpretieren von Symbolen und Logos oder dem Erwerb gewisser Kompetenzen und Voraussetzungen, die ein Gelingen des Schriftspracherwerbs bedingen (s. 2.1.1). Sind diese erfüllt, verläuft der Schriftspracherwerb entwicklungs- und prozessorientiert, was sich in mittlerweile verschieden postulierten Modellen niedergeschlagen hat (s. 2.1.2).

Schriftspracherwerb wird in verschiedenen Disziplinen beginnend in der Linguistik und Sprachlehrforschung, Neurobiologie über die Psychologie und Medizin erforscht mit teils stark divergierenden Ansätzen, Theorien, Modellen und offenen Fragen.[6] Die vorgestellten Ansätze gilt es dabei kritisch zu betrachten und werden – soweit anhand von Publikationen möglich – von verschiedenen Seiten betrachtet.

---

6 FRANZKOWIAK (2008) sieht als Gründe hierfür insbesondere eine unzureichende „Interdisziplinarität" (S. 13), „nicht zufriedenstellende Konsequenzen aus intensiven Forschungsbemühungen" (S. 13) trotz einer Vielzahl an Veröffentlichungen im Fachgebiet sowie die „Vielschichtigkeit des Forschungsobjekts" (S. 14). Diesen Mangel an Interdisziplinarität und die Forderung nach einer Diskussion zwischen den wissenschaftlichen Zweigen zeigten auch SCHEERER-NEUMANN (1998) und THOMÉ (2004) im Zusammenhang mit Lese-Rechtschreib-Schwierigkeiten bereits auf.

2.1.1 Voraussetzungen zum Erwerb von Schriftsprache

Ein erfolgreicher Schriftspracherwerb hängt von verschiedenen Faktoren ab. In der Literatur wurden diese bereits grob unter den Schlagwörtern Motivation, Kompetenzen in Sprachverstehen und -produktion, Symbolverständnis und organische Voraussetzungen klassifiziert und in verschiedener Weise zu kategorisieren versucht (z.B. von MEIERS 1998, SCHENK 1999). Nachfolgend soll primär die Kategorisierung von GÜNTHER/GÜNTHER (2007) zugrunde gelegt werden, da sie umfassend auch in ihrer Systematik auf die später zu diskutierenden Problematiken beim Schriftspracherwerb von lese-rechtschreib-schwachen Menschen bezogen werden kann. GÜNTHER/GÜNTHER (2007) unterteilen ihre Voraussetzungen für das Lesen und Schreiben in organisch-periphere, sensorisch-zentrale und emotional-soziale Voraussetzungen und Leistungen.[7] Zu den organisch-peripheren Bedingungen zählen die Fähigkeiten Hören und Sehen sowie Sprechen und Schreiben. Auf der organischen Ebene müssen diese Fähigkeiten angelegt bzw. z.B. durch Muskulatur oder andere neurobiologische Prozesse steuerbar sein, um Sprache zu hören, zu lesen und zu schreiben. Einige Beeinträchtigungen auf auditiver und visueller Ebene können zwar mit Hilfen wie Hörgeräten oder Brillen oft ausgeglichen werden, allerdings zeigen schwerwiegendere Indikationen bereits im Kleinkindalter – insbesondere bei einer Beeinträchtigung der Graphomotorik, also der muskulären Koordination der Hand- und Armmuskulatur beim Schreiben – oftmals negative Auswirkungen auf einen späteren Schriftspracherwerb.

In Bezug auf Wahrnehmung und Sensorik spielen alle Sinneswahrnehmungen in Bezug auf deren neuronale Verarbeitung im Gedächtnis eine Rolle. Hierbei sind als besonders wichtig die visuelle und auditive Wahrnehmung zu nennen, deren codierte Reize (z.B. auditive Reize wie Phoneme[8], die kleinsten sprachlich-lautlichen Einheiten, oder visuelle Reize wie Grapheme[9], die kleinsten Einheiten schriftsprachlicher Umset-

---

7   GÜNTHER/GÜNTHER (2007, S. 179) nennen diese Unterteilung in drei Kategorien, zeigen im dazugehörigen Schaubild aber als „Voraussetzungen zum Lesen und Schreiben" vier Bereiche („Organische Voraussetzungen", „Wahrnehmungsleistungen", „Sprachliche Fähigkeiten", „Psychosoziale Bedingungen"). Der ersteren Kategorisierung folgend werden entsprechend auch in der Darstellung hier Wahrnehmung und sprachliche Leistungen im Zusammenhang mit sensorisch-zentralen und organisch-peripheren Leistungen behandelt.

8   Phoneme gelten gemeinhin – im Vergleich zum Begriff „Laut" (Phon) – zu den bedeutungsunterscheidenden Einheiten einer Sprache. Dies wird auch in dieser Arbeit entsprechend umgesetzt, wenn auf eine bestimmte Sprache (z.B. entweder nur Deutsch oder nur Englisch) eingegangen werden soll. Die Bezeichnung „lautgetreu" bezieht sich dahingehend meist nur auf allgemein erwartete Korrespondenzen zwischen Phonemen und Graphemen in der Zielsprache. Phoneme werden – wie in linguistischen Disziplinen üblich – in dieser Arbeit in schrägen Klammern (z.B. /ʒ/) angezeigt.

9   Auch hier muss eine Unterscheidung angemerkt werden zwischen Graphemen und Buchstaben: Während es z.B. im Deutschen 30 Buchstaben (Umlaute und „ß" einbezogen) und im Englischen 26 gibt, sind Grapheme die visuelle bzw. symbolische Repräsentation sprachlich-lautlicher Einheiten, können daher auch z.B. ein Phonem dadurch repräsentieren, dass sie aus mehreren Buchstaben bestehen. Grapheme werden in dieser Arbeit in spitzen Klammern angezeigt (z.B. <a>), einzelne Buchstaben in der Regel in regulären An-

zung) im Gehirn korrekt interpretiert und auch in die „Gegenrichtung" sprachlich über die an der Sprachproduktion beteiligten Organe produziert werden müssen.[10] Phonologische Bewusstheit, also die metakognitive Fähigkeit Sprache in ihre einzelnen Bestandteile wie Phoneme oder Silben zu zerlegen, sowie diese sprachlichen Informationen in Prozessen in einem Arbeitsgedächtnis zu steuern, gelten als wesentliche Voraussetzungen für einen erfolgreichen Schriftspracherwerb[11]. Auch die Konzentrations- bzw. Aufmerksamkeitsfähigkeit sowie die Kenntnis über (meta-)kognitive Arbeits- und Lernstrategien sind wesentliche Faktoren.[12]

Zudem sind emotional-soziale Faktoren für den Spracherwerb Grundvoraussetzungen. Dazu gehören sowohl die Motivation eines Individuums sich mit Schriftsprache auseinanderzusetzen[13] als auch eine gewisse Leistungsorientierung, die eine solche Motivation bedingen kann. Auch äußere Einflüsse (Umweltfaktoren) spielen dahingehend eine Rolle, als dass „die Wechselwirkungen der persönlichen Beziehungen, der wirtschaftlichen Verhältnisse, der Normen und Werte, der gesprochenen Sprache, des Umgangs mit Büchern, der Erziehungskultur zwischen Kind und Elternhaus" (GÜNTHER/GÜNTHER 2007, S. 192) einen Schriftspracherwerb begünstigen oder negativ beeinflussen können (ROOS/SCHÖLER 2009).

MARX (2007) hat vorschulische Faktoren des Schriftspracherwerbs unterteilt in jene, die sich unmittelbar am Lesen und Schreiben erkennen lassen (spezifische Faktoren), sowie solche, die unspezifisch auf das nähere oder weitere Umfeld eines Schülers Einfluss nehmen, und diese tabellarisch dargestellt aufgegliedert nach internalen, d.h. auf das Kind bezogene, sowie externalen Faktoren, die das Kind nicht beeinflussen kann.

---

führungszeichen und ggf. mit positionsanzeigenden Bindestrichen („a", „-s" am Ende eines Wortes).

10   Die Darstellung bleibt hier bewusst allgemein – speziell auditive und visuelle Wahrnehmung sollen im Rahmen spezifischer Schwierigkeiten lese-rechtschreib-schwacher Menschen noch ausführlich in Kapitel 2.2 dargestellt werden.

11   Siehe 2.2.3.2 für die ausführliche Diskussion.

12   GÜNTHER/GÜNTHER (2007, S. 191f.) verorten Konzentration und Arbeitsstrategien unter „psychosozialen Voraussetzungen", während sie hier in dieser Aufstellung als grundlegende Kompetenz besser in den Zusammenhang der Wahrnehmungsleistungen passt.

13   Motivation spielt grundsätzlich auch beim Erwerb einer Fremdsprache eine wichtige Rolle, wie in 2.3.2.2 gezeigt werden soll.

Tab. 1: Vorläuferfähigkeiten und Einflussfaktoren hinsichtlich des Schriftspracherwerbs

	eher spezifisch	**eher unspezifisch**
Internale Faktoren	Phonologische Bewusstheit Phonologisches Arbeitsgedächtnis Zugriff auf das Langzeitgedächtnis Visuelle Informationsverarbeitung Sprachentwicklung (Grammatik, Wortschatz, Hörverständnis) Graphomotorik Wissen über Schrift	Konzentrationsfähigkeit Intelligenz Lernfreude Leistungsmotivation Selbstkonzept
externale Faktoren	Leseumwelt (Wertschätzung des Lesens in der Familie, Ausstattung mit Büchern, Kinderliteratur, Vorlesen etc.) Leseinstruktionen (Förderung im Kindergarten, Vermittlung ersten Wissens über Schrift u.a.)	Bildungserwartungen der Eltern Allgemeiner Anregungsgehalt der Umwelt Materielle Ressourcen in der Familie Bildungspolitik u.a.

(Tabelle ergänzt[14] nach MARX 2007, S. 39)

Viele dieser Faktoren sind natürlicherweise interdependent: So kann ein erfolgreicher Schriftspracherwerb oder Wortschatz nur mit einer gewissen Grundmotivation aufgebaut werden bzw. muss ein Schriftsprachanfänger sich konzentrieren, um erfolgreich Lesen und Schreiben lernen zu können. Und dass erfolgreiche Schulleistungen in Deutschland gemessen am weltweiten Durchschnitt am meisten vom sozialen Hintergrund der Schüler abhängen – oben einer der eher unspezifischen, externalen Faktoren –, hatten bereits die PISA-Studien zeigen können (KLIEME ET AL. 2010), und diese Faktoren schlagen sich auch beim grundlegenden Schriftspracherwerb als eher förderlich oder eher hinderlich nieder. Insbesondere die internalen Faktoren, aber auch Risikofaktoren und gemeinsam mit Lese-Rechtschreib-Schwierigkeiten auftretenden Begleiterscheinungen und maßgebliche Kernkompetenzen[15] werden daher im späteren Verlauf der theoretischer Grundlagen ebenfalls noch einen bedeutenden inhaltlichen Bereich darstellen, nachdem im Folgenden Modellvorstellungen von regulär ablaufendem Schriftspracherwerb diskutiert wurden.

---

14   In der ursprünglichen Tabelle von MARX (2007) nicht aufgeführt ist die Graphomotorik, welche bereits oben als ebenfalls wichtige Fähigkeit aufgeführt wurde.

15   Diese sind insbesondere phonologische Bewusstheit, Gedächtnisleistungen (Arbeitsgedächtnis) sowie Motivation und Aufmerksamkeit neben weiteren Unterbereichen (s. 2.2.3).

2.1.2 Modelle der Lese- und Schreibentwicklung

Der Erwerb von Schriftsprache wurde bereits durch verschiedene Modelle versucht zu erklären, die jeweils je nach Sprache oder neueren, wissenschaftlichen Erkenntnissen gewissen Einschränkungen nicht entbehren können. Es sollen daher die wichtigsten Schriftspracherwerbsmodelle vorgestellt werden, die hier auch als Modelle der Lese- und Rechtschreibentwicklung bezeichnet werden, da sie oftmals interdependent auf Lese- und Schreibprozessen aufbauen. Damit sollte auch bei einem besonderen Augenmerk auf Schriftsprache in dieser Arbeit das Lesen als komplementäre Fähigkeit nicht außer Acht gelassen werden.

2.1.2.1   Zwei-Wege-Modelle des Lesens und Schreibens

Zwei-Wege-Modelle stellen die ursprünglichsten Modellvorstellungen des Lesens und Schreibens dar und gehen hauptsächlich auf die Arbeiten von MORTON (1969/1980, Logogen-Modell) und COLTHEART (1978, *dual route model*) zurück, deren Modelle auch im wissenschaftlichen Diskurs vielfach überarbeitet, kritisiert, ergänzt oder modifiziert wurden, weswegen zum grundlegenden Verständnis hier das generelle Konzept eines Zwei-Wege-Modells vorgestellt werden soll. Coltheart ging aufbauend auf Morton von einem direkten und indirekten Weg[16] aus, wie Lesen funktioniert: Beim direkten Weg wird ein Wort beim Lesen unmittelbar erkannt und gegen die bestehenden Einträge im orthographischen Input-Lexikon abgeglichen, in dem semantische wie phonetische Informationen gespeichert sind und über das phonetische Output-Lexikon produziert werden können. Beim Beschreiten der langsameren, indirekten „Route" findet als Zwischenschritt eine Analyse von Phonem-Graphem-Korrespondenzen statt, z.B. wenn ein unbekanntes Wort oder ein Pseudowort[17] gelesen werden soll, das im Lexikon noch nicht vorhanden ist. Vielfache Wiederholungen dieses Prozesses führen laut der Modellannahme langfristig allerdings auch zu einer Automatisierung und dauerhaften Spei-

---

16   MORTON spricht von einer „lexikalisch-ganzheitlichen Route" und einer „sublexikal-einzelheitlichen Route" (COSTARD 2007), welche prinzipiell dem direkten und indirekten Weg von COLTHEART entsprechen.

17   Pseudowörter sind für den Sprecher aus phonetisch reproduzierbaren Silben zusammengesetzte „Wörter" ohne Bedeutung. Ein Beispiel für ein Pseudowort wäre „pelve", das als Abwandlung des Zahlworts *twelve* bis auf den Anfangslaut gleich gesprochen wird und damit einer Aussprachekonvention folgt (weitere Beispiele für Pseudowörter im Testmaterial des Anhangs C). Sie werden oft in der Spracherwerbsdiagnostik und der Forschung von Legasthenie und Lese-Rechtschreib-Schwierigkeiten eingesetzt. Die Tatsache, dass Pseudowörter meist langsamer gelesen werden als normale, galt als Evidenz für das von COLTHEART vorgeschlagene Modell. Dennoch gibt es Studien, die das Lesen von Pseudowörtern über eine indirekte Route in Frage stellen z.B. aufgrund des Grads der Ähnlichkeit eines Pseudowortes mit real existierenden Wörtern, mit denen diese zunehmend oder gar möglicherweise auch ausschließlich direkt verarbeitet werden (z.B. BARON/THURSTEN 1973, CARR ET AL. 1978).

cherung im orthographischen Lexikon und erlauben damit ebenfalls einen schnelleren Abruf dieser Einträge. Im Modell von MORTON (1980) findet die indirekte Analyse in einem als „kognitives System" bezeichneten Abschnitt statt, in dem sowohl phonologische wie graphemische Informationen verarbeitet werden und welches als abgleichenden und spiegelnden Informationsspeicher einen Teil des Langzeitgedächtnisses darstellt. Dieses kognitive System haben ELLIS und YOUNG (1988) stärker differenziert in vier Lexika sowie ein zentrales semantisches System, wie in der Abbildung unten zu sehen ist. Es zeigt gleichzeitig die möglichen Wege für das Lesen sowie für das Schreiben.

Abb. 1: Kognitiv-neuropsychologisches Zwei-Wege-Modell des Lesens und Schreibens nach ELLIS/YOUNG (1988)

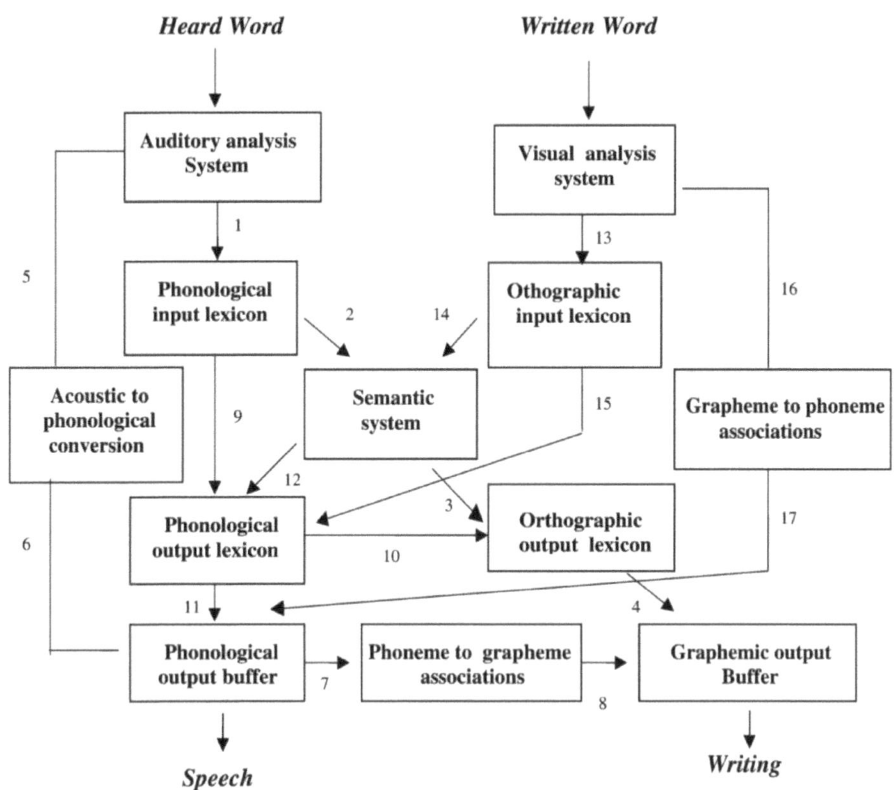

(Abbildung aus BRUNSDON ET AL. 2005, S. 215)

Die direkte Route beim Schreiben z.B. eines Diktates wäre demnach die auditive Analyse und der Abgleich mit dem phonologischen Input-Lexikon, welche die Graphemfolge aus dem semantischen System und dem orthographischen Output-Lexikon abruft, sodass dieses im graphemischen Output-Puffer für den Schreibprozess zwischengespeichert werden kann (Schritte 1–4). Beim längeren, indirekten Weg würde zunächst das Gehörte in phonologische Information konvertiert und im phonologischen Output-Puffer zwischengespeichert werden, sodass der Hörende z.B. das Wort oder einzelne Elemente nacheinander mündlich leise repetiert (Schritte 5–6). Anschließend würden nacheinander die Phoneme in Grapheme umgesetzt, bevor sie im graphemischen Output-Puffer bereitgestellt werden können (Schritte 7–8).

Wie aus der Abbildung oben hervorgeht, gehen ELLIS und YOUNG (1988) für das laute Lesen sogar von drei möglichen Wegen aus: einem direkten, lexikalischen (13, 14, 12, 11), einem indirekten Weg mit der Analyse der Graphem-Phonem-Korrespondenzen (16, 17)[18] und einem direkten Weg des Lesens von unregelmäßigen Wörtern, bei dem aber nicht zwingend auf die semantischen Informationen (Wortbedeutung) zurückgegriffen werden muss (13, 15, 11).

2.1.2.2   Rechtschreibmodell nach SIMON/SIMON (1973)

Der Frage nachgehend, inwiefern phonologische Repräsentationen bei der Umsetzung von verschrifteten Wörtern zum Tragen kommen, entwickelten Simon und Simon ein Rechtschreibmodell, das trotz seines Alters ebenfalls in verschiedenen Publikationen wiederholt aufgegriffen und zitiert wird (z.B. SCHNEIDER 1980, KLICPERA/GASTEIGER-KLICPERA 1995, MARX 2007).

Das Modell enthält im Kontrast zum Modell von ELLIS und YOUNG (1988, s.o.) ein integriertes Feedbackverfahren, das auf Basis der gespeicherten auditiven und visuellen Informationen während des Rechtschreibens durch Identifikation und Abgleich mit den bekannten Wortformen einen Schreibversuch unternimmt. Hervorzuheben sei hier insbesondere, dass es um die korrekte Repräsentation eines Wortes geht, wohingegen in den Zwei-Wege-Modellen oftmals lediglich der Schreibprozess als Endprodukt angesehen wird. Das Modell von Simon/Simon trifft aufgrund seiner tieferliegenden Komplexität von Arbeitsprozessen und Gedächtnisleistungen und der Tatsache, dass der Speicher mit Phonem-Graphem-Assoziationen und visuellen Informationen zunächst einmal gefüllt werden muss, vermutlich eher für fortgeschrittene Schriftsprachlerner am Ende der Grundschule zu (MARX 2007).

---

18   Diese indirekte Route entspricht dem Prozess des phonologischen Rekodierens, einer Kernkompetenz des Lesens und Schreibens, welcher im Detail in Bezug auf Lese-Rechtschreib-Schwierigkeiten unter 2.2.3.3 ausführlich besprochen wird.

Abb. 2: Rechtschreibmodell nach SIMON/SIMON (1973)

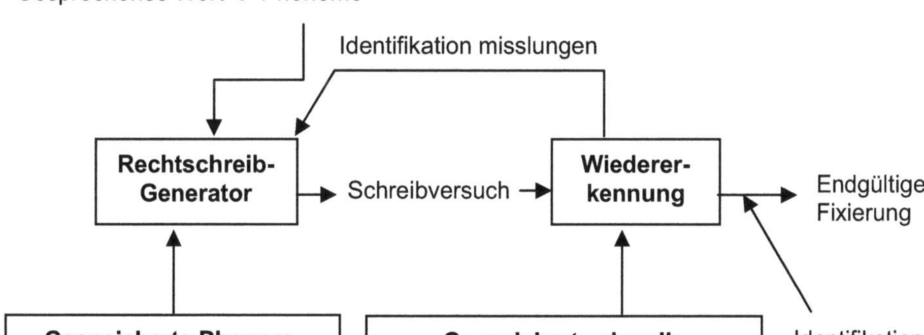

(adaptiert nach SCHNEIDER 1980, S. 72 in MARX 2007 und nach Originalfassung von SIMON/SIMON 1973)

2.1.2.3 Drei-Stufen-Modell nach FRITH (1985, 1986)

FRITH (1985, 1986) unterteilte den Schriftspracherwerb in drei aufeinanderfolgende Stufen: die logographische, alphabetische und orthographische Stufe. Bei der Schriftsprachentwicklung steht damit das Erkennen allgemeiner Symbolen an erster Stelle (**logographische Stufe**[19]), bevor diese als einzelne Buchstaben identifiziert und benannt werden können (**alphabetische Stufe**). Hier fällt zu Beginn des Leseunterrichts oftmals ein bewusst lautierendes, phonologisches Rekodieren[20] auf, das den Leseprozess unterstützt. In der alphabetischen Stufe sind Kinder auch in der Lage, grundlegende Phonem-Graphem/Graphem-Phonem-Zuordnungen vornehmen zu können, wenn ihnen Buchstaben nicht visuell, sondern auditiv präsentiert werden. Ab der **orthographischen Stufe** erkennen und verinnerlichen Kinder Regelmäßigkeiten der Sprache wie die Funktionen bestimmter Morpheme oder Rechtschreibregeln, sodass ein phonologisches Rekodieren hier oftmals entfällt bzw. dessen Prozesse automatisiert ablaufen. Demnach sammelt der Schreiber hier zunehmend Lernwörter, die direkt abrufbar sind, was auch der höchsten Stufe des an Frith angelehnten Entwicklungsmodells von SCHEERER-NEUMANN (1987) entspricht.

---

19   Zum Zwecke der Übersichtlichkeit werden einzelne Schriftspracherwerbsstufen/-strategien in diesem (Unter-)Kapitel in Fettdruck dargestellt.

20   Vergleichbar mit der indirekten Route von COLTHEART (1978, s.o.). Siehe auch Kapitel 2.2.3.3.

2.1.2.4   Phasenmodell nach GÜNTHER (1986)

GÜNTHER (1986) entwickelte und ergänzte anhand FRITHs Stufen ein aus fünf Phasen bestehendes Modell des Schriftspracherwerbs, in welchem strategisch zwischen Lesen und Schreiben gewechselt wird, um die jeweils nächsthöhere Stufe zu erreichen. Aus diesem Grund werden die einzelnen Phasen von GÜNTHER auch „Strategien" genannt:

0. In Phase 0, der **präliteral-symbolischen Strategie**, kann ein Kind vor der Phase des beginnenden Schreibens Gegenstände seines Alltags in leicht abstrahierter Form z.B. durch Symbole auf Karten oder in Bilderbüchern wiedererkennen und benennen sowie selbst malerisch kritzelnd reproduzieren. In dieser Phase entwickelt das Kind entsprechend das Wissen über eine Existenz abstrakter Beziehungen zwischen einer bildlichen/symbolischen Darstellung von bedeutungstragenden sprachlichen Einheiten (Lexemen).

1. Phase 1 beschreibt die **logographemische Strategie**, bei der der Schriftspracherwerb über das Lesen vollzogen wird und das Kind bereits bekannte Wörter an Teilelementen (z.B. deren Länge oder einzelne Morpheme und Graphemfolgen) erkennen kann. Charakteristisch für diese Phase ist damit der beginnende Aufbau eines visuell orientierten Sichtwortschatzes, der auf auswendig gelernten, aber unsystematischen lexikalischen Einheiten besteht (EHRI 1992). Die Kinder können in dieser Phase zwar Buchstaben schreiben, erkennen aber noch keine Korrespondenzen zwischen Graphemen und Phonemen. Bei Schreibversuchen ist oft zu beobachten, dass der erste Buchstabe oftmals korrekt ist, während der Rest des Wortes nur selten alle Buchstaben und diese noch dazu in korrekter Reihenfolge enthält.[21]

2. Erste grundlegende Graphem-Phonem-Korrespondenzen treten nach GÜNTHERs Modell erstmals in dieser Phase 2 auf, in der Kinder eine **alphabetische Strategie** anwenden. Diese Phase entspricht der alphabetischen Stufe von FRITH und bezieht insbesondere entsprechend das zunehmende Wissen um Phonem-Graphem-Korrespondenzen sowie lautgetreues Rezipieren und Produzieren von Worten und kurzen Texten ein.

3. Erreicht ein Kind die **orthographische Strategie**, die den Fähigkeiten der orthographischen Stufe von FRITH entspricht (Regelwissen, Funktionen von Morphemen), ist Schriftspracherwerb nach Günther abgeschlossen. Ein Kind kann damit in zunehmender Weise regelhaft und automatisiert Wörter schreiben und lesen.[22]

---

21   Das Vorkommen eine logographemischen Strategie wird z.B. von WIMMER und HUMMER (1990) zumindest für deutschsprachige Schüler angezweifelt (s. 2.1.3 für Erläuterungen).

22   Diese Strategie entspricht damit weitgehend der direkten Leseroute nach COLTHEART (1978, s. 2.1.2.1), da diese ebenfalls einen automatisierten und schnelle Abruf der Informationen begünstigt.

4. Die **integrativ-automatisierte Phase** entspricht per se keiner Strategie. Sie stellt vielmehr die Vorgänge bis zum Ende eines abgeschlossenen Schriftspracherwerbs dar, bei dem ein Mensch Lesen und Schreiben kann, dies also über einen längeren Zeitraum verinnerlicht und automatisiert hat.

2.1.2.5   Stufenmodelle nach EHRI (1986, 2005)

EHRI (1986) entwickelte jeweils ein Stufenmodell für das Lesen und eines für das Rechtschreiben, welche sich gegenseitig beeinflussen, wobei beide Ähnlichkeiten zu FRITH (1985, 1986) aufweisen. EHRI betont in ihrem Modell eine Ausdifferenzierung der alphabetischen Phase, welche stärker untergliedert ist als in den Modellen von FRITH und GÜNTHER.[23] Der Leseerwerb bezieht sich konkret auf den Aufbau des Sichtwortschatzes (*sight word reading*), also schnell abrufbaren lexikalischen Einheiten, welche mit einer **prä-alphabetischen Phase** beginnen, während der bestimmte Symbole (Logos, aber auch bereits vereinzelte Buchstaben) als Anhaltspunkte für Begriffe dienen und so „gelesen" werden können (*visual cue reading*).[24] Erst in der **partiell-alphabetischen Phase** kennt ein Kind einzelne Buchstaben sowie deren Laute, z.B. den ersten und letzten Buchstaben eines Wortes, und stellt erste Graphem-Phonem-Beziehungen her, die aber noch zu Verwechslungen führen können (*phonetic cue reading*). Die voll entwickelte **alphabetische Phase** wird dann erreicht, wenn ein Kind alle Graphem-Phonem-Korrespondenzen kennt, unbekannte Wörter lesen und diese in sprachliche Teile (Morpheme) segmentieren kann. In der letzten, **konsolidiert-alphabetischen Phase** besteht ein umfassender Wortschatz an Sichtwörtern, der ständig erweitert wird, wodurch das Lesen hier weitgehend routiniert ablaufen kann.

Für den Rechtschreiberwerb postuliert EHRI drei Stufen: Zunächst können nur sehr einfache Wörter auf Basis von einfachen Graphem-Phonem-Zuordnungen auf der **semi-phonetischen Stufe** produziert werden. Rechtschreibfehler wie das Auslassen von Buchstaben (Vokale, einzelne Konsonanten in Konsonantenclustern) sind für diese Phase charakteristisch. Es folgt die **phonetische Stufe**, auf der Laut-Buchstaben-Zuordnungen korrekter produziert werden können. Dies wird durch die **morphematische Stufe** weiter insofern verbessert, dass auch einzelne Morpheme als Hinweis für verschiedene Schreibweisen herangezogen und abgespeicherte Sichtwörter wie auch

---

23   Damit stimmt EHRI überein mit anderen, hier nicht diskutierten Modellen, welche die alphabetische Phase ebenfalls stärker untergliedern. So ist eine stärkere Untergliederung zu finden bei SCHEERER-NEUMANN (1987) bezogen auf den Grad der vom Kind zu identifizierenden Graphem-Phonem-Beziehungen und bei KIRSCHHOCK (2004) mit einer dreigliedrigen Unterteilung nach Orientierung gemäß Lauttreue und Erfolg beim vollständigen Synthetisieren von Wörtern.

24   Dies entspricht damit der logographemischen Strategie von GÜNTHER (1986) und kann daher auch aufgrund seiner Betonung visueller Information für deutsche Schriftspracherwerber möglicherweise kritisch gesehen werden (s. 2.1.3 für Erläuterungen).

Wortbestandteile aus dem Gedächtnis zum Rechtschreibprozess aktiv reflektierend herangezogen werden können.

2.1.2.6   Interaktives Lese-Modell nach GOSWAMI (1993)

In ihrem Modell, das sich speziell auf das Lesen bezieht, sieht GOSWAMI (1993) keinen starren, sequentiellen Aufbau einzelner Phasen, wie von anderen Autoren beschrieben, sondern einen sich interaktiv ergebenden Prozess der Analogie-Bildung auf Basis von sprachlichen Einheiten (Onsets und Silbenreimen). Die Fähigkeit der Reimbildung gilt für die Autorin als Voraussetzung für Leseerwerb. Erste Korrespondenzen würden im kindlichen Gehirn nicht zwischen Graphemen und Phonemen, sondern zwischen größeren, sprachlichen Einheiten wie Onsets und Silbenreimen oder kleineren Buchstabengruppen gebildet, da Kinder bereits über phonologische Segmentierungsstrategien verfügen und daher ein Wort wie „seat" in sein Onset „s" und seinen Silbenreim „eat" gliedern können. Die Fähigkeit, Graphem-Phonem-Korrespondenzen zu nutzen, sei demnach eine Folge der Fähigkeit einer Untergliederung in Onset und Reim und nicht, wie von anderen Autoren angenommen, eine Grundvoraussetzung. Hieraus ergibt sich im Kontrast zu anderen Modellen „ein dynamisches Wechselspiel aus phonologischen und orthographischen Kenntnissen ... statt eines starren Durchlaufens verschiedener Phasen" (BERGER 2010, S. 31), welches durch diese Wechselwirkung auch eine besondere Bedeutung für den Rechtschreiberwerb haben dürfte. GOSWAMIs Modell beinhaltet allerdings – wie auch andere Modelle bzw. einzelne Phasen anderer Modelle – für den deutschsprachigen Raum möglicherweise Einschränkungen. So untersuchten WIMMER ET AL. (1994) GOSWAMIs Ansatz im deutschsprachigen Raum und mussten zu dem Schluss kommen, dass die Fähigkeit, Reime zu unterscheiden, bei Kindern im beginnenden Schriftspracherwerb kaum Einfluss auf ihre Lesekompetenz hatte, da diese sich zunächst auf Graphem-Phonem-Korrespondenzen (alphabetische Stufe) verließen. Die Erkenntnisse von GOSWAMI treffen aber allgemein für gute Leser im zunehmendem Alter doch zu, letztere Gruppe kann also durchaus interaktiv auf Analogien zwischen phonologischen und orthographischen Repräsentationen zurückgreifen.

2.1.3   Zusammenfassende Bemerkungen zu Schriftspracherwerb

MAY hat im Rahmen der Konzeption der „Hamburger Schreib-Probe" (HSP), einem Diagnosetest für Rechtschreibfähigkeit, fünf Strategien, nach denen Kinder rechtschreiben, mitsamt ihren Indikatoren allgemein zusammengefasst (MAY/MALITZKY 1998, MAY 2000):

Abb. 3: Entwicklung des Rechtschreibkönnens

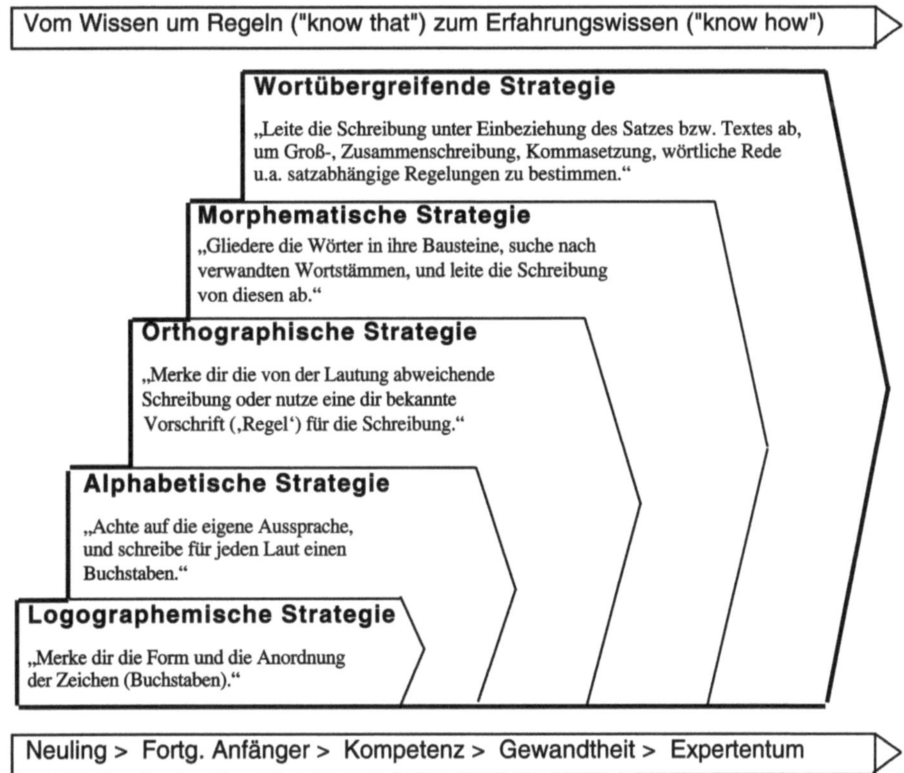

(Abbildung aus MAY/MALITZKY 1998, S. 8)

Die gewählte Modelldarstellung von MAY zeigt sowohl die Verbundenheit und Überschneidung einzelner Strategien vom unerfahrenen Schreiber bis hin zum „Experten" als auch anhand der vorhandenen Indikatoren eine Möglichkeit für Lehrkräfte zu diagnostizieren, welche Strategie ein Kind zum Schreiben konkret einsetzt. Darüber hinaus gibt sie Empfehlungen für den Einsatz von Morphemwissen („morphematische Strategie") sowie zur Berücksichtigung der Umwelt (z.B. Sinnzusammenhang des Satzes/Textes) des zu schreibenden Wortes. Die Darstellung zeigt allerdings auch, dass die Phasen in gewisser Weise aufeinander aufbauen und nicht übersprungen werden, können daher aber kompetenzorientiert von Lehrkräften genutzt werden, um Schritte einzuleiten, die dem Kind zum Sprung auf die nächste Stufe helfen. Das Modell kann folglich als stark vereinfachte, didaktisierte Zusammenfassung der oben besprochenen Modelle angesehen werden.

Bei der Diskussion von Schriftsprachmodellen ist generell kritisch zu beachten, dass die vorgeschlagenen Ebenen oder Wege zum Schreiben und Lesen Modellvorstellungen sind und damit bildliche Vorstellungen der Wirklichkeit bleiben, mit denen versucht wird, beobachtbare Zusammenhänge zu erklären. Die oben vorgestellten Stufenmodelle, besonders von FRITH, GÜNTHER und EHRI, sind daher auch aus dem Grund kritisch zu sehen, als dass sie in ihrer Konzeption vermuten lassen, dass in der Schriftsprachentwicklung zunächst eine Stufe abgeschlossen sein muss, damit die nächste beginnen kann. Beobachtungen zeigen aber, dass sich die Phasen durchaus überschneiden oder gar gegenseitig bedingen können, wenn z.B. Kinder in der Grundschule einzelne oder ähnliche Wörter noch auf verschiedene Weisen schreiben, was im Vergleich auch als reflexive Optimierung im Schriftsprachentwicklungsprozess und dessen Instruktion zu verstehen sein kann. Auch zeigte eine Untersuchung von SCHEERER-NEUMANN ET AL. (1986), dass einzelne Kompetenzen der Stufen-Schriftsprachmodelle insbesondere im frühen Grundschulalter interindividuell teils um viele Monate abweichen. GOSWAMIs Modell in Richtung einer Abkehr starrer Stufen war daher ein wichtiger Schritt für das grundlegende Verständnis des Aufbaus einer schriftsprachlichen Kompetenz, wenn auch die von ihr getroffene Beobachtung nur mit Abstrichen auf deutsche Verhältnisse übertragen werden kann.

Die Übertragung in andere Sprachen ist damit auch ein weiterer Knackpunkt der Modelle je nach Sprache, in der sie entwickelt wurde (meist Englisch). So wird auch bezweifelt, dass sich die von GÜNTHER postulierte logographemische Strategie sowie der Sichtwortschatzaufbau und damit verknüpft die partiell-alphabetische Phase nach EHRI (1986, 2005) bei deutschen Muttersprachlern in einer ausgeprägten Form wiederfinden lässt, da eine visuell orientierte Schreibstrategie möglicherweise nur bei Sprachen eintritt, die schwächere Graphem-Phonem-Korrespondenzen wie z.B. im Englischen[25] zeigen, deutschsprachige Schüler hingegen bereits früh mit phonologischen Rekodierprozessen beginnen und sich daher nicht auf visuelle Signale verlassen müssen (WIMMER/HUMMER 1990, KLICPERA ET AL. 2010).

Diesen Ergebnissen und allgemein kritischen Betrachtungsweisen der diskutierten Modelle entsprechend haben KLICPERA ET AL. (2010) in Abkehr klassischer Entwicklungsstufen ein Kompetenzentwicklungsmodell entwickelt, das einzelne Entwicklungsrückstände bezogen auf verschiedene Fähigkeiten (wie z.B. phonologische Fertigkeit, lexikalisches Lesen) zu erklären vermag ausgehend von variierenden Voraussetzungen der Schüler sowie der Instruktion durch Lehrkräfte. Sie tragen damit aktueller und im Folgenden noch vorzustellender Forschung Rechnung, die die komplexen Prozesse des Lese- und (Recht-)Schreiberwerbs zunehmend auf viele individuell abweichende und grundlegende Kompetenzen und Teildisziplinen zurückführt. Dies entspricht damit auch der Definition von orthographischer Kompetenz in dieser Arbeit als multifaktoriell bedingtes Gefüge, das aus mehreren einzelnen Komponenten bzw. Kompetenzbereichen besteht.

Dass Phasen auch nicht automatisch durchschritten und der Schriftspracherwerb folglich vollkommen automatisiert ablaufen würde, zeigt insbesondere, dass „[die]

---

25   Dies kann gleichsam natürlich ein Grund sein, in der Konzeption eines Englisch-Fördertrainings für lese-rechtschreib-schwache deutsche Muttersprachler diese Strategie basal mit einzubinden.

Rechtschreibentwicklung der rechtschreibschwachen Kinder .. gerade durch einen Still-stand auf der Stufe lautgetreuen Verschriftens gekennzeichnet [ist]" (SCHRÜNDER-LENZEN 2009, S. 191). Wie es ursächlich hierzu und weiteren Schwierigkeiten lese-rechtschreib-schwacher Schüler kommen kann, soll im Folgenden erläutert werden.

2.2 Lese-Rechtschreib-Schwierigkeiten und ihr Bedingungsgefüge

Schwierigkeiten beim Erwerb oder aktiven Ausüben von Lesen und (Recht-)Schreiben werden im wissenschaftlichen Diskurs mittels der Konstrukte Legasthenie, Lese-Rechtschreib-Schwäche/-störung und Lese-Rechtschreib-Schwierigkeiten diskutiert. Da die Definitionen hier weit auseinandergehen, wird zunächst eine eigene Arbeitsdefiniti-on formuliert, um anschließend spezifischer auf dessen Grundlage auf Symptome und Ursachen dieser Schwierigkeiten eingehen zu können, die die Grundlage für ebenfalls vorzustellende Fördermaßnahmen darstellen werden.

2.2.1 Begriffsabgrenzung und Arbeitsdefinition

Der Begriff „Legasthenie" wurde zum ersten Mal von RANSCHBURG (1916) geprägt, der sich in seiner Publikation den schon damals offenbar wichtigsten Kernkompetenzen von Schulkindern widmete und daher ebenfalls von Rechenschwierigkeiten berichtete.[26] RANSCHBURG verwendete den Begriff der Legasthenie synonym mit Leseschwäche, während im deutschsprachigen Bereich eine Legasthenie heute fast auch immer Rechtschreibschwierigkeiten mit einbezieht[27], während der im Englischen gebräuchli-che Begriff *(developmental) dyslexia* sich in der Forschung der vergangenen drei Jahr-zehnte überwiegend auf Schwierigkeiten beim Lesen bezog, mittlerweile zunehmend auch je nach Untersuchungsdesign Rechtschreibprobleme mit einbezieht. Das isolierte Vorkommen von Rechtschreib- und Leseschwierigkeiten kommt dementsprechend vor und ist auch im medizinischen Diagnoseschlüssel ICD-10 differenziert,[28] dennoch gibt es einen abhängig von Alter und Entwicklungsstand signifikanten Zusammenhang zwi-schen den beiden Fertigkeiten bzw. diversen Einzel- und Unterkompetenzen der beiden Disziplinen (EHRI 1989, WIMMER ET AL. 1991, STAGE/WAGNER 1992, KLICPERA ET AL. 1993, WARNKE 2003).

---

26 Diese Rechenschwäche nannte RANSCHBURG „Arithmasthenie", ein Phänomen, für das sich mittlerweile aber der Begriff Dyskalkulie (analog zur Dyslexie) durchgesetzt hat.

27 Legasthenie wird im deutschsprachigen Raum verstärkt in der Medizin benutzt, sofern die Ursache der Lese-Rechtschreib-Schwierigkeiten aus medizinischer/neurobiologischer Sicht untersucht wird und genetisch disponiert scheint.

28 Wobei der ICD-10-Schlüssel (REMSCHMIDT 2011) lediglich die Rechtschreibstörung sepa-rat als isoliert aufführt, die Diagnosekriterien für eine isolierte Leseschwäche aber im Grunde unter „Lese-Rechtschreibstörung" zusammengefasst werden und damit der engli-schen *developmental dyslexia* entsprechen.

Eine gewisse Unterscheidung gibt es zwischen den Begriffen der „Lese-Rechtschreib-Schwäche", die z.B. durch mangelhafte Beschulung oder psychosoziale Faktoren auftritt, und der „Legasthenie" (= „Lese-Rechtschreibstörung"), die je nach Definition als sogenannte Teilleistungsschwäche einen Defizit in einem bestimmten Leistungsbereich[29] darstellt und zu einer anhand der Intelligenz nicht erwarteten Minderperformanz führt. Letztere Diskrepanzdefinition auf Grundlage des Intelligenzquotienten (IQ) ist heftig umstritten, da nicht allein das Kriterium des IQ eine Aussage oder gar Vorhersage über Mehr- oder Minderleistung im Lesen und Schreiben treffen kann,[30] sondern vielmehr weitere, teils deutliche unspezifischere Faktoren Einfluss auf diese Leistungen nehmen (MARX 2004, KLICPERA ET AL. 1993). Auch der medizinische Diagnoseschlüssel ICD-10 schlägt zur Diagnose standardisierte Testverfahren vor, die eine Lese-Rechtschreibstörung dann bestätigen, wenn die Ergebnisse mindestens zwei Standardabweichungen von der dem Alter erwarteten Durchschnittsnorm liegen, was ebenfalls – durch andere Faktoren beeinflusst – teils willkürliche Daten liefern dürfte und daher kritisch zu betrachten ist (LANDERL 2009). Allgemein akzeptiert ist hingegen die Anerkennung von Lese-Rechtschreib-Schwierigkeiten, wenn die Leistung des getesteten Kindes auf Basis eines standardisierten Lese-/Rechtschreibtests im Vergleich zur normierten Vergleichsgruppe bei einem Prozentrang (PR) von 15 oder weniger liegt (KLICPERA ET AL. 2010).

Die Mannigfaltigkeit der Bezeichnungen für spezifische Beeinträchtigungen beim Lesen und Schreiben im deutschsprachigen wie internationalen Raum verkompliziert oftmals eine Vergleichbarkeit von Forschungsergebnissen zu diesem Thema. Daher wurde auf Basis von Kriterien, die an eine interdisziplinär funktionierende, deskriptive Definition zu stellen sind, von GERSONS-WOLFENSBERGER und RUIJSSENAARS (1997) folgende Arbeitsdefinition für den Begriff *dyslexia* vorgeschlagen:

> „Dyslexia is present when the automatization of word identification (reading) and/or spelling does not develop or does so very incompletely or with great difficulty."[31]

---

29   Auch die Klassifikation als Teilleistungsschwäche wird an manchen Stellen kritisiert, da möglicherweise Schwierigkeiten in verschiedenen Leistungsbereichen wie z.B. Schreiben und Rechnen vermehrt kombiniert auftreten (SCHWENCK/SCHNEIDER 2003, VALTIN 2004).

30   Dass der IQ als Kriterium fragwürdig ist, zeigen mehrere Studien. Die wichtigsten darunter: VALTIN (1981) zeigte, dass je nach angelegter IQ-Untergrenze, die teilweise nicht klar definiert ist, verschiedene Kinder im Rahmen der Diskrepanzdefinition als legasthen eingestuft werden; KLICPERA/GASTEIGER-KLICPERA (1993) konnten in ihrer Wiener Längsschnittstudie keine wesentlichen Unterschiede zwischen normal intelligenten und minderintelligenten Grundschulkindern im Bezug auf ihre Lese-Rechtschreibleistungen feststellen; WAGNER ET AL. (1994) konnten nur eine schwache Beziehung zwischen der schriftsprachlichen Kompetenz der phonologischen Bewusstheit (s. Kapitel 2.2.3.2) und dem IQ feststellen; und in Bezug auf für Lese-Rechtschreibleistungen wichtige phonologische und visuelle Verarbeitungsprozesse zeigten durchschnittlich und unterdurchschnittlich intelligente Kinder in einer Studie von MARX ET AL. (2001) keine signifikanten Unterschiede.

31   Zitat zur Hervorhebung eingerückt.

Diese Auffassung schließt somit auch Rechtschreibschwierigkeiten mit ein und bezieht sich rein auf deskriptive Schwierigkeiten beim Lesen und Schreiben, die eigentlich weitgehend „automatisiert" ablaufen, d.h. normalerweise keine solch deutlichen Probleme bereiten sollten, bezogen z.B. auf eine allgemeine Erwartung und/oder Kriterien von Schriftsprachmodellen gemäß des Entwicklungsstandes eines Lerners. Diese Arbeitsdefinition wurde hingegen auch an manchen Stellen für ihre Verallgemeinerung kritisiert (REASON 2002) und daraufhin in Bezug auf abweichende Lernvoraussetzungen eingegrenzt und schließlich in einem Empfehlungsbericht wie folgt veröffentlicht:

> „Dyslexia is evident when accurate and fluent word reading and/or spelling develops very incompletely or with great difficulty. … This focuses on literacy learning at the "word level" and implies that the problem is severe and persistent despite appropriate learning opportunities. It provides the basis of a staged assessment through teaching." (BRITISH PSYCHOLOGICAL SOCIETY 1999, zitiert nach REASON 2002, S. 188/189)

Dementsprechend folgt diese Ergänzung einer Empfehlung für unterrichtliche Bedingungen durch prozessbegleitende Diagnose und sich daraus möglicherweise ergebenden und ständig zu evaluierenden Fördermaßnahmen.

Im Rahmen dieser Begriffsdiskussion schlagen manche Autoren mittlerweile eine synonyme Bezeichnung von Lese- und Rechtschreibschwierigkeiten, Dyslexie, Legasthenie und Lese-Rechtschreibstörung vor gemäß eindeutiger Kriterien z.B. derer, die der Definition oben zugrundegelegt wurden. KLICPERA ET AL. (2010) favorisieren in ihrem Vorwort z.B. lediglich eine Unterscheidung der Schwere der Schwierigkeiten gemessen an standardisierten Lese-/Rechtschreibtests, bei der Kinder unter einem Prozentrang (PR) von 10–15 mit Lese-Rechtschreib-Schwierigkeiten, unter einem PR von 4–5 mit einer Legasthenie bzw. Lese-Rechtschreibstörung diagnostiziert werden sollten. Einer solchen Begriffsauffassung soll sich daher auch für diese Arbeit angeschlossen werden, die ebenfalls auf eine Phänomenologie abzielt, die trotz einer eigentlich angemessenen Lernumwelt nur schwache Leistungen beim Lesen und Schreiben hervorbringt (s. Zitat der BRITISH PSYCHOLOGICAL SOCIETY 1999 oben). Zu favorisieren ist – wie auch von anderen Autoren vorgeschlagen bzw. bevorzugt (z.B. ORTNER/ORTNER 2000, VALTIN 2001, MARX 2004) – primär die Bezeichnung „Lese-Rechtschreib-Schwierigkeiten"[32], da sie weder medizinisch oder psychologisch negativ konnotiert ist, gleichzeitig aber genau die Problematik in einem Begriff allgemein zusammenfasst und ebenfalls als

---

32 Auch VALTIN (2001) setzt sich für diesen Begriff ein und fordert eine völlige Abkehr vom klassischen Legastheniebegriff (siehe auch Fußnote unten). Auch wenn ihre Argumente durchaus nachvollziehbar sind, ist aufgrund der gesellschaftlichen (und weiterhin wissenschaftlichen) Bedeutung des Begriffes wohl eine weitere Beachtung nötig, da bildungspolitisch und in der Arbeit mit Eltern Legasthenie immer noch einen hohen Stellenwert einnimmt. Überlegenswert scheint eine interdisziplinär funktionierende (und vor allem akzeptierte) Definition von Legasthenie, die dann synonym mit dem Begriff Lese-Rechtschreib-Schwierigkeiten genutzt werden kann (siehe z.B. Definitionsvorschlag von KLICPERA ET AL. 2010, oben).

LRS abgekürzt werden kann. Auch werden in dieser Arbeit teilweise die Begriffe Lese-Rechtschreib-Schwäche/Lese-Rechtschreib-Schwierigkeiten (LRS) und Legasthenie synonym verwendet[33], sofern in Bezug auf Rechtschreib- und Leseleistungen, die häufig in verschiedenen Unterdisziplinen korrelieren (EHRI 1989, WIMMER ET AL. 1991, STAGE/WAGNER 1992), die Ursachen, Symptome und Fehlerarten weitgehend übereinstimmen und beim methodischen Trainingsansatz und in der pädagogischen Förderarbeit mit dem Trainingsansatz diese Begriffe keinen Unterschied machen.[34] Dies hat aus Sicht des Verfassers besonders zwei Gründe: Zwar wird die Bezeichnung „Legasthenie" in der Medizin oftmals in Verbindung mit Teilleistungsstörungen in Beziehung gesetzt, dennoch hat er im Alltagswissen der Betroffenen und in der Bildungspolitik – und damit insbesondere auch im Wortschatz von Eltern, Lehr- und Fachkräften – immer noch eine große Bedeutung, welcher Rechnung getragen werden sollte.[35] Und zweitens dürfte – sofern langfristig eine synonyme Behandlung der diskutierten Begriffe unter gleichen Kriterien (nämlich einer vom Durchschnitt deutlich abweichenden Leistung beim Lesen und Schreiben) angestrebt werden soll – eine persistierende Nutzung der Nomenklatur diesem Vorhaben und dem Aufbau dieses Kriteriums durchaus nützlich sein.

Die andere – auch durch LRS abkürzbare – Bezeichnung „Lese-Rechtschreibstörung" soll hingegen aufgrund der zu deutlich negativ-medizinisch/psychologischen Konnotation der „Störung" im Rahmen dieses Forschungsvorhabens nicht angewendet werden. Da ein zwar systematisch angelegtes und auf stark interdisziplinärer Forschung basierendes, aber dennoch in (schul-)pädagogischer Umgebung einzusetzendes Trainingsprogramm entwickelt und evaluiert werden soll, erscheint insbesondere im Umgang mit Eltern und Kindern der Gebrauch des Begriffs „Störung" als nicht förderlich.

2.2.2 Häufigkeit und Symptomatik

Das Vorkommen von Lese-Rechtschreib-Schwierigkeiten ist in großem Maße abhängig von der Definition und den Kriterien, die angelegt werden. Ausgehend von der oben formulierten Arbeitsdefinition allgemeiner Lese-Rechtschreib-Schwierigkeiten muss

---

33 Ebenso wird mit den Adjektiven „lese-rechtschreib-schwach", „leseschwach", „rechtschreibschwach" oder „legasthen" verfahren.

34 Während gleichwohl angemerkt werden sollte, dass im therapeutischen Rahmen eine entsprechend detaillierte, multiaxiale Anamnese auf verschiedenste Weise zwingend erforderlich ist, um eine effektive Förderung zu gewährleisten. Hingegen sind für die schulische Förderung eher Lösungen einzusetzen, die ohne diesen Aufwand bzw. mit einem geringen Höchstmaß an diagnostischen Verfahren auskommen und schnell anwendbar sind.

35 So musste sich selbst VALTIN ihre lange Zeit vertretene Auffassung (siehe Fußnote oben) als „unklug" eingestehen und bedauert, „dass wir Pädagogen uns von dem Begriff Legasthenie verabschiedet haben, weil wir mit unseren ‚banalen' pädagogischen Ansätzen … aus der öffentlichen Diskussion und den Internetseiten verschwunden sind" und dass sie „wieder den Ausdruck Legasthenie im Sinne von Lese-Rechtschreib-Schwierigkeiten [verwendet], um auf die Zuständigkeit der Schule und der Lehrkräfte für diese Probleme zu verweisen" (VALTIN 2006, S. 57).

davon ausgegangen werden, dass diese bereits vorliegen, wenn allgemein eine im Vergleich zum Altersdurchschnitt unerwartet hohe Fehlerzahl bzw. deutliche Schwierigkeiten beim Lesen gemessen mittels standardisierter Tests (PR < 20–15) als klare Symptomatik über längere Zeit beobachtbar ist. Damit müssten diese Probleme bei 20–15% aller Kinder auftreten, jedoch zeigen verschiedene Berechnungen und Studien andere Werte: Gemessen an den Kriterien des ICD-10-Schlüssels haben ca. 2–4% spezifische Lese-Rechtschreibstörungen (YULE ET AL. 1974, ESSER 1991), während aktuellere Zahlen von ca. 6–9% ausgehen (STREHLOW/HAFFNER 2002). An ein allgemeineres Kriterium angelegt, berichtet SCHEERER-NEUMANN (1997) von einem Anteil von 5–10% deutschsprachiger Kinder, die Schwierigkeiten beim Lesen und Schreiben aufweisen. Dem 15-Prozent-Kriterium am nächsten kommt man, wenn man die Ergebnisse der DESI-Studie im Rechtschreibbereich mit einbezieht: Hier hatten ca. 12% der untersuchten Schüler Rechtschreibschwierigkeiten und erreichten damit entweder noch nicht einmal das unterste Kompetenzniveau oder lagen im Bereich der untersten Stufe (THOMÉ/EICHLER 2008, THOMÉ 2011).[36]

In Bezug auf Geschlechterunterschiede wird öfters davon berichtet, dass mehr Jungen als Mädchen von LRS betroffen sind, was aber insbesondere im schulischen Kontext auf soziale Faktoren wie die höhere Auffälligkeit von Jungen und erhöhte Elternerwartungen an Mädchen oder deren stärkere Kompensationsfähigkeit zurückgeführt werden kann (Klicpera et al. 2010, Shaywitz et al. 1990). Shaywitz berichtet an verschiedenen Stellen von wenig bis keinen Unterschieden zwischen männlichen und weiblichen Probanden im schulexternen Kontext (Shaywitz et al. 1990, Shaywitz 2005), wobei allerdings für die Symptomatik das Diskrepanzkriterium zum Intelligenzquotienten eingesetzt wurde, während – unter Einsatz desselben, als „hart" einschätzbaren Kriteriums – in einer Untersuchung in Großbritannien ein Verhältnis von 1,69:1 von betroffenen Jungen zu Mädchen gemessen wurde (Miles et al. 1998).

Es scheint in diesem Zusammenhang wichtig anzumerken, dass Schwierigkeiten beim Lesen nicht zwingend gleichzeitig auftretende Rechtschreibprobleme hervorrufen müssen. So konnten Moll und Landerl (2011) im Rahmen einer Stichprobe mit 2.000 Grundschülerinnen und Grundschülern zeigen,

> „… dass 41% aller Kinder mit einem Rechtschreibdefizit in dieser Stichprobe keine Leseprobleme aufweisen und 40% aller Kinder mit einem Lesedefizit keine Rechtschreibprobleme zeigen. Bezogen auf die gesamte Stichprobe sind damit die isolierte Rechtschreibstörung und die isolierte Lesestörung mit 7% bzw. 6% in etwa genauso häufig wie die kombinierte Lese- und Rechtschreibstörung mit 8%." (MOLL/LANDERL 2011, S. 17)

---

[36] In diesem Zusammenhang ist ebenfalls bedenklich, dass auf der nächsthöheren Kompetenzstufe – also einer höchstens als durchschnittlich zu bezeichnenden Leistung – fast 66% aller getesteten Schüler lagen und diese damit „… auch **nicht als gute Rechtschreiber** [bezeichnet werden können], denn sie produzieren in einem 68-Wörter-Diktat (das von Experten aus den Ministerien im Voraus als zu leicht eingeschätzt wurde) durchschnittlich 16 Fehler (Mittelwert)" (THOMÉ 2011, S. 24; Hervorhebung im Original).

Dies wird auch durch frühere Publikationen gestützt (z.B. KLICPERA/GASTEIGER-KLICPERA 1995, WIMMER ET AL. 2000, WIMMER/MAYRINGER 2002, HASSELHORN ET AL. 2008) und sollte daher von Verallgemeinerungen und allgemeinen Rückschlüssen von Lese- auf Rechtschreibleistungen und umgekehrt abhalten, auch wenn teilweise mittlere bis hohe Korrelationen zwischen einzelnen Teilbereichen der Lese- und Rechtschreibkompetenz in Studien gefunden werden konnten (STAGE/WAGNER 1992, WIMMER ET AL. 1991).

Bezogen auf die Symptomatik konnte in frühen Forschungsvorhaben bereits nachgewiesen werden, dass lautgetreue Wörter sicherer geschrieben werden können als solche, die auf Grundlage ihres Zusammenhangs zwischen Phonem und Graphem (Phonem-Graphem-Korrespondenz/Graphem-Phonem-Korrespondenz) weniger eindeutig sind (z.B. CAHEN ET AL. 1971, ZUR OEVESTE 1977/1981). Mittlerweile werden auch die früher noch als sehr typisch angesehenen Buchstabenverdreher als Zeichen von LRS eher kritisch betrachtet („Strephosymbolie", ORTON 1937), da beobachtet wurde, dass im frühen Schriftspracherwerb auch später unauffällige Kinder diese Fehler produzieren.[37] Stattdessen gibt es verschiedene Formen von Fehlern – Buchstabenverdreher eingeschlossen –, die auftreten können: Auslassen von Buchstaben (z.B. bei Dehnungen), Verwechslungen von Buchstaben, lautliche Schreibung bei Wörtern mit schwacher bzw. uneindeutiger Graphem-Phonem-Korrespondenz und weitere. Diese können dann auch unter Einbeziehung der bereits diskutierten Stufen- und Phasenmodelle (s. 2.1.2) zur Diagnose von bestimmten Entwicklungsstufen im Schriftspracherwerb hinzugezogen werden.

WEBER und MARX (2008) teilen Rechtschreibfehler grob ein in „nicht lautgetreue Fehler", bei dem einzelne Buchstaben weggelassen, hinzugefügt oder verändert werden, und „orthographische Fehler", bei denen einen lautgetreue Schreibung vorliegt, die aber der regelhaften Orthographie nicht entspricht. REUTER-LIEHR (2001) unterteilt differenzierter in vier Kategorien: Phonemfehler (lautliche Schreibung oder Verwechslung von Graphem-Phonem-Korrespondenzen), Regelfehler (Verwechslung von Groß-/Kleinschreibung, Falschschreibung lautgetreuer Wörter), Speicherfehler (Fehler bei Lernwörtern/Ausnahmen) und Restfehler (nicht unmittelbar auf eine LRS zurückführende Fehler z.B. bei Fremdwörtern).

Bezogen auf Schwierigkeiten beim Lesen sind in der Regel eine deutlich – auch durch Subvokalisation, also leisem oder gedanklichem Mitsprechen des Gelesenen – herabgesetzte Lesegeschwindigkeit, die maßgeblich auch dadurch hervorgerufen wird, dass besonders jüngere Lerner Schwierigkeiten haben, die einzelnen Phoneme zu einem Wort zu verbinden bzw. weitere Grundkompetenzen des Lesens, die nachfolgend diskutiert werden, abzurufen und einzusetzen. Diese Anstrengung beim Lesen führt folglich auch zu einem deutlich herabgesetzten Verständnis des Gelesenen und einer schwachen Leseflüssigkeit (KLICPERA ET AL. 1993).

---

37   Einen Überblick über die frühe historische Forschungsgeschichte, deren Entwicklung und Studienergebnisse speziell zu Zusammenhängen zwischen Leseleistung und Gedächtnisfunktionen liefern VELLUTINO (1979) und bis zur aktuellen Forschung einbeziehend SWANSON ET AL. (2008).

2.2.3   Ursachen

Legasthenie und Lese-Rechtschreibprobleme sind multifaktoriell, multikausal und oftmals individuell auf verschiedenen Ebenen unterschiedlich stark ausgeprägt.[38] FRITH
(1997) hat ein Ursachenmodell vorgeschlagen, welches darauf basiert, dass Lese-
Rechtschreib-Schwierigkeiten ein schriftsprachlich-kulturelles Problem darstellen, das
so als Phänomen in Kulturen ohne Schriftsprache vermutlich nicht auftreten würde,
dennoch aber umweltliche und soziale Einflussfaktoren innerhalb von Schriftsprachkul-
turen mit einbezieht.

Abb. 4: Ursachenmodell für Legasthenie nach FRITH (1997)

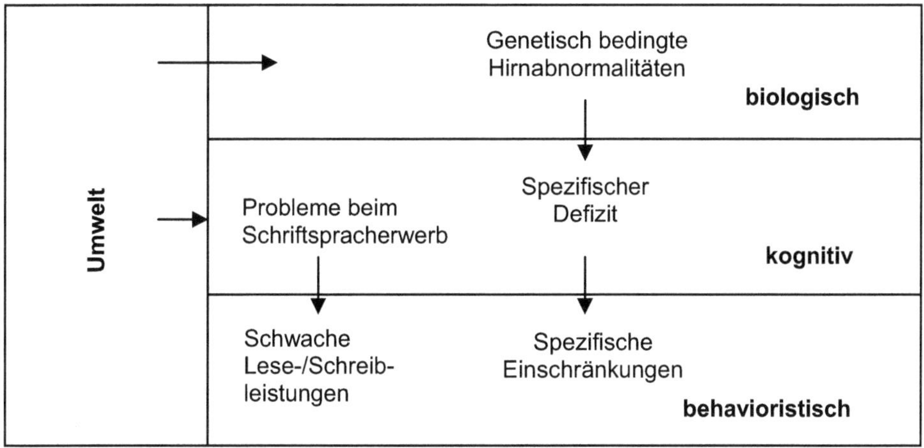

(Übersetzung durch den Verfasser)[39]

---

38   Entsprechend wird im Rahmen medizinischer/psychologischer Gutachten das Vorgehen
     nach einer multiaxialen Diagnostik empfohlen, die sowohl Schulprobleme/Schulangst so-
     wie Entwicklungsstörungen des Lesens und Schreibens, Intelligenz, körperlich-organische
     und psychosoziale Beeinträchtigungen untersucht (allgemeine Übersicht in PLUME/
     WARNKE 2007). So sinnvoll diese hohe Diversität an Testungen auch in der Theorie sein
     mag, stellt sie oft dennoch für alle Betroffenen und ihre Eltern eine hohe Belastung dar.
     Für die vorliegende Untersuchung beschränkt sich die grundlegende Diagnose von Lese-
     Rechtschreib-Schwierigkeiten auf bereits vorliegende Gutachten sowie einen standardisier-
     ten Test zur deutschen Sprache und eine kurze, allgemeine Anamnese in Absprache mit
     den Eltern der zu trainierenden Kinder (anamnestischer Elternfragebogen).

39   Kritisch anzumerken sei, dass auf der untersten Ebene des beobachtbaren Verhaltens in
     FRITHs Modell eine Verknüpfung zur Umwelt fehlt. Sofern aber unter Umwelt auch bei-
     spielsweise die soziale Umwelt (Elternhaus, *peers*) oder die Lernumwelt/schulischen Vor-
     aussetzungen eines lese-rechtschreib-schwachen Kindes verstanden werden kann, wirkt
     sich deren Verhalten und Umgang mit dem betroffenen Kind (z.B. übertriebene Sorge,
     Mobbing) natürlich auch auf der beobachtbaren Verhaltensebene aus z.B. durch Zurückge-
     zogenheit oder Auffälligkeit, Stress, Schulangst o.ä. FRITH erweiterte ihr Ursachenmodell
     insofern, als dass sie später durchaus auch die Umwelt als Einflussfaktor für die behavio-

Auch wenn die Defizite und Probleme z.B. auf kognitiver Ebene in der Darstellung getrennt erscheinen, bedingen sie sich doch gegenseitig z.B. in Form von Aufmerksamkeitsschwierigkeiten beim Schreiben und zeigen auch durch ihre spezifischen Einschränkungen auf Verhaltensebene interdependente Einflüsse auf Leistungen beim Lesen und Schreiben. Die Defizite und Einschränkungen auf allen drei Ebenen lassen sich wiederum durch eine Vielzahl an Ursachen beschreiben, deren wichtigste und durch Studien ausreichend belegte nachfolgend dargestellt werden sollen, speziell in Abgrenzung oder Erweiterung zu den bereits diskutierten Schriftspracherwerbsmodellen und deren Ansätzen. Die beschriebenen Ursachen und die Symptomatik beziehen sich daher hier auf einen gestörten Schriftspracherwerb, der Lesen und Schreiben mit einbezieht, wohlwissend, dass es natürlich auch isolierte Lese- oder isolierte Rechtschreibschwierigkeiten geben kann. Im Folgenden werden dann primär nur diejenigen Forschungsergebnisse aus der Grundlagenforschung diskutiert, die auch ursächlich zur Beschreibung von Rechtschreibproblemen herangezogen werden könnten, selbst wenn dies auch nicht immer ohne Einschränkungen der Fall sein kann oder einzelne Aspekte in der folgenden Darstellung der Phänomenologie „Lese-Rechtschreib-Schwierigkeiten" ganzheitlich betrachtet werden.[40]

2.2.3.1   Genetische Ursachen

Eine Häufung von Lese-Rechtschreib-Schwierigkeiten in Familien ließ früh vermuten, dass eine Legasthenie erblich bedingt sein kann (SCHULTE-KÖRNE ET AL. 1996). So untersuchten auch ZIEGLER ET AL. (2005) Geschwister von Kindern, die diagnostizierte Lese-Rechtschreibprobleme hatten, und konnten ein vier- bis fünffach erhöhtes Risiko für das unbeeinträchtigte Kind feststellen, ebenfalls entsprechende Schwierigkeiten zu entwickeln. Molekulargenetische Kopplungsuntersuchungen haben Gene auf mehreren Chromosomen als ursächlich identifizieren können[41], sodass beispielsweise eine Änderung des Gens DCDC2 auf Chromosom 6, das vermutlich für eine Wanderung von Neuronen während der Gehirnentwicklung codiert, dazu führen kann, dass ein fünffach höheres Risiko für eine Legasthenie entwickelt wird (SCHUMACHER ET AL. 2006). Es wird darüber hinaus angenommen, dass nicht nur ein Gen für die entsprechenden Schwierigkeiten verantwortlich ist, sondern ein Zusammenspiel mehrerer der mittler-

---

ristische Ebene und für dadurch möglicherweise entstehende Entwicklungsstörungen integriert (FRITH 2002).

40   Für die Entwicklung eines Rechtschreibtrainings wird es natürlich nötig sein, Probanden zu untersuchen, die über Rechtschreibschwierigkeiten und nicht nur über eine isolierte Leseschwäche verfügen.

41   Sechs Kandidatengene waren bis 2010 identifiziert worden. BUONINCONTRI ET AL. (2011) liefern in ihrem Artikel eine Übersicht sowie eine Aufstellung von insgesamt 16 möglicherweise mit Leseschwächen zusammenhängende Gentranslokationen.

weile identifizierten Kandidatengene, die die unten noch vorzustellenden Beeinträchtigungen hervorrufen (NICOLSON 2001, RAMUS 2006). Auch deuten Studien z.B. mit Zwillingen darauf hin, dass phonologische Verarbeitungsprozesse, die – wie unten noch gezeigt werden wird – oft die Hauptursache für Lese-Rechtschreib-Schwierigkeiten darstellen, zu etwa 50–70% genetisch bedingt sein können (WADSWORTH ET AL. 2000, TORGESEN 2008).

Es ist noch Gegenstand aktueller Forschung in der Neurobiologie und Medizin, welche Prozesse genau im Gehirn tatsächlich verändert sind. Dabei steht die Genexpression der potentiell für Lese-Rechtschreib-Schwierigkeiten verantwortlichen Erbfaktoren im Vergleich zu nicht Beeinträchtigten besonders im Fokus.

2.2.3.2   Phonologische Bewusstheit[42]

Den meisten oben vorgestellten Schriftspracherwerbsmodellen ist gemein, dass sie mittlerweile anerkannte Grundkompetenzen des Schriftspracherwerbs nicht explizit nennen und in die Modelle integrieren. Durch Forschung gut abgesichert für einen erfolgreichen Erwerb von Schriftsprache und damit Kern von Wahrnehmungsschwierigkeiten bei lese-rechtschreib-schwachen Kindern ist oftmals eine Beeinträchtigung phonologischer Bewusstheit, welche auf Störungen basaler Wahrnehmung und verminderter Sprachwahrnehmung zurückgeführt werden kann (SCHULTE-KÖRNE 2002). Unter phonologischer Bewusstheit wird in der klinischen Linguistik allgemein die Fähigkeit beschrieben, Sprache zu analysieren und zu manipulieren (SCHNITZLER 2008), d.h. in sprachliche Einheiten zu unterteilen.[43] Zu den ersten Studien gehörte maßgeblich die Arbeit von BRADLEY und BRYANT (1978), die in Tests leseschwache Kinder Reimwörter bzw. ähnliche Wörter oder Wortanfänge diskriminieren oder ordnen ließen. Leseschwache Kinder schnitten hier im Vergleich mit einer dem Lesealter entsprechend angepassten Kontrollgruppe deutlich schlechter ab.

2.2.3.2.1   Phonologische Bewusstheit im weiteren und engeren Sinn

SKOWRONEK und MARX (1989) unterscheiden zwischen phonologischer Bewusstheit im weiteren Sinne, welche die Manipulation übergeordneter sprachlicher Einheiten wie Silben, Onsets und Reime beinhalten, während phonologische Bewusstheit im engeren

---

42   Obwohl streng genommen auch zu auditiven Informationsverarbeitungsprozessen hinzuzurechnen, wird die phonologische Bewusstheit hier separat aufgeführt, da die Evidenz auf eine hohe Bedeutung der phonologischen Bewusstheit beim Schriftspracherwerb bzw. ihren Beeinträchtigungen hinweist. Weitere auditive Verarbeitungsprozesse sind darüber hinaus Thema in Kapitel 2.2.3.8.

43   Eine semantisch-lexikalische Einordnung in das mentale Lexikon muss dabei noch nicht stattfinden.

Sinne nach ihrer Definition einzelne Phoneme beinhaltet (daher oft auch Phonembe-wusstheit, im Englischen *phonemic awareness,* genannt). Es konnte nachgewiesen wer-den, dass phonologische Bewusstheit im weiteren Sinne bei Kindern bis zum Eintritt in die Schule und dem Erwerb der Schriftsprache als Indikator für eine positive phonologi-sche Bewusstheit im engeren Sinne dienen kann (KÜSPERT 1998, JANSEN ET AL. 1999), wobei letzterer damit „in einem direkten Zusammenhang mit den Schriftsprachfähigkei-ten am Schulanfang [steht]" (SCHNITZLER 2008, S. 20). Zwar besteht hier ein nachge-wiesener Zusammenhang zwischen beiden Fähigkeiten, der zu diagnostischen Zwecken für Kinder im Vorschulalter genutzt werden kann, dennoch kann diese Aufteilung nicht für komplexere schriftsprachliche Vorgänge herangezogen werden.

2.2.3.2.2   Zwei-Dimensionen-Konstrukt der phonologischen Bewusstheit

Um auch zunehmend durch den Schriftspracherwerb auftretende sprachliche Fertigkei-ten beschreiben zu können, wurde ein weiteres Konstrukt postuliert, welches davon ausgeht, dass phonologische Bewusstheit in der kindlichen Entwicklung zum einen von der Größe (Dimension) einer sprachlichen Einheit (abnehmend von Silbe über Reim und Onset zum Phonem), zum anderen von der Dimension der Operationalisierung der Analyse, d.h. der unbewussten bis bewussten Arbeit mit und Manipulation von sprach-lichen Einheiten abhängt (GOSWAMI/BRYANT 1990, GOSWAMI 2000). Dies bedeutet, dass größere sprachliche Einheiten einfacher und früher korrekt interpretiert werden können, während kleinere Einheiten auf Phonemebene gewisser Entwicklungsschritte bedürfen. Ebenso kann eine sprachliche Analyse dann erfolgreich(er) ablaufen, wenn die Person sich der Analyse bewusst ist und diese explizit steuern kann (Operation). Die Abbildung unten zeigt dieses Modell in zwei Dimensionen (SCHNITZLER 2008): Der Grad der Explizitheit nimmt mit der Zahl der Operationen zur sprachlichen Analyse zu. Das Erkennen einer einzelnen phonologischen Einheit (Identifizieren) steht im Anforde-rungsbereich auf der untersten Ebene und erfolgt damit implizit, gefolgt vom Zerlegen von Einheiten (Segmentieren) und dem Zusammenziehen (Synthetisieren). Die höchste explizite Operation stellt das Manipulieren von phonologischen Einheiten dar.

Abb. 5: Zweidimensionales Konstrukt der phonologischen Bewusstheit

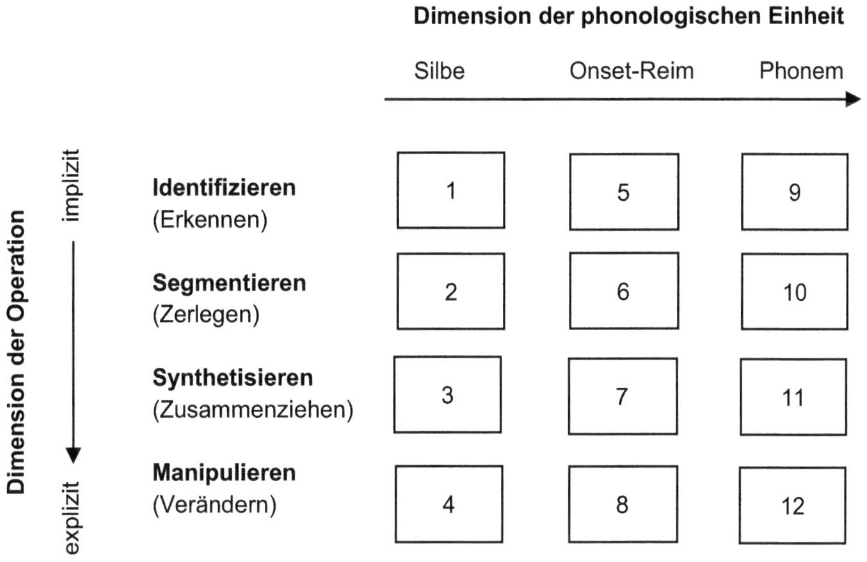

(nach SCHNITZLER 2008, S. 29)

Beide Dimensionen in diesem Konstrukt sind sowohl voneinander abhängig als auch beliebig kombinierbar. So kann die phonologische Einheit der Silbe als einfache Dimension im untersten Anforderungsbereich der Operation, dem Identifizieren, betrachtet werden (Stufe 1) oder anspruchsvoll manipuliert werden (Stufe 4), was von den Operationen den höchsten Anforderungsbereich darstellt. Der umgekehrte Weg mit zahlreichen Zwischenschritten durch die verschiedene Kombination von Operationen und phonologischen Einheiten ist ebenso möglich und erlaubt vielfältige Szenarien für Diagnose und Training. Eine reguläre Entwicklung phonologischer Bewusstheit würde demnach auf der Silbenebene mit Operationen beginnen und sich kontinuierlich im Kontinuum steigern bis auf die Manipulation von Phonemen (STACKHOUSE/WELLS 1997, FRICKE ET AL. 2007). ZIEGLER und GOSWAMI (2005) gehen allerdings davon aus, dass im normalen Spracherwerb eine kontinuierliche Entwicklung im impliziten Bereich der Operationen von kleinen zu großen phonologischen Einheiten stattfindet und erst anschließend diese zunehmend expliziter segmentiert, synthetisiert und manipuliert werden können (*psycholinguistic grain size theory*). Beobachtet wurde auch, dass die einzelnen Stufen nicht starr nacheinander ablaufen, sondern sich – ähnlich der Modelle zum Schriftspracherwerb – überlappen bzw. manche komplexere Stufen bereits ausgebildet sind, bevor vermeintlich einfache noch Probleme bereiten (PHILIPS ET AL. 2008).

Modelle zur phonologischen Bewusstheit gehen davon aus, dass mit dem Manipulieren von Phonemen die Entwicklung phonologischer Bewusstheit in der Regel am Ende der Grundschulzeit abgeschlossen sei, allerdings zeigt ein Vergleich verschiedener Studien, dass sowohl die Fähigkeit zur Manipulationen von Phonemen als auch für größere Spracheinheiten bei Kindern zum Teil noch nicht vollständig ausgebildet ist und damit deren Entwicklung in den weiterführenden Schulen fortgesetzt wird (SCHNITZLER 2008).

Es wird davon ausgegangen, dass die im Langzeitgedächtnis abgespeicherten phonologischen Repräsentationen für die Ausübung der in ihrer Komplexität zunehmenden Operationen der phonologischen Bewusstheit in verschiedenen Dimensionen bei lese-rechtschreibschwachen Kindern nur unzureichend bzw. unscharf abgespeichert sind, was zu Symptomen z.B. in Form lautlichen Schreibens oder besonders verlangsamter Lesegeschwindigkeit führt (z.B. GOSWAMI 2000, SNOWLING 2001, HUME/SNOWLING 2009).[44] Befunde für einen besonderen Einfluss der phonologischen Bewusstheit auf den Schriftspracherwerb lassen sich darüber hinaus zum einen dadurch belegen, dass das Bestehen phonologischer Bewusstheit für eine spätere Schriftsprachentwicklung förderlich ist (z.B. BRADLEY/BRYANT 1983, JANSEN ET AL. 1999, MARX ET AL. 1993, SCHNEIDER/NÄSLUND 1999), zum anderen dadurch, dass sich eine Förderung phonologischer Bewusstheit „zu Beginn des Leseunterrichts positiv auf das spätere Lesen und Schreiben auswirkt" (BERGER 2010, S. 44; belegt z.B. durch KÜSPERT 1998, SCHNEIDER ET AL. 1999, SCHNEIDER ET AL. 2000, ROTH/SCHNEIDER 2002, WEBER ET AL. 2007). Dies gilt insbesondere, da in der Diskussion um die *phonological representations hypothesis* davon ausgegangen werden kann, dass die phonologischen Repräsentationen im Vorschulalter im Gegensatz zu gewissen Vorläuferfertigkeiten des Schriftspracherwerbs noch nicht ausgebildet sind, sondern erst bei konkreter Instruktion von Schriftsprache aufgebaut werden (WISE ET AL. 2007).

Unbestritten ist, dass die phonologische Bewusstheit eine Rolle insbesondere in Bezug auf das Lesenlernen spielt und dass dieser Zusammenhang bzw. ihr Einfluss auf den Lese(lern)prozess wiederum abhängig von der lautlichen Regelmäßigkeit bzw. Transparenz einer Orthographie zu sein scheint (ZIEGLER ET AL. 2010), obwohl sie scheinbar nicht zwingend vorhanden sein muss, um Graphem-Phonem-Korrespondenzen zu lernen (CASTLES ET AL. 2009). Phonologische Bewusstheit gilt damit dennoch als wichtiger theoretischer Bestandteil bei Diagnose und der Gestaltung von Förderungsmaßnahmen von Kindern und Jugendlichen mit Lese- und Rechtschreibschwierigkeiten, allerdings steht bislang die endgültige und vollkommene Bestätigung einer Kausalität zwischen schwacher phonologischer Bewusstheit und schwachen Lese-Rechtschreibleistungen aus (CASTLES/COLTHEART 2004), wenn auch in den oben genannten Trainingsstudien durchaus positive Effekte erkannt werden konnten. So wurde auch gezeigt, dass ein alleiniges Fördern phonologischer Bewusstheit nicht so effektiv war wie die gleichzeitige Instruktion hochfrequenter Phonem-Graphem-Korrespondenzen in der Sprache (BRADLEY/BRYANT 1985).[45] MAYER (2010) kritisiert entsprechend die oft als

---

44   Diese Annahme wird in der Literatur oft als *phonological representations hypothesis* zusammengefasst.

45   Siehe auch 2.2.4.2.1 für evidenzbasierte Fördermaßnahmen der phonologischen Bewusstheit in evaluierten Trainingsprogrammen.

Allheilmittel vermarkteten Trainingsprogramme, die vollständig auf eine Förderung phonologischer Bewusstheit reduziert wurden: „Da es sich beim Lesen und Schreiben aber um hochkomplexe Fähigkeiten handelt, erscheint es zweifelhaft, dass der Schriftspracherwerb nur an eine kognitive Grundbedingung geknüpft ist." (MAYER 2010, S. 55) Auch konnten BLOMERT und WILLEMS (2010) zeigen, dass ein schwaches phonologisches Bewusstsein bei Risiko-Vorschulkindern nur von einem kleinen Teil der später leseschwachen Kinder ausgeprägt war, sie also scheinbar keinen mittelbaren kausalen Zusammenhang darstellen kann.

Dies stützt einen Vorstoß zur Diskussion eines multidimensionalen Modells zur Abgrenzung von Legasthenie/LRS sowie einer spezifischen Sprachentwicklungsstörung (RAMUS ET AL. 2013), die nachfolgend dargestellt wird:

Abb. 6: Modelle von Legasthenie/LRS sowie Sprachentwicklungsstörungen

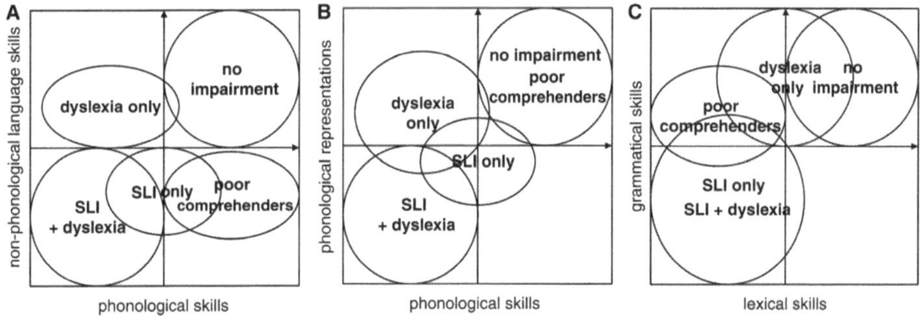

(RAMUS ET AL. 2013, S. 643; SLI = *specific language impairment*)

Die Grafik zeigt drei verschiedene Modelle, inwiefern spezifische Sprachentwicklungsstörungen und Legasthenie abgegrenzt werden können. In den ersten beiden Diagrammen (A und B) werden Fertigkeiten einbezogen, die eine phonologische Bewusstheit zur Grundlage haben. In Diagramm A finden sich im Bereich der schwachen phonologischen Fertigkeiten sowohl Sprachentwicklungsstörungen als auch Legasthenie, wobei es zusätzlich eine klar abgrenzbare Legasthenie zu geben scheint, wenn man nicht-phonologische sprachliche Fähigkeiten mit einbezieht. In Diagramm B, welches das Ergebnis einer Studie zu rein phonologischen Fähigkeiten von RAMUS ET AL. (2013) darstellt, zeigt sich eine Überlappung von Kindern, die nur eine Legasthenie oder nur eine Sprachentwicklungsstörung haben und denjenigen, denen eine Legasthenie und eine Sprachentwicklungsstörung gemeinsam attestiert wird. RAMUS ET AL. (2013) schlagen daher vor, eine Unterscheidung insofern auf nicht-phonologischer Ebene zu treffen, als dass man lexikalische sowie grammatische Fertigkeiten mit einbezieht, bei denen die Abgrenzung von Sprachentwicklungsstörungen und einer Legasthenie immer noch nicht eindeutig ist, die Schnittmenge zu einer reinen Legasthenie (bei besserem grammatischen Leistungsvermögen) aber eindeutiger wäre (Diagramm C).

Studien wie die von BLOMERT und WILLEMS (2010) schränken damit die Vorhersagekraft der phonologischen Bewusstheit für den Aufbau stabiler Graphem-Phonem-Korrespondenzen in gewissem Maße ein[46] und Modelle wie das von RAMUS ET AL. (2013) zeigen, dass auch weitere Fertigkeiten zur Identifizierung, wenn nicht sogar Förderung und allgemeinen Definition und Modellbildung von Lese-Rechtschreib-Schwierigkeiten hinzugezogen werden müssen. Folglich gilt es noch weitere Kernkompetenzen zu berücksichtigen, die ursächlich oder prozessbedingt bei der Lese- und Rechtschreibentwicklung für Einschränkungen sorgen können.

2.2.3.3   Phonologisches Rekodieren und Benenngeschwindigkeit

Einen weiteren phonologischen Prozess, der für erfolgreiches Lesen und Schreiben neben der Kompetenz der phonologischen Bewusstheit besondere Wichtigkeit hat, ist das phonologische Rekodieren (WAGNER/TORGESEN 1987), der das Abrufen von sprachlichen Mustern (Graphem-Phonem-Korrespondenzen) und Worten aus dem semantischen Lexikon des Langzeitgedächtnisses bezeichnet. Bezogen auf das unter 2.1.2.1 besprochene Zwei-Wege-Modell von COLTHEART (1978) entspricht phonologisches Rekodieren damit der indirekten Route des Lesens, bei dem beispielsweise auch unbekannte Wörter durch aufeinander folgende Rekodierungsschritte und das Zusammensetzen einzelner Phoneme reproduziert, wiederholt oder vorgelesen werden können.[47] Wie gut die Rekodierfähigkeit ausgeprägt ist, wird in Studien z.B. durch das Messen von Benenngeschwindigkeiten (in englischen Studien *rapid automatized naming*, RAN) evaluiert, d.h. wie schnell Probanden Begriffe nennen können, wenn ein entsprechender visueller Reiz (Wörter, Bilder, Farbkarten) vorgelegt wird. Wird ein Phonem visuell oder auditiv registriert, kann dieses im lexikalischen Gedächtnis mit seinen semantischen Eigenschaften während des Präsentierens direkt schnell abgerufen werden oder kann – bei schwächeren Lesern wie Legasthenikern – durch schrittweises (und damit langsameres) phonologisches Rekodieren und Entschlüsseln der Graphem-Phonem-Korrespondenzen (teilweise auch als „silbierendes Lesen" bekannt[48]) kons-

---

46   BLOMERT und WILLEMS (2010) schätzen daher im Gegensatz zur phonologischen Bewusstheit eine stärkere, explizite Vermittlung von Buchstabe-Laut-Zuordnungen/ Graphem-Phonem-Korrespondenzen als allgemein förderlicher ein. Ihre Studie mit niederländischen Kinder stellt im Allgemeinen die Theorie eines phonologischen Defizits stark in Frage, da sie die These aufstellt, dass – in diesem Fall bezogen auf Leseprozesse – entsprechende kognitive/phonologische Defizite erst zu Beginn tatsächlicher Leseinstruktion auftreten.

47   In diesen Prozessen spielt auch das Arbeitsgedächtnis eine prägnante Rolle, von dem eine Modellannahme unter 2.2.3.6 vorgestellt wird.

48   Siehe auch hier den Bezug zur indirekten Route im Zwei-Wege-Modell des Schriftspracherwerbs unter 2.1.2.1.

truiert werden (STANOVICH 1982, BOWERS 1995).[49] Die Benenngeschwindigkeit ist entsprechend bei lese-rechtschreib-schwachen Kindern oft deutlich herabgesetzt, wie z.B. von DENCKLA/RUDEL (1976) im Vergleich mit einer unbeeinträchtigten Kontrollgruppe gezeigt werden konnte, und vermag sogar als Indikator für schwächere spätere Leseleistungen herangezogen werden (WOLF ET AL. 1986, MEYER ET AL. 1998). Interessanterweise haben englische Muttersprachler mit ihrer weniger transparenten Orthographie größere Schwierigkeiten beim phonologischen Rekodieren als Kinder aus Ländern mit transparenteren Orthographien (MANN/WIMMER 2002, ARO/WIMMER 2003).[50]

Da Defizite im phonologischen Bewusstsein und in der Benenngeschwindigkeit bei lese-rechtschreib-schwachen Kindern häufig gemeinsam auftreten und auch bis ins Erwachsenenalter nachweisbar ausgeprägt persistieren (PENNINGTON ET AL. 1990), postulierten Bowers und Wolf die „Hypothese des doppelten Defizits" (*double-deficit hypothesis*, WOLF/BOWERS 1999). Das doppelte Defizit konnte als Indikator für Leseleistungen englischsprachiger Schüler über die gesamte Grundschulzeit bestätigt werden (CRONIN 2011). WIMMER ET AL. (2000) und WIMMER/MAYRINGER (2002) stellen aber in Kontrast zur Hypothese von Bowers und Wolf fest, dass sich bei deutschsprachigen Grundschulkindern mit einer isolierten Rechtschreibschwäche zwar ein schwaches phonologisches Bewusstsein zeigte, ihre Benenngeschwindigkeit aber unauffällig war. Genau umgekehrt zeigte es sich interessanterweise bei Kindern mit isolierter Leseschwäche: Hier waren keine Defizite im phonologischen Bewusstsein festzustellen, aber für das schnelle Benennen brauchten sie länger als die unbeeinträchtigte Vergleichsgruppe. Andererseits konnten CARAVOLAS ET AL. (2005) in einem ähnlichen Untersuchungsdesign feststellen, dass sowohl englische als auch tschechische[51] Kinder mit Leseschwäche in ähnlicher Weise große Schwierigkeiten beim Manipulieren von Phonemen zeigten, wodurch ein phonologisches Defizit weiterhin als wichtiger Grund für Lese-Rechtschreib-Schwierigkeiten zu betrachten ist. Dennoch kann mittlerweile insbesondere für transparentere Orthographien angenommen werden, dass auch die Benenngeschwindigkeit als Indikator für spätere Leseleistungen auch unter der Annahme eines gemeinsam auftretenden „doppelten Defizits" eine gewisse Validität aufweisen kann (WIMMER ET AL. 2000, HOLOPAINEN ET AL. 2001).[52]

---

49   COLTHEART (1978) war in seinem Zwei-Wege-Modell des Lesens noch davon ausgegangen, dass bei einer Verarbeitung unbekanntem Wortmaterials nicht auf das Langzeitgedächtnis zugegriffen werde. Siehe auch 2.1.2.1.

50   Zu den Besonderheiten der Intransparenz und damit verbundenen Schwierigkeiten von Englischlernern siehe Kapitel 2.3.3.

51   Tschechisch ist als Sprache hier in dieser Studie insofern interessant, als dass es dem Deutschen im Umfang der Graphem-Phonem-Korrespondenzen weitgehend entspricht und nicht die orthographische Tiefe zeigt wie z.B. Englisch.

52   Ein Bezug zu Rechtschreibleistungen bleibt in Studien zur Benenngeschwindigkeit oft aus, meist wird lediglich Bezug zu Lesegeschwindigkeit und -genauigkeit genommen. Dennoch kann die Förderung von Automatisierungsprozesse allgemein als positive Komponente bei Trainingsprogrammen bewertet werden (s. 2.2.4.2.3).

2.2.3.4   Morphologische Bewusstheit

Weniger eingehend untersucht wurde im Gegensatz zur phonologischen Bewusstheit bislang der (meta-)kognitiv anspruchsvollere Kompetenzbereich der morphologischen Bewusstheit, welcher z.B. die Analyse oder Synthese von Wörtern auf Grundlage eines Lexems mittels derivater Morpheme erlauben kann. Zwar konnte gezeigt werden, dass eine bestehende morphologische Bewusstheit zumindest rudimentär bei lese-rechtschreib-schwachen Kindern das Leseverständnis (MAHONEY ET AL. 2000) und/oder die Rechtschreibung (SIEGEL 2008) begünstigen kann, dieses morphologische Wissen dann aber wohl eher als Kompensationsstrategie beim Lesen zu sehen ist (CASALIS ET AL. 2004) und damit noch nicht ausreichend geklärt ist, inwiefern sich Schwächen der phonologischen Bewusstheit auch auf die Dekodierung von Morphemen auswirken können.

BERNINGER (2008) geht davon aus, dass eine morphologische Bewusstheit im Gegensatz zur phonologischen vermutlich erst in einem späteren Entwicklungsstadium von Kindern (z.B. späte Grundschule, frühe weiterführende Schule) eine größere Rolle spielt, wenn die Komplexität der zu erwerbenden Wörter zunimmt. Hiervon gehen auch ELBRO/ARNBAK (1996) aus und attestieren damit auch einem Trainingsprogramm, das im Gegensatz zu phonologischer Bewusstheit auf die Instruktion von Morphemen setzt, möglicherweise positive Effekte auf die Rechtschreibung morphologisch komplexerer Wörter.

Es wird außerdem davon ausgegangen, dass Wortschatzerwerb von jungen, unbeeinträchtigten Lernenden im Grundschulalter bezogen auf ihre Muttersprache selbstständig auch durch eine morphologische Analyse und Identifikation einzelner bedeutungs- oder funktionstragender Wortbestandteile geschieht, wenn Lernende insbesondere die morphophonemische Struktur des Englischen (VENEZKY 1999, wie z.B. die Ausspracheverschiebung einzelner Morpheme in der Flektion von *do* zu *done*) metakognitiv analysieren können. Es muss aufgrund der allgemein schwach ausgebildeten metakognitiven Kompetenzen lese-rechtschreib-schwacher Schüler allerdings davon ausgegangen werden, dass dies nur mit Einschränkungen der Fall ist. CARLISLE merkt entsprechend an:

„Leaving morphological analysis to be discovered by students on their own means that those who are not inherently linguistically savvy are likely to be left behind by their peers in the development of vocabulary, word reading and comprehension, and spelling." (CARLISLE 2003, S. 312)

2.2.3.5   Orthographisches Wissen und mentales Lexikon

Bei lese-rechtschreib-schwachen Kindern kann oftmals ein im Vergleich zu nicht betroffenen Kindern geringer ausgeprägtes orthographisches Wissen festgestellt werden, das sich über die Grundschulzeit hinaus manifestieren kann (KLICPERA/GASTEIGER-KLICPERA 2000). In der Regel bauen Kinder beim Schriftspracherwerb diesen Grundwortschatz mit ihren orthographischen Charakteristika sowie sprachlichen Eigenschaften auf, dies fällt legasthenen Kindern allerdings vergleichsweise schwer, da Schwierigkeiten beim Rekodieren neu auftretender Buchstabenkombinationen diesen Prozess möglicherweise einschränken (SHARE 1995). Hier setzen daher auch einige Förderkonzepte an Automatisierungsprozessen[53] an, die durch Wiederholungsübungen versuchen, einen Grundwortschatz oder zumindest die am häufigsten falsch geschriebenen Wörter im Deutschen zu trainieren und in ihrer korrekten Schreibweise zu automatisieren (z.B. TACKE 2011). Modellhaft wird angenommen, dass das Bereitstellen von Wortformen in einem mentalen Lexikon beginnt, wo solche automatisierten Einträge gespeichert werden und durch visuelle Verarbeitung des Wortes beim Lesen direkt in sprachliche Produktion gebracht werden können. Ist der Eintrag eines solchen Wortes nicht vorhanden, findet ein phonologischer Rekodierungsprozess statt, der z.B. dann auch neue Einträge bilden kann.[54] Dabei sind kompetente Rekodierungsprozesse unabdingbar für den effektiven Aufbau eines mentalen Lexikons.

Unklar ist noch, auf welche Weise die visuelle Information eines Wortes im orthographischen Lexikon gespeichert wird. Das ursprünglich gängige – und heute auch in der Didaktik teils noch diskutierte – Konzept des „Wortbildes", welches davon ausgeht, dass Wörter als visuelle Einheiten abgespeichert werden, gilt als überholt bzw. zumindest umstritten (FRITH 1980/SCHEERER-NEUMANN 1986, 1988) und hat auch im englischsprachigen Raum als *holistic word perception theory* bzw. *whole word hypothesis* wenig Bestätigung erfahren. Besonders im englischsprachigen Raum ging man bis in die 60er Jahre des vergangenen Jahrhunderts davon aus, dass aufgrund unklarer Beziehungen zwischen Schreibweise und Auslautung nur das Auswendiglernen visueller Wortbilder einen effektiven Zugang zu korrekter Rechtschreibung herstellen könne (z.B. CAHEN ET AL. 1971, HORN 1960). Allerdings wird heute vielmehr davon ausgegangen, dass „[cues] of word shape and word length appear to be of some significance, but they carry a very small share of the idenfication burden compared with letters" (PERFETTI 1992, S. 147). Auch hat SCHEERER-NEUMANN (1988) eine Speicherung basa-

---

53   Unter Automatisierungsprozessen ist in diesem Zusammenhang (und auch im weiteren Verlauf dieser Arbeit) die Förderung des schnellen Abrufens (schnelles Benennen, s.o.) von Begriffen gemeint. Im Gegensatz dazu wird in der Forschungsliteratur im Zusammenhang mit der *Automaticity/Cerebellar Deficit Theory* (NICOLSON/FAWCETT 1990) davon ausgegangen, dass legasthene Kinder Schwierigkeiten haben, zwei Aktivitäten (eine kognitive, eine motorische) parallel zu bewerkstelligen, was auf mangelnde Automatisierungsprozesse im Kleinhirn zurückgeführt werden kann, welches für motorische Funktionen verantwortlich sind. RABERGER/WIMMER (2003) und ROCHELLE/TALCOTT (2006) konnten aber zeigen, dass diese Einschränkung vermutlich eher ein Hinweis auf ein gleichzeitiges Auftreten von Legasthenie und ADHS bei den untersuchten Kindern ist, sodass die Automatisierungsprozesse eher durch die ADHS-Symptomatik eingeschränkt waren als durch Probleme der Legasthenie. Zur Komorbidität von LRS und AD(H)S siehe Kapitel 2.2.3.9.

54   Siehe auch die bereits vorangestellten Modelle zum Schriftspracherwerb (Kapitel 2.1.2).

ler Graphemfolgen eines Wortes postuliert,[55] welche bestimmte Merkmale wie z.B. auch die entsprechenden Laute oder ihre graphomotorische Umsetzung beim Schreiben einbezieht. Somit wird nicht notwendigerweise ein Wort als Ganzes gespeichert, sondern die Abfolge von Buchstaben, welche somit auch auf Morphem- oder Silbenebene als orthographisches Wissen (als quasi-morphologische Bewusstheit) in einem Transfer auf andere Wörter genutzt werden könnten.

Abb. 7: Speicherung der Merkmale eines Wortes im inneren orthographischen Lexikon

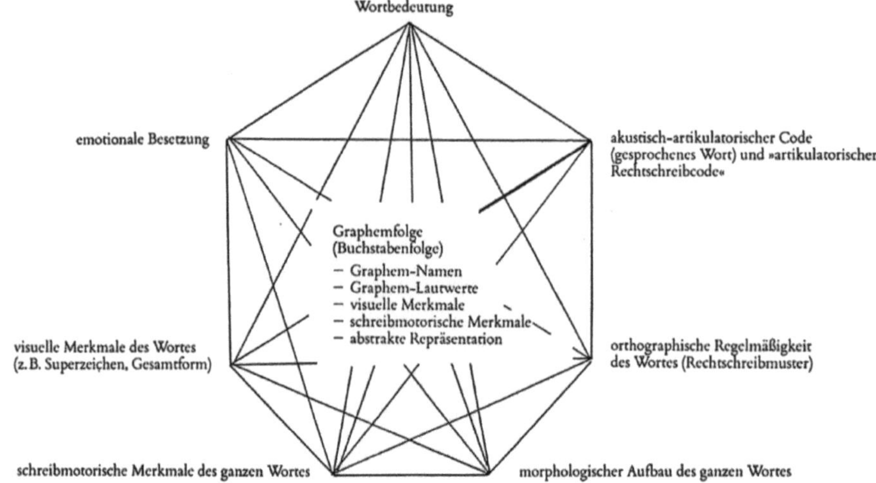

(aus Scheerer-Neumann 1986)

Wie aus der oben dargestellten Abbildung erkenntlich ist, geht SCHEERER-NEUMANN (1986) auch davon aus, dass nicht nur die orthographischen und phonologischen Merkmale der Buchstabenfolgen bzw. eines Wortes eine Rolle spielen, sondern auch dessen Semantik – was im Kontrast zu manch anderen Positionen steht, da es hier prinzipiell zunächst um das *orthographische* Lexikon geht – und Scheerer-Neumann räumt auch in gewissem Maße die Speicherung der visuellen Form ein, allerdings eben nicht als komplettes „Wortbild", sondern z.B. in Items wie „ungefähre Wortlänge", „Ober- und Unterlängen" oder „Buchstabendopplungen".[56] Diese Information kommt nach Scheerer-Neumann aber nur nach dem Schreiben bei der Korrekturphase zum Tragen. Auch Vorerfahrungen des Schreibers/Lesers auf einer emotionalen Ebene spielen möglicher-

---

55   Diese primär visuelle Strategie entspricht weitgehend der logographemischen Strategie des Stufenmodells nach GÜNTHER (1986). Siehe auch 2.1.2.4.

56   SCHEERER-NEUMANN verweist hier auch auf das sogenannte Konzept der „Signalgruppen" nach WARWEL (1975), visuelle Marker in Wörtern, die bei dieser Teilspeicherung visueller Wortmerkmale eine Rolle spielen könnten.

weise eine Rolle. Dass insbesondere auch die phonologische Repräsentation mit der Verknüpfung des Schriftbildes bei Speicherprozessen eine Rolle spielt, konnte EHRI (1992) für den englischen Sprachraum zeigen, was Scheerer-Neumanns Konzept in dieser Hinsicht stützt. An anderer Stelle betont sie allerdings auch den zu Beginn des Schriftspracherwerbs bereits bestehenden Sichtwortschatz insbesondere von monosyllabischen Lexemen (EHRI/WILCE 1983) und die Wichtigkeit des Abgleichs graphophonemischen Wissens einzelner Grapheme und Phoneme aus dem bestehenden Sichtwortschatz mit neu zu lesenden oder zu schreibenden Wörtern:

> „Spellings of words are like maps that lay out the phonological forms of words visually. ... Once the graphophonemic spelling system is known, readers can learn to read words and build a lexicon of sight words easily." (EHRI 2002, S. 174)[57]

Beachtlicherweise zeigen leseschwache Kinder Schwierigkeiten beim Benennen von Objekten auf vorgelegten Bildern, während sie keine Probleme beim Zuordnen von Begriffen mit ihren korrespondierenden Bildern haben (SNOWLING ET AL. 1988, SWAN/GOSWAMI 1997). Die Autorinnen interpretieren dies so, dass die semantische Information im mentalen Lexikon auch bei legasthenen Kindern relativ eindeutig gespeichert wird, während die rein phonologischen Charakteristika der Wörter – entsprechend der bereits diskutierten Schwächen im Sinne der phonologischen Bewusstheit – defizitär ausfallen. SWAN/GOSWAMI (1997) fassen diese Ergebnisse demgemäß, wie bereits gezeigt, als *phonological representations hypothesis* zusammen.

Schwache Lese- und Rechtschreibleistungen, wie sie charakteristisch auch für legasthene Kinder sind, lassen sich daher auch in Zusammenhang bringen mit einer schwach ausgeprägten phonologischen Bewusstheit und geringem orthographischen Wissen (CUNNINGHAM ET AL. 2001) sowie einer geringen Leseerfahrung (BRATEN ET AL. 1999), die insbesondere im Grundschulalter bei beeinträchtigten Kindern massiv herabgesetzt ist.[58] Dazu gehört – im Zuge ihres geringen orthographischen Wissens und der beeinträchtigten Rekodierfähigkeit – eine herabgesetzte Speicherfähigkeit des Langzeitgedächtnisses sowohl für phonologische als auch möglicherweise für die visuelle Repräsentation von lexikalischen Einträgen (MENGHINI ET AL. 2010). Auch könnte gerade eine mangelnde Verknüpfung orthographischen Wissens und phonologischer Bewusstheit als zweier Kernkompetenzen erfolgreichen Schriftspracherwerbs – z.B. in Ergänzung zur Hypothese des doppelten Defizits von WOLF und BOWERS (1999) – besonders

---

57   Siehe auch Übersicht über alle Studien zu *sight word learning* von EHRI in EHRI 2002, S. 173.

58   SCHULTE-KÖRNE (2011) fasst in seinem Beitrag mehrere Studien zusammen, die Korrelate zwischen phonologischer Bewusstheit, orthographischem Wissen und Leseerfahrung gebildet haben. Besonders besorgniserregend ist dabei eine bereits 1984 durchgeführte Erhebung im englischen Sprachraum, nach der normale Grundschüler ca. 1–50 Millionen Wörter pro Jahr lesen, während sich diese Anzahl bei leseschwachen Kindern auf nur 100.000 Wörter pro Jahr reduzieren kann (NAGY/ANDERSON 1984).

für deutschsprachige Legastheniker eine Hauptursache ihrer Schwierigkeiten darstellen (WIMMER/SCHURZ 2010).

2.2.3.6   Aufmerksamkeit und Arbeitsgedächtnis

Aufmerksamkeit ist eine zentrale Voraussetzung für das Lesen und Schreiben und wird durch die neurologische Aufnahmekapazität und Speicherfähigkeit bestimmt, die BADDELEY (1986) in einem Modell als Arbeitsgedächtnis bezeichnet. Dieses besteht aus drei Elementen: einem räumlich-visuellen Notizblock, der visuelle Informationen z.B. von Objekten wie Buchstaben sowie linguistische Informationen zwischenspeichert, einer phonologischen Schleife, welche gesprochene Informationen für ca. 1,8 Sekunden bereitstellt und wiederholt („Rehearsal", BADDELEY 1990), sowie einem episodischen Puffer[59], in dem auditive und visuelle Informationen vernetzt werden können. Die Abläufe dieser drei Elemente des Arbeitsgedächtnisses, also die Aufmerksamkeit im eigentlichen Sinne, werden von einer zentralen Exekutive gesteuert, welche ebenfalls sprachliche Informationen aus dem Langzeitgedächtnis verfügbar macht.

Dass lese-rechtschreib-schwache Kinder eine geringere Aktivität der Hirnbereiche zeigen, die als Arbeitsgedächtnis lokalisiert werden (präfrontaler und parietaler Cortex sowie im Kleinhirn), konnte zuletzt durch bildgebende Verfahren wie der Magnetresonanztomographie bestätigt werden (BENEVENTI ET AL. 2010). Sofern eine solche Minderaktivierung dann ausgehend von BADDELEYs Modell insbesondere in der phonologischen Schleife und der zentralen Exekutive vorliegt, könnte sie Lese-Rechtschreib-Schwierigkeiten möglicherweise genauso begünstigen wie beeinträchtigte Speicherkapazitäten der zentralen Exekutive, die als vermittelnde Schaltzentrale auch als wichtige Verknüpfung zum Langzeitgedächtnis zu sehen ist (JONG 1998). Die Speicherleistung der phonologischen Schleife an sich ist durch den „Wortlängeneffekt" begrenzt, d.h. je länger ein Wort ist bzw. je mehr Silben es hat, umso geringer ist die Speicherleistung im Rahmen der inneren Wiederholung in der phonologischen Schleife des Arbeitsgedächtnisses (BADDELEY 1994, FISCHBACH ET AL. 2013). BERGER (2010) beschreibt in diesem Zusammenhang auch zur Verdeutlichung die Situation, wenn ein Kind ein Wort Laut für Laut liest, „müssen ... die bisher erkannten Laute in der phonologischen Schleife gehalten werden, während die zentrale Exekutive weitere entschlüsselte Laute hinzufügen muss, um das gesamte Wort zu erkennen" (ebd., S. 47) und dieses zu einem Wort zu verknüpfen. Dies deutet demnach auch auf eine zeitliche Komponente der Verarbeitung hin, d.h. mit einer schnelleren Wiederholung von Inhalten in der phonologischen Schleife steigt die Speicherkapazität des Arbeitsgedächtnisses (BADDELEY 1986/1990).

---

59   Der episodische Puffer (*episodic buffer*) wurde von BADDELEY gegenüber seinem ursprünglichen Modell von 1986 ergänzt (BADDELEY 2000), da im früheren Ansatz der mögliche Einfluss des Langzeitgedächtnisses nicht berücksichtigt gewesen war.

Während Speicherdefizite des visuell-räumlichen Notizblocks bislang nur wenig untersucht waren, allerdings auch generell negative Einflüsse für den Schriftspracherwerb haben können (SMITH-SPARK/FISK 2008), ist allgemein auf Grundlage des anerkannten Modells von Baddeley davon auszugehen, dass die Speicherfähigkeit insbesondere des phonologischen Abschnitts des Arbeitsgedächtnisses und seiner Prozesse im Zusammenhang mit der Lesefähigkeit steht und bei leseschwachen Kindern entsprechend durch verschiedene Tests nachweisbar schlechter ausgeprägt ist (JEFFRIES/EVERATT 2004, BERNINGER ET AL. 2008). Auch konnte in Untersuchungen gezeigt werden, dass schwache Leser die phonologische Schleife an sich im Konstrukt des Arbeitsgedächtnisses ineffizienter nutzen als normale Leser (STEINBRINK/KLATTE 2008), was möglicherweise auch ein Beleg für die langsame Aktivierung phonologischer Repräsentationen und Informationen aus dem Langzeitgedächtnis darstellen kann.[60]

2.2.3.7   Visuelle Informationsverarbeitung

Belege für eine defizitäre visuelle Verarbeitung bei lese-rechtschreib-schwachen Kindern sind widersprüchlich. Die früher auf visuelle Schwierigkeiten und bei Legasthenikern abweichende Hemisphärendominanz zurückgeführten Buchstabenverdreher (ORTON 1937) als Anzeichen für Lese-Rechtschreib-Schwierigkeiten gelten gerade aufgrund neuerer hirnanatomisch-funktionaler Erkenntnisse als nicht mehr aussagekräftig.

1973 zeigten VELLUTINO ET AL. schon, dass zwar legasthene Kinder im Vergleich zu Nicht-Beeinträchtigten Probleme hatten, in ihrer Muttersprache präsentierte Wörter aus dem Gedächtnis zu notieren, allerdings hatten normale Kinder bei hebräischen Wörtern und einer damit komplett anderen visuell-orthographischen Repräsentation dieselben Probleme wie die legasthenen Kinder. Ein visuelles Defizit bei der Speicherung der Information konnte damit basal bereits ausgeschlossen werden, obwohl es auch Studien gibt, die diesen zu bestätigen scheinen (wie z.B. zuletzt von LIPOWSKA ET AL. 2011), die oftmals aber in ihren Experimenten ein solches Defizit nur aufgrund abstrakter Objekte, nicht in Form von Schrift oder Buchstaben untersuchen. VIDYASAGAR und PAMMER (2010) stellen das phonologische Defizit als Ursache für Leseschwierigkeiten generell in Frage und favorisieren stattdessen eine Aufmerksamkeitsstörung bei der visuellen Verarbeitung von Graphemen und ihrer sich dann anschließenden Verarbeitung, Umsetzung und ggf. Speicherung als phonologische Repräsentationen. Inwiefern diese visuellen Defizite allerdings als ursächlich oder symptomatisch mit Rechtschreibleistungen intervenierend interpretiert werden können, steht weiterhin aus.

Dafür wurde lange Zeit davon ausgegangen, dass sogenannte Reversionsfehler (z.B. das Vertauschen ähnlich aussehender Grapheme wie <b> und <p> oder <d> und <b>)

---

60   STEINBRINK/KLATTE (2008) nennen dies als möglichen Grund auch auf Basis bereits durchgeführter Studien, welche sie im Artikel überblicksartig aufführen.

auf Schwächen in der Raumlagewahrnehmung der Betroffenen zurückzuführen sei, dies wurde aber widerlegt (KLICPERA/GASTEIGER-KLICPERA 1993). Vielmehr zeigen sich diese Reversionen teilweise auch bei sich normal entwickelnden Kindern im Zuge des frühen Schriftspracherwerbs.

Darüber hinaus galt skotopische Empfindlichkeit (auch bekannt als Meares-Irlen-Syndrom), eine Wahrnehmungsstörung, bei der es zu einem Verschwimmen von Symbolen wie Buchstaben kommen kann, als eine Möglichkeit für die mangelhafte Rezeption visueller Information und wurde versucht, mit Farbfolien zu beheben. Untersuchungen zum Einsatz dieser Folien zeigten zwar möglicherweise eine subjektiv empfundene Verbesserung (BOULDOUKIAN ET AL. 2002), waren aber in Bezug auf die Steigerung von Leseleistungen nicht eindeutig oder zeigen möglicherweise höchstens Placeboeffekte (DÖHNERT/ENGLERT 2003).

Weitere Forschungsansätze führen Lese-Rechtschreibprobleme auf Defizite im magnozellulären visuellen System im Gehirn zurück (STEIN/WALSH 1997, STEIN 2001), das für Informationsaufnahme und -verarbeitung sich schnell bewegender visueller Stimuli im Gesichtsfeld zuständig ist und mit dem parvozellulären System interagiert, welches für die Verarbeitung visueller Information einer Fixationseinheit verantwortlich zeichnet. Normalerweise sorgt eine Hemmung bestimmter Strukturen dafür, dass bei der Augenbewegung (Sakkadensprung) zum Zeitpunkt der Fixation eine flüssige Informationsweiterleitung vonstatten gehen kann. Die Theorie zu Ursachen für Lese-Rechtschreib-Schwierigkeiten unter dieser Prämisse geht nun davon aus, dass beim Sakkadensprung ein Defizit im magnozellulären Bereich möglicherweise die Informationsweiterleitung der parvozellulären Strukturen gerade nicht hemmt, sodass beeinträchtigte Menschen verschwommene Zeilen wahrnehmen und somit nicht richtig interpretieren können. Manche Legastheniker berichten zwar tatsächlich von verschwommenen Zeilen, und auch Studien und Diskussionen hierzu konnten zwar teilweise symptomatische Beeinträchtigungen visueller Verarbeitung aufzeigen (z.B. LIVINGSTONE ET AL. 1991, STEIN/WALSH 1997, DEMB ET AL. 1997, KRONBICHLER ET AL. 2002), sind aber nicht konsistent bezüglich ihrer Auswirkungen auf die Leseleistungen bzw. lassen höchstens Rückschlüsse auf ein gleichzeitiges Auftreten phonologischer Rekodierungsschwächen und visueller Perzeptionsfähigkeiten (SNOWLING 2000) oder gar phonologischer und auditiver Defizite zu (STEIN 2001).[61]

Angenommen wird weiterhin, dass eine Diskrepanz zwischen der eigentlichen Blickbewegung beim Lesen, der Fixationszeit und den neurologischen Verarbeitungsprozessen dieser visuellen Information besteht (WERTH 2001). Allerdings muss bei der Diskussion und zukünftiger Forschung in Bezug auf Blickbewegungen und Fixationszeiten besonderer Wert auf Aufmerksamkeit und dessen Kapazität bzw. Spanne gelegt werden – ein Aspekt, der, wie EVERATT (2002) anmerkt, in Studien zu visueller Infor-

---

61   Diese Defizite können wiederum möglicherweise auf das Arbeitsgedächtnismodell nach BADDELEY bezogen werden und zeigen sich dann als Einschränkungen bestimmter exekutiver oder kapazitätsabhängiger Hirnfunktionen. Zur gesamten Breite der Kritik an der magnozellulären Theorie siehe RAMUS ET AL. (2003).

mationsverarbeitung oft nur ungenau spezifiziert wird und dazu führt, dass Ergebnisse selten vergleich- oder gar auf andere Settings transferierbar sind.

Zuletzt zeigten LAASONEN ET AL. (2012) basierend auf gängigen Theorien zu Legasthenie sowie ADHS bezogen auf visuelle Aufmerksamkeitsfähigkeit, dass legasthene Erwachsene in ihrer Studie Schwierigkeiten im Bereich der visuellen Aufmerksamkeit hatten (z.B. beim gleichzeitigen Wahrnehmen zweier Objekte und der Wahrnehmung schnell aufeinander folgender Objekte), Erwachsene mit ADHS diese Schwierigkeiten jedoch nicht zeigten, obwohl dort generell auch von Aufmerksamkeitsschwierigkeiten ausgegangen wird. Das Ergebnis spricht dafür, dass die ADHS-Symptomatik ihre Ursache in weiteren und/oder anderen Bereichen der Aufmerksamkeit hat, die sich auch in Hyperaktivität äußern, während sich visuelle Aufmerksamkeit in der Studie von LAASONEN ET AL. sogar als Prädiktor für Leistungen im Bereich der phonologischen Bewusstheit über die gesamte getestete Gruppe von Teilnehmern eignete.

2.2.3.8   Auditive Informationsverarbeitung

Neben den bereits erwähnten Beeinträchtigungen der phonologischen Bewusstheit und möglicherweise herabgesetzten Speicherfähigkeit im Arbeitsgedächtnis, gibt es einige Hypothesen und entsprechende Untersuchungen zu weiteren Störungen der auditiven Informationsverarbeitung. So konnten MANIS ET AL. (1997) feststellen, dass manche Kinder mit Lese-Rechtschreib-Schwierigkeiten Probleme hatten, Verschlusslaute wie /b/ und /p/ differenziert aufzunehmen und nachzusprechen. Auch konnten ADLARD und HAZAN (1998) zeigen, dass manche der in ihrer Studie getesteten leseschwachen Kinder deutliche Schwierigkeiten hatten, ähnlich klingende Wörter korrekt auseinanderzuhalten, was aber wiederum auch auf ein phonologisches Verarbeitungsdefizit oder andere, möglicherweise auch organische, Ursachen zurückgeführt werden könnte. SERNICLAES ET AL. (2004) postulierten den *allophonic mode of speech perception in dyslexia* und gingen damit davon aus, dass Legastheniker Allophone besser als Nicht-Betroffene, dafür aber für den normalen Hörer klar unterscheidbare Repräsentationen von Phonemvarianten schlechter auseinanderhalten können, was dazu führen kann, dass „dyslexic children use an allophonic mode of speech perception that, although without straightforward consequences for oral communication, has obvious implications for the acquisition of alphabetic writing" (SERNICLAES ET AL. 2004, S. 336).

Weitere Annahmen wie z.B. zu einer auditiven „Zeitverarbeitungsstörung" (TALLAL ET AL. 1998), bei der postuliert wurde, dass legasthene Kinder Schwierigkeiten haben, schnell aufeinanderfolgende akustische Reize zu unterscheiden, sind umstritten, da Studien unter ähnlichen methodischen Settings z.B. von NITTROUER (1999) und BRETHERTON und HOLMES (2003) keine oder nur sehr geringe Abweichungen zwischen Experimental- und Kontrollgruppen bei der Durchführung der Experimente zeigten. Auch der mit einem Zeitverarbeitungsdefizit verknüpfte Einsatz eines Ordnungsschwellentrainings zeigt zwar oft in vereinzelten Bereichen positive Trainingseffekte oder wird zumindest von Eltern subjektiv positiv bewertet, allerdings nur selten in Bezug auf Lese- und Rechtschreibleistungen.[62]

Generell betrachtet gelten ein phonologisches Defizit und damit eine Beeinträchtigung des phonologischen Bewusstseins bei der Sprachproduktion bzw. dem Abrufen von sprachlicher Information aus dem Gedächtnis (Benenngeschwindigkeit) und Defizite in Verarbeitungsprozessen des Arbeitsgedächtnisses als wahrscheinlicher als eine Störung der reinen auditiven Reizaufnahme bzw. -verarbeitung.

2.2.3.9 Weitere neurobiologische Befunde

Untersuchungen zur Hirnanatomie und -aktivität von Menschen mit Legasthenie oder Lese-Rechtschreib-Schwierigkeiten allgemein erscheinen umso interessanter und lohnenswerter, seit in den letzten beiden Jahrzehnten die Hirnforschung durch bildgebende Verfahren – und damit verbunden der Bestätigung der bereits vorher vermuteten Neuroplastizität – enorme Fortschritte leisten konnte. Allein dadurch kann beispielsweise eine fehlende Leseerfahrung im frühen Kindesalter (auch Vorlesen der Eltern beispielsweise) als Umweltfaktor angesehen werden, der strukturelle Veränderungen im Gehirn hervorgerufen bzw. gewisse neuronale Verschaltungen gar nicht erst ausgeprägt hat, was demnach dann nicht als ursächlich für Lese-Rechtschreib-Schwierigkeiten zu betrachten wäre, sondern als Folge einer unzureichenden, mangelnden Erfahrung (HULME/ SNOWLING 2009). So konnten zahlreiche Studien auch zeigen, dass eine kurz- oder längerfristige Therapie z.B. auf Basis des Konzepts der phonologischen Bewusstheit (längerfristig) oder instruktiver Lesekurzintervention eine neuronal-plastisch erhöhte Aktivität in den Hirnbereichen messbar werden lässt, die eigentlich für normale bis gute Leser charakteristisch ist (RICHARDS ET AL. 2000, AYLWARD ET AL. 2003, BLACHMAN ET AL. 2004, SHAYWITZ ET AL. 2004).

Ein Vergleich verschiedener Sprachen konnte zeigen, dass sich ähnliche hirnstrukturelle Veränderungen im Parietallappen und deren abweichende Aktivität beim Bewältigen von Aufgaben bei leseschwachen Kindern in unterschiedlichen Sprachen (Englisch, Deutsch, Finnisch, Französisch und Italienisch) wiederfinden lassen (PUGH ET AL. 2005). Interessanterweise zeigte sich bei einer Sprachvergleichsstudie von legasthenen Erwachsenen bei englischen Muttersprachlern eine erhöhte Aktivität desjenigen Gehirnbereichs im Temporallappen, der für das Benennen von Objekten verantwortlich ist, während bei italienischen die Bereiche, die für das Dekodieren verantwortlich zeichnen, stärker aktiviert waren (BRUNSWICK ET AL. 1999). Dies kann möglicherweise auf die verschieden tiefen Orthographien der beiden Sprachen zurückgeführt werden, bei der Englisch generell als – auch sprachgeschichtlich erwachsen – recht tiefe Orthographie mit vielen Ausnahmen der Graphem-Phonem-Korrespondenzen gilt[63], während Italie-

---

62   Eine Übersicht über entsprechende Studien – auch eine Diskussion der damit verbundenen Theorie und der Arbeiten von TALLAL ET AL. (1998) – findet sich bei BERWANGER 2006.

63   Siehe auch spezifische Besonderheiten zur englischen Orthographie in Kapitel 2.3.3.

nisch eine eher flache Orthographie mit einer hohen Korrelation zwischen geschriebenem und gesprochenem Wort aufweist.

Die mit Lese-Rechtschreibproblemen verknüpfbaren Hirnregionen sind zahlreich in Bezug auf ihr Vorkommen, ihre Größe im Vergleich zu Nicht-Betroffenen, dem Volumen der sie füllenden und umgebenden weißen oder grauen Substanz und auch damit verbunden ihren neuronalen Verknüpfungen mit anderen Verarbeitungszentren des Gehirns (Übersichten und Ergebnisse z.B. auch in RAMUS 2004, SILANI ET AL. 2005, GALABURDA ET AL. 2006, LEONARD ET AL. 2006). Die Funde sind dennoch bisher nur deskriptiver Natur und insofern unschlüssig, als dass sie noch wenige Aussagen über ursächlich begünstigende Faktoren für die Entwicklung von Lese-Rechtschreib-Schwierigkeiten (oder -fähigkeiten) liefern können. Lediglich eine Langzeitstudie von HOEFT ET AL. (2007) konnte neuronale Aktivität in Kombination mit dem standardisierten Messen von IQ, phonologischer Bewusstheit und Lesefähigkeit als Indikator für spätere sprachliche Dekodierfähigkeiten besser vorhersagen als ein alleiniges Erheben der letzteren drei per standardisierten Testverfahren gemessenen Indikatoren.

2.2.3.10 Weitere Einflussfaktoren und Komorbiditäten

Legasthene Schülern zeigen oft aufgrund ihrer Probleme, die sich im Schul- und privaten Alltag zeigen, ein schlechteres Selbstbewusstsein oder gar depressive Züge (ALEXANDER-PASSE 2006) und erleben in der Schule ein erhöhtes Pensum an Stress (ALEXANDER-PASSE 2008). Es überrascht kaum, dass Kinder mit schwerwiegenden Schwierigkeiten in den Kompetenzbereichen Lesen und Schreiben ein erhöhtes Risiko besitzen, psychische Auffälligkeiten – insbesondere aggressives und dissoziales Verhalten – zu entwickeln und zu zeigen. ESSER ET AL. (2002) zeigten, dass ca. 43% der Kinder mit einer LRS im Alter von acht und ca. 34% der jungen Erwachsenen im Alter von 18 Jahren diese Probleme aufwiesen, allerdings konnten die Wissenschaftler keine negativen Auswirkungen auf das Selbstbild der Schüler nachweisen, während KLICPERA/SCHABMANN (1993) von schwacher Motivation, emotionalen Problemen sowie Konzentrationsschwierigkeiten in der Schule berichten. Von den 18-Jährigen in der Studie von ESSER ET AL. (2002) erreichten zudem nur 12% das Gymnasium oder die Realschule im Vergleich zur unbeeinträchtigten Kontrollgruppe, bei der dies für 60% möglich gewesen war. Diese Zahl deckt sich mit einer Studie von STREHLOW (2004), in der nur 10% der Schülerinnen und Schüler, bei denen zuvor Lese-Rechtschreibprobleme festgestellt worden waren, ihre Schullaufbahn mit dem Abitur abschlossen.[64]

In diesem Zusammenhang spielen weitere sozioökonomische Faktoren für das erfolgreiche Erwerben der Schriftsprache eine Rolle. So haben Kinder aus finanziell schwachen Familien ein erhöhtes Risiko, sowohl in Messungen zum Intelligenzquotien-

---

64 Angemerkt werden sollte, dass die Studien von STREHLOW (2004) und ESSER ET AL. (2002)
    als Definitionsgrundlage mit der nach ICD-10 klassifizierten Lese-Rechtschreibstörung arbeiten.

ten als auch in verbalen und allgemein-schulischen Leistungen schwach abzuschneiden (SMITH ET AL. 1997, speziell zu LRS: RUTTER ET AL. 1970, VALTIN 1970, KLICPERA ET AL. 1993), obgleich FRÖHLICH ET AL. (2013) zeigen konnten, dass die Bildung der Eltern an sich keine Korrelation zur schriftsprachlichen Schlüsselkompetenz der phonologischen Bewusstheit hatte, ganz im Gegensatz zu Faktoren wie Migrationshintergrund, Sprachbeeinträchtigungen und Fernsehkonsum. Die phonologische Bewusstheit stellt hier allerdings als einzelne Kompetenz auch nur einen Teilbereich der einflussnehmenden Faktoren beim allgemeinen Schriftspracherwerb dar.

Bereits im Kapitel zu den Grundvoraussetzungen eines unbeeinträchtigten Schriftspracherwerbs (2.1.1) wurde die Graphomotorik, also die Koordination von Fingern, Hand und Arm beim Schreiben, als eine Kompetenz vorgestellt. Eine mangelnde Graphomotorik äußert sich daher oft bei Rechtschreibschwierigkeiten in einem unsauberen Schriftbild. Dass rechtschreibschwache Kinder allerdings rein aufgrund ihrer mangelhaften Graphomotorik deutlich langsamer schreiben, wurde von SUMNER ET AL. (2012) widerlegt: Sie schreiben nicht zwingend insgesamt langsamer, weil ihre Schreibfähigkeit an sich eingeschränkt ist, sondern dadurch, dass sie insgesamt mehr Pausen beim Schreiben von Texten einlegen. Die Autoren empfahlen entsprechend bei Interventionsprogrammen mit Schwerpunkt Schreiben, nicht zwingend generell die Graphomotorik zu trainieren, sondern vorerst in die Diagnose einfließen zu lassen, ob das zu unterrichtende Kind möglicherweise generell in Bezug auf Textkomposition Probleme zeigt. Auch empfehlen sie basierend auf der Studie von BERNINGER ET AL. (2002) primär eine Rechtschreibförderung auf Wortebene und im Bereich der Textkomposition im Gegensatz zur isolierten Förderung der Ausführung der Handschrift.[65]

Die im Rahmen der Diskussionen um kognitive Leistungen des Arbeitsgedächtnisses lese-rechtschreib-schwacher Kinder diskutierten Beeinträchtigungen zeigen häufig dieselben Ausprägungen wie jene zu den Verhaltensschwierigkeiten zu zählenden Aufmerksamkeitsdefizit-(Hyperaktivitäts-)Störungen (AD(H)S), bedingen sich allerdings nicht zwangsläufig gegenseitig, sondern können auch unabhängig voneinander auftreten (SHAYWITZ ET AL. 1995), sodass ADHS-Kinder sogar oftmals gar keine Schwierigkeiten beim Lesen und Schreiben zeigen (EPSTEIN ET AL. 1991). Dennoch zeigt sich bei Schuleintritt möglicherweise durch negative Auswirkungen auf das Selbstbild des betroffenen Schülers in Abgrenzung mit seinen *peers* und die stringenten Bedingungen eines klassischen Schulunterrichts ein „enger, nicht kausaler Zusammenhang" (KLICPERA ET AL. 2010, S. 200) zwischen Lese-Rechtschreibleistung und Auffälligkeiten im Bereich Aufmerksamkeit und (Hyper-)Aktivität (MAUGHAN ET AL. 1996, VELTING/WHITEHURST 1997), ca. ein Drittel der LRS-Schüler zeigt besonders im schulischen Kontext ein dissoziales Verhalten (KLICPERA ET AL. 2010).

---

65   Im Rahmen der Konzeption des Englisch-Rechtschreibtrainings in dieser Arbeit wird zunächst ein Fokus auf Förderung von Automatisierung der Graphem-Phonem-Korrespondenzen auf Wortebene gelegt, während die Bereiche Textproduktion und -komposition erst später im Trainingskonzept thematisiert werden sollen. Der Bereich der Graphomotorik als zu therapierendes Element wird nicht explizit mit einbezogen.

Aufgrund der Schwierigkeiten im laufenden Unterricht sowie zunehmender Frustration ist es oftmals schwierig, lese-rechtschreib-schwache Schüler zur aktiven Teilnahme am Unterricht oder an Fördermaßnahmen zu motivieren. BROOKS (2001) führt dies maßgeblich darauf zurück, dass die Kinder sich in einer Situation mit Problemen gefangen fühlen, die in ihren Augen kaum gelöst werden kann. Er führt folglich Empathie und Adaptationsfähigkeit der Lehrkraft auf die verschiedenen (Lern-)Voraussetzungen der Schüler als wichtigste Faktoren für eine erfolgreiche Förderung an. Diese sind auch von besonderer Wichtigkeit, da sich aufgrund des schwachen Selbstvertrauens in ihre eigenen muttersprachlichen Fähigkeiten bei vielen lernschwachen Kindern auch Ängste in Bezug auf das Erlernen einer Fremdsprache zeigen (SPARKS/GANSCHOW 1991, SPARKS 1995), obwohl diese Kinder im Vergleich zu unbeeinträchtigten Schülern teils einen ähnlich hohen Grad an Motivation gegenüber dem Fremdsprachenlernen aufweisen, aber dann gegenüber mündlicher Teilnahme im Unterricht oder Leistungsüberprüfungen in den Fremdsprachen Versagensängste aufbauen, die bei anderen Schülern nicht im vergleichbar hohen Maße auftreten (JAVORSKY ET AL. 1992).

2.2.4 Interventionsmöglichkeiten bei Lese-Rechtschreib-Schwierigkeiten

Um die Schwierigkeiten beim Schriftspracherwerb oder Lese-Rechtschreibprobleme zu kompensieren, wurden zahlreiche Programme entwickelt, von denen ein Teil nach wissenschaftlichen Methoden konzeptioniert und evaluiert wurde. Die auch aufgrund ihrer Verbreitung wichtigsten Programme sowie ihre Konzepte und andere Interventionsansätze sollen nachfolgend vorgestellt werden, um auf Basis der Studienergebnisse eine effektive methodische Grundlage zusammenstellen und bewerten zu können. Der Schwerpunkt liegt dabei auf einer Förderung der oben angesprochenen Symptomatik und der Rechtschreibung im Speziellen – auch wenn manche Programme parallel sowohl Lesen als auch Rechtschreiben trainieren.

Zudem gibt es auf dem aktuellen Fördermarkt weitere, nur selten oder überhaupt nicht evaluierte Förderansätze bzw. durch Werbung Eltern vielversprechende „Heilmittel", deren Wirksamkeit oftmals höchst fraglich bzw. als widerlegt gilt.[66] Solche Ansätze werden hier entsprechend nicht aufgeführt.

2.2.4.1 Evaluierte Lese-Rechtschreibprogramme

Nachfolgend sollen zentrale methodische Herangehensweisen und Ergebnisse evaluierter, evidenzbasierter und im deutschsprachigen Raum weit verbreiteter Rechtschreib-

---

66 Einen ausführlichen, forschungsbasierten Überblick über weitgehend unwirksame, bedenkliche oder zumindest kritisch zu betrachtende, alternative Förderansätze findet sich in VON SUCHODOLETZ (2006).

programme zusammengefasst werden. Dabei werden sowohl die beiden ausführlich evaluierten Programme *Marburger Rechtschreibtraining* (SCHULTE-KÖRNE/MATHWIG 2001) sowie *Lautgetreue Lese-Rechtschreibförderung* (REUTER-LIEHR 2001) als auch das aktuelle *WorT – Würzburger orthografisches Training* (BERGER ET AL. 2009) vorgestellt. Da der Kern der vorliegenden Untersuchung die Förderung von jungen Englischlernern ist, werden ebenfalls die im englischsprachigen Raum weit verbreiteten multisensorischen Ansätze nach Orton-Gillingham, *Bangor Dyslexia Teaching System* und *Alpha to Omega,* und deren Evaluationen und methodisch-didaktische Konzeption mit einbezogen.

2.2.4.1.1   Marburger Rechtschreibtraining (SCHULTE-KÖRNE/MATHWIG 2001)

Das *Marburger Rechtschreibtraining* orientiert sich an FRITHs Stufenmodell des Schriftspracherwerbs (1985) und nutzt dabei im Kern orthographische Strategien in Form von Rechtschreibregeln und Algorithmen in Anlehnung an KOSSOW (1972, 1991), die den betroffenen Schülern als Entscheidungshilfe beim korrekten Schreiben dienen. Das Training ist damit für Kinder ab der 2./3. Klasse ausgerichtet, die bereits Grundlagen des lautlichen Schreibens praktiziert und damit Kenntnis über grundlegende Graphem-Phonem-Korrespondenzen haben. Der Lern- und Übungsbereich des Trainings baut insgesamt und innerhalb eines der zwölf Kapitel stetig aufeinander auf mit verschiedenen Wiederholungs- und Automatisierungsübungen und schließt jeweils mit einer Erfolgskontrolle in Form von Diktaten ab, deren Ergebnisse grafisch dargestellt und somit als Motivationsfaktor in das Training mit einbezogen werden können. Die wichtigsten Regeln werden mithilfe von handgerechten Regelkarten präsentiert.

Das Training kann mithilfe der beigefügten Anleitung, die Informationen zur Durchführung und Zielstellung der einzelnen Übungen und Kapitel gibt, sowohl von Therapeuten und Lehrern als auch von Eltern eingesetzt werden. Es zeigte sich im Vergleich, dass ein dreimonatiges Training in Form einer Kurzzeitintervention durch ausgebildete Fachkräfte[67] (SCHULTE-KÖRNE ET AL. 2001) höhere Trainingseffekte hatte als ein einjähriges Elterntraining (SCHULTE-KÖRNE ET AL. 1997), welches keine Steigerung der allgemeinen Rechtschreibleistung, dafür in den behandelten Fehlerbereichen Verbesserungen zeigte. Im Rahmen einer an einer Grundschule durchgeführten Studie wurde das *Marburger Rechtschreibtraining* über einen Zeitraum von 2 Jahren integriert[68] und mit dem bestehenden, schulischen Förderunterricht verglichen (SCHULTE-KÖRNE ET AL. 2003). Rechtschreibtraining und Förderung fanden hier parallel in kleinen Gruppen zweimal pro Woche statt; die Gruppe, die mit dem *Marburger Rechtschreibtraining*

---

67   Im Rahmen der Studie waren es mit dem Training vertraute, angeleitete studentische Hilfskräfte.

68   Dieser Zeitraum entspricht dem in der Einleitung des Trainingsmaterials – im Vergleich zum Zeitraum der vorangegangenen Studien nicht berücksichtigten – erwähnten Mindestzeitraum für eine nachhaltige Verbesserung der Rechtschreibleistung (SCHULTE-KÖRNE/MATHWIG 2001).

arbeitete, konnte aber keine signifikant besseren Ergebnisse zeigen als der reguläre Förderunterricht. Die Autoren diskutieren dazu mehrere Möglichkeiten wie z.B. eine mögliche Artefaktbildung durch unterschiedlich differenzierte Testungen, eine nicht ausreichend randomisierte Zusammenstellung der Gruppen oder nicht unmittelbar kontrollierbare Faktoren wie die Motivation und der Einfluss der Förderlehrkräfte auf die rechtschreibschwachen Kinder. Insgesamt konnten zwar in den Trainingsstudien Verbesserungen gemessen werden, allerdings sind die Evaluationen zum *Marburger Rechtschreibtraining* insgesamt – zum Teil vermutlich auch zurückzuführen auf die Komplexität des Programms – nicht ohne Kritik geblieben, z.B. auch in Bezug auf gewisse methodische Mängel im Untersuchungsdesign.[69]

2.2.4.1.2   Lautgetreue Lese-Rechtschreibförderung (REUTER-LIEHR 2001)

Das mittlerweile mehrteilig erschienene Trainingsprogramm von REUTER-LIEHR wurde ursprünglich für den Rahmen eines schulischen 90-minütigen Förderunterrichts für das individuelle und Kleingruppentraining konzipiert und setzt hauptsächlich auf Übungen zur Stärkung der phonologischen Bewusstheit und der Phonem-Graphem-Korrespondenzen. Das Training richtet sich primär an Grundschulkinder und bis zur 7. Klasse, kann aber laut Autorin auch für alle weiteren Altersstufen eingesetzt werden und dauert bei einer Trainingssitzung pro Woche à 90 Minuten etwa anderthalb bis zwei Jahre.

Die Instruktion an sich ist stark vorstrukturiert mit minutengenauen Protokollen und Anleitungen für Trainingsstunden, schriftsprach-, entwicklungs- und strategieorientiert[70] und in drei Phasen unterteilt: Das Training beginnt mit der multisensorischen Erarbeitung von Phonem-Graphem-Korrespondenzen beim lautgetreuen Schreiben und sechs nach Schwierigkeit ansteigenden Phonemstufen, die mit Lautgebärden gelernt werden. Dementsprechend wird auch primär mit Wortmaterial gearbeitet, das lautgetreu ist und nicht von einer regelhaften Schreibweise gemessen an der Aussprache abweicht. In Phase II trainieren die lese-rechtschreib-schwachen Kinder Morpheme zu segmentieren und zu manipulieren, bevor erst in der letzten Phase unregelmäßige Ausnahmen automatisiert werden. REUTER-LIEHR setzt darüber hinaus auf verschiedene verhaltenstherapeutische Elemente und Verstärker wie beispielsweise ein ständiges, positives Feedback über Fortschritte und der Feststellung der individuellen „Nullfehlergrenze" des trainierenden Kindes, um ihm bereits zu Beginn des Trainings unmittelbar positive, motivierende Trainingseffekte transparent machen zu können. Darüber hinaus wird eine starke Integration der Eltern in das Training betont, da die Kinder auch zuhause Elemente des Strategietrainings wiederholen und festigen müssen.

---

69   Eine Übersicht liefert BERGER (2010).
70   Siehe auch von MANNHAUPT (2006) aufgestellte Prinzipien für LRS-Therapieprogramme, welche einleitend in Kapitel 4 vorgestellt werden.

Die *Lautgetreue Lese-Rechtschreibförderung* wurde von REUTER-LIEHR in eigenen Studien (1993, 2001, 2006) sowie in Fremdstudien (z.B. UNTERBERG 2005[71], WEBER ET AL. 2002) evaluiert und zeigte sowohl in der Lesegenauigkeit als auch insbesondere für die Rechtschreibleistung in den trainierten Bereichen teils hohe Effekte und muss daher als überaus wirksames Interventionsprogramm betrachtet werden.

2.2.4.1.3   WorT – Würzburger orthografisches Training (BERGER ET AL. 2009)

WorT orientiert sich in seiner Förderung der Rechtschreibung an den bereits diskutierten Schriftspracherwerbsmodellen (insbesondere dem von FRITH 1985) und beginnt, wie das Training nach REUTER-LIEHR, zunächst mit lautgetreuem Schreiben und Graphem-Phonem-Korrespondenzen (Klasse 1–2) und führt erst orthographische Regeln und zu automatisierende Merkwörter (Klasse 2–4) ein, wenn lautgetreues Schreiben weitgehend beherrscht wird und gefestigt ist. Der größte Unterschied zu anderen Trainingsprogrammen besteht wohl im modularen Aufbau, der es auch erlaubt, Material im Regelunterricht einzusetzen oder lese-rechtschreib-schwachen Kindern als zusätzliches Arbeitsmaterial z.B. im Rahmen offener Unterrichtsformen, von Freiarbeit oder Hausaufgaben für Automatisierungsprozesse oder zum allgemeinen Weiterüben zur Verfügung zu stellen. Zu Beginn des Trainings wird ein Eingangstest durchgeführt, um voraussetzungs- und entwicklungsorientiert individuelle Fehlerschwerpunkte zu diagnostizieren. Auch in den einzelnen Modulen finden sich nach verschiedenen Schwierigkeitsgraden abgestufte, differenzierende Übungen und Tests, mit denen dem Trainingskind je nach Stand Fortschritte transparent gemacht werden können. Hier setzen die Autoren stark auf die individuelle Bezugsnorm des einzelnen Schülers, um z.B. anhand der sich über die Zeit reduzierenden Fehlerzahl einen Trainingseffekt zeigen zu können.[72] Damit wurden auch verschiedene motivationale, verhaltenstherapeutische Verstärker und die Hinführung zu selbständigem Arbeiten in *WorT* integriert, was individuell für die zu fördernden Schüler und mitsamt des individuell differenzierenden Fördermaterials als didaktisch höchst wertvoll anzusehen ist.

In der Evaluation des Trainingsprogramms konnte BERGER (2010) nachweisen, dass die Arbeit mit *WorT* mit gewissen Einschränkungen bzgl. einzelner Module im Programm zu einer Verbesserung der Rechtschreibleistung insbesondere in der 2. Klasse führte, während dies für Experimental- und Kontrollgruppe in der 3. Klasse nicht eindeutig replizierbar war.

---

71   Für die Fremdstudie von UNTERBERG (2005) muss allerdings angemerkt werden, dass diese keine Kontrollgruppe als Vergleich aufweisen konnten.

72   BERGER (2010) bezieht sich als Grundlage hier auf RHEINBERG/KRUG (2005), die „eine Reihe von positiven Effekten der Verwendung einer individuellen Bezugsnorm auf das Verhalten und die Einstellung von Schülerinnen und Schülern zeigen [konnten]." (BERGER 2010, S. 129)

2.2.4.1.4   Multisensorische Trainingsansätze nach Orton-Gillingham

Insbesondere im englischsprachigen Raum haben sich multisensorische Trainingsprogramme bewährt, die in Anlehnung an die Arbeiten von ORTON (1937) und GILLINGHAM/STILLMAN (1960) entwickelt wurden. Die größte Verbreitung unter diesen zeigen das von Tim Miles entwickelte *Bangor Dyslexia Teaching System*, welches ergänzt von Elaine MILES (1997) neu herausgegeben wurde, sowie das Training *Alpha to Omega* von HORNSBY ET AL. (2006). ORTONs Grundlagenarbeit und damit das Konzept als Ganzes ging bereits sehr früh von Schwächen in der phonologischen Bewusstheit aus und versuchte dies durch Übungen zu stärken, bei denen Kindern Wörter auditiv, visuell und kinästhetisch dargeboten werden, was aufgrund dieser drei Modalitäten als „*Language Triangle*" bezeichnet wird (RITCHEY/GOEKE 2006). GUYER/SABATINO (1989) zeigten, dass eine Intervention mit lernschwachen College-Studenten, die einem multisensorischen Ansatz nach Orton-Gillingham folgte, effektiver und zu schnelleren Lesefortschritten führte als ein Training, das allgemeine Lesestrategien, aber keine phonematischen Prinzipien unterrichtete. Dass eine direkte, multisensorische Erarbeitung im Vergleich zu konventionellen oder auch rein phonologisch-strukturierten Ansätzen erfolgreich sein kann, wurde von SPARKS ET AL. in zahlreichen Studien nachgewiesen (SPARKS ET AL. 1992, SPARKS/GANSCHOW 1993, 1995[73], auch: NIJAKOWSKA 2010), in denen beispielsweise auch signifikant höhere Lerneffekte für beeinträchtigte Kinder im Vergleich zu einer unbeeinträchtigten Kontrollgruppe, sowie hohe Effekte für das Training von Lesen und Rechtschreiben in Fremdsprachen gezeigt werden konnten.[74]

In einer vergleichenden Studie verschiedener Erhebungen zum Orton-Gillingham-Trainingsverfahren bzw. darauf basierenden Ansätzen konnte gezeigt werden, dass diese zwar höhere Lerneffekte bewirken konnten als konventionelle Trainingsverfahren und dies sowohl in verschiedenen Altersstufen und Populationen als auch Interventionssettings (RITCHEY/GOEKE 2006). Gleichzeitig mussten RITCHEY und GOEKE allerdings auch einräumen, dass es aufgrund der recht kleinen Auswahl von Studien auswertungsmethodische Einschränkungen gibt, die durch zukünftige Forschung noch revidiert werden müssten „[d]espite widespread use by teachers in a variety of settings for more than 5 decades" (RITCHEY/GOEKE 2006). Dennoch empfehlen beispielsweise SHAYWITZ (2005) und CROMBIE (2000) den Einsatz von Trainings – letztere auch insbesondere bezogen auf das Fördern in Fremdsprachen –, die der Orton-Gillingham-Methode bzw. einem damit verknüpften oder allgemein-multisensorischen Ansatz folgen. Auch in

---

73   Die Studien von SPARKS bzw. SPARKS und GANSCHOW bezogen sich primär auf die Intervention in der Fremdsprache Spanisch und konnten im Vergleich zu nicht-beeinträchtigten Kontrollgruppen im Mittel hohe Lernfortschritte auch in verschiedenen Altersstufen nachweisen. Eine Übersicht der Studien zum multisensorischen Ansatz und Fremdsprachenlernen mit beeinträchtigten Schülern findet sich in SPARKS/MILLER 2000.

74   In Bezug auf Englisch als Fremdsprache konnte auch NIJAKOWSKA (2010) mittels einer multisensorischen Herangehensweise an die Förderung von Graphem-Phonem-Korrespondenzen und orthographischen sowie grammatischen Wissen die Rechtschreib- und Leseleistung von schwachen, polnischen Englischlernenden verbessern.

einer Studie, die grundlegende multisensorische Trainingselemente der Orton-Gillingham-Systematik beinhaltete, konnten Verbesserungen im Bereich der phonologischen Bewusstheit, Redokierfähigkeit sowie im Leseverständnis nachgewiesen werden, während eine mit einem Standardlesetraining behandelte Kontrollgruppe nur Verbesserungen im Leseverständnis zeigen konnte (JOSHI ET AL. 2002).

Im Training von MILES (1997) wird zunächst nicht explizit nach Lesen oder Rechtschreiben unterschieden, da das Konzept davon ausgeht, dass eine gewisse Interferenz zwischen beiden Kompetenzen besteht. Erste Erfolge zeigen sich laut der Autorin nach etwas mehr als einem Jahr beim Lesen, beim Rechtschreiben bereits unter einem Jahr Intervention. Aufgrund der sich verstärkenden Vermutung, dass das Arbeitsgedächtnis und damit auch die Steuerung von Informationen aus dem Langzeitgedächtnis von lese-rechtschreib-schwachen Kindern möglicherweise beeinträchtigt ist, ergänzte Miles den Ansatz um das sogenannte „persönliche Wörterbuch", in dem die Kinder ihre eigens erarbeiteten Buchstabierregeln bzw. Problemwörter sammeln und dies ganz nach ihrem Belieben möglichst bunt und mit Bildern gestalten dürfen.[75] Darüber hinaus setzt das *Bangor*-System neben kurzen Diktat-Drills auf den Einsatz von Wort-/Graphem-Karten oder Sandpapier bzw. Knete, um den Tastsinn anzusprechen und die Form von Buchstaben kinästhetisch erfahrbar zu machen. Kern des Trainings von GILLINGHAM und STILLMAN (1960) war ebenfalls bereits das „simultane mündliche Schreiben" (*Simultaneous oral spelling*, SOS) insbesondere für das Lernen von Wörtern mit uneindeutigen Graphem-Phonem-Korrespondenzen, wobei dem Kind Wortkarten gezeigt und vorgelesen werden, das Kind muss das Wort wiederholen, es aufschreiben, erneut wiederholen und anhand der Karte kontrollieren, ob es richtig geschrieben wurde, bevor der Vorgang nochmals wiederholt wird (BRYANT/BRADLEY 1985).

Alpha to Omega von HORNSBY ET AL. (2006) ist ebenfalls eine Entwicklung[76] auf Grundlage des multisensorischen Ansatzes von ORTON, GILLINGHAM und STILLMANN, aber stärker vorstrukturiert und eingeteilt in drei Stufen, wobei die erste primär einzelne Grapheme und einfachste Konsonant-/Vokal-Zusammensetzungen (auch im phonetischen Zusammenhang in Wörtern betrachtet) behandelt und dies kontinuierlich steigert, bis in Stufe drei zwei- und mehrsilbige Wörter und vermehrt diverse Ausnahmen vom regelhaften Schreiben als Sichtwörter (*sight words*)[77] gelernt werden. Für regelmäßig und auch zu automatisierende Lernwörter empfehlen die Autoren den Einsatz der SOS-

---

75 Für ältere Schüler ab dem Alter von 13 empfiehlt MILES (1997) eine nüchternere Herangehensweise, um dem entwicklungspsychologischen Status zu entsprechen: So sollte das persönliche Wörterbuch weniger spielerisch gestaltet sein. Auch sollte das gesamte Training – auch aus zeitökonomischen Gründen – möglichst zunächst Kernschwierigkeiten des Schülers behandeln, also sich nicht unbedingt wie für die jüngeren Trainingskinder systematisch vom Einfachen zum Schweren aufbauen.

76 Die erste Veröffentlichung des Materials geschah von HORNSBY im Selbstverlag 1974. Die aktuelle Fassung (2006) stellt die sechste durchgesehene und revidierte Ausgabe dar.

77 Wenn im Folgenden in Zusammenhang mit Rechtschreibung von Sichtwörtern/*sight words* gesprochen wird, ist damit nicht nur das Erkennen/Lesen dieser Wörter gemeint, sondern entsprechend auch das korrekte und weitgehend problemlose Abrufen aus dem Gedächtnis und dessen korrekte Schreibung auf Papier.

Methode (s.o.) und übertragen diese auch auf kurze Diktatübungen (*dictation drill*), bei dem ein kurzer Satz mit dem zu lernenden Wort vorgelesen, vom Schüler wiederholt, erneut vorgesprochen und dann vom Schüler simultan geschrieben und gesprochen wird, um anschließend das Ergebnis zu kontrollieren. Der Schüler soll dabei zur Selbstkorrektur ermuntert werden. Das zur Verfügung gestellte Wortmaterial ist dabei sehr umfangreich und kann mithilfe des *Student's Book* noch ergänzt werden.

2.2.4.2   Weitere evidenzbasierte Förderkomponenten

Die oben bereits vorgestellten Trainingsprogramme vereinen in sich meist mehrere methodische Ansätze bzw. Förderkomponenten und sind damit im ganzheitlichen Zusammenspiel evaluiert worden. Die meisten vorliegenden Rechtschreibprogramme folgen unterschiedlichen theoretischen Konstrukten für eine LRS oder Legasthenie, von denen aber folgende Interventionen nach aktuellem Forschungsstand als wirksam angesehen werden:

- „Training der phonologischen Bewusstheit,
- silbenorientiertes Training,
- orthographisches Regeltraining,
- Verbesserung der lexikalisch-ganzheitlichen Worterkennung" (COSTARD 2007, S. 118).

Diese und weitere Förderkomponenten sollen im Folgenden anhand von vorliegenden Studien dargestellt werden, die positive Effekte auf Rechtschreibleistungen haben.[78]

2.2.4.2.1   Förderung der phonologischen Bewusstheit und von Graphem-Phonem-Korrespondenzen

Obwohl phonologische Bewusstheit als eine der Schlüsselkompetenzen und sogar früher Indikator für erfolgreiches Lesen und Rechtschreiben gilt (s. 2.2.3.2) und durchaus als Förderkomponente die Leistungen von Kindern verbessern kann (EHRI ET AL. 2001), scheint ein isoliertes Training der phonologischen Bewusstheit im engeren Sinne im fortgeschrittenen Schriftspracherwerb – möglicherweise schon im Laufe des späten Grundschulalters – kaum noch Wirkung auf die Rechtschreibung von Kindern mit schwerwiegenden Rechtschreibschwierigkeiten zu zeigen, wenn der Schriftspracherwerb an sich als abgeschlossen gilt bzw. dieser entwicklungspsychologisch nicht mehr

---

78   Einige dieser Förderkomponenten finden sich auch in den bereits besprochenen Trainingsprogrammen und werden damit hier anhand weiterer Publikationen über andere methodische Ansätze gestützt.

ohne größeren Aufwand beeinflusst werden kann (ebd.).[79] Möglicherweise muss ein Kind auch gar keine grundlegende phonologische Bewusstheit aufweisen oder mittels Interventionen in dieser gefördert werden, um Graphem-Phonem-Korrespondenzen erlernen zu können (CASTLES ET AL. 2009). Allerdings erhöht sich die Schreibleistung für lautorientiertes Schreiben (SCHNEIDER ET AL. 2000, EHRI ET AL. 2001) bzw. des Lesens (BRADLEY/BRYANT 1985, HATCHER ET AL. 1994) signifikant, wenn Aufgaben-typen zur phonologischen Bewusstheit mit Graphem-Phonem-Korrespondenzen in Ver-bindung gebracht werden. Auch ein isoliertes Training von Graphem-Phonem-Korrespondenzregeln *(phonics training[80])* konnte Wirksamkeit insbesondere sogar auf die Leseleistung von Pseudowörtern zeigen (TORGESEN 1998), und derselbe Ansatz zeigte computergestützt und ergänzt durch Phonemidentifikations- und -analyse-aufgaben hohe Effekte (WISE ET AL. 1998). EHRI und ROBBINS (1992) konnten zeigen, dass leseschwache Kinder sich unbekannte und wenig lautgetreue Wörter erst durch Analogiebildung erschließen konnten, als sie einen gewissen Grad an Kompetenz in Aspekten der phonologischen Bewusstheit aufwiesen.

Eine generell explizite und direkte Instruktion von Graphem-Phonem-Korrespondenzen scheint gerade deshalb bei lese-rechtschreib-schwachen Kindern förderlich, da diese Schwierigkeiten haben, sich implizit sprachliches Wissen anzueig-nen: „Möglicherweise ist dies der Grund dafür, dass Graphem-Phonem-Korrespondenzen und orthographisches Wissen auch bei häufigem Kontakt mit ge-schriebenen Wörtern nicht automatisieren." (ISE/SCHULTE-KÖRNE 2012, S. 92)

Für die Instruktion von Nicht-Muttersprachlern konnten YEUNG ET AL. (2012) bei chinesischen Kindergartenkindern zeigen, dass sie Englisch deutlich besser lernten im Vergleich zu einer Kontrollgruppe über einen Zeitraum von nur drei Monaten, wenn Elemente zur phonologischen Bewusstheit beim Vokabellernen explizit verknüpft wur-den. Die Trainingskinder verbesserten sich sowohl auf der Ebene des Wortlesens als auch in ihrer Rechtschreibung signifikant, was besonders für eine frühe Integration basaler Elemente phonologischer Bewusstheit im englischen Früh- und Anfangsunter-richt sprechen dürfte. Für die Förderung in alphabetischen Sprachsystemen hatten GANSCHOW und SPARKS (1995) für das Spanische gezeigt, dass hier eine Förderung der phonologischen Bewusstheit auch Auswirkungen auf die Leistung in der phonologi-schen Bewusstheit hat und damit möglicherweise positive Auswirkungen auf den Schriftspracherwerb auch in der zusätzlichen Sprache.[81]

---

79 Interessanterweise konnten Hirnstudien zeigen, dass Kinder nach einem Jahr Leseunter-richt eine kaum vorhandene Vernetzung von automatisierten Graphem-Phonem-Zuordnungen zeigen, während sie nach vier Jahren Leseunterricht schwach und bei Er-wachsenen dann vergleichsweise stark ausgeprägt waren (FROYEN ET AL. 2009). Dies sollte entsprechend eine allgemein stärkere Betonung von Korrespondenzen zwischen geschrie-benen und gesprochenen Buchstaben und Lauten im Unterricht nach sich ziehen – nicht nur für leseschwache Schüler.

80 In der englischen Wissenschaftssprache wird in diesem Zusammenhang auch von *phonics* gesprochen im Gegensatz zur phonologischen Bewusstheit (*phonological awareness*).

81 SPARKS und GANSCHOW formulierten darauf aufbauend ihre *Linguistic Coding Differences Hypothesis*, die später noch ausführlich vorgestellt werden wird.

Auch zeigten weitere frühe Evaluationen von Leseinterventionen, die Elemente zur Stärkung der phonologischen Bewusstheit beinhalteten (z.B. Phonemanalysen, Zusammenführen einzelner Phoneme), teils beachtliche Effekte sowie Transferleistungen auf die Rechtschreibleistung (z.B. WILLIAMS 1979, WALLACH/WALLACH 1979). Auf der anderen Seite bewerteten BLOMERT und WILLEMS (2010) bei niederländischen Vorschülern, die später in der Schule Leseschwierigkeiten entwickelten, phonologische Bewusstheit als keinen zuverlässigen Indikator, da 80% aller Schüler, die später Probleme entwickelten, im Vorschulalter keine Schwächen in phonologischer Bewusstheit offenbarten. Aufgrund dessen interpretierten sie die phonologische Bewusstheit umso weniger als kausale Grundlage für eine effiziente Entwicklung von Graphem-Phonem-Korrespondenzregeln und empfehlen daher auch eine stärkere Betonung der Vermittlung letzterer für eine effiziente Förderung lese-rechtschreib-schwacher Schüler.

Die Ergebnisse einiger Studien zu diesem Förderschwerpunkt sind folglich insbesondere bezogen auf ältere Schüler nicht ganz eindeutig. Die Tatsache, dass ein multisensorisches Trainingsprogramm wie das zur Förderung polnischer Englischlerner von NIJAKOWSKA (2010) oder ein lautorientiertes Trainingsprogramm wie z.B. das von REUTER-LIEHR (2001) in Kombination mit anderen Methoden und Trainingsansätzen wie auch verhaltenstherapeutischen Interventionen nachweislich hohe Trainingseffekte auch bei älteren lese-rechtschreib-schwachen Schülern bewirken konnte, spricht für eine Integration von Aufgaben zur phonologischen Bewusstheit und insbesondere der integralen Bewusstmachung von Graphem-Phonem-/Phonem-Graphem-Korrespondenzen in ein umfassender angelegtes Training. So zeigte insbesondere HATCHER ET AL. (1994), dass ein reines Phonologietraining zwar die Leistung in phonologisch-orientierten Aufgaben deutlich erhöhte, signifikant höhere Leseleistungen aber erst bei gleichzeitig stattfindender zusätzlicher Leseinstruktion (also paralleler Präsentation der graphematischen Umsetzung der Phoneme) erreicht werden konnten (*phonological linkage hypothesis*).

2.2.4.2.2 Förderung von Segmentierungsstrategien und Rechtschreibregeln

GOSWAMI (1992) stellte als Gegenpol zum damals noch üblichen visuellen „Wortbild"-Lernen fest, dass die schwächsten Rechtschreiber die größten Schwierigkeiten haben, Wörter in einzelne Segmente zu unterteilen, weswegen sich diese sprachliche Kompetenz in vielen Förderansätzen wiederfindet. Unter Segmentierungsstrategien sind dabei solche methodischen Ansätze zu verstehen, die Wortmaterial auf Phonem-, Silben- oder Morphembasis trainieren. Dies ist auch als Teilkompetenz phonologischer Bewusstheit anzusehen und als syllabierendes Sprechen im gewissen Sinne bei REUTER-LIEHR (2001) enthalten, und auch SCHEERER-NEUMANN (1979, 1981) konnte mit einem ähnlichen Ansatz (syllabierendes Vorlesen, Silben identifizieren, Silbenbögen malen, Arbeit mit Pseudowörtern) große Fortschritte sowohl für das Lesen als auch für das Schreiben verzeichnen. Allerdings wurde im englischsprachigen Raum gezeigt, dass aufgrund der dort unklareren Silbenstruktur ein Silbentraining nur bedingt förderlich zu sein scheint

(SIMON ET AL. 1976), es sei denn es wird mit relativ komplexem Wortmaterial gearbeitet, welches einfacher in einzelne Silben oder Morpheme zerlegt werden kann (LOVETT ET AL. 1990).

Eine weitere Möglichkeit der Segmentierung besteht darin, eine morphologische Bewusstheit (s. 2.2.3.4) zu fördern und dabei mit Morphemen zu arbeiten und z.B. durch Ableitungen verschiedene flexive oder derivative Morpheme auf andere Wörter oder Wortgruppen zu übertragen und somit die Schreibweise dieser Morpheme zu trainieren. KLICPERA/GASTEIGER-KLICPERA (1995) messen dieser Methode allerdings aufgrund der bislang noch ausstehenden Evidenz nur wenig Bedeutung zu, merken aber gleichzeitig an, dass SCHEERER-NEUMANN (1993) in ihrem Training das morphematische Prinzip (z.B. in der Ableitung von „Baum – Bäume") offensichtlich erfolgreich als Element eines Rechtschreibtrainings einsetzen konnte und auch MAHONEY ET AL. (2000) konnten derivativen Morphemen entsprechend positive Einflüsse bezogen auf das Leseverständnis attestieren, SIEGEL (2008) zusätzlich möglicherweise bezogen auf die Rechtschreibleistung schwacher Lerner. So gehen aber auch ELBRO und ARNBAK (1996) davon aus, dass eine Instruktion auf Morphemebene nur in Kombination mit einer Förderung der phonologischen Bewusstheit und Graphem-Phonem-Korrespondenzen Sinn macht.

Die Förderung von Rechtschreibregeln in Form einfacher Algorithmen bzw. Ableitungsregeln findet sich im Marburger Rechtschreibtraining (SCHULTE-KÖRNE/ MATHWIG 2001) sowie für Schüler ab der fünften Klasse im Trainingsprogramm von SCHEERER-NEUMANN (1988), in dem z.B. verschiedene Schreibweisen, Groß- und Kleinschreibung sowie Arbeitstechniken (Arbeit mit Wörterbuch) thematisiert werden.

2.2.4.2.3   Förderung von Automatisierungsstrategien

Unter Automatisierungsstrategien sind solche Methoden zu verstehen, bei denen lese-rechtschreib-schwache Kinder sich durch Wiederholungsverfahren schwierige, nicht-lautgetreue Wörter einprägen, um somit den Prozess der phonologischen Rekodierung und die Abrufbarkeit von Wörtern aus dem mentalen Lexikon – messbar anhand der Benenngeschwindigkeit – zu beschleunigen. Dies entspricht der bei COSTARD (2007) erwähnten ganzheitlich-lexikalischen Worterkennung und wurde oben auch bereits als eine möglicherweise lernförderliche Komponente nach dem Schriftsprachmodell von EHRI (1986, 2005) für das Englische diskutiert (s. 2.1.3).

Zwar ist unklar und teils umstritten, inwiefern sich Wortbilder tatsächlich im Gehirn bzw. als visuelle Repräsentation im Langzeitgedächtnis einprägen[82], dennoch gibt es Erhebungen, die grundlegende Automatisierungsstrategien des Wortbildes bzw. der Buchstabenfolge eines Wortes als förderlich belegt haben, besonders wenn diese z.B. im Zusammenhang mit ihrer Aussprache trainiert verschiedentlich konnotiert werden (EHRI

---

82   Siehe bereits oben diskutiertes Konzept der Speicherung der Graphemfolge (Buchstabenfolge) nach SCHEERER-NEUMANN (1986, 1988).

1992). Insbesondere in einer intransparenten Orthographie wie der des Englischen kann möglicherweise eine Automatisierungsstrategie auf Grundlage der Buchstabenfolge und ihrer Aussprache einen sinnvollen Bestandteil eines Trainingsprogrammes darstellen, wenn die trainierenden Kinder z.B. neu vorkommende Wörter, die sie bis zu dem Zeitpunkt nicht kannten, nicht nur still lesen, sondern diese auch laut vorgesprochen (rekodiert) bekommen (ROSENTHAL/EHRI 2011). SCHEERER-NEUMANN (1986) führt ebenfalls an, dass visuelle Merkmale von Buchstabenfolgen im orthographischen Lexikon gespeichert werden, diese aber eher nach dem Schreiben zur Korrektur herangezogen werden. Für diese Phase ist eine Automatisierung der Buchstabenfolgen möglicherweise förderlich, wenn ein starker Fokus auf (Selbst-)Korrektur in einem Trainingsprogramm gelegt wird. Allerdings konnte auch gezeigt werden, dass ein schwerpunktmäßig visuell-automatisierendes Auswendiglernen nur für Buchstabenfolgen von zwei bis drei Buchstaben effektiv ist (AARON ET AL. 1998). Für ein Trainingsprogramm könnte hier demnach ein Fokus auf bedeutende Signalgruppen oder von ihrer Aussprache stark abweichende Morphemstrukturen förderlich sein.

Für Lesevorgänge hat sich bereits als förderlich herausgestellt, im Kern von Automatisierungsstrategien einen Sichtwortschatz (*sight words*) bzw. Schreibwortschatz aufzubauen, einen Stamm von zu trainierenden Lernwörtern, der direkt bei Präsentation vom betroffenen Kind genannt oder durch schnellen Abruf im Gehirn geschrieben werden kann. Beispielsweise werden Kindern Symbole oder Wörter auf „Blitzkarten" präsentiert, die sie schnell benennen sollen. Hiermit konnten die Lesegeschwindigkeit und -genauigkeit deutlich erhöht werden (TAN/NICHOLSON 1997, MAYER 2008/2009). Diskutiert wurde auch, ob der Aufbau eines Sichtwortschatzes eher durch zusammenhängende Texte oder durch Einzelpräsentation der zu trainierenden Wörter geübt werden sollte. LEVY (2001) kommt zu dem Schluss, dass zwar das Üben gesamter Texte insbesondere auch für den Aufbau von Leseflüssigkeit sinnvoll ist, jedoch gerade für Kinder mit größeren Lese-Rechtschreibproblemen zunächst Übungen mit einzelnen Wörtern oft spannender, abwechslungsreicher und damit motivierender gestaltet werden können.

Auch die Frequenz der Wiederholungen spielt bei Automatisierungen eine große Rolle: Zunehmend gesteigerte Wiederholungsintervalle in einem Training von Namen (LANDAUER/BJORK 1978) bzw. Vokabeln (SIEGEL/MISSELT 1984) führten ebenfalls zu einer Steigerung des Behaltens oder der Lesegeschwindigkeit (LEMOINE ET AL. 1993), was auch auf das Leseverständnis positive Auswirkungen haben kann (LEVY ET AL. 1997). Auch beispielsweise Computerprogramme, die das Lernkarteikastenprinzip verfolgten, zeigten hier eine messbare Effektivität (MURJAHN ET AL. 2005).

Für das Schreiben konnten z.B. TAUSCH ET AL. (1974) hohe Trainingseffekte beim Hören von diktierten Wörtern von einem Kassettenrekorder und dem anschließenden Schreiben sowie Kontrollieren der Schreibweise feststellen. Diese Effekte blieben auch über mehrere Wochen stabil, erfordern von den Probanden allerdings ein gewisses Maß an Selbständigkeit, wie BERGER (2010) in ihrer Darstellung anmerkt, sodass diese Methode eher für ältere Schüler in Frage kommt. Auch eine an den multisensorischen Ansatz (s.o.) erinnernde Methode scheint Erfolge zu zeigen, bei der die Kinder ein Wort betrachten, dieses zudecken, selbst aufsagen, aufschreiben und anschließend mit der ursprünglichen Fassung vergleichen (PAIVIO 1971, GUTEZEIT/PONGRATZ 1975).

2.3   Grundlagen des Zweitsprachenlernens Englisch

In der Sprachlern- und -lehrforschung werden oft im schulpädagogischen Kontext die Begriffe „Fremdsprache" und „Zweitsprache" als „L2" (im Vergleich zur „L1", der Erst- bzw. Muttersprache) gleichgesetzt (RIEMER 2010b), zwischen Fremdsprach*erwerb* und Fremdsprachen*lernen* wird jedoch unterschieden, wobei der erste Begriff eine „außerunterrichtliche, weitgehend ungesteuerte Aneignung" (KÖNIGS 2010b, S. 322) bezeichnet, also beispielsweise durch einen längeren Auslandsaufenthalt durch intensive Interaktion mit Muttersprachlern, der Begriff „Lernen" sich hingegen auf den regulären, expliziten Sprach- bzw. Schulunterricht bezieht (MÖLLER/ZAUNBAUER-WOMELSDORF 2008). Im Folgenden wird daher primär von Sprachenlernen gesprochen, da die lese-rechtschreib-schwachen Kinder hauptsächlich durch Schulunterricht mit dem Englischen als Fremdsprache in Berührung kommen und daher hier ein aktives und explizit-prozedurales Lernen stattfindet.[83] Dabei basiert das Lernen der englischen Fremdsprache auf Fähigkeiten des oben bereits diskutierten Schriftspracherwerbs, dessen Kernkompetenzen mindestens durchschnittliche Kinder bereits bei Eintritt des Englischen als Zweitsprache – oftmals ab der 3., spätestens ab der 5. Klasse – erworben haben sollten, sowie einzelnen Fähigkeiten des nachfolgend noch vorzustellenden Konstrukts der Sprachlerneignung.

2.3.1   Theorien zum Zweitspracherwerb/-lernen

Zum Zweitspracherwerb bzw. dessen gesteuerter Form des Lernens wurden in den letzten Jahrzehnten verschiedene Hypothesen postuliert, die die Grundlagen der Aneignung zu erklären versuchen.

---

83   Es sei dennoch an dieser Stelle darauf hingewiesen, dass KÖNIGS an anderer Stelle erwähnt, dass es heutzutage auch zu einer Vermischung des Erwerbs und des Lernens dadurch kommen kann, „dass z. B. der deutschsprachige Schüler, der in der Schule Englisch lernt, in Teilen ‚ungesteuertem' Erwerb außerhalb der Schule u.a. durch die Massenmedien ausgesetzt ist" (KÖNIGS 2003, S. 437).

2.3.1.1   Behavioristische Hypothesen

Während frühe behavioristische Theorien eher ein konditioniertes und imitierendes Sprachenlernen auf Grundlage bestimmter Lernmechanismen vorsahen (z.B. ständige Wiederholung bestimmter sprachlicher Strukturen oder operatives Lernen durch eine Abfolge von Lehrerfrage – Schülerantwort – Lehrerfeedback), stützt sich die **Kontrastivhypothese**[84] (LADO/FRIES 1957) darauf, dass die L1 die L2 beeinflusst. Der Lernende hat hier die Möglichkeit eines Transfers (daher in der Literatur teilweise auch **Transferhypothese** genannt), der sich positiv (z.B. die gleiche Satzstellung in einfachen Sätzen im Deutschen und Englischen) oder negativ auswirken kann, wenn Generalisierungen der L1 unreflektiert und unkorrigiert auf die L2 übertragen werden und sich somit Fehler oder Erwerbsschwierigkeiten einschleichen. Die auftretenden Schwierigkeiten beim negativen Transfer können sich dabei auf alle Bereiche des Sprachenlernens (Phonetik, Grammatik, Vokabular und Pragmatik) beziehen und werden Interferenzen genannt (LEWANDOWSKI 1990). Kritisiert wurde diese Hypothese dafür, dass seine Grundaussage der Übertragbarkeit sprachlicher Strukturen und das damit erleichterte Fremdsprachenlernen nicht auf alle Sprachen übertragbar sei. KÖNIGS (2010c) führt beispielsweise das für niederländische Muttersprachler recht einfach zu lernende Deutsch an, während Deutsche mit dem Lernen des Niederländischen offenbar größere Schwierigkeiten haben.

2.3.1.2   Nativistische Hypothesen

Noam Chomskys nativistische Theorie der **Universalgrammatik** geht davon aus, dass alle Sprachen auf gemeinsamen Prinzipien und Parametern basieren, die ein Mensch von Geburt an (und spätestens nach dem Erwerb seiner Muttersprache) bereits kennt und damit für das Erwerben der Zweitsprache eine gewisse Disposition hat. Für diese Theorie spricht z.B., dass es uns häufig leichter fällt, unserer Muttersprache ähnliche Sprachen (also für deutsche Sprachen mit germanischem Ursprung wie Englisch oder Niederländisch) zu lernen, wir allerdings Schwierigkeiten mit stark hiervon abweichenden Sprachen wie romanischen oder asiatischen Varietäten haben. Auf Grundlage der Ähnlichkeiten, die während des Erwerbs der L1 und der L2 in Experimenten beobachtet werden konnten, wurde die **Identitätshypothese** aufgestellt, die davon ausgeht, dass Erst- und Zweitsprache nach den gleichen Mustern (z.B. die Bildung von Verneinungen) und Prinzipien gelernt werden (WODE 1981).[85] Allerdings lassen sich diese Muster

---

84 Zum Zwecke der Übersichtlichkeit werden die Namen der Theorien in diesem Kapitel in Fettdruck dargestellt.
85 Die Identitätshypothese ist daher auch den nativistischen Theorien zuzuordnen, da sie auch von Chomskys Modell ausgeht, dass jeder Mensch ein nativ angelegtes *language acquisition device* besitzt, welches den Spracherwerb unabhängig von seiner Abfolge steuert.

und Strukturen nicht in jeder Sprache in ähnlicher Weise finden, was die Identitätshypothese demnach auf einige linguistische Teilbereiche einschränkt.

2.3.1.3   Kognitionspsychologische Hypothesen

Auf kognitionspsychologischen Stufenmodellen basierend wird angenommen, dass Lernende individuell eine sogenannte **Interlanguage** bilden (SELINKER 1972/1992), in der sie z.B. in Rückgriff auf ihre L1 Strukturen und Prinzipien der zu lernenden L2 erklären und analysieren. Der dieser Hypothese folgende Erwerb läuft zwar in bestimmten Stufen ab, in denen aufeinander folgend bestimmte „Interimssprachen" (LEWANDOWSKI 1990) gebildet werden, ist aber dennoch hochindividualisiert (*individual language system*) und fordert demnach auch eine möglichst individualisierte Herangehensweise für die Lernenden. Diese Individualisierung geht allerdings auf Kosten einer objektiven Beobacht- und Messbarkeit der Interlanguage-Hypothese (KÖNIGS 2010b), da jeder Sprachenlernende potentiell eine eigene – möglicherweise noch in sich abgestufte – Interimssprache bildet. Die Bildung einer Interlanguage mit individuell vorliegenden Interpretationen bestimmter Regeln findet sich begünstigt im *Focus-on-Form*-Konzept (LONG 1991) wieder, bei dem beim Lerner metalinguistisches Wissen über sprachliche Strukturen evoziert und damit die Interimssprachen modifiziert werden, die einen L2-Erwerb grundsätzlich begünstigen können.[86]

Ebenfalls durch die verstärkte Betonung des individuellen Lerners und der Lernerautonomie angenommen wird die Möglichkeit eines Zweitsprachenlernens, das sich selbstkontrollierend steuert (**Monitorhypothese**, KRASHEN 1981), eine grundlegende „Fähigkeit des lernenden Kindes, seine eigene Sprachproduktion und sein Verstehen bewusst zu überwachen" (GÜNTHER/GÜNTHER 2007, S. 148), die demnach ebenfalls individuell sehr verschieden ausgeführt wird und ablaufen kann. KRASHEN (1982) unterscheidet hierbei zwischen Lernern, die ein zu starkes (*overuser*) oder zu schwaches (*underuser*) Monitoring aufweisen und damit bei der Sprachproduktion Schwächen zeigen, und guten Lernern (*optimal user*), die eine Balance beim Nutzen von Monitoring gefunden haben.

Die **Inputhypothese**, die insbesondere betont, dass der Erfolg des L2-Erwerbs davon abhängt, inwiefern der Lernende den ihm präsentierten sprachlichen Input als bedeutungsvoll ansieht, hat zum heute weit praktizierten und akzeptierten *Natural Approach* (KRASHEN/TERRELL 1983, TSCHIRNER 1996) im Fremdsprachenunterricht geführt. Dieser zielt im Sinne einer Kompetenzorientierung nicht auf die explizite Vermittlung reiner sprachlicher Strukturen ab, sondern auf ein Herstellen möglichst kommunikativer Unterrichtssituationen und dem erfolgreichen Erwerb angemessener sprachlicher Mittel, mit denen diese Situationen „kompetent" absolviert werden können.

---

86   Dass in bestimmten unterrichtlichen Situationen ein explizites Verdeutlichen sprachlicher Strukturen gemäß des *Focus-on-Form*-Ansatzes effizienter ist, haben mehrere Autoren gezeigt, z.B. DEKEYSER 1995, SPADA 1997 und DOUGHTY/WILLIAMS 1998.

Durch die Herstellung von kommunikativen Situationen, in denen möglichst viel Sprachumsatz der Lernendenden auch interaktiv produziert wird, wurde der Ansatz durch einen Mangel an Korrektur- oder Feedbackmöglichkeit beispielsweise durch eine Lehrkraft kritisiert. An dieser Stelle setzt daher die **Outputhypothese** an, die einen Zuwachs an sprachlicher Kompetenz daran festmacht, inwiefern die Sprachproduktion durch Feedback anderer oder selbstreflexive, metasprachliche Fähigkeiten des Lerners optimiert werden kann. An dieser Stelle hat demnach auch die Lehrkraft eine besondere Wichtigkeit, da es – besonders bei jüngeren Lernenden – ihre Aufgabe ist „[to provide] feedback which may be positive (encouragement) or may be corrective, to help them [den Schülern] further refine their underlying language system" (EDELENBOS ET AL. 2006, S. 9).

Zahlreiche weitere Hypothesen wurden in der Sprachlehrforschung aufgestellt, die z.B. ursächlich auf Fremdspracherwerb (Pidgin-Hypothese) oder auf die kognitive Fähigkeit der lernenden Kinder (Schwellenhypothese) eingehen, die allerdings im konzeptuellen Zusammenhang dieser Arbeit keine Rolle spielen, da sie entweder auf reinen Spracherwerb abzielen oder methodisch nicht für eine Förderung des Fremdsprachenlernens für lese-rechtschreib-schwache Kinder übertragbar scheinen. So zeigt auch **die Lehr-/Lernbarkeitshypothese** nach PIENEMANN (1998) zwar an sich für die generelle Instruktion sinnvolle Prinzipien durch ihren Ansatz der aufeinander aufbauenden Abfolge von Entwicklungsstufen, nach denen z.B. auch Unterricht strukturiert sein sollte bzw. könnte, jedoch wird sie ebenso nachvollziehbar dafür kritisiert, dass konkrete Entwicklungsstufen für das Fremdsprachenlernen noch gar nicht ausreichend erforscht sind.

2.3.1.4 Zusammenfassende Betrachtung der Hypothesen zum Zweitsprachenlernen

Die historische Entwicklung der Hypothesen von kontrastiven Sichtweisen in Abgleich mit der Muttersprache, aber auch die Konstanz der Annahme gewisser Dispositionen zum Sprachenlernen, zeigen interessante Entwicklungen und Perspektiven für eine Förderung des Englischlernens: So kommt dem Lerner eine zunehmend verantwortungsvollere Rolle zu, der metakognitiv über seinen Lernprozess reflektiert und sein – wenn auch zu Lernbeginn nur basales – Wissen um sprachliche Strukturen in kommunikativer Weise einsetzen muss. Zudem hat eine Lehr- oder Förderkraft die Aufgabe, auf Basis der Sprachproduktion des Schülers Feedback und Lernperspektiven zur Weiterarbeit einzubinden, die möglichst lebensweltnah und damit für den Lernenden motivierend sein sollten. Dies zielt auf eine deutlich stärkere Individualisierung des Fremdsprachenlernens und -lehrens ab und entspricht damit auch Maßgaben einer effektiven Förderung lese-rechtschreib-schwacher Kinder, sodass hier die grundlegende Einstiegssituation ähnlich ist: In beiden Szenarien wird vom Leistungsstand der Schüler ausgehend mit einem Höchstmaß an Individualisierung ein Unterrichtssetting geschaffen, das gewisse sprachliche Fertigkeiten – in Bezug auf Legastheniker besonders Textrezeption und -produktion – fördert. Welche Faktoren auf ein Gelingen solcher Fördermaßnahmen, speziell zunächst für das Fremdsprachenlernen, Einfluss nehmen, soll nachfolgend erläutert werden.

2.3.2   Einflussfaktoren des Zweitspracherwerbs/-lernens

Im Allgemeinen kann eine Vielzahl von Faktoren positiven wie negativen Einfluss auf den Erfolg des Fremdsprachenlernens nehmen: Sowohl unterrichtliche Rahmenbedingungen, soziale sowie persönliche Faktoren bilden eine Faktorenkomplexion, die auch im Rahmen eines Interventionskonzepts für rechtschreibschwache Englischlerner möglichst so gestaltet werden bzw. positive Voraussetzungen schaffen oder nutzen sollte, damit ein ein größtmöglicher Lernzuwachs ermöglicht wird. Neben der Vielzahl von Einzelfaktoren werden häufig Motivation und Sprachlerneignung als die bedeutendsten Einflüsse dargestellt und daher auch in verschiedenen Artikeln als die *„big two"* bezeichnet (ELLIS 2004, SCHLAK 2010, RIEMER 2010a), „wobei der Faktor Sprachlerneignung sogar noch etwas höher bewertet wird als der Faktor Motivation" (RIEMER 2010a, S. 168). Die Motivation kann dabei als teils beeinflussbarer Faktor gesehen werden, die Sprachlerneignung hingegen wird als individuell variierende Sammlung von sprachlichen Fähigkeiten verstanden.

2.3.2.1   Sprachlerneignung und grundlegende sprachliche Fähigkeiten

Obwohl doch teilweise im wissenschaftlichen Diskurs umstritten bzw. teils zugunsten anderer Konzepte (insbesondere im deutschsprachigen Raum) vernachlässigt (SCHLAK 2008, 2010), hat der Begriff der Sprachlerneignung (*language aptitude*) aufgrund seines umfassenden Charakters als Sammelbegriff verschiedenster Fähigkeiten weiterhin in vielen internationalen Publikationen eine große Bedeutung in der Sprachlehrforschung – insbesondere im Zusammenhang mit der Forschung bei Lernschwächen/ -behinderungen.[87] Generell gibt es Evidenz für einen Zusammenhang zwischen allgemeiner, nativer Sprachbegabung (also auch in der L1) sowie der Fähigkeit, Zweitsprachen zu lernen bzw. zu erwerben (z.B. SKEHAN 1986, SPARKS ET AL. 1998[88], SPARKS ET

---

87   Eine Übersicht zur Entwicklung der im vergangenen Jahrhundert im Zusammenhang mit der Sprachlerneignung untersuchten Aspekte liefern SPARKS/GANSCHOW (2001).

88   SPARKS ET AL. (1998) gehen entsprechend davon aus, dass „one's ability to learn a foreign language relates to one's skills in his/her native language and depends upon one's aptitude for language learning, generally" (S. 182).

AL. 2006[89]). Dies stützt insofern in Teilen die oben dargestellte Kontrastivhypothese sowie – mit Einschränkungen – Chomskys nativistische Theorie der Universalgrammatik.

Bereits in den 50er Jahren wurde mit dem *Modern Language Aptitude Test* (MLAT) ein Verfahren entwickelt, mit dem Sprachlerneignung nach einer standardisierten Methode überprüft werden sollte (SCHLAK 2010). Die in diesem Test geprüften Kompetenzen – insbesondere die *„phonetic coding ability"* genannte Fähigkeit der Lautunterscheidung (CARROLL 1962) – erscheinen auch vor dem Hintergrund der oben bereits als defizitär diskutierten phonologischen Bewusstheit für lese-rechtschreib-schwache Kinder höchst erhebenswert. Die Aussagekraft des *Aptitude Tests* wurde allerdings wiederholt aufgrund einer fehlenden modernen Normierung kritisiert und gilt für manche Autoren durch die neuere Hirnforschung und den ebenfalls bereits angesprochenen Modellen zum Arbeitsgedächtnis als veraltet und überholt.[90] SPARKS/GANSCHOW (1991) nennen allerdings weiterhin als ausschlaggebend in ihrer *Linguistic Coding Differences Hypothesis* Defizite grundlegender sprachlicher Fertigkeiten, die heute mit allgemein lese-rechtschreib-schwachen Menschen konnotiert sind[91] und mit dem MLAT getestet werden können: So sind laut ihrer Hypothese schwache phonologische, orthographische und syntaktische Rekodierungsfähigkeiten in der Muttersprache Indikatoren für eine schwache Performanz in Fremdsprachen unabhängig vom Schriftsprachsystem oder orthographischer Tiefe, während schwache semantische Fähigkeiten keine bzw. kaum Schwierigkeiten darstellen.[92] Auch konnte gezeigt werden, dass Kinder ihr orthographisches Wissen und Graphem-Phonem-Korrespondenzregeln ihrer Muttersprache versuchen auf eine L2 zu übertragen, wenn sie dort mit Rechtschreibprozessen beginnen, diese bereits in der L1 angelegte Kompetenz zu transferieren versuchen (VAN BERKEL 2005). Auch eine Studie mit hebräischen Englischlernern zeigte, dass die Rechtschreibleistung in der Muttersprache stark mit der Leistung in Englisch als Fremdsprache korrelierte und als Prädiktor der Leistung in Englisch dienen konnte (RUSSAK/KAHN-HORWITZ 2013). Ursächliche Schwierigkeiten in der L1 können sich also generell auf das Lernen bzw. den Erwerb einer L2 auswirken, müssen dies aber möglicherweise nicht zwingend (MABBOTT 1995), wenn z.B. den schwachen Lernenden eine geeignete Kompensationsstrategie angeboten wird bzw. die kognitiven Fähigkeiten der Lernenden

---

89 SPARKS ET AL. (2006) stellten auch Intelligenz als einen förderlichen Faktor für Sprachlerneignung fest.

90 Dennoch gilt der MLAT weiterhin mangels Alternativen als bestes Messinstrument für Sprachlerneignung (EHRMAN/OXFORD 1995, EHRMAN 1998).

91 Somit erscheint auch eine oft genannte „Fremdsprachenlegasthenie" als Konstrukt recht unwahrscheinlich, da generell Sprachfertigkeiten dann bereits in der Muttersprache nur unzureichend angelegt bzw. ausgeprägt sind und höchstens bis zum Auftreten von Problemen in der Fremdsprache verdeckt waren oder durch verschiedene Strategien im Lesen und Schreiben entweder gar nicht entdeckt oder kompensiert wurden.

92 Dies wurde durch zahlreiche Studien in den Folgejahren – auch von anderen Wissenschaftlern und durch Faktorenanalysen – bestätigt. Eine Übersicht der Studien liefern wiederum SPARKS/GANSCHOW (2001). MUTER und DIETHELM (2001) konnten beispielsweise auch zeigen, dass die Fähigkeit phonologischer Segmentierung unabhängig von der Muttersprache als Prädiktor für die spätere Lesefähigkeit in einer Fremdsprache dienen konnte.

einen anderen Zugang zum Lernen der neuen Sprache ermöglichen. Unbestritten ist allerdings im Allgemeinen der positive Einfluss von vorhandenen, metalinguistischen Kompetenzen in der Muttersprache auf das Fremdsprachenlernen.

Die Hypothesen zum Spracherwerb zeigen durch ihre verstärkte Konzentration auf Individualisierung auch, dass von einer generellen, d.h. isolierten, Sprachlerneignung kaum zu reden sein kann, sondern eher von einem multifaktoriellen Gefüge ausgegangen werden sollte, welches durch individuelle Prädispositionen im Lerner und Einflüsse durch Umwelt und Instruktion der Sprache bedingt wird. In diesem Zusammenhang werden auch immer wieder verschiedene Konstrukte wie Lernstile oder Lernstrategien diskutiert, mit denen sich Lernende die Sprache erschließen. Diese wurden von CHAMOT/O'MALLEY (1990) in kognitive (Herangehensweise an Aufgaben oder Unterrichtsmedien), metakognitive (strategische Überwachung des Lernvorgangs auf Basis der kognitiven Strategien) und soziale Strategien (Interaktion mit anderen Lernenden) unterteilt. Zwar wird das Konstrukt der Lernstrategien teils kritisch gesehen (z.B. ELLIS 1989, SKEHAN 1998; Übersicht auch in GROTJAHN 2003) bzw. zumindest in Bezug auf Untersuchungsdesigns in der Spracherwerbsforschung als teilweise unscharfes Kriterium eingestuft, dennoch gelten sie im Fremdsprachenunterricht durchaus als *„tool kit"* (DÖRNYEI 2005, S. 195), das insbesondere verschiedene methodische Zugänge, Arbeitsweisen und Unterrichtssettings mit der Fremdsprache erlaubt, um auf unterschiedliche Voraussetzungen bei den Lernenden eingehen zu können. Insbesondere die metakognitiven Strategien haben in der Sprachlehrforschung und Didaktik (nicht zuletzt durch die Betonung eines kompetenzorientierten Unterrichts) an Wichtigkeit gewonnen und sollen Fremdsprachenlernern bewusst gemacht werden (PAUELS 1995). Die konkrete Anwendung der Lernstrategien scheint nachweislich Einfluss auf das Sprachenlernen zu haben; diese können individuell eingesetzt und durch Lehrkräfte angepasst durchaus bewusst das Lernen positiv begünstigen (COPE-POWELL 1991), zeigen oft allgemein aber nur geringe Korrelationen zwischen konkretem Strategieeinsatz und der dadurch möglicherweise erreichten Sprachfertigkeit.[93] Interessanterweise konnte jedoch für die Instruktion von Fremdsprachen gezeigt werden, dass in Bezug auf Lernstrategien leicht modifizierte Sprachkurse in den USA bei leseschwachen College-Studenten, die erwartungsgemäß schwache phonologisch-orthographische Fähigkeiten zeigten, dazu führten, dass sie in Leistungsnachweisen am Ende fast genauso gut abschnitten wie Studenten, die den Sprachkurs in ihrer konventionellen Form besucht hatten (DOWNEY ET AL. 2000).

---

93   Eine Zusammenfassung von Untersuchungen zu Lernstilen/-strategien findet sich bei EHRMAN (1996).

2.3.2.2 Motivation

Persönliche Variablen wie Einstellung, Motivation oder gar Angst, die das Lernen einer Fremdsprache beeinflussen, sind naturgemäß schwierig zu untersuchen. Zu den – im Gegensatz zur Sprachlerneignung (RIEMER 2010a) – von außen durchaus beeinflussbaren Faktoren zu zählen ist die Motivation, welche mittlerweile in der Forschung in Inhaltstheorien, d.h. individuelle Absichten des Lernens, sowie Prozesstheorien, „die die Entstehung motivierten Handelns untersuchen" (RIEMER 2010a, S. 169, Übersicht auch in KIRCHLER/WALENTA 2010), aufgeteilt werden.[94] RIEMER (2010a) führt beispielhaft zu den Inhaltstheorien an, dass Motivation zum L2-Lernen dadurch entstehen kann, wenn man seinen Wohnsitz in ein fremdes Land verlagert (integrative Motivation) oder – oft damit verbunden – z.B. aus wirtschaftlichen oder beruflichen Interessen eine neue Sprache lernen möchte (instrumentelle Motivation). Auch mit dem Fremdsprachenlernen verbundene (Miss-)Erfolgserlebnisse können entsprechend die Motivation positiv oder negativ beeinflussen und spielen damit auch im Rahmen des Fremdsprachenunterrichts eine wichtige Rolle. Der Einsatz lernförderlicher Strategien, die bereits oben angesprochen wurden, ist grundsätzlich von der motivationalen Haltung des Lerners abhängig (GARDNER/MACINTYRE 1992).

Im Rahmen von Prozesstheorien zur Motivation wird thematisiert, wie Fremdsprachenlernen ursächlich motiviert und die Motivation aufrecht erhalten werden kann. Dabei zu berücksichtigen ist nicht nur, wie wichtig der Lernende die Sprachaneignung empfindet, sondern auch welche soziokulturellen Faktoren (Elternhaus, Peers, Lerngelegenheiten) oder institutionellen Faktoren in der Schule (Lernangebot, Materialauswahl, Lehrkräfte) vorhanden sind. Entsprechend wichtig ist für einen Fremdsprachenunterricht für die Motivation förderliche Faktoren herzustellen und aufrechtzuerhalten. RIEMER (2010b) merkt an, dass ein Fremdsprachenunterricht sich individualisiert nach dem Lernenden richten muss und – sofern eine intrinsische Motivation nur schwach ausgeprägt ist – Ziele und Intentionen des Unterrichts dem Lernenden transparent gemacht werden müssen, um die Alltagsbedeutung der Sprache hervorzuheben. Dies lässt sich folglich aus den aktuellen Hypothesen zum L2-Lernen ableiten.

Bezogen auf die oft nur schwer operationalisierbare Erhebung von „Angst" konnte gezeigt werden, dass lernschwache Schüler verglichen mit unbeeinträchtigten Lernern oft ein gleichsam hohes Maß an Motivation und damit eine positive Einstellung zeigten, eine Fremdsprache zu lernen, dann allerdings durch die im Unterricht abverlangten, bewerteten Leistungen wie mündlicher Mitarbeit oder schriftlichen Überprüfungen zunehmend Ängste bzw. Schulangst entwickelten (SPARKS/GANSCHOW 1991, JAVORSKY ET AL. 1992, SPARKS 1995). Eine Folgerung davon sollte sein, eine fremdsprachliche Förderung in einem möglichst motivierenden, sanktionsfreien (d.h. notenfreien) Setting stattfinden zu lassen.

---

94 DÖRNYEI (2005) widmet dem Themengebiet und L2-Lernen ein gesamtes Kapitel mit forschungsgeschichtlicher Darstellung sowie aktuellen Schwerpunkten und Desiderata für die Zukunft.

2.3.3 Differenzen zwischen deutscher und englischer Sprache aus der Perspektive von Orthographie und Phonetik

Obwohl verwandt, gibt es große Unterschiede zwischen den beiden Sprachen Deutsch und Englisch – insbesondere durch die sprachhistorischen Entwicklungen im englischsprachigen Raum, die in den letzten Jahrhunderten auf vielen sprachlichen Ebenen zu Veränderungen geführt haben.[95] Insbesondere die Aussprache, Morphologie und Syntax des Altenglischen (bis ca. 1150) standen dem Deutschen noch sehr nah, aber auch das Mittelenglische (bis ca. 1550), welches allerdings durch eine hohe Integration von französischen Lehnwörtern beeinflusst wurde. Letztlich sorgte der Zwang der Vereinheitlichung der Sprache ab dem 16. Jahrhundert durch die Entwicklung der Buchpresse zu einer weitgehend standardisierten Grammatik und Orthographie, die noch heute Bestand hat. Allerdings führten die heute als *Great Vowel Shift* bezeichneten Änderungen zwischen dem 15. und 18. Jahrhundert zu einer bezeichnenden Verschiebung der Aussprache fast aller Vokale bzw. Diphthonge, während die Orthographie durch die bereits erfolgte Standardisierung im Buchdruck weitgehend konstant blieb. Englisch gilt aufgrund dieser abweichenden Korrespondenzen zwischen Graphemen und Phonemen und zudem bei einigen Wörtern von regelmäßiger Schreibung teils grundlegend abweichender Orthographie aufgrund der hohen Zahl von Lehnwörtern aus verschiedenen europäischen Sprachen heute als sprachgeschichtlich erwachsene, sogenannte „tiefe Orthographie", während das Deutsche eher eine durchschnittliche Tiefe aufweist, Italienisch oder auch Finnisch aber z.B. fast vollkommen korrespondierende Schreibweise zu Lautung aufzeigt. Flache Orthographien sind dementsprechend phonologisch einfach und bieten dadurch auch Nicht-Muttersprachlern nach dem Erlernen der dann meist einfachen und grundlegenden Prinzipien einen schnellen Zugang zur Aussprache und Orthographie der Sprache.

Für lese-rechtschreib-schwache Englischlerner, deren Muttersprache transparenter ist als Englisch, kann es daher zu Schwierigkeiten kommen, wie z.B. auch ANDREOU und BASEK (2012) zeigen konnten: Die griechischen Muttersprachler produzierten in englischer Schriftsprache mehr phonologische Fehler als im Griechischen, die zwar lautlich „korrekt" und lesbar waren, orthographischen Prinzipien aber widersprachen.[96]

In der von KATZ/FROST (1992) formulierten *orthographic depth hypothesis* wird auf Basis des Zwei-Wege-Modells von COLTHEART (1978, s. 2.1.2.1) demzufolge davon ausgegangen, dass bei transparenteren (= flacheren) Orthographien die phonologische Repräsentation beim Leser als Mediator zwischen dem gedruckten Wort und dem Ein-

---

95 Der Übersichtlichkeit wegen wird die englische Sprachgeschichte hier überblicksmäßig als allgemeine Grundlage für die von der Aussprache abweichende Orthographie dargestellt. Für eine ausführlichere Darstellung der englischen Sprachgeschichte auch unter syntaktischen und grammatischen Aspekten siehe UPWARD/DAVIDSON 2011 und HOGG/DENISON 2008.

96 Die Zahl der phonologischen Fehler im Englischen gegenüber dem Griechischen war zwar nicht statistisch signifikant, aber an sich deutlich erhöht. Die Autoren führten das Fehlen einer Signifikanz auf eine gute Förderung von Schlüsselfähigkeiten wie der phonologischen Bewusstheit in griechischen Schulen zurück.

trag im mentalen Lexikon wirkt, während der Leser sich bei tiefen Orthographien verstärkt auf die Morphologie der Wörter verlassen und diese durch Enkodierungsprozesse verarbeiten muss. Dass sich ein schwacher Leser *nur* auf diese Prozesse stützt, ohne dass phonologische Aspekte überhaupt eine Rolle spielen, kann aufgrund verschiedener Studien, die phonologische Effekte im Englischen untersuchten (z.B. PERFETTI/BELL 1991, ZIEGLER ET AL. 1997), allerdings ausgeschlossen werden. ZIEGLER und GOSWAMI (2006) gehen sogar so weit zu postulieren, dass das eingangs diskutierte Zwei-Wege-Modell des Lesens möglicherweise ausschließlich für die inkonsistente englische Orthographie gelten könnte.

In diesem Zusammenhang sollte erwähnt werden, dass KESSLER und TREIMAN (2003) auf Grundlage von Wortschatzarbeit von Erstklässlern Indizien dafür liefern konnten, dass – eine bestimmte Phonemzusammensetzung oder -umgebung in einer Silbe vorausgesetzt – die Schreibung englischer Wörter vorhersagbarer sein mag, als bisher oft angenommen wurde. In quantitativen Auswertungen von Graphem-Phonem-Korrespondenzen wurden in der Vergangenheit nämlich in der Regel nur die unterschiedlichen Aussprachen isolierter Phoneme z.B. der vermeintlich besonders inkonsistenten Vokale in orthographisch voneinander abweichenden Wörtern gezählt, ohne dabei die phonematische Umgebung dieser Vokale näher zu berücksichtigen.[97] Auch MOATS (2009) nennt mehrere Studien, die dafür sprechen, dass die englische Orthographie in bestimmten Bereichen durchaus regelmäßiger sei als weithin angenommen,[98] dennoch aber auf einer Skala der Transparenz aufgrund der sprachgeschichtlichen Entwicklung (s.o.) als intransparenter einzustufen sei als viele andere europäische Sprachen.

Unter kontrastiv-linguistischen Aspekten sollte für einen Vergleich der englischen mit der deutschen Sprache ebenfalls der bis auf wenige Ausnahmen fast vollständige Verlust einer Flexionsmorphologie erwähnt werden. Auch auf syntaktischer Ebene zeigt sich – zumindest bezogen auf den Anfangsunterricht, in dem noch keine komplizierteren Satzgefüge oder Inversionen und Partizipialkonstruktionen vorkommen – im Englischen im Vergleich zum Deutschen eine relativ einheitliche Struktur. Was von manchen Fremdsprachenlernern als vorteilhaft für das Englischlernen bezeichnet werden dürfte, kann individuell allerdings aufgrund der schwächeren Markiertheit zu Schwierigkeiten führen. Englisch wird daher auch als sogenannte *loose-fit*-Sprache bezeichnet (HAWKINS 1986), bei der der Lerner (bzw. Rezipient der Sprachproduktion) sich zunehmend auf semantische und syntaktische Information im Zusammenhang verlassen muss, um die genaue Bedeutung eines Wortes bzw. dessen Funktion im Satz bewerten zu können.

Auch in der Phonologie beider Sprachen zeigen sich teils große Unterschiede im Vokal- und Konsonanteninventar. Während das Deutsche die Frikative /x/ und /ç/ vor-

---

97   Eine der ersten Arbeiten, die die Position von Graphemen in Wörtern berücksichtigte, zeigte dennoch ebenfalls, dass Vokale im Allgemeinen mehr Probleme bei Leseprozessen bereiten als Konsonanten (FOWLER ET AL. 1977 sowie später STAGE/WAGNER 1992 und TREIMAN 1993).

98   Siehe auch Diskussion über die Auswahl des Trainingswortschatzes in Kapitel 4.2.4.

weisen kann, fehlen ihm die im Englischen häufig gebrauchten /θ/ und /ð/ sowie der Halbvokal /w/. Auch die Affrikative /tʃ/ und /dʒ/ gibt es nur im Englischen, während das Deutsche über /pf/, /ts/ und /ks/ verfügt.[99] Die im Deutschen zusätzlich vorkommende Auslautverhärtung durch ausschließlich stimmlose Obstruenten ist oftmals die Folge von Interferenzfehlern für deutsche Englischlerner (z.B. *ridge – rich, lose – loose*).

Besonders im Vokalinventar zeigen sich zwischen dem Deutschen und Englischen viele Unterschiede, z.B. das Vorkommen von acht Diphthongen im Englischen (/aɪ/, /ɔɪ/, /aʊ/, /əʊ/, /eɪ/, /ɪə/, /ɛə/ und /ʊə/) gegenüber nur drei im Deutschen (/aɪ/, /ɔɪ/ und /aʊ/). Das folgende Vokaldiagramm fasst die Vokale der deutschen und englischen Sprache zusammen und berücksichtigt dabei, „dass die englischen Vokale offener als die deutschen sind" (KORTMANN 1999, S. 147–148):

Abb. 8: Vokalinventare des Englischen und Deutschen im Vergleich

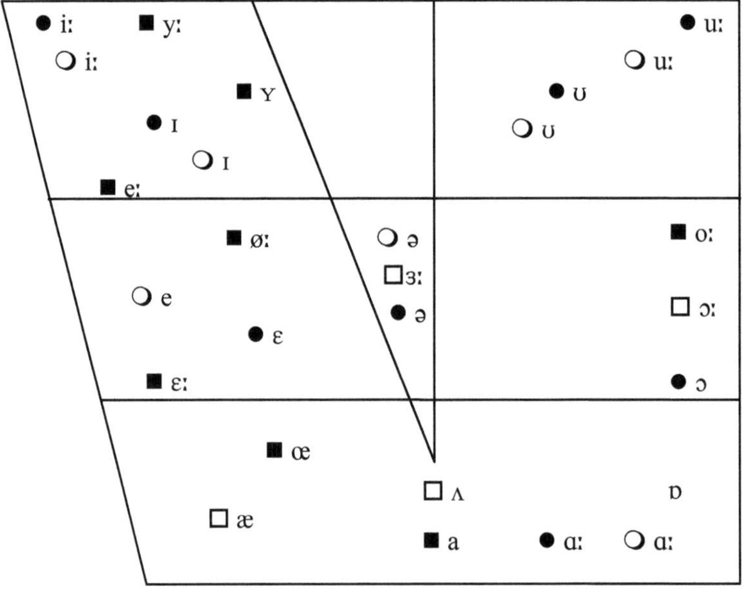

● Deutsch, ○ Englisch, ■ nur im Deutschen, □ nur im Englischen (nach KORTMANN 1999, S. 148)

---

99   KORTMANN merkt hier allerdings an, dass über den Status der Affrikative im Deutschen unterschiedliche Meinungen vorherrschen, „ob /pf/, /ts/, /ks/ und /tʃ/ als jeweils ein Phonem oder eine Kombination von zwei Phonemen zu analysieren sind" (1999, S. 146).

Diese teils neu auftretenden Vokale und Konsonantenbeziehungen können einem lern-
beeinträchtigtem Kind Schwierigkeiten bereiten und folglich Interferenzen hervorrufen,
sofern die Lehrkraft bei der Instruktion der weniger transparenten englischen Orthographie weniger Wert auf eine Einführung der Laut-Buchstabenbeziehungen legt bzw.
gelegt hat.[100] Im Englischen kommen auf seine 26 Buchstaben etwa 44 mögliche Laute,
während bestimmte Laute wiederum auf verschiedene Weisen und mit unterschiedlichen Buchstabenkombinationen geschrieben werden können. So wird, um ein Beispiel
zu nennen, das Graphem <a> im Deutschen in den Wörtern *Hand, Ball* und *Garten* als
Laut /a/ repräsentiert, nimmt im Englischen aber in *hand, ball* und *garden* gleich drei
verschiedene Ausspracheformen an.[101] Bei Auszählungen der häufigsten und primären
Graphem-Phonem-Korrespondenzen im Englischen kommt man auf ein Verhältnis von
insgesamt 98 Graphemen bei 44 Phonemen (UHRY 2011).

2.3.4   Konsequenzen für eine Förderung des Englischlernens

Englische – und in verstärktem Maße lese-rechtschreib-schwache – Muttersprachler
haben nachgewiesenermaßen verhältnismäßig mehr Schwierigkeiten als deutsche beim
Erwerb ihrer Schriftsprache (z.B. WIMMER/GOSWAMI 1994, LANDERL 2000,
ARO/WIMMER 2003). In Bezug auf die bereits diskutierten Schriftspracherwerbsmodelle
stellt sich demnach heraus, dass „… dyslexic children in deep orthographies seem to fall
behind at an alphabetic phase, while dyslexic children in more transparent orthographies
fall behind at an orthographic phase, when greater automation is needed"
(HELLAND/KAASA 2005, S. 43; s. auch HAGTVET/LYSTER 2003). Da die deutsche
Orthographie im Vergleich zum Englischen deutlich konsistentere Graphem-Phonem-
Korrespondenzen aufweist, lernen deutsche Grundschüler die Schriftsprache durch
einen strukturierten und nach dem Alphabet aufbauenden phonetischen Ansatz, bei dem
ihnen zunächst kurze, transparente Wörter präsentiert werden (im englischsprachigen
Raum *synthetic phonics*-Ansatz genannt). Im englischen Schriftsprachunterricht des
Vereinigten Königreichs und der Vereinigten Staaten wurde aufgrund der tieferen
Orthographie verstärkt die auf Automatisierungsprozessen abzielende Ganzwortmetho-
de (*whole word approach, whole word recognition*) gesetzt, zusätzlich zur Stärkung des
phonologischen Bewusstseins und der lautlichen Umsetzung der regelhaft eingesetzten

---

100   Wobei an anderer Stelle auch darauf hingewiesen wurde, dass Kindern mit einer Legasthe-
      nie oder LRS im Fremdsprachenunterricht nicht unnötigerweise noch zusätzlich die Laut-
      schrift als weitere Zeichensprache zugemutet werden sollte, wenn sie bereits grundlegende
      Probleme bei der Produktion einfacher deutscher und englischer Wörter zeigen (GERLACH
      2010). Dennoch muss dies eine explizite Vermittlung abweichender Aussprache/
      Schreibweise und von Graphem-Phonem-Korrespondenzen – unter Ausschluss von Laut-
      schrift – nicht ausschließen.
101   Beispiele aus LANDERL (2003).

Grapheme (LANDERL 2003).[102] Programme, die schwerpunktmäßig auf die Vermittlung von Korrespondenzen setzen – sogenannte *phonics*-Programme –, waren früher wegen der englischen Orthographie als ineffektiv kritisiert worden. Seit Ende der 90er Jahre und insbesondere im vergangenen Jahrzehnt ist hier in den USA und Großbritannien eine Neuausrichtung zu beobachten, welche insbesondere der verstärkten Forschung zum Schriftspracherwerb und auch zur Legasthenie zu verdanken sein dürfte: Das vom US-amerikanischen Bildungsministerium eingesetzte *National Reading Panel* attestierte im Rahmen ihrer Metastudie dem Ansatz beispielsweise gute Erfolgsaussichten beim Einsatz von Übungen zur Stärkung phonologischer Bewusstheit sowie der strukturierten Instruktion von Graphem-Phonem-Beziehungen sowohl bei leseschwachen als auch normal-fähigen Kindern (NATIONAL INSTITUTE OF CHILD HEALTH AND HUMAN DEVELOPMENT 2000).[103] Bezüglich der Methode des Trainings der Schriftsprache konnten FOORMAN ET AL. (1998) zeigen, dass eine Intervention, die durch eine gezielte und stark gesteuerte Instruktion durch Lehrkräfte durchgeführt wird, bessere Erfolge zeigt als neben dem regulären Schriftsprachunterricht vereinzelte Instruktion oder nur rein implizit erfolgter Schriftsprachunterricht.

Bei einem Blick in deutsche Englisch-Schulbücher zeigt sich allerdings, dass dort nur wenig Betonung auf die Vermittlung dieser Beziehung gelegt wird. Tatsächlich findet man hier in der Regel nur Aussprachebesonderheiten des Englischen (z.B. des Digraphs <th> oder Unterschiede zwischen /s/ und /z/). Entsprechend sollte eine Englischförderung für rechtschreibschwache Kinder schwerpunktmäßig auf Wortebene und den Prinzipien der Vermittlung von Graphem-Phonem-Korrespondenzregeln folgen, wie oben bereits grundlegend dargelegt. Aus Sicht der Fremdsprachenforschung bzw. des Fremdsprachenlernens kann hier das Konzept des Wortlernens bzw. der instruierten Wortschatzarbeit herangezogen werden, welche einen wichtigen Bestandteil eines Förderkonzepts für lese-rechtschreib-schwache Englischlerner sein dürfte, an dieser Stelle in Kontext gesetzt zu den bereits oben erwähnten Schriftspracherwerbsmodellen und Konzepten des mentalen Lexikons. BÖRNER (2000) hat diese Prozesse in einer Übersicht zusammengefasst:

---

102 Angemerkt werden sollte auch, dass Kindergartenkinder in Deutschland nur in seltenen Fällen direkt Phonem/Graphem-Instruktion erfahren, während dies in recht extensiver Form in den Vereinigten Staaten zum Standardrepertoire der Betreuerinnen und Betreuer gehört. Die amerikanischen Kinder werden dann mit einem gewissen schriftsprachlichen „Vorteil" eingeschult, vollziehen dann aber in Vergleich zu deutschen Grundschulkindern den Schriftspracherwerb innerhalb der ersten Schuljahre nicht im gleichen Tempo (MANN/WIMMER 2002).

103 Siehe auch Kapitel zu förderlichen Elementen (2.2.4.2).

Abb. 9: Modell des gesteuerten Worterwerbs nach BÖRNER (2000)

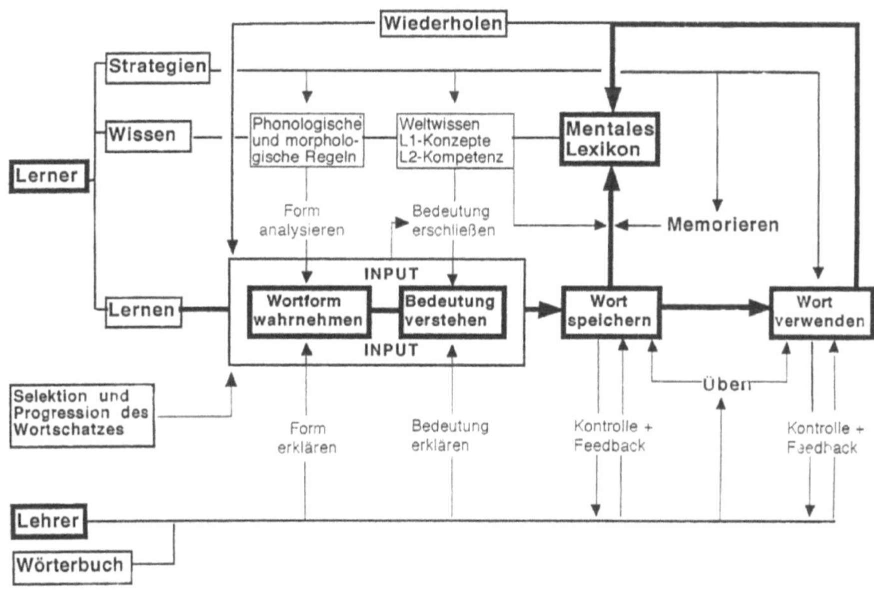

(aus BÖRNER 2000, S. 32)

Die Abbildung zeigt insbesondere die Wichtigkeit der Lehrkraft für den Input an Wörtern und ihren Formen sowie deren korrekter Anwendung im Sinne eines Feedbackverfahrens, während die meisten kognitiven Prozesse natürlicherweise vom Lerner getragen werden. Bei letzterem liegt ebenfalls die Verantwortung, den Wortschatz strategisch auf bestehendes Wissen anzuwenden und durch kontinuierliche Wiederholung und Einsatz des Wortmaterials dieses dauerhaft im mentalen Lexikon abzuspeichern. Aufgrund der Charakteristik des Englischen als *loose-fit*-Sprache (s.o.) gehört zum Strategiewissen ebenfalls die anwendungsbezogene Einordnung von Wortmaterial z.B. in Wortarten oder semantische Kategorien und deren Abruf verwandten Materials.

Ein besonderer Schwerpunkt für lese-rechtschreib-schwache Englischlerner, an dem Lehrkräfte eingreifen können, ist dem Modell zufolge die Erklärung der Wortform unter Aspekten von Lese-Rechtschreib-Schwierigkeiten sowie eine gesteuerte Kontrolle der Produktion dieser Wörter, die Rückschlüsse auf ein erfolgreiches (oder im Negativfall fehlerhaftes) Abspeichern der Wörter zulässt.

Dass Wortschatzarbeit wie auch die Sicherung von Graphem-Phonemkorrespondenzen auch als Bestandteil eines rechtschreibförderlichen Englischunterrichts eine große Rolle spielte, konnte bereits in einer Auswertung von Interviews mit Legasthenietrainerinnen, -trainern und LRS-Förderlehrkräften festgestellt werden (GERLACH 2010), deren Ergebnisse sich wie folgt darstellen lassen:

Abb. 10: Wichtige Elemente der LRS-Förderung im Englischunterricht

Grammatik vermitteln	**Aussprache und Rechtschreibung**
· visuell und anschaulich arbeiten · Reduktion von Schreibanteilen in Übungen · Inhalte häufiger wiederholen	· Graphem-Phonem-Training · Wortbildgedächtnis-Training · hohe Sprachanteile im Unterricht

Rahmenbedingungen herstellen
rechtliche, pädagogische und didaktische Möglichkeiten
(speziell Notenschutz/Nachteilsausgleich) ausnutzen

Vokabel-/Wortschatzarbeit	**Hör- und Leseverständnis fördern**
· systematisches Lernen mit Vokabelkarteikarten · multisensorisches Erarbeiten · Vermitteln von Lerntechniken	· Einstieg durch Vorgaben erleichtern · Schreibanteile reduzieren · Kompromiss zwischen Textlänge und Inhalt finden

(aus GERLACH 2010, S. 86)

Die zusammengestellten Aspekte dienten als allgemeine Empfehlungen für die differenzierte Förderung lese-rechtschreib-schwacher Kinder im Regelunterricht aufgeteilt in das Herstellen von Rahmenbedingungen und vier weitere Unterrichtsprozesse bzw. Kompetenzbereiche. Neben pädagogischen Erwägungen wie einer Reduktion von Schreibanteilen bzw. eines erleichterten Unterrichtseinstiegs durch Entlastungen, finden sich in der Übersicht auch oben bereits angesprochene Förderelemente wie multisensorisches Erarbeiten von Wortschatz, Graphem-Phonem-Training, Lernstrategien/ -techniken sowie ein Wortbildgedächtnistraining[104], welche in eine spezifische Rechtschreibförderung schwacher Englischlerner eingebunden werden sollte.

Eine effektive Förderung des Englischlernens kann nur erreicht werden, wenn ein angstfreies, lernförderliches Klima geschaffen wird, das motiviert und die zu fördernden, rechtschreibschwachen Schüler gemäß ihrer individuellen Voraussetzungen auf schriftsprachlicher Ebene aufgreift und stützt. Der Zusammenhang zwischen allgemein sprachlichen Leistungen (Sprachlerneignung) und dessen positivem wie möglicherweise im Falle von Lese- und Rechtschreibschwierigkeiten negativem Einfluss auf das Erlernen der Mutter- und Fremdsprache ermöglicht einen Transfer von Konzepten in der Muttersprache Deutsch auf jene in einem Setting, das die Steigerung der orthographischen Kompetenz im Englischen zum Ziel hat.

---

104   Wie weiter oben bereits beschrieben, ist der Begriff „Wortbildgedächtnis" an sich nicht klar definiert. Gemeint ist in der Auswertung das Automatisieren von korrekten Graphemfolgen in hochfrequenten, aber oft falsch geschriebenen Wörtern.

2.4   Zusammenfassung der theoretischen Grundlagen

Dieses Kapitel diente der Sicherung des aktuellen Forschungsstandes insbesondere bezogen auf Defizite der orthographischen Kompetenz lese-rechtschreib-schwacher Schüler. Dabei wurde gezeigt, dass Schriftspracherwerbsmodelle ein entwicklungsorientiertes Diagnoseinstrument darstellen können, das – trotz der Kritik an der Auffassung als Stufen – eine gewisse Einschätzung über die Fähigkeiten von Spracherwerbern zulässt. Darüber hinaus gelten ein phonologisches Defizit, also Schwächen in der phonologischen Bewusstheit und dem phonologischen Rekodieren, sowie beeinträchtigte Prozesse im Arbeitsgedächtnis als weitgehend anerkannte und maßgebliche Ursachen für LRS. Diese sollten daher ursächlich bei der Planung von Fördermaßnahmen primär berücksichtigt werden – dann aber insbesondere im Zusammenspiel mit der Vermittlung von Graphem-Phonem-Korrespondenzen, was – belegt durch die zahlreichen oben angeführten Interventions- und Indikationsstudien – nachgewiesenermaßen eine höhere Wirksamkeit hat. Dies dürfte insbesondere für die englische Sprache gelten, die – besonders für deutsche Muttersprachler – aufgrund ihrer orthographischen Tiefe mehr Schwierigkeiten bereitet und komplexere neuronale Verknüpfungs- und Verarbeitungsprozesse auf phonologischer wie visueller Ebene evoziert. Dabei zeigte sich schon in Studien mit anderen Sprachen als Muttersprache, dass ein multisensorisches Erarbeiten von Graphem-Phonem-Korrespondenzen besonders auch für Fremdsprachen geeignet ist und hier diese Prozesse unterstützen dürfte (SPARKS ET AL. 1992, SPARKS/ GANSCHOW 1993, 1995, NIJAKOWSKA 2010). Darüber hinaus sollte auch, wenn möglich, Wissen über regelhafte Schreibungen vermittelt und individualisierende Prinzipien des Fremdsprachenlernens und -lehrens, wie z.B. die Stärkung (meta-)kognitiver Lernstrategien, berücksichtigt werden.

Es gilt im Rahmen der folgenden Konzeption eines Rechtschreibtrainings für schwache muttersprachlich-deutsche Englischlerner zu diskutieren, wie sowohl Fördermaterial als auch die Instruktion didaktisch und methodisch gestaltet werden können, um auf Basis der Grundlagen dieses Kapitels einen Fördererfolg zu begünstigen. Welche Fragestellungen und Hypothesen mit dieser Untersuchung entsprechend verknüpft sind, wird der Konzeption vorangestellt, um letzteres zielgerecht ausarbeiten und darlegen zu können.

3 Untersuchungshypothesen und -ziele

Ziel der angestrebten Untersuchung ist die Entwicklung und Evaluation eines Rechtschreibfördertrainings für Kinder mit Rechtschreibschwierigkeiten im Englischen als Fremdsprache. In einem experimentellen Untersuchungsdesign mit Messwiederholung wird daher mittels einer Experimentalgruppe, die Rechtschreibförderung erhält, und entsprechenden Kontrollgruppen (siehe unten), welche zunächst keine Förderung erhalten, das Förderkonzept durchgeführt und auf seine Wirksamkeit multimethodisch evaluiert.

Ausgehend von den theoretischen Grundlagen lassen sich entsprechend verschiedene Hypothesen und Zielstellungen formulieren, die im Rahmen der Konzeption des Trainingsmaterials sowie bei der Durchführung und Evaluation Beachtung und Bestätigung finden sollten.

3.1 Hypothesen

Ziel der Interventionsstudie ist die Steigerung der orthographischen Kompetenz, welche an dieser Stelle als Summe der Kompetenzen definiert werden soll, die primär Einfluss auf den Schriftspracherwerb und – insbesondere in diesem Forschungsvorhaben – die Rechtschreibleistung in der Fremdsprache Englisch haben. Dazu gehören dementsprechend die Schlüsselkompetenzen der phonologischen Bewusstheit, Redokierungsfähigkeiten sowie das Identifizieren und (Re-)Produzieren von Graphem-Phonem-Korrespondenzen in der Muttersprache sowie in der Fremdsprache.[105]

Folgende Hypothesen, die sich primär auf die Progression der Rechtschreibkompetenz der Probanden beziehen, werden im Rahmen von Testungen zu drei Zeitpunkten (t1, t2, t3) während der Programmdurchführungsphase mittels Rechtschreibtests überprüft, quantitativ statistisch ausgewertet und deren Ergebnisse in Kapitel 5 ausführlich dargestellt und anschließend diskutiert. Bestandteil der Rechtschreibtestung ist sowohl ein selbst gestalteter Test, der sich an evaluierten Testprinzipien orientiert (s. Design der Rechtschreibtests unter 5.1), sowie ein standardisierter Rechtschreibtest für die deutsche Sprache, welcher insbesondere für die Diagnose der Ausgangslage der Probanden von Interesse sein wird und zum Abschlusstest t3 mögliche Auswirkungen auch auf die Rechtschreibkompetenz in der Muttersprache zeigen könnte. Hier wird aufgrund des Alters der Probanden die *Hamburger Schreibprobe 5–9B* (HSP 5–9B, MAY ET AL. 2010) eingesetzt, die schulformbezogen von Klasse 5 bis Klasse 9 normiert wurde und Rechtschreibleistung misst. Die Messung kann dabei sowohl rein quantitativ (Zahl der richtigen Wörter) sowie qualitativ nach bestimmten Rechtschreibstrategien gemessen

---

105 Diese einzelnen Bereiche werden entsprechend im Testdesign integriert (siehe Kapitel 5).

werden. Im Rahmen der Erhebung erfolgt eine Beschränkung auf die quantitative Messung analog zur Rechtschreibtestung im Englischen, um hier entsprechende Bezüge herzustellen.[106]

Die Untersuchungshypothesen im Einzelnen:

Hypothese 1: Rechtschreibprobleme im Englischen

Als lese-rechtschreib-schwach für ihre Muttersprache Deutsch diagnostizierte Kinder im Alter von 11–12 Jahren (Experimentalgruppe, EG) weisen auch im Englischen als Fremdsprache eine höhere Fehlerzahl auf als nicht beeinträchtigte Kinder (Kontrollgruppe, KG1).

Hypothese 2: Effekte eines Rechtschreibtrainings

Eine Intervention in Form eines multimethodischen Rechtschreibtrainings zur Förderung von Graphem-Phonem-Korrespondenzregeln (GPK) führt zu einer Verbesserung dieser orthographischen Kompetenz bei beeinträchtigten Kindern (EG), während es zu keinem Effekt bei nicht-trainierenden, aber beeinträchtigten Schülerinnen und Schülern (KG2) führt.

Hypothese 3: Phonologische Bewusstheit und Graphem-Phonem-Korrespondenzen

Dadurch dass die Förderung der phonologischen Bewusstheit (PhB) bzw. im Besonderen von Graphem-Phonem-Korrespondenzen (GPK) einen Bestandteil des Trainings darstellt, sollte sich die Leistung von beeinträchtigten, trainierenden Kindern (EG) in PhB/GPK-Testelementen verbessern, während sie bei nicht-trainierenden, beeinträchtigten Schülerinnen und Schülern (KG2) stabil bleibt.

Hypothese 4: Rechtschreibleistung in der Muttersprache

Ein multimethodisches Training der orthographischen Kompetenz im Englischen und damit verbundenen allgemein-sprachlichen Fähigkeiten (bezogen auf die Sprachlerneignung) und Lernstrategien fördert auch die muttersprachliche Rechtschreibkompetenz in zumindest basalem Maße bei beeinträchtigten Kindern (EG), während diese Leistung bei nicht-trainierenden Kindern (KG2) relativ stabil bleibt.

---

106 Aufgrund des noch eingeschränkten englischen Wortschatzes der untersuchten Trainingsteilnehmer können hier keine sicheren Strategieableitungen in isolierten englischen Wörtern bewertet werden. Dennoch werden auch allgemeine Schriftproben kurzer Texte erhoben (siehe unten), um später im Rahmen der qualitativen Auswertung mögliche Rückschlüsse auf Leistungen im quantitativen Erhebungsteil ziehen zu können.

3.2   Weitere Untersuchungsziele und Erhebungen sowie untersuchungsmethodische Abgrenzung

Da diese Studie der Erstellung und Evaluation eines Rechtschreibfördertrainings für lese-rechtschreib-schwache Kinder folgt, erscheint es sowohl aus praktischen wie qualitätssichernden Aspekten als sinnvoll, sowohl die oben angesprochenen Hypothesen mit Hilfe eines quantitativen Verfahrens (statistische Auswertung der Rechtschreibtests) im Rahmen des experimentellen Designs als auch den Lern- und Lehrprozess während des Trainings, in dem die Trainerinnen und Trainer mit den Kindern individuell nach Anleitung des Trainings arbeiten, qualitativ zu überprüfen. Dies entspricht damit dem Triangulationsmodell nach MAYRING (2001) und hat zum Ziel, durch die Abgleichung quantitativer wie qualitativer Daten, die im Rahmen der Ergebnisauswertung miteinander in Bezug gesetzt werden, die Güte der vorgelegten Studie zu sichern: „Dabei geht es nicht darum, festzustellen, welcher Analyseansatz die richtigeren Ergebnisse erbringt. Die Resultate sollen sich vielmehr gegenseitig unterstützen, der Schnittpunkt der Einzelresultate stellt die Endergebnisse dar." (MAYRING 2001) Aus dem Grund, dass das Trainingsprogramm eine individuelle Förderung beinhaltet, bietet es sich als qualitatives Forschungsdesiderat an, hier Einzelfallanalysen zusätzlich mit einzubeziehen, die Rückschlüsse auf Leistungsfortschritte zulassen. Diese gehören aus eben jenem Grund auch nach MAYRING (2002) zu einer der Säulen von qualitativen Forschungsvorhaben neben der als zentrale Gütekriterien geltenden genauen und ausführlichen Dokumentation der qualitativ erhobenen Daten und der diesem Vorgehen folgenden Nachvollziehbarkeit der Erhebung von Dritten durch ihre Interpretation in der Triangulation unterschiedlicher methodischer Zugänge.

Abb. 11: Triangulationsmodell nach MAYRING

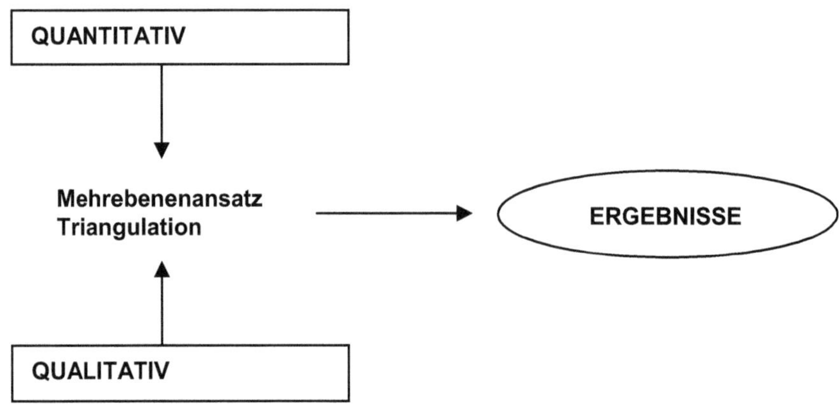

(Darstellung aus MAYRING 2001)

Diskutiert werden muss, welche qualitativen Erhebungsmethoden eingesetzt werden sollten, um das Forschungsdesiderat zu überprüfen und in der Triangulation mit den quantitativen Daten den größtmöglichen Erkenntnisgewinn erhalten zu können. Im Allgemeinen stehen in der qualitativen Forschung als Einzelmethoden das (narrative/ problemzentrierte oder Experten-)Interview, teilnehmende Beobachtungen, Gruppendiskussionen sowie die Inhalts- bzw. Dokumentenanalyse zur Verfügung (MAYRING 2002), von denen letztere primär direkt eine Auswertungsmethode vorhandener Daten darstellt.

Eine teilnehmende Beobachtung wäre in dieser Studie unter der Voraussetzung denkbar, wenn alle Probanden und alle Sitzungen der Probanden beobachtet werden können, sodass man auf Basis dieser Erhebungen und möglicherweise in Trainingssitzungen aufkommender Schwierigkeiten qualitative Aspekte des Interventionskonzepts bestimmen kann. Bereits zu Beginn des Forschungsprojekts stand jedoch fest, dass die Probandensuche sich auf die gesamte Bundesrepublik Deutschland beziehen würde, um eine möglichst hohe Anzahl an Probanden zur Sicherung der quantitativen Erhebungen zu erhalten. Eine teilnehmende Beobachtung – selbst nur in vereinzelten Sitzungen, was wiederum möglicherweise keine validen Daten hätte liefern können – war daher schon aus organisatorischen Gründen ausgeschlossen. Auch eine Gruppendiskussion im Sinne einer Expertenrunde, in der mehrere Therapeuten und Trainer, die das Konzept einsetzen oder eingesetzt haben, zusammenkommen und dann über bestimmte Aspekte diskutieren, war aufgrund der teils großen geographischen Abstände sowie möglicher Schwierigkeiten in der Terminfindung mehrerer Trainer nicht ohne Probleme umsetzbar.

Da diese beiden Erhebungsmethoden aus organisatorischen Gründen ausgeschlossen werden mussten, wurden die beiden weiteren Forschungsmethoden (Interviews sowie Dokumentenanalyse) integriert. In die Überlegung einbezogen werden musste, ob dann Daten der Trainingskinder oder der Trainer erhoben werden sollten.[107] Interviews bzw. die Dokumentenanalyse z.B. von bearbeiteten Arbeitsblättern der Trainingskinder über ihre Fortschritte wären jedoch sehr subjektiv gewesen. Außerdem muss aufgrund des Alters der Zielgruppe beachtet werden (s. 4.1.1), dass eine noch wenig ausgeprägte Abstraktionsfähigkeit im Gespräch über Trainingserfolge oder einzelne Methoden im Konzept möglicherweise keinen großen Erkenntnisgewinn erbracht hätte. Daher wurden die Trainer als Zielgruppe und Quelle der qualitativen Erhebungen festgelegt. Die Interviews konnten damit auch von der organisatorischen Ebene her individuell zum Ende des Trainingszeitraums mit den Trainern abgestimmt werden. Die Dokumentenanalyse basiert auf der Auswertung von Protokollbögen, die die Trainer über den gesamten Trainingszeitraum hinweg führen mussten, sowie – in Bezug auf Einzelfallanalysen sowie der Darstellung von Fallbeispielen – von Anamnesebögen, die die Eltern zu Trainingsbeginn ausfüllen mussten. Die Auswertung der Protokoll- sowie Anamnesebögen steht damit allerdings auch in seiner Wertigkeit der Erhebungen an zweiter Stelle; die

---

107 Daten der Trainingskinder werden prinzipiell durch die Testungen im quantitativen Bereich natürlich bereits erhoben sowie durch Schriftproben, die die Kinder zum Trainingsbeginn (t1) und -ende (t2) anfertigen sollten.

primäre qualitative Erhebungsmethode besteht aus den Interviews mit den Trainern und die entsprechende qualitative Inhaltsanalyse (siehe unten), welche Rückschlüsse sowohl auf die Entwicklung der Probanden als auch die Güte des Trainingskonzepts liefern soll.

In der Triangulation werden die statistischen Auswertungen der Rechtschreibtests mit drei qualitativen Erhebungen dann abgeglichen: Zum einen sollen der Ist-Zustand und die Entwicklung der Probanden in Form einer Anamnese zu Beginn (t1) und dem halb-offenen Protokollbogen zu t3 unter psychologischen wie leistungsmotivierten Aspekten (s.u.) durch die Trainer erhoben werden. Zum anderen wird die Durchführbarkeit und Qualität der verwendeten Übungen und des Arbeitsmaterials über den gesamten Trainingszeitraum hinweg über den Protokollbogen ebenfalls erhoben. Die Protokollbögen der Trainer zum subjektiv erfahrenen Leistungsstand der Kinder lassen damit Rückschlüsse auf die quantitativen Ergebnisse der Rechtschreibtests zu.[108] Die Protokollbögen werden derart gestaltet, dass sie – möglichst ohne Vorbeeinflussung und nur wenige Kategorien voraussetzend – erheben, was sich möglicherweise am Leistungsvermögen der Kinder verbessert, um somit die Fortschritte und Ergebnisse der quantitativen Analyse verdeutlichen zu können. Darüber hinaus werden nach Ablauf des Trainingszeitraums die Trainer mittels eines Leitfadeninterviews[109] unter spezifischen qualitativen Aspekten interviewt, diese Interviews transkribiert und in Anlehnung an die qualitative Inhaltsanalyse nach MAYRING (2003) ausgewertet, um die Qualität des Trainingskonzeptes, die quantitativen Ergebnisse der Testungen sowie die subjektiven Eindrücke der Protokollbögen im gegenseitigen Abgleich weiter abzusichern.

Folgende Kriterien werden unter qualitativen Forschungsaspekten in Vergleich von t1 zu t3 erhoben (ergänzt nach und in Anlehnung an Kriterien von MAY 2009):

- Selbstbild und Selbstvertrauen
- Lern- und Arbeitsverhalten
- Schreib-/Lesemotivation
- Motivation gegenüber der Fremdsprache Englisch
- Schulische Leistungen in Englisch (letzte Schulnoten)
- Einhaltung von Regeln
- Häusliche Unterstützung
- Falls in Gruppenunterricht durchgeführt: Soziale Kompetenz im Umgang mit Mitschülern in der Fördergruppe
- Schriftprobe der Teilnehmerin/des Teilnehmers

Sowie über den gesamten Trainingszeitraum hinweg:

- Motivation in jeder Trainingssitzung
- Mitarbeit in jeder Trainingssitzung
- Besonders (nicht) motivierende Übungen/Methoden

---

108 Besonders heraushebenswerte Einzelfälle werden im Anschluss an die Auswertung detaillierter in der Diskussion unter 6.2 als Fallbeispiele dargestellt.

109 Siehe Leitfragen im Anhang E.

- Subjektiv wahrgenommen effektive oder zu schwierige Übungen/Methoden
- Möglicherweise fehlende oder unnötige Übungsinhalte
- Änderungsvorschläge an Struktur, Aufbau, zeitlichem Ablauf
- Fehler oder Korrekturmöglichkeiten im Material

Die Ergebnisse des Anamnesebogens werden zusammen mit den Protokollbögen sowie den Abschlussinterviews und deren qualitativer Inhaltsanalyse entsprechend Rückschlüsse über die Leistungsfortschritte der Probanden (EG) geben und können im Rahmen der Darstellung und Diskussion der Ergebnisse damit in Beziehung gesetzt werden, z.B. um von Mittelwerten der gesamten Experimentalgruppe stark abweichende Einzelfälle erklären zu können. Die zusätzlich erhobenen Schriftproben, bei denen die Teilnehmer einen kurzen Text schreiben, können als zusätzliche Erhebung ebenfalls hilfreiche, wenn auch möglicherweise nicht eindeutige, Indizien für Fortschritte liefern.

Dieses Vorgehen entspricht folglich in forschungsmethodischer Hinsicht am ehesten einer kasuistischen Fallarbeit, bei der „eine (Erziehungs-)Maßnahme oder eine (sozialarbeiterische) Intervention geplant und ausgeführt werden kann, wobei die fortlaufende Evaluation der Auswirkungen dieser Maßnahme bzw. Intervention konstitutiver Bestandteil der Fallarbeit sind" (FATKE 1997, S. 59) und diese dann insbesondere im Rahmen der Triangulation der erhobenen Daten als qualitativ absichernde Grundlage der gesamten Erhebung gelten können.

Die Erhebungen zur Güte des Trainingsprogramms, welche die Trainer in den Protokollbögen festhalten, werden anhand der vorgegebenen Kriterien gesammelt, um auch in der Triangulation mit den qualitativen Interviews konkrete Empfehlungen für Weiterentwicklungen zu erheben. Auch lassen möglicherweise hier bestimmte mehrfach genannte Aspekte zu einzelnen Methoden oder Übungen Rückschlüsse auf besondere Leistungszuwächse zwischen den quantitativen Testzeitpunkten t1–t3 zu.

4   Konzeption und Entwicklung des Trainingsprogrammes

In der pädagogischen Psychologie wird ein Training definiert als „eine strukturierte und zeitlich begrenzte Intervention, in der mittels wiederholter Ausübung von Tätigkeiten die Absicht verfolgt wird, Fertigkeiten und Fähigkeiten aufzubauen oder zu verbessern" (FRIES/SOUVIGNIER 2009, S. 407). Auf Grundlage von Therapiestudien führt MANNHAUPT (2006) vier Prinzipien auf, die bei einer Förderung beachtet werden müssen:

1. Zum einen ist dies die **Forschungsorientierung**, d.h. Methoden und Ansätze eines Trainings/einer Therapie müssen auf einem theoretisch-fundierten Gerüst basieren. Dieses theoretische Gerüst mitsamt seiner Folgerungen für ein englisches Rechtschreibtraining wurde in Kapitel 2 dargelegt und wird tiefergehend im Transfer im Folgenden aufgegriffen.

2. Ein Training muss einer **Anforderungsorientierung** gerecht werden, d.h. auf Grundlage evaluierter Fördermaßnahmen auf kognitiver Ebene (Schriftspracherwerbsmodelle, förderliche Komponenten in der LRS-Therapie, Lernstrategien) angelegt sein.

3. Es muss **entwicklungsorientiert** dem jeweiligen Stand der zu fördernden Altersgruppe möglichst auch individuell anpassbar sein.

4. Zuletzt muss eine **Voraussetzungsorientierung** erfüllt sein, d.h. die Kinder müssen – auch entwicklungsorientiert – in der Lage sein, die im Training gestellten Anforderungen zu erfüllen sowie kompetenzorientiert vorhandene oder sich entwickelnde Kompetenzen zu diagnostizieren, um einen weiteren Lernfortschritt zu gewährleisten. Dazu wird im Folgenden entsprechend auch in Bezug zu Prinzip 3 zunächst eine Charakterisierung der Zielgruppe unter entwicklungspsychologischen Aspekten vorgenommen, um hier deren kognitiven Fähigkeiten bestimmen und im Training eine Über- oder Unterforderung vermeiden zu können.

Für ein multimethodisches Englisch-Rechtschreibfördertraining gilt es daher, verschiedenste Aspekte aus Bereichen der Entwicklungspsychologie, Psycholinguistik, Lehrmaterialentwicklung und didaktisch-methodischer Konzeption zu beachten und in die Konzeption mit einzubeziehen. Für diese einzelnen Teilbereiche werden zahlreiche Kriterien sowohl auf Grundlage der theoretischen Grundlagen sowie der noch vorzustellenden Einzelheiten neu aufgestellt, sowie insbesondere die in der Literatur der Sprachlehrforschung existierende Forderungen und Prinzipien aufgegriffen und auf die zu erstellende Intervention übertragen.

4.1   Entwicklungspsychologische und psycholinguistische Grundlagen

Bei der Konzeption eines erziehungswissenschaftlich-schulpädagogischen bzw. therapeutischen Interventionskonzepts sollten generell zunächst entwicklungspsychologische Aspekte der Zielgruppe definiert werden, bevor über Didaktik und Methodik nachgedacht wird. So soll das Trainingsprogramm nicht nur auf die Zielgruppe und deren spezifische Bedürfnisse als junge, rechtschreibschwache Englischlerner zugeschnitten sein, sondern möglichst auch noch entsprechend strukturiert, transparent, motivierend und durch die es einsetzenden Trainer individualisier- und damit auf Schüler zuschneidbar sein. Insbesondere letztere Forderung nach Individualisierung des Unterrichts und der besonderen Rolle einer Lehrkraft bzw. eines Therapeuten steht damit im besonderen Licht der Theorien zum Zweitsprachenlernen in Kapitel 2.3.1.

Nachfolgend wird dargestellt, welche Prinzipien und Aspekte es im Vorfeld zur Konzeption des Interventionsprogramms zu beachten gilt.

4.1.1   Charakterisierung der Zielgruppe unter entwicklungspsychologischen Gesichtspunkten

Zielgruppe des Trainingsprogramms sind lese-rechtschreib-schwache Kinder, die gerade begonnen haben, das englische Schriftbild und englische Wörter zu lernen. Die Voraussetzungen für dieses Kriterium sind allerdings unscharf: Zwar beginnen die meisten Schüler in der Bundesrepublik Deutschland mittlerweile spätestens in der 3. Klasse mit Englischunterricht, allerdings wird der Einsatz des Schriftbildes sehr unterschiedlich gehandhabt und in der Grundschulpädagogik teils kontrovers auch aufgrund der möglicherweise für schwächere Lerner frustrierenden, abweichenden Graphem-Phonem-Verhältnissen diskutiert (BÖTTGER 2010).[110] Es scheint folgerichtig aber als sinnvoll, das Trainingsprogramm primär auf Kinder ab Ende der 5./Anfang der 6. Klasse auszurichten, die damit schon mindestens zweieinhalb bis drei Jahre (verbal-kommunikative bzw. rezeptive) Englischerfahrung und dabei mindestens ein Jahr englische Schriftbilderfahrung aufweisen können. Schüler der 5. Klasse konnten für die Studie nicht hinzugezogen werden, da der Trainingszeitraum unmittelbar mit deren Einschulung in die weiterführende Schule fiel und sie daher – auch aufgrund der ohnehin bereits bestehenden LRS – bereits eine deutliche Belastung verspürt haben dürften. Es erschien daher sinnvoll, Kinder der 6. und 7. Klasse als primäre Zielgruppe ins Auge zu fassen, das Trainingsprogramm aber rein konzeptionell und inhaltlich auf die Bedürfnisse der Klas-

---

110   Allerdings zeigen auch Diskussionen und Untersuchungen, dass der frühe Einsatz von englischem Schriftbild und dessen aktive Nutzung in der Primarstufe durchaus positive Effekte haben mag (s. z.B. Übersicht in PISKE 2010). Aus eigener Erfahrung und Einschätzung sei hier dennoch – besonders in Bezug auf lese-rechtschreib-schwache Kinder – zur Vorsicht geraten. Zielführende Untersuchungen zu dieser Risikogruppe stehen bislang noch aus.

sen 5–7 auszurichten. Kinder dieser Klassen sind in der Regel zehn bis zwölf Jahre alt und stehen damit nach Jean Piagets Entwicklungsmodell[111] am Ende der Phase konkreter Operationalisierung, d.h. sie sollten in der Lage sein, Operationen durchzuführen bzw. einen Ausgang einer Operation zu antizipieren, allerdings nur mit konkreten Objekten. Die Kinder zeichnen sich in dieser Phase auch dadurch aus, dass sie ein Kategoriendenken bzw. Klassifikationsschema entschlüsseln können, in welches sie konkrete Objekte semantisch einordnen. Dem Entwicklungsmodell folgend steht die Zielgruppe des Trainings am Ende dieser Phase, maximal zu Beginn der Phase formal-operationalisierenden, d.h. abstrakt-logischem und basal-beginnenden wissenschaftlichen Denkens. Da diese Phase erst mit ca. 14 Jahren als abgeschlossen gilt, muss entsprechend bei der Konzeption von Aufgaben und Arbeitsformen dies jederzeit berücksichtigt werden. Stark abstrahierende Methoden sollten folglich möglichst vermieden werden. Zur Aufgabe der Instruktoren des Trainings gehört es, entwicklungspsychologische Kompetenzen des Trainingskindes zu erkennen und diese aufzugreifen und zu fördern.[112] Mit der Kenntnis über die theoretischen Grundlagen von Lese-Rechtschreib-Schwierigkeiten und deren Ausprägung können diese Kompetenzen individuell sehr unterschiedlich ausgeprägt sein, sodass ein Training zwar gesteuert und einer gewissen Progression in Bezug auf die Rechtschreibkompetenz folgen, gleichzeitig aber auch individualisierbare Förderelemente enthalten sollte, mit denen die Förderkräfte adaptiv auf die Bedürfnisse der Lernenden eingehen können.[113]

4.1.2   Psycholinguistische Überlegungen zur Englischförderung

Unter Berücksichtigung des Entwicklungsstandes der zu trainierenden Zielgruppe (s. 4.1.1) gilt es, verschiedene psycholinguistische Erwägungen in Betracht zu ziehen, um eine erfolgreiche Förderung zu gewährleisten. Im Besonderen sind dies zunächst förderliche Prinzipien für Fremdsprachenlernen im Allgemeinen, welche die Grundlage für eine Entwicklung eines Fremdsprachenlerntrainings bieten, allerdings auch möglicher-

---

111   Ausführliche Darstellung in GAGE/BERLINER (1996, S. 104–114). Die Kritik an Piagets Entwicklungsmodell ist vielfältig (z.B. auch in Bezug auf unspezifische oder spezifische Einflussfaktoren, die eine solche Entwicklung begünstigen oder hemmen), dennoch gibt es für eine pädagogische Arbeit wichtige Anhaltspunkte, welche für die individuelle Förderung von Kindern und Jugendlichen von besonderer Wichtigkeit sind.

112   WYGOTSKI (dargestellt in GAGE/BERLINER 1996, S. 121–122) nennt die Spanne zwischen der eigenständigen kognitiven Kompetenz eines Kindes und der Leistung, die das Kind mithilfe eines Lehrer/Mentors erreichen kann, die „proximale Entwicklungszone", in der Entwicklung gefördert werden kann.

113   Es wird daher allgemein als lernförderlich angesehen, wie sehr sich Lehrkräfte auf die Bedürfnisse der Lernenden einstellen können. Allgemein unterscheiden lassen sich daher Makroadaptationen, die auf Basis formativer Verfahren (z.B. Diagnosebögen, Anamnesen) entwickelt und über eine gesamte Unterrichtseinheit Verwendung finden, und Mikroadaptationen, welche im laufenden Unterricht, d.h. z.B. innerhalb einer Stunde, vorgenommen werden (SCHRADER 2008).

weise gewissen Einschränkungen für lese-rechtschreib-schwache Lernende unterliegen und demnach angepasst werden müssen.

KÖNIGS (2010a) fasst sechs psycholinguistische und lernpsychologische Prinzipien für gelingendes Fremdsprachenlernen zusammen, welche in der Sprachlehrforschung als Folgeentwicklung der bereits vorgestellten Interlanguage-Hypothese und der sich wiederum daraus ergebenden Lernerfokussierung und Individualisierung zu sehen und weitgehend anerkannt sind. Diese Prinzipien sind im Einzelnen:[114]

1. **„Das Prinzip der Strategiebildung"**, welche eine Förderung von Strategiewissen und -anwendung beim Lernen einer Fremdsprache vorsieht. Hierzu gehören insbesondere auch kognitive und metakognitive Strategien (CHAMOT/O'MALLEY 1990, PAUELS 1995), mit denen Lernenden ein bewussterer Umgang mit sprachlichen Elementen ermöglicht werden soll.

2. **„Das Prinzip der Lernerautonomie"**, das Lernende zu einem selbständigen und selbstverantwortlichen Lernen führen soll.

3. **„Das Prinzip der Individualisierung"**, welches unmittelbar aus dem Interlanguage-Konzept folgend vorsieht, dass Fremdsprachenlerner individuell eigene Lernwege beschreiten. Eine Fremdspracheninstruktion sollte folglich diese Wege ermöglichen bzw. das eingesetzte Material Optionen für individualisierte Herangehensweisen offen lassen.

4. **„Das Prinzip der Bewusstheit und Bewusstmachung"** zeigt Schnittmengen mit dem Prinzip der Strategiebildung, da hier im Kontrast zu einem rein kommunikativ-orientierten Unterricht betont wird, dass gewisse linguistische oder grammatische Strukturen durchaus der Kognitivierung bei Lernenden bedürfen bzw. diese Strukturen leichter durch diese Kognitivierung gelernt und eingesetzt werden können.

5. **„Das Prinzip der Musterbildung"**, welche von einer kategorisierten Speicherung sprachlicher Informationen ausgeht, auf die die Lernenden zurückgreifen können, insbesondere auch auf Muster der Muttersprache oder anderer Fremdsprachen, um hierdurch bspw. einen Transfer zwischen verschiedenen Sprachen zu ermöglichen und Fremdsprachenlernen zu begünstigen.

6. **„Das Prinzip der Anknüpfung an Bekanntes und die positive Seite des Transfers"** folgt damit auch aus dem Prinzip der Musterbildung und beschreibt das für das Fremdsprachenlernen förderliche Aufgreifen von bereits vorhandenem Wissen und dessen Verknüpfung oder Transfer auf eine andere (neue) Fremdsprache. Da – wie bereits in den theoretischen Grundlagen unter 2.3.2.1 dargelegt – die sprachli-

---

114   Die Titel der Prinzipien werden im Wortlaut nach KÖNIGS (2010c) übernommen und zur besseren Übersichtlichkeit in Fettdruck dargestellt.

che Kompetenz in der Muttersprache einen großen Einfluss auf ein gelingendes Fremdsprachenlernen hat, kann hier also das Herstellen von Bezügen lernförderlich sein.

Die umrissenen Prinzipien stellen Grundlagen eines regulären Fremdsprachenunterrichts dar und sollten sich daher sowohl in der Gestaltung von Unterrichtseinheiten wie auch in Lehr- und Lernmaterial wiederfinden, lassen sich allerdings auch nur mit gewissen Einschränkungen auf eine gezielte Förderung lese-rechtschreib-schwacher Englischlerner übertragen. Das Material, mit dem die Kinder arbeiten, soll in jedem Fall individualisierbar sein und auch den TrainerInnen ermöglichen, Aufgabenvarianten je nach Leistungsfähigkeit des zu trainierenden Kindes auszuwählen (3. Prinzip) sowie Aufgabenformen enthalten, die die Kinder im Laufe des Trainingsprogramms zunehmend selbstständiger erledigen und z.B. auch autonom korrigieren können (2. Prinzip). Hier muss aufgrund des Grads an Lese-Rechtschreib-Schwierigkeiten, des Selbstkonzepts und der Fähigkeiten individuell entschieden werden, in welchem Maße dem Kind Autonomie übertragen werden und inwiefern es diese selbstständige Arbeit leisten kann. Die Vermittlung allgemeiner Lernstrategien und -techniken kann in einem Rechtschreibtraining ebenfalls eine Rolle spielen (1. Prinzip), zielt dabei aufgrund des jungen Alters der Probanden (s. 4.1.1) dann aber eher nur basal auf eine metakognitive Sprachbewusstheit, dafür verstärkt auf Arbeitsstrategien und den Aufbau von Regelwissen und Graphem-Phonem-Korrespondenzregeln ab (4. und 5. Prinzip). Entsprechend kann in Rückgriff auf die Muttersprache Deutsch möglicherweise das Prinzip der Anknüpfung erfüllt werden, zeigt aufgrund der unterschiedlichen orthographischen Tiefe jedoch deutliche Grenzen, sodass hier eine Anknüpfung an bereits gelernte, englische Strukturen möglicherweise sinnvoller ist und auf grundlegende sprachliche Muster zurückgegriffen werden kann (5. und 6. Prinzip), falls solche bereits grundlegend in dem frühen Lernalter angelegt sind.

4.2   Didaktisch-methodische Überlegungen zur Instruktion

Auf didaktisch-methodischer Ebene gilt es, im Vorfeld eines geplanten Trainings zu diskutieren, in welchem Rahmen die Förderung stattfindet und wie über den gesamten Durchführungszeitraum die Motivation der Trainingsteilnehmer möglichst hoch gehalten werden kann. Darüber hinaus werden die oben bereits angesprochene Individualisierung und Übertragung gewisser eigenverantwortlicher Arbeiten sowie auf didaktisch-inhaltlicher Ebene die Progression der Rechtschreibkompetenz anhand des auszuwählenden Wortschatzes nachfolgend diskutiert und dargestellt.

4.2.1 Rahmenbedingungen

Zu den in Erwägung zu ziehenden Rahmenbedingungen für ein Training lese-rechtschreib-schwacher Kinder gehören sowohl die Gruppengrößen der zu fördernden Kinder sowie Zeitraum und Häufigkeit des Trainings auf Grundlage von bisher getätigten Studien zu Interventionen und Erfahrungswerten aus anderer Literatur.

4.2.1.1 Gruppengröße

Zur Effektivität von Interventionsprogrammen für das Lesen und/oder Rechtschreiben in Bezug auf die Größe der geförderten Gruppe gibt es unterschiedliche Ergebnisse. In der Regel wird empfohlen, Trainingsprogramme als Einzelförderung durchzuführen, während eine Studie keinen Unterschied bzw. sogar eine leicht verschlechterte Leistung der individuell geförderten Teilnehmer gegenüber dem Kleingruppenunterricht ausmachen konnte (EHRI ET AL. 2001). Die Gruppengrößen bei den oben bereits vorgestellten Trainingsprogrammen ähneln sich hingegen weitgehend. Obschon das *Marburger Rechtschreibtraining* generell als Einzeltraining konzipiert und evaluiert wurde (SCHULTE-KÖRNE ET AL. 1997, 2001), wird empfohlen, es im schulischen Kontext nur mit maximal fünf Schülern gleichzeitig durchzuführen (JUNGMANN 2009). Auch das multisensorische Training nach ORTON-GILLINGHAM wird in beiden Kontexten (Einzeltraining oder Fördergruppe) genutzt. Das Training von REUTER-LIEHR (2006) ist jedoch per se für Kleingruppen von 4–6 Teilnehmern ausgelegt, allerdings betont JUNGMANN (2009), dass auch hier förderliche Elemente einer Einzelförderung möglichst integriert werden sollten, um positive Effekte verstärken zu können. Auch das *Würzburger orthographische Training* wurde in kleinen Gruppen von fünf bis sieben Grundschülern durchgeführt (BERGER 2010).

Aus pädagogischer Sicht sollten Fördermaßnahmen für lernschwache Kinder idealerweise in einer individuellen Förderung bestehen, aufbauend auf einer Förderkraft/Therapeuten-Kind-Beziehung. So können am besten individuelle Voraussetzungen genutzt und Schwächen gezielt behoben werden, wie dies auch als lernförderliches Unterrichtssetting im fremdsprachlichen Kontext gesehen wird. Leider ist dies auch in der Schule oftmals nicht möglich. Daher wird auch für dieses Trainingsprogramm die Möglichkeit für eine Förderung in kleinen Gruppen von drei bis maximal vier Schülern möglich sein, welche dann aber individuelle Betreuungsphasen zu bestimmten Schwerpunkten vorsieht.[115]

---

115 Das Trainingsmaterial soll auch derart gestaltet werden, dass es später als Materialsammlung zum binnendifferenzierten Einsatz z.B. in Freiarbeitsphasen in größeren Gruppen eingesetzt werden kann. Dieser Einsatz wird aber aus untersuchungsmethodischen Gründen im Rahmen der Evaluation nicht einbezogen.

4.2.1.2   Zeitraum und Häufigkeit

Die untersuchten Zeiträume und Frequenzen der Interventionen bei den bereits vorge-stellten, evaluierten Trainingsprogrammen variieren deutlich: In einer dreimonatigen Kurzzeit-Interventionsstudie zum *Marburger Rechtschreibtraining* (SCHULTE-KÖRNE ET AL. 2001) wurden Grundschüler zweimal pro Woche trainiert mit zusätzlich zu erle-digenden Hausaufgaben, während die erste Studie zum *Marburger Rechtschreibtraining* in Form eines weniger effektiven Elterntrainings über einen Zeitraum von zwei Jahren mit etwa 20–30 Minuten wöchentlicher Intervention angelegt gewesen war (SCHULTE-KÖRNE ET AL. 1997) und die letzte Studie wiederum zweimal pro Woche von Grund-schullehrerinnen durchgeführt wurde (SCHULTE-KÖRNE ET AL. 2003). Die *Lautgetreue Lese-Rechtschreibförderung* von REUTER-LIEHR wurde über 20 Monate mit wöchentli-chen Sitzungen (REUTER-LIEHR 1993) und in verkürzter Form wöchentlich über vier Monate (WEBER ET AL. 2002) mit signifikanten Verbesserungen in Lese- und Rechtschreibleistung evaluiert. Das *Würzburger orthographische Training* wurde nach Auswahl der Testgruppen anhand des standardisierten *Salzburger Lese- und Rechtschreibtests* ca. 6 Monate lang von Grundschullehrerinnen durchgeführt (Berger 2010).

In einer Meta-Analyse verschiedener Trainingskonzepte aus dem deutschsprachigen Raum konnte gezeigt werden, dass „[die] mittlere ES [Effektstärke] von Studien, in denen die Förderung mehr als 20 Wochen umfasste …, fast doppelt so hoch [ist] wie die ES der Studien mit kürzere Förderdauer" (ISE ET AL. 2012, S. 130). Basierend auf diesen Erfahrungen und der Definition eines Trainings zu Beginn des Kapitels wird die Inter-vention zwar zeitlich begrenzt, sollte innerhalb dieses Zeitraums aber in seiner Frequenz konsequent eine Progression im Vermitteln und Trainieren der zu fördernden Kompe-tenzen bewirken. Daher erscheint sinnvoll, dass das Trainingsprogramm ausgelegt wird auf eine Trainingssitzung mit Trainer und Schüler pro Woche à 60 Minuten und einem ergänzenden, selbstständigen Training der Probanden an allen anderen Werktagen der Woche (s. 4.3) für einen Interventionszeitraum von sechs Monaten (25 wöchentliche Trainingssitzungen).[116] Dadurch soll gesichert werden, dass die Inhalte und Methoden der Trainingssitzungen in den selbstständigen Phasen durch Wiederholung gefestigt werden und gleichzeitig Fortschritte und Kontrollen dieser Arbeit in den wöchentlichen Trainingssitzungen abgesichert werden. Gleichzeitig sollte dieses Vorgehen sicherstel-len, dass die trainierenden Kinder nicht neben dem parallel zu bewältigenden Schulstoff zu stark überlastet werden.

---

116   Durch trainingsfreie Schulferien ergibt sich eher ein Zeitraum von 7 Monaten.

4.2.2   Herstellung und nachhaltige Sicherung von Motivation

Neben der bereits in den theoretischen Grundlagen diskutierten Bereichen der Sprachlerneignung und Anwendung von Lernstrategien, die auch im Programm integriert werden sollen, gilt Motivation allgemein als einer der Faktoren für Fremdsprachenlernen, welcher leichter manipulier- und herstellbar ist (RIEMER 2009/2010a). Die Motivation der Trainingskinder muss von Beginn an schon aus dem Grunde möglichst hoch gehalten werden, da zu erwarten ist, dass die Lese-Rechtschreibprobleme, die sie schon in ihrer Muttersprache Deutsch erleben mussten, negative Auswirkungen auf Ihr Selbstbild und ihren Willen, sich mit dem Lesen und Schreiben intensiv auseinanderzusetzen, haben könnten (BROOKS 2001).[117] In Studien konnte nachgewiesen werden, dass Wortschatzarbeit bzw. Vokabellernen insbesondere von der Motivation der Schüler und ihrem Interesse am Wortmaterial abhängt (z.B. LAUFER/HULSTIJN 2001).[118] DÖRNYEI (2001) postuliert diverse Möglichkeiten, um im Fremdsprachenunterricht Voraussetzungen für Motivation zu schaffen, von denen – unter (entwicklungs-)psychologischen Aspekten der Zielgruppe – das transparente Darstellen und (für den Lerner realisierbare) Einhalten der Ziele[119] der Intervention/des Lernens mit dem Trainingsprogramm (d.h. bessere Rechtschreibleistungen in Englisch, mehr Spaß an der Sprache, bessere Noten, verbessertes Selbstbild auch im Vergleich zu nicht-beeinträchtigten Klassenkameraden) als am sinnvollsten erscheinen. Daher sollten sowohl die Ziele der Intervention zu Beginn durch die Trainer deutlich herausgestellt oder mit den Trainingskindern gemeinsam erarbeitet werden und der Lernfortschritt durch konstruktives Feedback an verschiedenen Stellen transparent gemacht werden. Dieses Feedback als positive Verstärkung bereits kleiner Erfolge sollte auch förderlich für die Selbstmotivation der Schüler sein, da das Trainingsprogramm auch aus einem selbstverantwortlichen, selbstgesteuerten Teil besteht (s. 4.2.3), der sequentiell aufeinander aufbaut, denn

> „[a] large body of research has shown that the way learners feel about their
> past accomplishments and the amount of satisfaction they experience after
> successful task completion will significantly determine how they approach
> subsequent learning tasks." (DÖRNYEI 2007, S. 729)

Die Trainer übernehmen dementsprechend auch signifikant Verantwortung für die Herstellung und Erhaltung der Motivation der Kinder, da sie sie sowohl an die Aufgaben und Trainingsbestandteile heranführen als auch für die Auswahl individualisierender, dem Fortschrittstand der Kinder gerechter Aufgaben zuständig sind, welche möglichst moti-

---

117   Siehe auch Kapitel 2.2.3.10 zu motivationalen und verhaltensauffälligen Symptomen lese-rechtschreib-schwacher Lernender.

118   Entsprechend muss die Relevanz des Wortmaterials auch bei der Auswahl desselben für das Trainingsprogramm eine Rolle spielen (s. 4.2.4).

119   DÖRNYEI (2001) fasst diese motivationalen Grundvoraussetzungen unter „Increasing the learners' expectancy of success", „Increasing the learners' goal-orientedness" und „Creating realistic learner beliefs" zusammen.

vierende, individuelle Erfolgserlebnisse hervorrufen sollten. Gleichsam ist es besonders wichtig, dass keine übertriebenen Hoffnungen oder zu hoch gesteckte Ziele an ein Trainingsprogramm gesetzt werden, da – je nach Schwere der Lese-Rechtschreibproblematik – die Trainingseffekte natürlicherweise individuell sehr verschieden ausfallen können. Ein hohes Maß an Empathie und Verständnis für individuelle Schwierigkeiten der zu trainierenden Kinder ist daher von besonderer Wichtigkeit, da Versagensängste bei Schülern sich häufig besonders in einer passiven Konsumhaltung im Unterricht zeigen (COVINGTON 1992), was insbesondere bei einem individualisierten Trainingskonzept zu wenig Fortschritt führen dürfte.

In den Testungen oder auch einzelnen Übungen sollte daher auch nicht von „falsch geschriebenen", sondern eher positiv von „richtig geschriebenen Wörtern" gesprochen werden, um den Fehlerbegriff nicht unnötig zu strapazieren. Auch Traineraussagen wie „Das war falsch" sollten im Sinne einer Motivationsförderung und zur Stärkung des Selbstbewusstseins eher formuliert werden als „Das war noch nicht ganz richtig" oder „Probier es noch einmal" – das Trainingskind ist sich seiner höheren Fehlerzahl ohnehin bewusst, und dies muss nicht durch einen weiteren Hinweis nochmals verstärkt werden. Eine (positive) Umschreibung des Fehlers verbunden mit einem konstruktiven Verbesserungsvorschlag oder einer alternativen Herangehensweise an eine bestimmte Problematik als Form einer moderaten Reattributionstechnik (RUSTEMEYER 2011) sollten hier definitiv motivationsförderlicher sein als eine übermäßige Fehlerbetonung. Auch das Selbstbild und Arbeitsverhalten positiv modifizierende Modellierungstechniken sollten den Trainingsteilnehmern vermittelt werden, um die oft bei lernschwachen Kindern vorkommende Vorstellung, sie seien dumm, als die Ursache für die schwache Performanz auf ein schwaches Arbeitsverhalten umzuwandeln und so einen höheren Einsatz zu bewirken (RUSTEMEYER 2011).[120]

In einigen Trainingsprogrammen (z.B. SCHEERER-NEUMANN 1988) wird mit verhaltenstherapeutischen Belohnungen als Form der operanten Konditionierung (Token) gearbeitet, um so die Motivation der Probanden zu erhöhen. Z.B. konnten SCHNEIDER/SPRINGER (1978) positive Effekte eines individuellen Belohnungssystems auf die Rechtschreibleistung innerhalb eines verhaltenstherapeutischen Trainings von Schülern der vierten und fünften Klasse zeigen. Und auch für allgemeine Instruktion im Rahmen von Schulunterricht wird beispielsweise der Einsatz von verhaltenstherapeutischen Verstärkern gefordert (CAMERON/PIERCE 1994). Auch die Meta-Analyse von ISE ET AL. (2012) zeigte höhere Effekte in Studien, die ein Tokensystem verwendeten. Diese Vorgehensweise ist allerdings nicht ganz unumstritten, da sie teils wenig spezifisch ist und hoch individualisiert getestet und durchgeführt werden muss. Eine Gefahr des Token-Systems ist z.B., dass die Schüler sich nur minimal anstrengen, um das für den Erhalt des Tokens bestimmte Ziel zu erreichen, ohne über diesen grundlegenden Kompetenzerwerb hinaus zu arbeiten (COVINGTON/TEEL 1996, DÖRNYEI 2007) oder gerade nur auf den Token hinarbeiten, dabei aber ein Kompetenzerleben oder Lernzuwachs

---

120 Diese Herangehensweise ist daher als Empfehlung mit weiteren Vorschlägen zur Ausgestaltung der Sitzungen in der Traineranleitung des Trainings enthalten.

ignorieren (BROPHY 1998). Auch kann der Effekt der Token verpuffen, wenn sie in ihrer Wertigkeit mit der verbundenen Anstrengung nicht steigen und z.B. beliebig oder in zu starker Häufigkeit vergeben werden. Daher sollten für den Trainingszeitraum statt mehrerer kleinerer und möglicherweise nach einiger Zeit als banal angesehener Token besser einzelne, größere Belohnungen gemeinsam mit Kind und Eltern festgelegt werden (z.B. gemeinsames Essen, Fahrten in einen Vergnügungspark zum Ende des Trainings o.ä.). Da natürlich auch eine positive Schulleistung in Form von Noten einen verstärkenden Token darstellt, sollte immer wieder das – oben bereits angesprochene – Ziel des Trainings, die Verbesserung der schriftlichen Leistungen im Englischen und damit auch möglicherweise eine Verbesserung der Englischnote, dem Probanden veranschaulicht werden. Zu Beginn des Trainings sollten daher in einem Vertrag zwischen Trainer, Kind und Eltern sowohl eine größer angelegte Belohnung sowie das Ziel der Intervention transparent festgelegt werden (LINDERKAMP 2004).[121]

4.2.3 Selbstgesteuertes Training und Hausaufgaben

Zwar konnten FOORMAN ET AL. (1998) zeigen, dass eine stark gesteuerte Instruktion dem Schriftsprachunterricht bzw. der Förderung lese-rechtschreib-schwacher Kinder im Besonderen förderlich ist, ihre Studie bezog sich jedoch auf Grundschüler der ersten beiden Klassen. Das zu evaluierende Trainingsprogramm richtet sich hingegen an ältere Schülerinnen und Schüler, die entwicklungspsychologisch – wie oben bereits dargestellt – weiter fortgeschritten sind und daher zwar auch im Rahmen der Trainingssitzungen stark gesteuerter und strukturierter Instruktion unterliegen sollten,[122] dafür aber zusätzlich in Form eines Heimtrainings eigenverantwortlich weitertrainieren und Inhalte vertiefen, wie dies in anderen evidenzbasierten Trainingsprogrammen für die deutsche Sprache integriert wurde, um die Selbstverantwortung und das selbstständige Arbeiten der Trainingskinder zu fördern. Das Training sollte daher so ausgelegt sein, dass eine gewisse (Eigen-)Verantwortung für den Trainingserfolg den Kindern von Beginn an selbst zugetragen wird. Da die eigentliche, durch einen Trainer stattfindende Instruktion und Grundlagenarbeit in einer Trainingssitzung pro Woche stattfindet, sollte das Trai-

---

121 Das Vorgehen mit Verstärkersystemen bleibt natürlich nicht nur großen Belohnungen vorbehalten, sondern spiegelt sich auch in kleineren, motivationalen Verstärkern wie Lob und Anerkennung in den Trainingssitzungen wider. Lob und eine an sich angenehme, druckfreie Arbeitsatmosphäre wird allerdings als selbstverständlich für eine fruchtbare und kooperative Förderung angesehen.

122 So merkt SIMON (2000) auch aus seiner persönlichen Erfahrung als erwachsener Legastheniker an, dass ein freier, hoch-kommunikativer und immersiver Fremdsprachunterricht, wie er von GASS/SELINKER (1994) vorgeschlagen wurde, für lese-rechtschreib-schwache Lerner hochproblematisch sein kann, da die Lernvoraussetzungen grundlegend von der allgemein breiten Sprachbegabung „normaler" Schülerinnen und Schüler abweichen. Entsprechend ist hier eine verstärkte Individualisierung und Differenzierung nötig, die entsprechend auch eine stärkere Struktur und ein höheres Maß an Instruktion voraussetzt.

ningskind zuhause eigenverantwortlich im Sinne eines zunehmend geöffneteren Lernprozesses weiter trainieren. Zu diesem Zweck müssen vom Trainer in der Sitzung die entsprechenden Grundlagen dafür gelegt und selbsterklärendes Arbeitsmaterial für die Arbeit zuhause mitgegeben werden.

Die Motivation für ein selbstständiges Erledigen von Hausaufgaben hängt insbesondere davon ab, welche Kompetenz zur Bewältigung der Aufgaben die Lernenden selbst haben und welche Bedeutung es für ihren eigenen Lernfortschritt bzw. Kompetenzerwerb hat (TRAUTWEIN ET AL. 2006). Um das selbstständige Arbeiten der Zielgruppe zu erhöhen, sollte daher das Material so ausgerichtet sein, dass es sowohl motivierende und aktivierende Funktionen erfüllt, die Schüler aber gleichzeitig auch an zunehmend inhaltlich und methodisch komplexere Leistungen heranführt (Brettschneider in KLEMM 2004, S. 26). Auch muss das Trainingskind an eine organisatorische Selbstständigkeit und Kompetenzen herangeführt werden, die sowohl das Einhalten von festen Trainingszeiten, einem strategischen Vorgehen beim Bearbeiten und Lösen der gestellten Aufgaben sowie eine Selbst- oder Fremdkontrolle ermöglichen (REISS/WERNER 2007), auch weil insbesondere das Einhalten fester Zeiten für die Erledigung von Hausaufgaben gerade bei leistungsschwächeren Schülern weniger ausgeprägt ist als bei leistungsstarken (TRAUTWEIN 2008). Die Integration von Durchführungsintentionen (GOLLWITZER 1999), also fest verabredeten Absichten im „Wenn-Dann"-Format[123], welche Schritte z.B. im Laufe des Nachmittags außerhalb der Schule für das Training durchgeführt werden sollen, können hier förderlich sein. Eine tägliche Trainingszeit von 15–20 Minuten sollte dabei allerdings nicht überschritten werden, da die Kinder zusätzlich noch die regulären Schulhausaufgaben erledigen müssen. Auch die Wochenenden (Samstag und Sonntag) „gehören" den Kindern, um einen gewissen – auch motivational nicht uninteressanten – Abstand zu gewinnen, damit sie am darauffolgenden Montag wieder mit neuem Eifer weiterarbeiten können. In diesem Zusammenhang spielen je nach Entwicklungsstand und Verantwortungsbewusstsein der Kinder auch die Eltern eine große Rolle. Sollte das Kind so motiviert sein, dass es freiwillig die Arbeit korrekt und pflichtgemäß erfüllt, müssen die Eltern bis auf kleinere Kontrollen der Korrektheit der Aufgaben keine weiteren Anstöße leisten, welche ansonsten in größerem Maße möglicherweise negative Auswirkungen auf eine Lernprogression haben könnten, wie in Studien zur Effektivität von regulären Schulhausaufgaben gezeigt werden konnte (WILD 2004). Sollten die Kinder allerdings (möglicherweise erst im Verlauf des Trainings) Widerstände gegen die Arbeit zuhause entwickeln, sollten die Eltern und der Trainer in der Trainingssitzung bewusst intervenieren und das Kind zur Weiterarbeit durch Aufzeigen der möglichen Folgen sowie der positiven Auswirkungen der konstruktiven Mitarbeit daheim animieren und auf das Einhalten des zu Beginn des Trainings geschlossenen Lernvertrags hinweisen (s. 4.2.2). Auch können metakognitive Kontrollstrategien in den

---

123 ROTH (2012) nennt beispielsweise zur Planung eines zielförderlichen Verhaltens: „ … ‚Wenn ich von der Schule nach Hause komme, esse ich zu Mittag und setze mich um 15 Uhr an den Schreibtisch, wo ich sofort die Englischhausaufgaben erledige.' Trifft die Situation ein, gelingt es den Vorsatz besser und ohne bewusstes Wollen umzusetzen und das zielförderliche Verhalten wird ‚automatisch' realisiert." (ROTH 2012, S. 37)

Trainingssitzungen thematisiert werden, mit denen die Schüler sich daheim selbst motivieren. Hierzu gehören nach DÖRNYEI (2001) beispielweise persönliche, laut ausgesprochene Erinnerungen sich zu konzentrieren, Anfangsrituale, Vermeidungsstrategien von Ablenkungen oder das bewusste Ignorieren ebenjener Ablenkungen.

Im Sinne eines Feedbackverfahrens sollten dem Trainingskind für die Hausarbeit nach Möglichkeit neben Automatisierungsmethoden (z.B. Lernkarteikasten) Übungen zur Verfügung stehen, zu denen es die Lösungen ebenfalls zur Selbstkontrolle erhält (REISS/WERNER 2007). So kann es sich unmittelbar nach Bearbeiten der Aufgabe selbst korrigieren und sein Fehlerbewusstsein schulen. Diese Art von Aufgaben muss dann in den Trainingssitzungen auch nicht ausgiebig kontrolliert werden, sondern lediglich die Inhalte der Übung in anderer, modulierter Form vertieft werden. Dem Trainingskind muss allerdings auch transparent gemacht werden, dass ein einfaches Abschreiben der Lösungen keinen Trainingserfolg bringen kann. Gibt es Anzeichen dafür, dass dies geschieht, kann der Trainer die Lösung nur den Eltern mitgeben, sodass das Kind das Lösungsblatt erst von den Eltern bekommt, wenn es nachweislich alle nötigen Aufgaben erledigt hat.

Darüber hinaus enthalten die Hausaufgabenzettel zu komplexeren Arbeitsblättern für das selbständige Arbeiten kleine Feedbackboxen, in welche die Kinder anhand von abgestuften Smilies ankreuzen sollen, ob die Übung schwierig oder einfach war. Dadurch kann der Trainer bei Durchsicht zur nächsten Stunde direkt ersehen, welcher Themenbereich oder welche Übungsform besondere Schwierigkeiten bereitet hat, und kann dementsprechend diesen Bereich ergänzend durch Material der aktuellen oder einer vorhergehenden Stunde vertiefen.

Insbesondere Heim-Übungen, die Anleitung benötigen, also von den Trainingskindern nicht ohne Beeinträchtigungen alleine durchgeführt werden könnten, werden in gemeinsamer Arbeit mit den Eltern und/oder Geschwistern/Verwandten durchgeführt. Die Trainer instruieren entsprechend die begleitende Person und geben zu jeder Trainingssitzung ein Informationsblatt mit der Anleitung für die Übungen bis zur kommenden Woche mit. Zu diesen Übungen gehören methodische Ansätze zum Training des Arbeitsgedächtnisses (und damit verbundene Spiele) sowie zur Festigung von Graphem-Phonem-Korrespondenzregeln. Diese Übungen sind in ihrem Umfang allerdings recht gering verglichen mit den Übungsformen der Trainingssitzungen, um hier – z.B. wenn die Eltern nur wenig Englischerfahrung aufweisen – keinen Frust beim Erledigen der Hausaufgaben entstehen zu lassen, was für die Motivation sowie das gesamte Interventionsprogramm mehr als hinderlich wäre.

4.2.4 Auswahl des Wortschatzes

Mehrere Kriterien sollten zur Auswahl des zu trainierenden Wortschatzes herangezogen werden, damit diese sowohl unter psycholinguistischen Aspekten wie auch Schwierigkeiten der Schriftsprachentwicklung und Rechtschreibproblemen zu einer Förderung beitragen und dabei die Trainingskinder nicht überfordern. Zum einen sollte das Wortmaterial aus Gründen der Herstellung einer Grundmotivation dem Alter und den Interessensgebieten der Kinder entsprechen, um es für sie als Lerngegenstand relevant zu machen. Anhaltspunkt dafür soll daher auch die Verwendung von Vokabular in Schulbüchern der fünften und sechsten Klasse sein, da hier bestimmte themenspezifische Wortfelder Schwerpunkte bilden. Auch die Frequenz der in den Schulbüchern verwendeten Wörter sollte als Kriterium herangezogen werden, da häufig verwendete oder benötigte Wörter entsprechend auch häufiger die Quelle für Fehler sein können als niedrigfrequente Wörter. Um die Häufigkeit des Gebrauchs einzelner Wörter in der englischen Sprache zu bestimmten, können auch quantitative Angaben aus der Korpuslinguistik und dem *British National Corpus*[124] (BNC) herangezogen werden. Aus Korpusanalysen können somit die 200 im Englischen[125] am häufigsten gebrauchten Wörter ermittelt werden, die auch für den grundlegenden Sprachumgang und die im Schulunterricht angestrebten kommunikativen Fähigkeiten der Englischlerner von großer Bedeutung sein sollten. Die eingesetzten Wörter basieren auf Analysen des BNC durch LEECH ET AL. (2001) und den entsprechenden Auszählungen,[126] welche nicht lemmatisiert, d.h. in ihrem tatsächlichen Vorkommen und nicht auf ihre Grundform reduziert, vorkommen,[127] was dem Einsatz in einem Rechtschreibtraining aufgrund der breit gefächerten Nutzung förderlich erscheint. Darüber hinaus wurde diese Liste ergänzt um Wörter, die im englischsprachigen Raum von Kindern im Alter von 8–15 Jahren und in englischer Kinder- und Jugendliteratur am häufigsten Verwendung finden (CARROLL ET AL. 1971, FRY 1980, ELDREDGE 1995) sowie von Wörtern aus einer Studie von altersspezifischen Wortlisten, die 80% aller in der jeweiligen Altersstufe von englischen Muttersprachlern in Textprodukten genutzten Vokabeln darstellte (GRAHAM ET AL. 1994[128]). Letztere Listen ergänzten die Auszählung von LEECH ET AL. (2001) insofern, als dass noch nicht vorhandene Wörter separat als Anhang zur Liste angefügt wurden. Insgesamt ergibt sich dadurch eine Liste von ca. 300 hochfrequenten englischen Wörtern.[129]

Wenn diese hochfrequenten Wörter von den Kindern durch Erschließungs- und Automatisierungsverfahren erfolgreich im mentalen/orthographischen Lexikon ohne größe-

---

124   Der *British National Corpus* ist ein Projekt der Universität Oxford und stellt anhand realistischer und neusprachlicher Schrift- und Sprachproben sowohl Kontext als auch Häufigkeit einzelner Wendungen oder Wörter dar. Er ist unter http://www.natcorp.ox.ac.uk/ abrufbar.

125   Durch Nutzung des BNC stammt das Wortmaterial aus Analysen britischen Englischs ohne Berücksichtigung anderer Dialekte, da eingesetzter Wortschatz in den unteren Klassenstufen sich oftmals primär an der britischen Variante orientiert.

126   Die Auszählungen sind auf der das Buch begleitenden Website unter http://ucrel.lancs.ac.uk/bncfreq/flists.html zu finden.

127   So werden Corpus-Daten oftmals in Lemmata zusammengefasst, sodass bspw. die Formen von „to be" („am, are, is") in einem Lemma („to be") zusammengefasst werden. Für das Rechtschreibtraining interessant ist allerdings eher die individuelle Schreibung und Frequenz der Ausformungen der Lemmata.

128   Aus den drei „Spelling for Writing"-Listen von GRAHAM ET AL. (1994) wurden primär diejenigen Vokabeln in die bestehende Liste übernommen, welche von den Autoren als häufig falsch bzw. wenig lautorientiert eingestuft wurden.

129   Die Liste der 300 Wörter findet sich im Anhang D.

re Schwierigkeiten abrufbar gespeichert werden, müsste dies positive Auswirkungen auf die Textproduktion und ein flüssigeres Schreiben haben.

Ebenso soll als ein individualisierendes Element des Trainings der aktuell zu lernende bzw. bereits existierende Wortschatz der Kinder eine Rolle spielen, indem hier anhand des Wortmaterials Fehlerquellen bzw. deren Häufigkeit z.B. anhand von Schulheften/Klassenarbeitsheften analysiert werden und die häufigsten Fehlerwörter in ihrer korrekten Form mit visueller Unterstützung der problematische Graphemfolgen z.B. mithilfe von Wortlisten oder einer Lernkartei automatisiert werden sollten. Es macht hier ebenfalls aus zeitökonomischen Gründen Sinn von den am häufigsten falsch geschrieben Wörtern zunächst auszugehen, da eine hohe Frequenz eines bestimmten, falsch geschrieben Wortes zeigt, dass das Kind es möglicherweise grundlegend falsch abgespeichert oder es – z.B. bei oftmals verschiedenen Schreibweisen – noch nicht genügend automatisiert hat, das Wort aber trotzdem in verschiedenen textlichen Kontexten gerne einsetzt.

Neben Frequenz und inhaltlicher Verknüpfung mit Themenbereichen der fünften und sechsten Klasse spielt die Komplexität der zu trainierenden Wörter eine besondere Rolle in Bezug auf die Lese-Rechtschreibproblematik der zu trainierenden Kinder. Diese Komplexität kann sich dabei sowohl auf die Wortlänge beziehen, da längere Wörter aufgrund der Aufmerksamkeitsschwächen im Arbeitsgedächtnis lese-rechtschreibschwacher Lernender größere Schwierigkeiten beim Lesen und Schreiben bereiten als kurze, und auf die Lauttreue der Wörter.[130] Diesen Prinzipien folgen in der Regel auch evaluierte Trainingsprogramme „vom Einfachen zum Komplexen" (MATTHES 2006, S. 76–77). Ein englisches Trainingsprogramm sollte daher mit Wortmaterial im CVC-Format[131] beginnen, das relativ lautgetreu ist (z.B. *„put"*, *„cat"*) und somit möglichst früh auch Erfolgserlebnisse bei den Probanden evoziert, bevor es inkonsistentere Graphem-Phonem-Korrespondenzen in zunehmender Komplexität aufzeigt und diese trainiert. Von ihrer Aussprache stark abweichende Schreibungen (Ausnahmen) sollten demzufolge entweder erst möglichst spät behandelt werden oder – wenn ihre Frequenz von vornherein sehr hoch ist und z.B. im Rahmen des Materials oder im begleitenden Englischunterricht der Schule unbedingt verwendet werden muss – automatisiert werden.

NIJAKOWSKA (2010) favorisiert in diesem Zusammenhang eine Erarbeitung von Graphem-Phonem-Regeln nicht als isolierte Lautübungen der phonologischen Bewusstheit, sondern in Verknüpfung mit ihren visuellen Repräsentationen als Buchstaben und merkt ebenfalls an, dass die Größe der zu trainierenden Wörter bzw. Wortbestandteile beachtet werden muss, da zwar Silbenreim und Silbe oftmals recht konsistent sind, einzelne Graphem-Phonem-Korrespondenzen allerdings nicht. Sie merkt in dem Zusammenhang auch an, dass ZIEGLER/GOSWAMI (2006) daher für in dieser Beziehung

---

130 Vgl. Ausführungen zum Arbeitsgedächtnis, insbesondere „Wortlängeneffekt", in Kapitel 2.2.3.6.

131 *CVC = consonant – vowel – consonant* bezeichnet die in der Regel einfachste Graphem-/Phonemabfolgen monosyllabischer Worte im Englischen.

inkonsistente Sprachen eine Verknüpfung von Ganzworttraining und Phonemtraining vorschlagen:

> „Some English words have to be learned as distinct patterns (e.g. ‚choir‘, ‚people‘), other words have rich orthographic neighbours and share consistent rime spellings and pronunciations with numerous words (e.g. ‚light‘), finally, there are words with relatively consistent grapheme-phoneme relations, which can be easily decoded at this small grain size level (e.g. ‚cat‘, ‚hen‘)."
> (NIJAKOWSKA 2010, S. 154)

Auch KESSLER und TREIMAN (2003) hatten gezeigt, dass es doch einzelne grundlegende Regelhaftigkeiten in der vermeintlich tiefen englischen Orthographie gibt, die von der näheren Umgebung der Grapheme/Phoneme bestimmt wird. Vokale und ihre Ausprägungen gelten im Englischen generell als uneindeutiger im Vergleich zu Konsonanten (TREIMAN 1993, auch: FOWLER ET AL. 1977 und STAGE/WAGNER 1992), allerdings zeigen Vokal und Koda als Silbenreim eine deutlich höhere Konsistenz als der Silbenkopf (Onset) und der nachfolgende Vokal (KESSLER/TREIMAN 2003). Bezogen auf die Komplexität des auszuwählenden Wortmaterials sollte also zu Beginn solches Material bevorzugt werden, das in seinen Silbenkodas regelhaft ist und gleichzeitig möglichst lautgetreue bzw. durch den Wortschatz hinweg hochfrequente Onset-Schreibungen enthält. Dies bedingt dementsprechend auch eine stärkere Betonung von Vokalen und ihren Ausformungen dadurch, dass diese oft uneindeutigere Graphem-Phonem-Beziehungen bzw. im Vergleich zu Konsonanten höhere Varianz in ihren Schreibungen zeigen.

MOATS (2009) führt auf Grundlage zweier Studien (MOATS ET AL. 2006, CASSAR ET AL. 2005) fünf Regelhaftigkeiten auf, die die englische Rechtschreibung prägen und damit einen großen Anteil englischsprachiger Wörter regelhafter erscheinen lassen. Diese Prinzipien lassen sich bedingt auch als Grundgerüst für ein Training muttersprachlich-deutscher Englischlerner einsetzen und sind im Einzelnen:[132]

1. Jedes Phonem wird durch ein Graphem repräsentiert, während letztere oftmals aus mehreren Einzelbuchstaben bestehen.

2. Zwar weisen viele Phoneme mehr als eine graphemische Repräsentation auf, allerdings sind diese oftmals (wie bereits oben bei den Studien von KESSLER/TREIMAN angemerkt) je nach Position innerhalb eines Wortes und anderen vor- bzw. nachgestellten Phonemen regelhaft.

3. Bestimmte orthographische Regeln bestimmen im Englischen, dass bestimmte Buchstabenfolgen erlaubt, nötig (z.B. Konsonantenverdoppelungen bei bestimmten Suffixierungen) bzw. unmöglich sind.

---

132   Die Aufzählung ist frei übersetzt und angepasst nach MOATS 2009, S. 272–273.

4. Die englische Orthographie verlässt sich häufig auf sinn- oder funktionstragende und damit regelhafte Morpheme.

5. Viele Schreibweisen lassen sich sprachgeschichtlich über diverse Lehnswörter erklären.

Wie oft bei Regelhaftigkeiten gibt es für alle aufgestellten Prinzipien von MOATS Ausnahmen, welche dennoch eine allgemeine Gültigkeit nicht in Frage stellen. Für ein Trainingsprogramm der beschriebenen Zielgruppe ist zwar fraglich, inwiefern sprachgeschichtliche Entwicklungen sowohl interessant als auch förderlich sein können, dennoch sollten die vier anderen Annahmen über die englische Orthographie bei der inhaltlichen Progression im Trainingsprogramm berücksichtigt werden und können – wenn transparent mit den Teilnehmern kommuniziert – durchaus motivierend und lernförderlich sein.

Auf Wortebene und bezogen auf Reime in monosyllabischen Lexemen (STAHL ET AL. 1990) und Affixe von ein- und mehrsilbigen Wörtern (BECKER ET AL. 1980) konnten die im Englischen am häufigsten gebrauchten Buchstabenfolgen zusammengestellt werden, welche dann im Trainingsprogramm in Form eines basalen Silbentrainings (Segmentierungsstrategien) sowie beim Training von Signalgruppen als hochfrequente Graphem-Phonem-Korrespondenzen entsprechend Berücksichtigung nehmen sollten. Diese Reime und Affixe sind:

Tab. 2: Häufig vorkommende Schreibweisen von Reimen/Affixen

Reime in monosyllabischen Lexemen						Affixe				
-ack	-all	-ain	-ale	-ame		-al	-able	-ate	-ant	
-an	-ank	-ap	-ash	-at		-ed	-en	-er	-ent	
-ate	-aw	-ay				-ize	-ist	-ing	-ive	-ite
-eat	-ell	-est				-ion	-ic			
-ice	-ick	-ide	-ight	-ill		-ful	-ly	-less	-ment	-ness
-in	-ine	-ing	-ink	-ip		-ous				
-ir						com-	con-	de-	dis-	ex-
-ock	-oke	-op	-ore	-or		im-	-in			
-uck	-ug	-ump	-unk			or-	pre-	pro-	re-	un-

(angepasst, bereinigt und übersetzt nach EHRI 2002, S. 169)

Zusammenfassend lassen sich auf Basis dieser Überlegungen folgende Kriterien für die Auswahl des Wortschatzes bestimmen:

1. Frequenz des Wortes aus korpuslinguistischer Sicht

2. Frequenz anhand Vorkommen in Schulbüchern der fünften und sechsten Klasse gemäß thematischer Wortfelder

3. Komplexität des Wortes:

    a. Länge (Progression: monosyllabische Wörter → bi- bis polysyllabische Wörter)

    b. Lauttreue (Progression: eindeutige Graphem-Phonem-Korrespondenz → mehrdeutige Graphem-Phonem-Korrespondenz)

Die vier Kriterien nehmen in ihrer Wichtigkeit von oben nach unten ab, da davon ausgegangen wird, dass die Lauttreue (3b) zwar eine wichtige Rolle für die Erarbeitung von Graphem-Phonem-Korrespondenzen darstellt, diese aber aufgrund der englischen Orthographie nicht auf das eingeschränkte Vokabular der jungen Englischlerner ohne Weiteres direkt übertragen bzw. strategisch integriert werden kann. Deutlich mehr Bedeutung hat daher das tatsächlich in den frühen Englischlernjahren eingeführte Vokabular (2) und die am häufigsten genutzten Wörter (1), da die Kinder auch auf Basis dieses Vokabulars Textproduktion bzw. -rezeption betreiben.[133] Durch die Auswertungen auf Basis des Sprachkorpus (LEECH ET AL. 2001) sowie Jugendliteratur (CARROLL ET AL. 1971, FRY 1980, ELDREDGE 1995) und Schriftproben englischer Muttersprachler (GRAHAM ET AL. 1994) kann eine relative Häufigkeit des Gebrauchs der ca. 300 wichtigsten englischen Wörter bestimmt werden, welche dann auch gemäß dieser Häufigkeit die Frequenz in Übungen des Trainingsprogramms bestimmen. Darüber hinaus wird Wortmaterial aus dem deutschen Anfangsunterricht an solchen Stellen integriert, an denen sich z.B. auf Basis gleicher Phonem- oder Graphemfolgen bzw. anderer sprachlicher Merkmale Transfermöglichkeiten ergeben. Die Wortlänge (3a) steht aufgrund ihrer relativen Eindeutigkeit z.B. durch Bestimmung der Silbenzahl bei der Auswahl als einfach einzuschließendes Kriterium zwischen dem Vorkommen und der Lauttreue der Wörter, d.h. zu Beginn sollten zur Verdeutlichung gewisser Prinzipien von Graphem-Phonem-Korrespondenzen zur Vereinfachung möglichst kurze (einsilbige) Wörter verwandt werden, in denen bestimmte Ausformungen von Vokalen oder Konsonanten thematisiert werden können (z.B. die Aussprache des <o> als /ʌ/ verdeutlichen anhand von „son" anstatt von „become"). Unter den am häufigsten verwendeten Wörtern wer-

---

133 Entsprechend führt MOATS (2009) auch an, dass zwar Regelhaftigkeiten wie Graphem-Phonem-Korrespondenzen, Segmentierungsstrategien u.ä. Förderkomponenten Bestandteil eines Ansatzes sein sollten, gerade rechtschreibschwache Kinder aber auch Rechtschreibregeln zwar oft als Regel memorisieren, diese aber dann bei der Textproduktion nicht anwenden können. Daher sollte das Training hochfrequenter Wörter (also auch solcher, die sich nicht anhand von Regeln/Korrespondenzen einordnen lassen) stark betont werden, um Kindern einen sicheren Grundstock an korrekt produzierbarem Vokabular mitzugeben.

den demnach zu Beginn ebenfalls diejenigen zuerst thematisiert, welche die eindeutigsten Graphem-Phonem-Korrespondenzen bezogen auf die jeweils betrachteten, sprachlichen Eigenschaften (z.B. Vorkommen eines bestimmten Kurzvokals) aufweisen.

4.3   Qualitätsmerkmale und gestalterische Grundlagen

Die Gestaltung (Design) von Arbeitsunterlagen für lese-rechtschreib-schwache Kinder nimmt einen großen Stellenwert ein, da sie auch in diesem Trainingsprogramm einen Kern der Förderung bzw. Darbietung von Lerninhalten darstellt. Das Design ist demnach sowohl methodischer als auch didaktischer Bestandteil, der in die Planung einer Förderung einbezogen werden muss und einen Rahmen bildet, in dem die Inhalte und Methoden dem Schüler und Trainer präsentiert werden.[134] Die Lernunterlagen müssen daher sowohl auf die Bedürfnisse und Symptomatik der zu fördernden Schüler eingehen als auch didaktische Prinzipien erfüllen, um eine erfolgreiche Förderung zu begünstigen.

FUNK (2010) führt sieben Qualitätskriterien für Instruktionsmedien auf, welche „für jede Materialebene und jeden didaktisch-methodischen Ansatz Gültigkeit beanspruchen können" (ebd., S. 309) und in ihren Grundzügen auch den Evaluationskriterien für Lehr- und Lernmaterial entsprechen, die im Rahmen des Socrates/Leonardo-Projektes *„A Quality Guide for the Evaluation and Design of Language Learning and Teaching Programmes and Materials"* (LASNIER ET AL. o.J.) aufgestellt wurden. Diese sollen dementsprechend auch für das Material des Trainingsprogramms jederzeit gelten. Diese Kriterien (nach FUNK 2010) sind:

---

134   Gegenstand der Überlegungen zur Entwicklung des Trainingsprogrammes war auch, ob zusätzlich zur Printform auch eine Erarbeitung mittels computergestützter Programme eingesetzt werden sollte. Aufgrund untersuchungsmethodischer Erwägungen wurde dies zunächst ausgegliedert, da Print-Unterrichtsmaterial ohnehin immer noch den Hauptteil der Unterrichtsmedien darstellt und Lernsoftware oftmals didaktischen Ansprüchen nicht gerecht werden kann (KÖNIGS 1999). Gleichzeitig hätte trotzdem Rechtschreibung in Form von Handschreibung (im Gegensatz zu Tippen auf der Tastatur) auf Papier trainiert werden müssen, da dies der häufigste Schreibmodus in Schulen ist. Auch hätte eine Software eine längere Entwicklungs- sowie zunächst weiterer Einarbeitungszeit der Trainer bedurft und ggf. das Bereitstellen entsprechender Computersysteme. Mit Print-Lehrwerken sind die Kinder stattdessen vertraut, wohingegen der Umgang mit spezifischer Software zunächst ein rein methodisches Heranführen an dessen Umgang voraussetzen würde. Eine Umsetzung des Trainings in Form von motivierender, multimedialer Software, die feedbackgestützt Fortschritte ansprechend visualisiert, sollte allerdings als mögliche Weiterentwicklung nicht ausgeschlossen werden und könnte auch auf Basis des Print-Arbeitsmaterials möglich sein. Eine Übersicht über einige Studien, die auf Basis computergestützter Trainingsprogramme durchgeführt wurden, liefern ZIMDARS/ZINK (2006), obgleich MANNHAUPT (2006) anmerkt, dass „in den letzten Jahren keine kontrollierte Studie [bezogen auf Lese-Rechtschreibförderung und Software] zu finden [war]." (S. 104).

1. Transparenz: Den lese-rechtschreib-schwachen Kindern muss zu jedem Zeitpunkt das Ziel der Förderung sowie das Ziel einzelner Aufgaben transparent sein, d.h. auch einzelne Aufgabenstellungen müssen kurz und präzise gefasst sein, um dieses Kriterium zu gewährleisten.

2. Varianz: Das Arbeitsmaterial muss so gestaltet sein, dass es verschiedene Lernzugänge und multimethodisch verschiedene Inhalte in verschiedenen Aufgabenformen ermöglicht.

3. Konsistenz: Einzelne Inhalte im Trainingsprogramm müssen in sich geschlossen sein, aber sich dennoch innerhalb des Trainings logisch einfügen.

4. Kohärenz: Das Material muss der Konsistenz folgend logisch aufeinander aufbauen und zusammenpassen.

5. Attraktivität: Das Design des Materials muss so gestaltet sein, dass es Ziele transparent macht und für Schüler ansprechend und damit motivierend ist.

6. Reliabilität: Die im Material gesteckten Ziele müssen für die Trainingskinder erreichbar, d.h. dürfen nicht utopisch sein.

7. Effektivität: Die Übungen, verwendeten Arbeitsformen und Texte im Material müssen effektiv sein, d.h. individuell auf die Ziele des Trainingsprogramms (primär die Steigerung der Rechtschreibleistung im Englischen) ausgerichtet sein.

Bezüglich des Designs von Lehrmaterialien im Allgemeinen gibt es nur wenige empirisch gesicherte Studien, die aufzeigen, welche gestalterischen Elemente einem Lernfortschritt förderlich sind. Daher muss primär auf Erfahrungswerte sowie Gestaltungsprinzipien moderner Lehrwerke zurückgegriffen werden. In einer Studie mit einer kleinen Gruppe lese-rechtschreib-schwacher Studenten, in der deren Arbeitsmaterial iterativ nach mehreren Evaluationsphasen optimiert wurde, konnte SYKES (2008, S. VI) fünf allgemeine Gestaltungsprinzipien für LRS-Lernmaterial aufstellen:

1. Erhöhung der freien (weißen) Fläche[135]

2. Reduktion des Textanteils pro Seite

3. Hervorhebung wichtiger Informationen durch Fettdruck oder nummerierte Listen

---

135 Dieses Gestaltungsprinzip teilt auch Tomlinson für Lehrmaterial im Allgemeinen und denkt, dass Lernende „feel more comfortable with materials with lots of white space than they do with materials in which lots of different activities are crammed together on the same page" (TOMLINSON 1998, S. 8).

4.   Verwendung einer höheren Schriftgröße

5.   Verwendung einer kürzeren Zeilenlänge

Was diesen Prinzipien folgend als nachvollziehbar erscheint, ist, dass es von besonderer Wichtigkeit für lese-rechtschreib-schwache Lernende ist, dass das Material, mit dem sie arbeiten, klar strukturiert und möglichst nicht durch zu viele gestalterische Elemente überfrachtet ist (SELLIN 2008, GERLACH 2010). Das Layout der Arbeitsblätter wird dementsprechend didaktisch unter Beachtung der oben genannten Kriterien reduziert, um einzelne Arbeitsblätter sowohl insbesondere attraktiv und effektiv für die Arbeit der Kinder zu gestalten, aber gleichzeitig eine hohe Varianz und Qualität an Übungen sowie eine kohärente und konsistente Lernprogression zu gewährleisten. Durch verschiedene Auswahlübungen und Schwierigkeitsgrade, welche die Trainer individuell mit den Kindern bearbeiten können, wird zudem das Kriterium der Reliabilität abgedeckt, um zu gewährleisten, dass die Trainingskinder trotz der teils sehr unterschiedlich ausgeprägten Lese-Rechtschreib-Schwierigkeiten Erfolge spüren bzw. der Trainer diese ihnen transparent machen kann.

In kleineren Voruntersuchungen wurden verschiedene Arbeitsblattdesigns mit lese-rechtschreib-schwachen Kindern der zu untersuchenden Altersgruppe testweise durchgearbeitet und im Anschluss anhand der gestalterischen Kriterien besprochen.[136] Daraus folgend wurden verschiedene Anpassungen im grundlegenden Rahmendesign des Materials durchgeführt, welches kriteriengemäß für das gesamte Trainingsprogramm möglichst einheitlich gestaltet wurde. Exemplarisch zeigt Abb. 12 ein Arbeitsblatt aus dem Trainingsprogramm:

---

136   Die getesteten Arbeitsblätter variierten in Schriftgröße, Zeilenabstand bei auszufüllenden Aufgabenbestandteilen, Anzahl und Art der verwendeten Visualisierungen (z.B. farbliche Untergliederung, schematische Darstellungen) und Farben sowie gestalterischen Elementen wie Infoboxen und Piktogrammen.

Abb. 12: Beispiel eines Arbeitsblattes und Erläuterung der gestalterischen Elemente

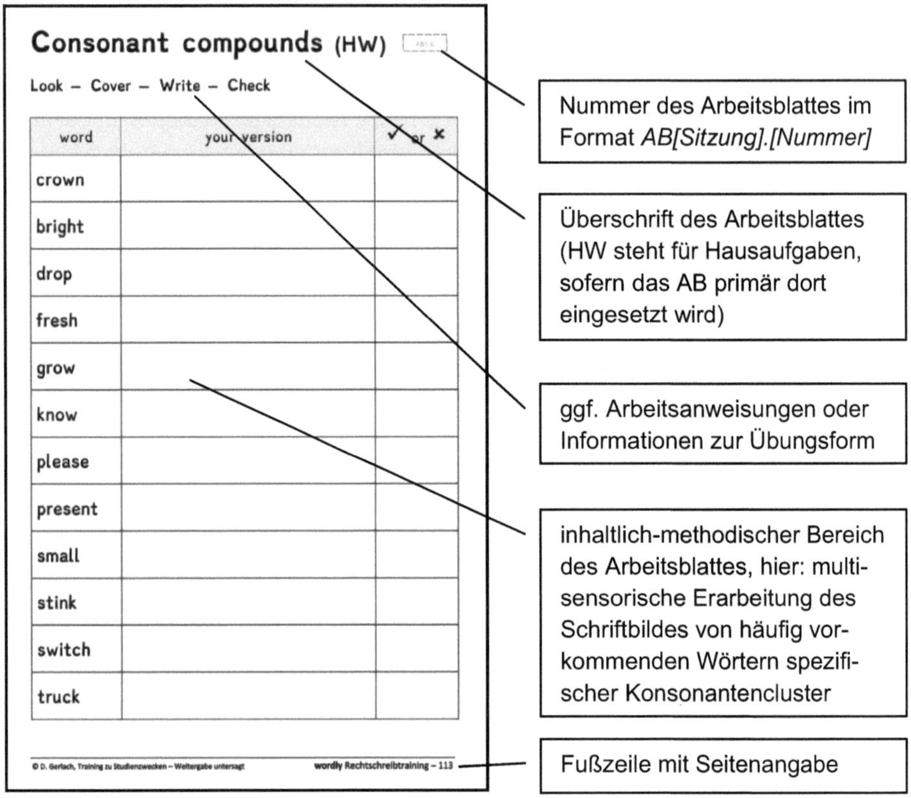

In einer Studie konnten BERNARD ET AL. (2002) zeigen, dass Kinder serifenlose und größere Schriftarten besser lesen konnten als vergleichbare Serifenschriftarten und kleinere Schriftgrößen.[137] Dies deckt sich entsprechend mit SYKES' Empfehlung, eine größere Schriftart zu verwenden (2008)[138] sowie weiteren Erkenntnissen einer besseren

---

137   Serifenschriftarten zeichnen sich durch horizontale oder vertikale Verzierungselemente (Serifen) an einzelnen Buchstaben aus, wie die hier verwendete Times New Roman. Eine serifenlose Schriftart, wie z.B. Arial, enthält diese Verzierungselemente nicht.

138   In einer anderen Studie (TAVAKOLI/KHEIRZADEH 2011) wurden unbeeinträchtigten jungen Männer und Frauen zwei verschiedene Schriftgrößen (10 Punkt und 16 Punkt) im Rahmen einer Leseverständnisaufgabe dargestellt. In diesem Untersuchungssetting konnte kein signifikanter Unterschied zwischen der Perzeption und Leseverständnisleistung beider Schriftgrößen festgestellt werden. In einer weiteren Studie von SOLEIMANI/MOHAMMADI (2012) mit Englischlernern zeigten sich positive Effekte für die Lesegeschwindigkeit, jedoch ebenfalls keinem Zuwachs beim Leseverständnis, wenn statt 10-Punkt- eine 12-Punkt-Schriftart gewählt wurde. Dennoch sprechen die Erfahrungen, pädagogischen Erwägungen sowie Empfehlungen in der Literatur (z.B. SELLIN 2008, GERLACH 2010) sowie die Studie von SYKES (2008) für eine auch in diesem Trainingskonzept genutzte, klar definierte, im Vergleich zur Standard-Schulbuch-Schriftgröße leicht vergrößerte Darstellung der Wörter.

Lesbarkeit von serifenlosen Schriften für schwache Leser (WILKINS ET AL. 2007). Auf Grundlage weiterer typographischer Studien[139] entwickelte der niederländische, selbst lese-rechtschreib-schwache Designer Christian Boer die serifenlosen Schriftarten „Dyslexie" (Normalschrift) bzw. „Dyslexie bold" (Fettdruck), welche in einer Studie mit einer leicht erhöhten Lesegenauigkeit in Verbindung gesetzt werden konnten und von den lese-rechtschreib-schwachen Teilnehmern subjektiv als angenehmer zu lesen wahrgenommen wurden im Vergleich zur Schriftart „Arial" (DE LEEUW 2010). Die einzelnen Buchstaben der Schriftart zeichnen sich durch eine in sich divergierende, d.h. im Vergleich zu Standardschriftarten deutlich abweichende Zeichnung und Akzentsetzung aus, sodass Verwechslungen potentiell weniger häufig vorkommen dürften.

Abb. 13: Beispiel des Schriftbildes der Schriftart „Dyslexie"

Beispiel des Schriftbildes von „Dyslexie"
Sample of „Dyslexie" font

Beispiel des Schriftbildes von „Dyslexie bold"
Sample of „Dyslexie bold" font

Die Arbeitsblätter, die die Schüler erhalten, verwenden daher durchgehend diese serifenlose Schriftart. Die Standardgröße der Schriftart im Fließtext (auch in Arbeitsanweisungen) ist 14 Punkt, während in strukturierenden Überschriften der Arbeitsblätter oder Übungsüberschriften in größeren, aber je nach Überschrifttyp einheitlichen Varianten eingesetzt werden. Die Anleitungen der Trainer verwenden hingegen die serifenlose Standardschriftart Calibri in einer regulären Schriftgröße von 11 Punkt.

Visualisierungen an sich spielen – trotz eines Mangels an Forschungsergebnissen hierzu[140] – im fachdidaktischen Diskurs der Konzeption von Lehrunterlagen eine große Rolle. Wie bei der allgemeinen Gestaltung von Arbeitsmaterial (s.o.), gilt allerdings auch hier ein möglichst sparsamer Einsatz gestalterischer Elemente, die z.B. gewisse Aspekte in Worten darstellen sollen, um den gewünschten Effekt zu erzielen (FUNK/KOENIG 1991). Sofern Bildmaterial eingesetzt wird, sind dies keine Fotos, sondern gezeichnete Darstellungen ggf. in Comic-ähnlicher Form z.B. auch einfache, strukturierende Abbildungen wie ein einfarbiges, stilisiertes Strichmännchen, um durch die eintretende Stilisierung einen höheren Behaltens- und Abstrahierungseffekt zu gewähr-

---

139   Übersicht in der Masterarbeit von DE LEEUW (2010).
140   So attestiert z.B. RIEGER (1999) zwar in Bezug auf Lehrwerke im Fachbereich Deutsch als Fremdsprache ansprechenden Visualisierungen motivierende Funktion, „[empirische] Beweise gibt es hierfür allerdings nicht" (ebd., S. 180).

leisten.[141] Das Bildmaterial hat, wenn eingesetzt, sowohl strukturierende als auch motivierende Funktion und soll die Attraktivität des Materials erhöhen, ohne dass es zu einer visuellen Überforderung oder Ablenkung für die Kinder führt. Ziel ist demnach durch den Einsatz von komplexeren Abbildungen nicht die Förderung einer *visual literacy* (WILEMAN 1993), welche einen verstärkt interpretativen, metakognitiven Zugang zur Bilddeutung meint, sondern die Nutzung visuellen Materials zum Evozieren und Kognitivieren englischer Wörter und ihrer bildlichen Repräsentation.

Die Lernunterlagen des Rechtschreibtrainings werden den Trainern in Form eines Ringordners mit Arbeitsblättern zur Verfügung gestellt. Der Ringordner enthält dabei sowohl allgemeine didaktisch-methodische Instruktionen und Hilfen für den Trainer als auch für die einzelnen Trainingsstunden formulierte Anleitungen zu den einzelnen Inhalten und die einzeln entnehmbaren, dazugehörigen Arbeitsblätter und Hausaufgaben für die Schüler. Das Format der Arbeitsblätter ist demnach DIN A4, was verglichen mit gängigen Schulbuchformaten eher der Form des Workbooks (Arbeitsbuch) entspricht und aufgrund der Größe mehr gestalterischen Freiraum, eine optimale Schriftgröße sowie größeren Abstand zwischen auszufüllenden Leerzeilen für die lese-rechtschreib-schwachen Kinder ermöglicht (SELLIN 2008).

Darüber hinaus wird jedem Trainingskind ein Lernkarteikasten mit Karteikarten zur Verfügung gestellt für einen Teil der Automatisierungsmethodik (s. 4.4.2) sowie ein Beutel mit aus Moosgummi (Naturkautschuk) gefertigten Buchstaben (ca. 130 Stück, jeder Buchstabe des englischen Alphabets in vierfacher Ausführung) zur haptischen, multisensorischen Erarbeitung einzelner Wörter in verschiedenen Übungsformen im Rahmen des Trainingsprogramms.

4.4   Inhaltlich-methodische Konzeption

Für die inhaltliche Gestaltung eines Unterrichtsprogramms schlagen DUBIN und OLSHTAIN (1986) eine Analyse im Rahmen der „fact-finding stage" (ebd. S. 6) vor:

---

141   WEIDENMANN (1991) verweist auf entsprechende Vorteile von stilisierten Zeichnungen gegenüber Fotographien. Darüber hinaus dürften Zeichnungen auch für die Zielgruppe des Trainings einen Reiz bieten und damit dem Kriterium „Attraktivität" nach FUNK (2010) zuträglich sein.

Abb. 14: Inhaltlich-konzeptionelle Erwägungen bei der Gestaltung eines Unterrichtsprogramms nach DUBIN/OLSHTAIN (1986)

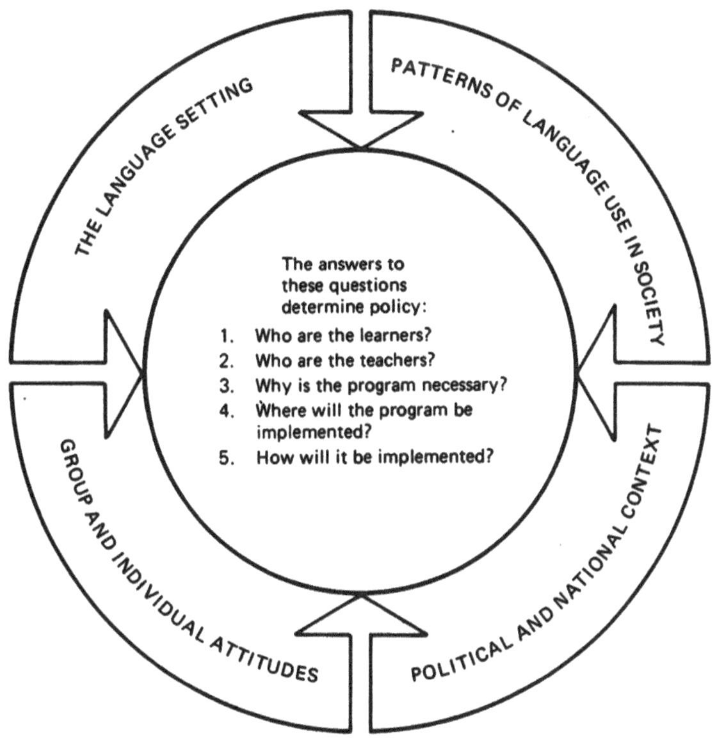

(aus DUBIN/OLSHTAIN 1986, S. 6)

Grundlagen des Settings sowie persönlichkeitsabhängige Faktoren und Haltungen[142] (linke Hälfte des Kreises) wurden bereits unter 4.1 diskutiert und in dem Zusammenhang ebenfalls sprachliche Regelmäßigkeiten (rechts oben) wie korpuslinguistische und Aspekte der Wortschatzauswahl, um dahingehend für das Trainingsprogramm eine lernerrelevante Auswahl zu treffen. Zu vernachlässigen ist ausgehend von der Abbildung der Bereich des politischen und nationalen Kontextes (rechts unten) insofern, als dass das Rechtschreibtraining keine (inter-)kulturelle Kompetenz oder landesspezifi-

---

142   Zu diesen personen- bzw. persönlichkeitsbezogenen Haltungen zählen DUBIN und OLSHTAIN (1986) auch sozio-ökonomische Faktoren, die allerdings für das zu entwickelnde Rechtschreibtraining keine inhaltlichen Konsequenzen haben sollten, um eine Diskriminierung von Kindern sozial schwacher oder im Kontrast dazu besonders starker Herkunft zu vermeiden. Dennoch hat gerade die Förderung dieser Kinder im schulischen Kontext seit PISA natürlich eine besondere Bedeutung (siehe z.B. PISA-KONSORTIUM DEUTSCHLAND 2004).

schen Bildungsstandards schulen soll, wie Schulbücher es müssen bzw. dies in Unterrichtsmaterialien in anderen Ländern der Welt berücksichtigt werden muss, in denen Englisch auch eine offizielle Amtssprache darstellt. Eine Integration kultureller Aspekte würde das Training inhaltlich unnötig überfrachten und auch die lese-rechtschreibschwachen Kinder vom eigentlichen Ziel möglicherweise ablenken. Bedeutender für die inhaltliche Planung sind die im Zentrum des Kreises aufgestellten Fragen, welche sowohl Voraussetzungen der Lerner als auch der Lehrkräfte einbeziehen.[143] Warum das Programm nötig ist, sollte bereits durch die theoretischen Grundlagen und deren Wichtigkeit zur Förderung legasthener/lese-rechtschreib-schwacher Schüler in Bezug auf die Fremdsprache Englisch als beantwortet gelten. Als inhaltlich wichtige Erwägung sollten allerdings die Fragen gelten, *wo* und *wie* das Programm eingesetzt werden soll. Zwar soll das Training für die Evaluationsstudie aus Kriterien des Untersuchungsdesigns (insbesondere einer möglichst homogenen Zusammensetzung an Probanden und Trainern) im Rahmen externer Nachmittagsförderung eingesetzt werden, es sollte aber nicht inhaltlich-konzeptionell nur auf diesen Bereich beschränkt werden, sondern universell auch anschließend z.B. als differenzierendes Arbeitsmaterial im Regelunterricht oder im Rahmen von schulischer Förderung einsetzbar sein. Daher sollte bereits bei der Erstellung des Materials darauf geachtet und z.B. auch verschiedene Einsatz- und Differenzierungsmöglichkeiten im Rahmen der Traineranleitung aufgezeigt werden.

Genau wie kulturelle sollen grammatische Aspekte nicht zu den Inhalten des Trainingsprogramms gehören, obwohl sie – trotz der angestrebten Kompetenzorientierung in Bildungsplänen der Bundesländer – immer noch die Haupt-Progressionsrichtung von Englisch-Lehrwerken darstellen (QUETZ 1999). Die inhaltlich-methodische Progressionsrichtung des Trainingsmaterials soll im Sinne der Förderung der Rechtschreibkompetenz zunehmender Graphem-Phonem-Orientierung, dem Aufbau orthographischen und Regel-Wissens sowie der Einführung von (meta-)kognitiven Lern- und Arbeitsstrategien gewidmet sein. Eine Integration anderer Inhaltsfelder, die z.B. interkulturelle Kompetenz schulen, würde daher möglicherweise lediglich eine Doppelung zu Inhalten darstellen, die bereits in der Schule unterrichtet werden, und sind daher im Rahmen eines Orthographietrainings auch aus zeitökonomischen Gründen als eher ineffektiv zu beurteilen.

Obwohl sich das Trainingsprogramm auf Englisch als Fremdsprache bezieht, wird das Training primär auf Deutsch durchgeführt, um eine Überforderung und unnötige Überanstrengung der lese-rechtschreib-schwachen Kinder durch die Mündlichkeit zu vermeiden. Das Arbeitsmaterial, das im Präsenztraining (Trainingssitzungen bei den Trainer) eingesetzt wird, enthält die Arbeitsanweisungen in der Regel ausschließlich in der englischen Sprache, da hier die Trainer unterstützend Hilfestellung bieten können, während für häusliches Material entweder nur deutsche Arbeitsanweisungen oder beide Sprachen verwendet werden, um Missverständnisse zu vermeiden. Die Anleitung für die Trainer sind durchgehend auf deutsch mit Lösungen und entsprechend englischem

---

143   Kriterien für die Auswahl der lese-rechtschreib-schwachen Schülerinnen und Schüler sowie der eingesetzten Trainerinnen im Rahmen der Evaluationsstudie unter 5.2.

Wortmaterial für die einzelnen Übungen z.B. zur Förderung der phonologischen Bewusstheit.

Das Trainingsprogramm wurde „wordly" getauft, da es zum einen den englischen Begriff für „Wort" bereits in sich vereint und damit direkt beschreibt, dass es um englische Wörter in dem Programm gehen soll, es gleichzeitig aber auch durch das angehängte Adverbialsuffix in gewissem Sinne verniedlicht und motivierender für die leserechtschreib-schwachen Lernenden machen soll. Rein etymologisch wird das Wort „wordly" in der Regel nur umgangssprachlich[144] als Synonym für „indeed", also zum Ausdruck von Zustimmung, verwendet, seltener im Sinne von „wortgewandt".

4.4.1   Inhalte und Methoden zur Stärkung von Graphem-Phonem-Korrespondenzen und phonologischer Bewusstheit

Wie in Kapitel 2.2.4.2.1 gezeigt werden konnte, sind Interventionsprogramme, die rein auf phonologische Bewusstheit abzielen, bei fortgeschrittenen Lernern möglicherweise nicht sehr effektiv. In Verbindung mit der Vermittlung von Graphem-Phonem-Korrespondenzen wiesen sie allerdings teils hohe Trainingseffekte auf, sodass auch im vorliegenden Programm diese beiden Bereiche für das wortbasierte Englischtraining verknüpft werden.

Die Progression zur Stärkung von Graphem-Phonem-Korrespondenzen beginnt dabei mit der expliziten Vermittlung einzelner Kurzvokale und ihrem regelmäßigstem Vorkommen in Wörtern. Diese Wörter sind in der Regel auch einsilbig und/oder nutzen die einfache Struktur Konsonant-Vokal-Konsonant (CVC) und sind ebenfalls Teil der am häufigsten vorkommenden Wörter. Die folgende Tabelle zeigt diese exemplarisch:

Tab. 3: Häufigste Repräsentationen von Kurzvokalen im Rechtschreibtraining

Vokal	Aussprache	Wörter
a	/æ/	am, and, animal, as, at, can, dad, had, hand, sat, that, bag
e	/ɛ/	bed, end, fell, get, leg, next, pet, tell, well, went
i	/ɪ/	city, him, his, if, it, its, in, into, is, did, six, thing, things, will, with
o	/ɒ/	dog, clock, fog, forgot, hot, not, off, stop
u	/ʌ/	but, fun, just, must, run, up, luck , such, under, us

---

144   Einen Eintrag in einschlägigen Wörterbüchern wie z.B. *Merriam-Webster* oder *Longman* gibt es aus diesem Grund auch (noch) nicht, lediglich im nutzerbasierten (nicht wissenschaftlich erschlossenen) Online-Wörterbuch *Urban Dictionary* lassen sich die genannten Einträge finden.

Da zwar Einzelkonsonanten rechtschreibschwachen Englischlernern in der Regel keine größeren Probleme bereiten, diese rein sprachlich natürlich elementare Bestandteile von englischen Wörtern sind, werden diese ebenfalls bereits sehr früh basal eingeführt, allerdings nicht so explizit wie die Kurzvokale. Dafür wird ein größerer Fokus auf Konsonantencluster gelegt, die Probleme bereiten könnten. Dazu gehören z.B.
 (*break, bring*), <kn> (*know, knee*) oder am Wortende <nd> (*hand, find*) und <ng> (*long, sing*).[145]

Anschließend werden zunehmend auch Vokal- (z.B. <oo> in *book*) und Vokal-Konsonantenzusammensetzungen (z.B. <ge> in *age*) thematisiert. Weitere Trainingsschwerpunkte ausgehend von Graphemen neben den häufigsten Graphem-Phonem-Korrespondenzen bilden konsonantische Digraphe (<sh>, <ch>, <th>) und Wörter, die in <le> enden. Ausgehend von der Lautung liegen Schwerpunkte zusätzlich auf stummen Buchstaben wie z.B. <gh> in *night* oder die regelmäßige Vokalverlängerung in Wörtern, die in ein stummes <e> enden (z.B. *car* im Gegensatz zu *care*). Auch die wichtigsten Homophone aus dem Anfangsunterricht werden kontrastierend thematisiert (z.B. *for – four, new – knew, to – two – too*). Bei ähnlichen Inhalten muss dabei methodisch immer bewusst darauf geachtet werden, dass es zu keiner Ähnlichkeitshemmung kommt, bei der sich ähnelnde Lerninhalte nicht so gut abspeichern lassen, als wenn sie zeitlich getrennt voneinander trainiert worden wären.[146] Werden den Trainingskindern solche Inhalte präsentiert, wird hier generell mit starken (auch visuellen) Kontrasten gearbeitet und die TrainerInnen sind dazu angehalten, die Vermittlung auch von der Leistungsfähigkeit der Schüler abhängig zu machen und ggf. explizit separat zu vermitteln.

Auf der methodischen Ebene werden – wie oben bereits angesprochen – die regelmäßigen Graphem-Phonem-Korrespondenzen explizit verdeutlicht z.B. in der Form, dass die Trainingskinder entsprechendes Wortmaterial in Form eines Arbeitsblattes zu einem bestimmten Kurzvokal vorgelegt bekommen und dort die Vokale visuell markieren müssen und eine bestimmte Regelhaftigkeit ableiten müssen (z.B. dass <a> als Kurzvokal in der Regel als /æ/ gesprochen wird). Auch das Identifizieren von einzelnen Phonemen oder Graphemen gehört zur Förderung der Korrespondenzregeln, aber auch als Bestandteil der phonologischen Bewusstheit. Letztere wird durch zunehmend komplexere Übungen im Trainingskonzept trainiert, welche an diverse Testverfahren und Übungsformen angelehnt sind.

---

145 Das primär verwendete Wortmaterial findet sich in Gänze in Anhang E aufgegliedert in Wortlisten ausgehend von Graphemen und Phonemen und ihren jeweiligen Schwerpunkten. An dieser Stelle und den nächsten Unterkapiteln werden exemplarisch einige Beispiele herausgegriffen.

146 Auch wenn die Ähnlichkeitshemmung immer wieder als Kriterium für Auswahl von Methoden und Übungen angeführt wird, sei doch angemerkt: Untersuchungen zum sogenannten „Ranschburg-Phänomen" sind entweder sehr alt bzw. „[es] gibt keine einzige Studie, in der die Ähnlichkeitshemmung im Hinblick auf das Rechtschreibenlernen überprüft worden ist" (TACKE 2002, S. 177). Tacke liefert auch einen Überblick über damit verbundene Studien und eine eigene Untersuchung zur Wirkung von Rechtschreibübungen mit Lückentexten.

Tab. 4: Beispiele für Übungen zum Training der phonologischen Bewusstheit im word-ly-Rechtschreibtraining

Anspruch	Sitzung	Anleitung für TrainerIn
leicht	3	**Laute identifizieren:** Lesen Sie die Wörterreihen vor (vorspielen: ♪ T3_1) und lassen Sie entscheiden, welches Wort mit einem anderen Konsonanten beginnt als die anderen: *mom – more – long – must, car – get – girl – going, part – back – people – put, father – flower – word – found, read – we – rest – room, tea – tell – toast – dow*
mittel	7	**Konsonanten austauschen:** Lassen Sie Ihr Trainingskind in den jeweils folgenden Worten die voranstehenden Konsonanten mit den Anfangskonsonanten austauschen (Beispiel: /m/ in come → /mʌm/. /m/ in *well, six, bad, time*, /n/ in *symbol, baby, lay, cry*, /g/ in *tell, party, cry, car*, /k/ in *my, very, not, will*
schwer	17	**Laute manipulieren:** Legen Sie mit Moosgummi-Buchstaben die folgenden Wortpaare auf. Lassen Sie die Anfangslaute in den folgenden Wortpaaren gegeneinander austauschen und aussprechen. (Brechen Sie diese Übung bitte nach drei falschen Versuchen ab.) *will – can, to – more, day – time, back – first , house – look , part – never*

Mithilfe der mitgelieferten MP3-Aufnahmen kann das meiste Wortmaterial in der Regel auch vorgespielt werden. Die TrainerInnen sind dennoch dazu angehalten, besonders bei Aufgaben zur Manipulation flexibel auf die Antworten der Trainingskinder zu reagieren und unmittelbar Feedback zu geben, damit sich keine falschen Formen einprägen, wenn möglicherweise nicht die richtige Stelle einer MP3-Datei und das gesuchte Wort direkt gefunden werden kann.

Die einzelnen Übungen zur phonologischen Bewusstheit nutzen gemäß der Rechtschreibprogression meist Wortmaterial, welches vorher in derselben Sitzung schon eingeführt wurde oder bereits in einer vorherigen Sitzung Thema war, um so auch je nach Übungsform die eingeführten Schreibweisen und Graphem-Phonem-Korrespondenzen weiter zu trainieren.

Die folgende Abbildung zeigt beispielhaft zwei Arbeitsblätter, in denen auch das Trainieren der phonologischen Bewusstheit eine Rolle spielt:

Abb. 15: Arbeitsblätter mit exemplarischen Übungselementen zur phonologischen Bewusstheit

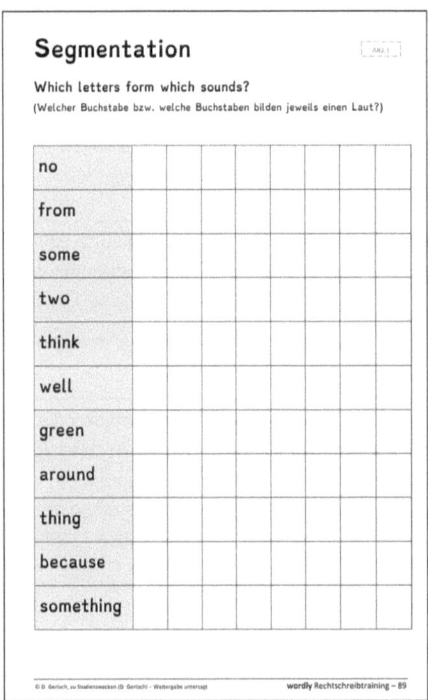

tent	Sam meant brand	still	sit fill mint
book	good food cook	ice	twice wine twin

Im linken Arbeitsblatt wird auf Wortebene die Segmentierung von Wörtern in einzelne Laute praktiziert. Der Schüler trägt in die weißen Kästen jeweils den oder die Buchstaben ein, die einen separierbaren Laut bilden. Ein Fokus wird dabei darauf gelegt, dass den Trainingskindern bewusst wird, dass es sowohl einen Zusammenhang zwischen Graphem und Phonem gibt, aber auch, dass z.B. Buchstaben nicht gesprochen werden oder zusammen gesprochen werden. Die Komplexität der Wörter nimmt in der Reihe von oben nach unten zu.

Das rechte Arbeitsblatt beginnt mit einer Übung zur Reimidentifikation mit dem entsprechenden Schwerpunkt auf bestimmte konsonantische Wortendungen. Die Übung darunter setzt auf eine höhere Abstraktionsfähigkeit des Lerners, da einzelne Buchstaben zu (in den Sitzungen zuvor thematisierten) Wörtern zusammengesetzt werden sollen. Falls dies für den lese-rechtschreib-schwachen Schüler zu schwer ist, kann der Trainer als Hilfestellung das Prinzip hinter der Schreibweise anbieten, nämlich, dass die Buchstaben in umgekehrter Reihenfolge aufgeführt sind (*llew* → *well*).

4.4.2 Inhalte und Methoden zum Aufbau orthographischen Wissens/Automatisierung

Wie bereits oben beschrieben, bilden die 300 häufigsten englischen Wörter die Grundlage für das wordly-Rechtschreibtraining. Neben dem Aufbau und der Festigung der Graphem-Phonem-Korrespondenzen wird auch das orthographische Wissen trainiert sowie Wörter, die eine sehr große orthographische Intransparenz (werden im Training als Sichtwortschatz bezeichnet) aufweisen, durch Automatisierungsstrategien gelernt bzw. überlernt.[147] Dazu werden einige, grundlegend multisensorische angelegte Methoden durchgehend im Training eingesetzt:

1. **Multisensorische Automatisierung durch Karteikartensystem:** Wörter, die zum Sichtwortschatz gehören oder vom Trainingskind in eigenen Texten häufig falsch geschrieben werden, werden auf Karteikarten gesammelt und mittels des Karteikastenlernsystems automatisiert. Dabei werden neue Karten im ersten Fach abgelegt, wenn sie korrekt geschrieben wurden, wandern sie ein Fach weiter. Die Frequenz der Wiederholung einzelner Fächer nimmt zunehmend ab. Hierdurch kommt es zu einer Automatisierung und einem „Überlernen" des Wortmaterials. Wenn die vormals fehlerhaften Wörter im letzten Fach landen und korrekt geschrieben werden können, kann davon ausgegangen werden, dass sie memorisiert wurden. CROMBIE (2000) sieht entsprechend Karteikarten als lernförderlich für Vokabeln im Fremdsprachenlernen. Die Zahl der auch zu lernenden Worte wird dabei begrenzt, da besonders bei der unterstützenden Mitarbeit und Kontrolle der Eltern zuhause es als effektiv anzusehen ist, wenn lese-rechtschreib-schwache Kinder bis maximal 10 Karten gleichzeitig lernen (LABAS/BEDERSKI 2004). Der multisensorische Anteil kommt dadurch zustande, dass die Schüler nach einer 5-Schritt-Methode vorgehen: Sie entnehmen die Karte dem Kasten und schauen sie an (*Look*), lesen das Wort laut (*Read*), decken es mit einer anderen Karte ab (*Cover*), schreiben es auf ein separates Blatt Papier (*Write*) und überprüfen es zum Schluss auf die korrekte Schreibweise (*Check*), um ein Fehlerbewusstsein zu entwickeln.

2. **Multisensorische Diktate:** Über das gesamte Trainingskonzept verteilt finden sich verschiedene Diktatformen (z.B. auch Lauf- und Schleichdiktate), die sowohl die Schreibung an sich, als auch die Konzentrationsfähigkeit steigern sollen.

3. **Multisensorische Erarbeitung mit Moosgummi-Buchstaben:** Die Trainingsteilnehmer erhalten ein Päckchen Buchstaben aus Moosgummi (weicher Kunststoff, siehe oben), welche in verschiedenen Übungsformen zu Worten zusammengesetzt, modifiziert und manipuliert werden können. Ziel der Übung ist dabei das kinästhetische Empfinden der einzelnen Buchstaben und deren Kohärenz im Wort, ein the-

---

147 Siehe Automatisierungsprozesse in Schriftspracherwerbsmodellen (2.1.2) und deren förderliche Wirkung bei Legasthenikern (2.2.4.2.3).

rapeutisches Element, das sich z.B. in den multisensorischen Trainingskonzepten nach ORTON-GILLINGHAM wiederfindet (s. 2.2.4.1.4).

Darüber hinaus werden bestimmte Graphemfolgen in den Arbeitsblättern auf verschiedene Weisen trainiert und automatisiert z.B. durch das Sammeln und Einordnen nach bestimmten Graphemen, Memoryspiele, das Zusammensetzen von Anfangskonsonanten und Wortresten sowie Schreib- und Markierungsübungen nach bestimmten Graphemmustern und häufigen Signalgruppen (bestimmten Graphemabfolgen), was eine Vorgehensweise darstellt, die auch MAYER (2010, S. 103) empfiehlt.

Abb. 16: Beispiele für methodische Ansätze des Trainings von Graphemfolgen und dem Aufbau von orthographischem Wissen

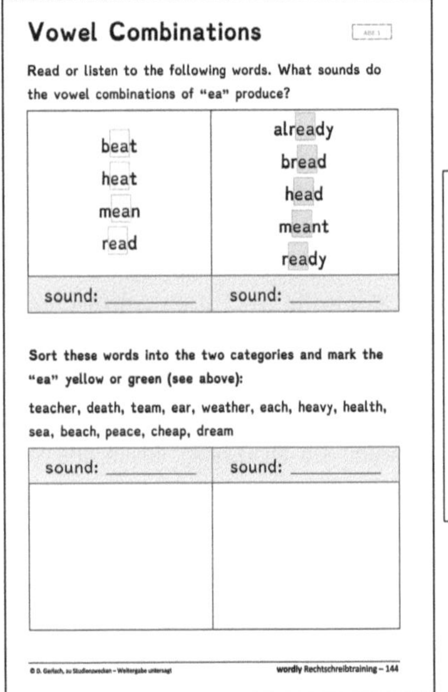

Consonants – Compounds				
blue	blau	plan	Plan	green
bring	bringen	private	privat	grün
crown	Krone	smell	schmecken	drink
dream	Traum	stand	stehen	trinken
dry	trocken	swim	schwimmen	steal
fruit	Frucht	knee	Knie	stehlen

Links: Arbeitsblatt zur Unterscheidung der Vokalkombination <ea> ihrer abweichenden Aussprache (kontrastierend), rechts: Kopiervorlage für ein Memory-Spiel zu Konsonantenzusammensetzungen, die mit ähnlichen deutschen Entsprechungen oder direkten Übersetzungen geübt werden.

Auch ein basales Morphem- und Silbentraining bzw. Segmentierungsstrategien werden in der zweiten Hälfte des Programms eingeführt, letztere aber nur sehr basal, da die Silbenstruktur im Englischen teilweise nicht ganz eindeutig ist und somit nicht zwingend Silbenstrategien, die die Trainingskinder aus der Deutsch-Förderung kennen, auf das Englische übertragen werden können, was somit einem Trainingseffekt nicht zuträglich wäre. Zudem wurde ein Silbentraining im Englischen nur eingeschränkt als förderlich eingestuft (SIMON ET AL. 1976) oder war dann förderlich, wenn das Wortmaterial sehr komplex war (LOVETT ET AL. 1990), was aufgrund des vorliegenden Anfangsniveaus ausgeschlossen werden muss.

4.4.3   Inhalte und Methoden zum Aufbau von Regelwissen

Neben dem Aufbau von Graphem-Phonem-Korrespondenzen, welches streng genommen auch zu Regelwissen gezählt, aber aufgrund der Konzeption und des LRS-Schwerpunkts bereits oben besprochen wurde, werden weitere Regelhaftigkeiten im wordly-Rechtschreibtraining thematisiert. Dazu gehören insbesondere auch einzelne, bereits für den Anfangsunterricht Englisch relevante Rechtschreibregeln:

- Konsonantenverdoppelung beim Anhängen von -er/-ing (Beispiel: mad – madder, run – running)

- „Drop -e-Rule" bei Anhängen von Endungen (*to bike – biking, to hope – hoped*)

- Regelmäßige und unregelmäßige Pluralbildung (regelmäßig, mit Wörtern in -y, -ch/-sh/-ss/x und -o) und entsprechende Änderungen in Verben der 3. Person Singular

Außerdem werden spezifische Besonderheiten der englischen Sprache thematisiert, die in der Schule meist nicht explizit vermittelt werden, wie z.B. das „stumme End-e" in Wörtern wie *write* oder *plane*. Diese Wörter werden oft von rechtschreibschwachen Schülern falsch geschrieben, indem das stumme <e> weggelassen wird. Im Rechtschreibtraining wird eine Regel angeboten (wenn der vorhergende Vokallaut lang oder ein Diphthong ist, folgt in der Regel ein stummes <e> nach dem letzten Konsonanten im Wort), mit der die Trainingskinder überprüfen können, ob ein <e> folgen muss.[148] Auch werden Phoneme, die es im Deutschen nicht gibt, nach und nach eingeführt.[149]

---

148   Diese Regel wird kontrastierend eingeführt, z.B. an Wortpaaren wie *plan – plane* und *ton – tone*.

149   Nicht eingeführt werden die stimmhaften und stimmlosen dentalen Frikative (<th>, /ð/ und /θ/), da in der Regel aufgrund der spezifischen Schwierigkeiten deutscher Lerner bei der Aussprache im Englisch-Anfangsunterricht diese Allophone bereits besonders intensiv geübt werden und außerdem in ihrer Schreibweise an sich sehr transparent sind, also immer <th> geschrieben werden.

4.4.4   Inhalte und Methoden zum Aufbau und Erhalt von Motivation und Strategien

Obwohl multisensorische Trainingsansätze besonders im englischsprachigen Raum z.B. durch ORTON-GILLINGHAM und *Alpha to Omega* weit verbreitet sind, wird teilweise kritisiert, dass einige dieser Trainingsansätze sich zu stark auf den Aufbau von Graphem-Phonem-Korrespondenzen beschränken und vernachlässigen, Lernstrategien, Metakognition und allgemeine Reflexionsprozesse über das Lernen zu fördern (z.B. Wearmouth/Reid 2008 in NIJAKOWSKA 2010). Da dies auch ursächlich für ein allgemein schwaches Fremdsprachenlernen (s.o.) und im Besonderen als mangelhaft ausgeprägte Kompetenz bei Risikoschülern zu beobachten ist (GANSCHOW/SPARKS 2000), sollten solche Strategien zwingend in ein Trainingsprogramm integriert werden.

KELLER ET AL. (1997) stellen im Rahmen ihres *Lern- und Arbeitsverhaltenstrainings (LAT)* vier Kernbereiche vor, die sich als Trainingselemente förderlich auf Schülerleistungen auswirken und somit auch als grundlegend sinnvolle Elemente in Form einzelner oder aufeinander aufbauender Übungen in das Rechtschreibtraining integriert werden sollten.[150] Zu diesen Trainingselementen gehörten (1) Techniken zur (Selbst-) Motivation z.B. durch das Festlegen persönlicher Lernziele, (2) die Förderung von Organisation, zu denen auch ökonomische Zeitplanung und die Gestaltung des Arbeitsplatzes gehörte, (3) die Vermittlung von Lernstrategien wie Gedächtnistechniken sowie (4) grundlegende Konzentrationsübungen, die sowohl für den Unterricht als auch die selbstständige und eigenverantwortliche Arbeit als sinnvoll und nötig erachtet wurde. Diese Bestandteile finden sich in verschiedenen Methoden im wordly-Rechtschreibtraining wieder und sollen nachfolgend dargestellt werden.

4.4.4.1   Techniken zur (Selbst-)Motivation

Verstärkersysteme und Feedbackverfahren finden in vielen Trainingsprogrammen Anwendung, um die Motivation hoch zu halten (z.B. REUTER-LIEHR 2001). Im wordly-Rechtschreibtraining wird zum Aufbau und Erhalt von Motivation sitzungsübergreifend zu Beginn ein Token-System eingeführt, bei dem die Trainingskinder Belohnungsstempel sammeln und dafür von den Eltern versprochene Belohnungen erhalten können. Der Trainer bespricht vorab eine angemessene Belohnung und ist auch für die letztendliche, objektive Vergabe verantwortlich. Eine größere Belohnung erhält der Teilnehmer am Ende des Trainings, welche in Sitzung 1 mittels eines Lernvertrags festgelegt wird.

Darüber hinaus erhält das Trainingskind im Laufe der Sitzungen Arbeitsblätter, die sich zur Selbstmotivation eignen, wie z.B. das Bild eines Smileys, welches – in der

---

150   Angemerkt sein sollte, dass das Training von KELLER ET AL. (1997) für Schülerinnen und Schüler ab 14 Jahren ausgelegt ist. Für das hier vorgestellte Vorhaben mit jüngeren Lernenden wird lediglich die grundlegende Konzeption des Trainings und ihrer vier methodischen Säulen einbezogen.

Nähe des Schreibtisches aufgehängt – positiv assoziiert und dadurch motivierend wirken soll.

Auf der Ebene der Organisation einzelner Sitzungen wurde durch die Ablaufplanung Wert darauf gelegt, dass Spiele und Bewegungsübungen die Sitzungen auflockern, um ebenfalls die Konzentrationsfähigkeit zu erhöhen (siehe unten).

Die Trainer sind ebenfalls dazu angehalten, Reattributierungs- und Modellierungstechniken (s. 4.2.2) beim Erteilen von Feedback in den Sitzungen einzusetzen, um die Motivation hoch zu halten.

4.4.4.2   Förderung von Organisation

Die Organisationsfähigkeit der Trainingsteilnehmer wird dadurch gefördert, dass sie mehr und mehr an ein eigenständiges Arbeiten und Erarbeiten von Inhalten herangeführt werden. Darüber hinaus erhalten sie Karten mit ihren Hausaufgaben, welche in Form einer Checkliste abgehakt sowie nach ihrer Schwierigkeit bewertet werden können.

Im letzten Drittel des Trainingskonzepts werden die lese-rechtschreib-schwachen Teilnehmer außerdem an Strategien zur Planung, Organisation und das eigentliche Schreiben eigener Texte herangeführt sowie an den Aufbau von Strategien, um ein Fehlerbewusstsein zu entwickeln und Lernfortschritte zu überprüfen.

Als Hybrid einer Organisations- und Motivationsstrategie können die zur Hälfte des Trainings einzuführenden Verstärkerkarten zu werten sein. Dies sind kleine Regel-Karten, welche grundlegende Arbeitsschritte und Hilfen darstellen und bildhaft verknüpfen, damit die Trainingskinder beim Bearbeiten der zunehmend komplexeren Hausaufgaben nicht das Ziel aus den Augen verlieren, sondern bewusst Pausen einlegen, um Hilfe fragen, einen Plan erstellen und/oder sich selbst belohnen.

Abb. 17: Verstärkerkarten im wordly-Rechtschreibtraining

4.4.4.3   Vermittlung von Lernstrategien und Gedächtnistechniken

Die bereits vorgestellte Variante des Karteikastenlernens kann als eine Lernstrategie bzw. Gedächtnistechnik bezeichnet werden. Darüber hinaus lernen die Trainingskinder Ordnungs- und Kategorisierungsstrategien kennen, welche in Mind-Mapping-Strategien überführt und vertieft werden.[151] Es konnte gezeigt werden, dass der Einsatz von Mind-Maps mit einer höheren Behaltensfähigkeit von Inhalten in Verbindung gebracht werden konnte (NESBIT/ADESOPE 2006, mit einer spezielleren Variante als Story Mapping: SMITH ET AL. 2011). Zudem konnte DROR ET AL. (2011) nachweisen, dass netzwerkartiges, nicht-lineares Erfassen von Notizen/Lernstoff bei Legasthenikern z.B. in Form von Mind-Maps effektiver sein kann. Auch KIM ET AL. (2004) hatten in einer Metanalyse verschiedener Studien, die sich mit *graphic organizers* im Allgemeinen beschäftigten, gezeigt, dass sich das Leseverständnis für lernbeeinträchtigte Schüler verbesserte. Diese

---

151   Diese Hinführung an ein Denken in und Ordnen von Kategorien entspricht der oben in Kapitel 4.1.1 bereits angesprochenen entwicklungspsychologischen Stufe der Zielgruppe gemäß Piagets Entwicklungsmodells (Phase konkreter Operationalisierung) bzw. der Hinführung zur nächsten Stufe (formale Operationalisierung).

Form der Informationsorganisation wird im Trainingskonzept daher mit entsprechendem Wortmaterial gesteigert, damit die Trainingsteilnehmer schlussendlich anhand von Mind-Maps auch Inhalte zu Texten verarbeiten können und diese Strategie auch auf andere schulische Lerninhalte übertragen können.

Ebenfalls Bestandteil des strategischen Lernens ist die zunehmend stärkere Förderung eines Fehlerbewusstseins, sodass die lese-rechtschreib-schwachen Schüler immer besser in die Lage versetzt werden können, eigene (typische) Fehler zu erkennen und zu beheben.[152] Dazu erhalten sie Tipps für die Planung von Fehlerkorrektur sowie eine Tabelle zur eigenen Analyse und letztendlichen Vermeidung von häufig produzierten Fehlerarten. Der Trainer bietet hier Anleitung und unterstützende „Hilfe zur Selbsthilfe" mit dem Ziel, dass die Trainingskinder später einen Teil der eigenen Fehler selbst erkennen und korrigieren können. Dazu gehört auch bereits ab der 5. Sitzung das strategische Heranführen an die Arbeit mit Wörterbüchern, welche sowohl zur Fehlerkorrektur herangezogen werden können als auch zum Nachschlagen oder zum Vorbereiten eigener Texte, was einen Bestandteil des Anforderungsbereichs A1 im Bereich Textproduktion gemäß der Gemeinsamen Europäischen Referenzrahmens für Sprachen (TRIM ET AL. 2001) darstellt. Da lese-rechtschreib-schwache Schüler mit Wörterbüchern aufgrund ihrer alphabetischen Struktur und verschiedener Formen, Symbole und Abkürzungen zu einzelnen Einträgen Schwierigkeiten haben, werden die Trainingskinder behutsam an die Arbeit mit einem (alters- und leistungsgerechten) Wörterbuch herangeführt.

Im letzten Drittel des Trainingsprogramms werden die Trainingskinder auch dazu angehalten, eigene Texte zu planen und zu schreiben.[153] Dazu werden kurze Texte verfasst, die zunehmend komplexer werden und mit Hilfe von strukturierten Arbeitsblättern und Checklisten im Hinblick auf mögliche typische Fehler und Schreibstil überarbeitet.[154]

4.4.4.4   Konzentrationsübungen

Im Konzept des wordly-Rechtschreibtrainings ist ebenfalls eine grundlegende Förderung der Aufmerksamkeit impliziert. Um diese im Allgemeinen während der Sitzungen hoch zu halten, sind schnelle Phasenwechsel vorgesehen, sodass kaum eine Arbeitspha-

---

152 Vgl. dazu auch das Prinzip des integrierten Feedbacksystem in fortgeschrittenen Lernern im Rechtschreibmodell nach SIMON/SIMON (1973, Kapitel 2.1.2.2). Eine Förderung des Fehlerbewusstseins und Selbstkorrektur ist ebenfalls Bestandteil anderer Trainingskonzepte, insbesondere der multisensorischen nach Orton-Gillingham (z.B. in den *dictation drills* von HORNSBY ET AL. 2006).

153 Diese Texte entsprechen in ihrem Anforderungsniveau dem basalen Bereich A1 des Gemeinsamen Europäischen Referenzrahmens (TRIM ET AL. 2001).

154 Dies folgt methodisch entsprechend im Ansatz der Empfehlung von SUMNER ET AL. (2012) verstärkt in der Therapie auch Textkomposition zu trainieren im Gegensatz zum oftmals eingesetzten und in ihrer Studie untersuchten Training der Graphomotorik beim langsamen Schreiben von rechtschreibschwachen Kindern.

se länger als 10–15 Minuten dauert[155], sondern jeweils von einer anderen Methode oder einem Spiel abgelöst wird. Ein großer Bestandteil der Konzentrationsförderung sind daher Aufmerksamkeitsspiele, bei dem Worte oder Buchstabenreihen memorisiert werden müssen, oder Bewegungsübungen, welche der Lockerung dienen sollen, damit die Trainingskinder nicht über die gesamte Zeitspanne einer Unterrichtsstunde auf ihrem Stuhl vor dem Tisch sitzen bleiben müssen.

Tab. 5: Beispiele für Spiele mit Schwerpunkt Aufmerksamkeitstraining im wordly-Rechtschreibtraining

Anspruch	Sitzung	Anleitung für TrainerIn
leicht	1	**Think & Walk:** Wandern Sie zur Auflockerung mit Ihrem Trainingskind durchs Zimmer. Lassen Sie es dabei entscheiden und laut sagen, ob die Wörter, die sie ihm nennen, mit einem Vokal oder mit einem Konsonanten anfangen: *hand, into, thing, him, animal, begin, thank, include.* Macht es einen Fehler, wiederholen Sie das Wort am Ende noch einmal. Wird der Fehler wiederholt, verdeutlichen Sie es ihm am Ende auf einem Zettel/an der Tafel.
mittel	15	**Spiel „I'm going shopping":** Spielen Sie diese Variante von „Ich packe meinen Koffer" mit den Nahrungsmittelkarten aus der Sitzung 13. Erklären Sie das Spielprinzip und beginnen Sie mit: *„I'm going shopping and I'm buying bananas."* Das Trainingskind wiederholt und fügt an: *„I'm going shopping and I'm buying bananas and cheese."* Dies setzt sich fort, bis jemand einen Fehler macht. (Der Satzanfang kann bei Schwierigkeiten auch schriftlich vorgegeben werden. Der Sinn der Übung liegt im Training des Gedächtnisses, nicht zwingend im korrekten Gebrauch der Pluralformen oder z.B. Begleitern bzw. unbestimmte Zahlwörter wie *some* o.ä.)
schwer	8	**Spiel „Lipreader":** Wählen Sie ein Wort vom AB oben oder von einem AB der Hausaufgaben zu dieser Stunde aus, drehen Sie sich zum Trainingskind und sprechen Sie es ohne Ton (nur mit Lippenbewegung) aus. Ihr Trainingskind soll raten, um welches Wort es sich handelt. Für jedes richtig geratene Wort gibt es einen Punkt, wer zuerst 5 Punkte hat, gewinnt das Spiel. (Das Spiel trainiert auch das „Lippenlesen" bzw. das korrekte Formen der Lippenbewegung für bestimmte Laute. Es eignet sich daher auch im späteren Trainingsverlauf immer wieder zur Wiederholung und Festigung bestimmter Aussprachephänomene.)

---

155   BERNINGER und WOLF (2009) empfehlen daher für die Arbeit mit lese-rechtschreib-schwachen Schülern: „Due to the problems in inhibition (focus on relevant, suppress the irrelevant), switching attention, and working memory (sustaining effort for coordinating orthography and phonology over time), students with dyslexia and/or dysgraphia are likely to habituate (stop responding to instruction) sooner that children without these disorders. One way to avoid habituation is to vary activities frequently and avoid performing the same activity over and over for a long time." (S. 146)

Darüber hinaus ist der Ablauf der Trainingssitzungen ritualisiert, d.h. zu Beginn steht immer die Überprüfung und/oder Wiederholung der Hausaufgaben vor der Phase der Einführung neuer Trainingsinhalte, am Ende steht immer eine kurze Zusammenfasssung dessen, was in der Sitzung gelernt wurde und ein Erläutern der neuen Hausaufgabe. Die Teilnehmer finden sich entsprechend nach mehreren Sitzungen in dieser vertrauten Struktur wieder, die ihnen Sicherheit gibt und keine möglicherweise negativen Überraschungen im Rahmen der Therapie und der für manche eventuell ungewohnten Situation des vorstrukturierten LRS-Trainings.

Für das Erledigen der Hausaufgaben erhalten die Schüler ein Arbeitsblatt mit kurzen Konzentrationstipps, die sie anwenden können z.B. Ablenkungen auszuschalten oder mit einem Timer zu arbeiten, um zu wissen, wann Pausen eingelegt werden sollten.

4.4.5   Inhalte des Elterntrainings

Nach jeder Trainingssitzung erhalten die Trainingskinder neben ihren Hausaufgabenzetteln und den eigentlichen Arbeitsblättern noch ein Informationsblatt für ihre Eltern. Dieses enthält sowohl die zu erledigenden Hausaufgaben als auch Informationen zur häuslichen Weiterarbeit. Während in anderen Trainingskonzepten die Rolle der Eltern als sehr groß eingeschätzt wird (z.B. REUTER-LIEHR 2001) bzw. sogar die Konzepte in Form eines Elterntrainings durchgeführt wurden (SCHULTE-KÖRNE ET AL. 1997), wird im vorliegenden Programm die Verantwortung der Eltern reduziert. Diese Entscheidung basiert auf Erfahrungswerten verschiedener Therapeuten, dass manche Übungsformen (z.B. zur phonologischen Bewusstheit) Eltern überfordern könnten, zumal sie in diesem Konzept in der Fremdsprache Englisch durchgeführt werden müssen und nicht davon ausgegangen werden kann, dass alle Eltern durchgehend der englischen Sprache in ausreichendem Maße gewachsen sind. Wären hier Schwierigkeiten aufgetreten, hätte dies zu (unnötigem) Frust beim Bearbeiten der Hausaufgaben geführt, welches sicherlich die Motivation und Therapie insgesamt nachhaltig beeinträchtigt hätte.

Die Rolle der Eltern ist daher auf die zunehmend geringere Kontrolle der Hausaufgaben ausgelegt sowie das Üben einzelner Aspekte des Trainings bzw. von Hausaufgaben, die zwar ohne Trainer durchgeführt werden können, aber zumindest eine andere Person zum Üben benötigen. Diese Übungen wurden dann bewusst sehr einfach gestaltet, um beim häuslichen Trainieren keinen Frust aufkommen zu lassen, was negative Auswirkungen auf die weitere Vorbereitung der Sitzungen und das konstante Üben z.B. mit dem Karteikastensystem hätte haben können. Dazu gehören auch Aufmerksamkeitsspiele, die optimal als Pause beim Erledigen der Hausaufgaben gemeinsam mit den Eltern gespielt werden können.

5 Durchführung und Evaluation des Trainingsprogramms

Im Folgenden wird beschrieben, wie die eigentliche Evaluation des Trainingskonzepts durchgeführt wurde und zu welchen Ergebnissen sie führte. Die Ausführungen folgen den Prinzipien einer Programmevaluation als „systematic empirical investigation of a particular programme, in order to assess (or improve) its performance" (PUNCH 2009, S. 317), während ein „Programm" an sich zu sehen ist als „group of related activities that is intended to achieve one or several related objectives" (McDAVID/HAWTHORN 2006, S. 15), hier also die Verbesserung orthographischer Kompetenz, wie sie in Kapitel 3 definiert wurde.

Aufgrund der Diversität an Aktivitäten schätzt PUNCH (2009) eine Programmevaluation als komplexer ein als andere Formen von Studien. Dieser Komplexität soll nachfolgend entsprechend Rechnung getragen werden: Nachdem die grundlegende Konzeption des Trainingsprogrammes oben dargestellt wurde, wird dieses Kapitel darlegen, wie das experimentelle Untersuchungsverfahren und die jeweils unterschiedlichen Evaluationsinstrumente gestaltet wurden und wie sich die Studienteilnehmerinnen und -teilnehmer zusammensetzen. Danach folgt die Darstellung der einzelnen Untersuchungsergebnisse der quantitativen sowie qualitativen Erhebungsmethoden, welche die Grundlage für die im sechsten Kapitel angestrebte Diskussion darstellt, welche sich insbesondere auf die Ergebnisse aus diesem Kapitel im Rahmen ihrer Triangulation der verschiedenen empirischen Ergebnisse stützen wird.

5.1 Evaluations- und testtheoretische Erwägungen

Wie in Kapitel 3 bereits erwähnt, wird die Evaluation des Trainingskonzepts auf mehreren Ebenen mittels verschiedener Methoden multiperspektivisch durchgeführt. Die Evaluation folgt aus der Triangulation von quantitativen und qualitativen Ergebnissen. Nachfolgend dargestellt ist nochmals das entsprechende Triangulationsmodell nach MAYRING (2001), nun ergänzt um die verschiedenen Teilbereiche der Erhebungsmethoden, deren Ergebnisse im Laufe des Kapitels nacheinander dargestellt werden.[156]

---

156 Aus Gründen der Übersichtlichkeit werden die im Triangulationsmodell dargestellten Erhebungen und Ergebnisse nachfolgend auch separat in Unterkapiteln dargestellt. Die eigentliche Triangulation der Ergebnisse findet allerdings erst im Rahmen der interpretatorischen Diskussion der Ergebnisse in Kapitel 6 statt.

Abb. 18: Ergänztes Triangulationsmodell nach MAYRING

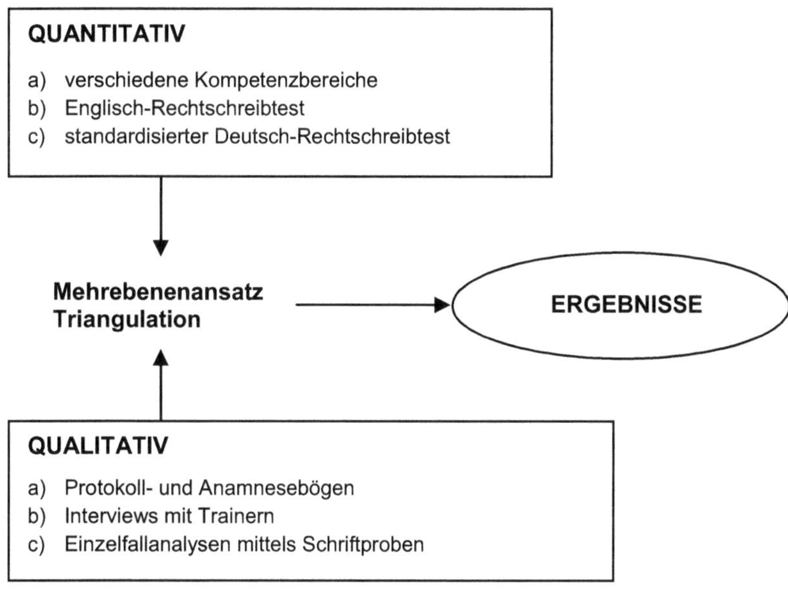

(grundlegende Darstellung aus MAYRING 2001, siehe auch Kapitel 3; ergänzt um Inhalte der einzelnen Erhebungen)

Im quantitativen Anteil der Studie wird – aufgeteilt in die verschiedenen Bereiche des Testmaterials, das noch vorgestellt werden wird – die Trainingsleistung der Probanden damit zur abhängigen Variable, während als unabhängige Variable die Auswahlvoraussetzungen der Kinder (z.B. Alter, Muttersprache Deutsch, für Experimental- und Kontrollgruppe 2 Lese-Rechtschreib-Schwierigkeiten, für Kontrollgruppe 1 keine Beeinträchtigung) zu sehen sind. Es gibt durch das Untersuchungssetting als außerschulische Intervention, die von Therapeuten und Förderlehrkraft gesteuert abläuft, bestimmte Faktoren, deren Einfluss nicht komplett kontrolliert werden kann (intervenierende Variablen). Um die Ergebnisse allerdings bereits im Vorfeld möglichst vergleichbar zu gestalten, ist sowohl das Trainingsprogramm wie auch die Anleitung zur Durchführung der Testungen detailliert in ihrer Vorgehensweise als ausführliche Anleitung für die Trainer beschrieben. Ein Hawthorne-Effekt, bei dem Ergebnisse dadurch variieren könnten, dass die Teilnehmer wissen, dass sie sich ihr Trainer im Zuge des Programms um sie kümmert und sie Teil einer Studie sind (MILES 2007), lässt sich kaum vermeiden, da größtmögliche Transparenz den Teilnehmern gegenüber schon aus ethischen Gründen beachtet werden sollte.

Auch einen weiteren ethischen Aspekt galt es zu beachten: So wird im vorliegenden Design mit der betroffenen Experimentalgruppe bereits ein Training durchgeführt, während die lese-rechtschreib-schwache Kontrollgruppe 2 (KG 2) zunächst nur die Testungen durchläuft und maximal Förderung im Bereich Deutsch erhält. Dies kann unter ethischen Gesichtspunkten daher kritisch gesehen werden, da hier bei der KG 2 noch keine Englischförderung stattfindet. Allerdings wird die KG 2 daher als Wartegruppe definiert: Die Trainer der KG 2 erhielten direkt nach Einsenden der letzten Testungen (t3) das Trainingskonzept ebenfalls zugeschickt, um es direkt im Anschluss auch mit ihren Trainingskindern durchführen zu können. Das Einsetzen einer solchen Warte-gruppe ist daher aus Gründen eines wissenschaftlichen Untersuchungsdesigns im Rah-men einer Interventionsstudie als sinnvoll und nötig zu erachten, da z.B. es auch in medizinischer Intervention, wo ebenfalls Legasthenietherapie erforscht wird, z.B. gene-rell als ethisch angesehen wird, wenn die Kontrollgruppe keine Intervention erhält (EVERATT 2007).

Grundlegend ist es im Gegensatz zu medizinischen Studien in einer pädagogisch-experimentellen Studie wie der hier vorliegenden nicht möglich, den bestmöglichen Untersuchungsstandard („*double blind*"-Verfahren) anzuwenden, sondern innerhalb der unterrichtlichen und therapeutischen Situation möglichst alle Störfaktoren auszuschlie-ßen (MILES 2007). Da das Trainingsprogramm aber natürlich sowohl von Menschen durchgeführt als auch trainiert wird, gibt es hier bestimmte Faktoren wie z.B. das Ein-fühlungs- und Motivationsvermögen der Trainer oder ihre Bindung zum Trainingskind (Rosenthal- bzw. Pygmalion-Effekt), die nicht von außen kontrolliert werden können. Entsprechend werden bei der kritischen Betrachtung und Diskussion der Ergebnisse (s. Kapitel 6) eben diese Aspekte eine wichtige Rolle spielen müssen. Mitsamt der Trian-gulation der quantitativen wie qualitativen Daten und deren kritischer Betrachtung wer-den dennoch reliable Ergebnisse erbracht werden können.[157]

5.2   Design der Testung

Das Testdesign folgt der Hypothesenformulierung in Kapitel 3 und besteht dementspre-chend aus einer Testbatterie verschiedener Subtests, welche die Hypothesen, insbeson-dere die Entwicklung orthographischer Kompetenz, in den verschiedenen Testgruppen darstellen soll.

Die quantitativen Testungen zu t1, t2 und t3 bestehen aus verschiedenen Elemen-ten[158]:

---

157   Weitere personenbezogene, untersuchungsrelevante Aspekte werden in Kapitel 5.3 im Rahmen der Vorstellung der Probanden erläutert.

158   Das gesamte Testmaterial (Testmappe) inklusive der qualitativen Auswertungselemente der Experimentalgruppe findet sich in Anhang C.

1. „Verschiedene Kompetenzbereiche":

   a. Aufgabe 1 & 2: Tests zur phonologischen Bewusstheit (Vokalersetzung, Restwortbestimmung)

   b. Aufgabe 3: Lesen englischer Realwörter

   c. Aufgabe 4: Lesen englischer Nonsense-Wörter

2. Rechtschreibleistung im Englischen (Diktat von Lückensätzen)

3. Rechtschreibleistung im Deutschen (*HSP 5–9B*, nur zu t1 und t2)

Die Untertests zu den verschiedenen Kompetenzbereichen prüfen sowohl Kernelemente der phonologischen Bewusstheit als auch Lesekompetenz im Bereich tatsächlich und zum Grundwortschatz gehörender Begriffe sowie – ebenfalls zur Überprüfung der Kompetenz im Bereich von Graphem-Phonem-Korrespondenzen – von der potentiell erwarteten Aussprache von Nonsense-Wörtern. Diese Bereiche werden nur mündlich abgefragt, um diese Bereiche isoliert von einer beeinträchtigten Rechtschreibleistung zu testen, welche in den Aufgaben 2 und 3 separat abgeprüft wird.

Beide Untertests zur phonologischen Bewusstheit orientieren sich mit ihrem Wortmaterial, das zur Hälfte aus deutschem, zur anderen Hälfte aus englischen Begriffen besteht, an dem standardisierten Testmaterial *Basiskompetenzen für Lese-Rechtschreibleistungen (BAKO 1–4)* von STOCK ET AL. (2003), welcher sich generell an Grundschulkinder richtet bis einschließlich Klasse 4. Elemente phonologischer Bewusstheit mittels zweier Aufgabenformate aus *BAKO 1–4* zu überprüfen ist insofern dennoch sinnvoll, als dass das Manipulieren größerer Einheiten am Ende der Grundschulzeit in der Regel noch nicht vollständig ausgebildet ist (SCHNITZLER 2008), sodass hier auch durch die Elemente der Förderung im Trainingskonzept zur Steigerung der phonologischen Bewusstheit durch die Testelemente ein Lernzuwachs zu verzeichnen sein sollte.

Aufgabe 2 der Untertests überprüft die Rechtschreibleistungen im Englischen anhand von 20 Lückensätzen, welche mit dem Wort in der Lücke diktiert werden und dieses vom Probanden eingesetzt werden soll. Der Test wurde mangels standardisierter Englisch-Rechtschreibtests für deutsche Muttersprachler selbst entwickelt und orientiert sich sowohl vom Wortschatz als auch den einzelnen orthographischen Schwerpunkten an bestimmten Übungsschwerpunkten des Trainingsprogramms (z.B. bestimmte Graphem-Phonem-Korrespondenzen oder Vokabular des Sichtwortschatzes).

Im letzten Testabschnitt der quantitativen Erhebung wird die *Hamburger Schreib-Probe 5–9 Basisanforderung* (*HSP 5–9B*, MAY 2000) durchgeführt, welche die deutsche Orthographie in Form von diktierten Einzelwörtern sowie Lückensätzen überprüft. Die Ergebnisse der *HSP5–9B*-Testbögen werden zur Eingangsdiagnostik (Prozentrang muss bei den lese-rechtschreib-schwachen Probanden gleich oder weniger als 20 betragen) anhand der normierten Vergleichstabellen nach Schulform und Jahrgangsstufe ausgewertet. Darüber hinaus bilden die korrekt geschriebenen Wörter des *HSP5–9B* einen Teil der Punktzahl der Testungen.[159]

Das Testmaterial wurde in einem Pretest vorab auf seine Durchführbarkeit überprüft. Entsprechend wurden auch die Anleitungen zur Durchführung der Tests so gestaltet, dass sichergestellt war, dass die Trainer alle Testungen in einem vergleichbaren Maße durchführen konnten.

5.3   Rekrutierung und Beschreibung der Test- und Kontrollgruppen und Trainer

Mithilfe eines öffentlichen Aufrufes[160] über den Dachverband Legasthenie Deutschland, der Non-Profit-Organisation LegaKids.net sowie der CJD Christophorusschule Oberurff (Bad Zwesten) und einer eigenen Website wurden 162 Teilnehmerinnen und Teilnehmer für die Studie rekrutiert, randomisiert und auf Experimental- (EG) und Kontrollgruppe 2 (KG 2) verteilt.[161] Durch die Randomisierung der Probanden ist gewährleistet, „dass ein systematischer Zusammenhang zwischen den personalen Merkmalen (Sozialisation, Bildung, Zufriedenheit u.a.) der Versuchspersonen und ihrer Zugehörigkeit zu beiden Gruppen praktisch ausgeschlossen werden kann" (SCHNELL ET AL. 2005, S. 223). Im Gegensatz zur EG und KG 2 handelt es sich bei Kontrollgruppe 1 (KG 1), wie in Kapitel 3 beschrieben, um eine nicht-betroffene Gruppe von Schülerinnen und Schülern derselben Altersstufe, um die Rechtschreibkompetenz dieser mit denen der EG abzugleichen. Diese 44 Schülerinnen und Schüler sind in der Randomisierung der Gruppen EG und KG2 natürlich nicht enthalten, wurden dafür aber in sich aus einer größeren Stichprobe von insgesamt 124 unbeeinträchtigten Schülerinnen und Schülern verschiedener Schulen im Landkreis Marburg-Biedenkopf und Schwalm-Eder-Kreis (Hessen) randomisiert ausgewählt.

Eine Parallelisierung der Probanden in EG und KG erschien aufgrund der Größe der Testgruppe und der angestrebten qualitativen Absicherung (s. 3.2) als nicht zielführend, da die noch zu beschreibenden Kriterien für die Auswahl der Probanden generell für eine relative Homogenität der gesamten Gruppe sorgen dürften. Aufgrund des Settings, unter dem das Training extern stattfindet, können Störfaktoren, die eine interne Validität der quantitativ gemessenen Ergebnisse durch die Rechtschreibtestungen möglicherweise beeinflussen, nicht gänzlich eliminiert, aber ggf. durch die qualitativen Erhebungen im Rahmen der Diskussion der Ergebnisse durch Triangulation aufgezeigt werden. Allerdings spricht dieses Untersuchungssetting in Form eines Feldexperiments mit Messwie-

---

159   Um einen Gewöhnungs- und Lerneffekt zu vermeiden, wird der HSP5–9B für t2 nicht eingesetzt, da es nur eine Variante der Testhefte gibt.

160   Siehe Aufruf in Anhang A.

161   Zusammensetzung der Gruppen und Dropout zu Beginn und im Laufe der Studie siehe unten in Tabelle 6.

derholung für eine gesteigerte externe Validität, da sowohl die durchführenden Trainer (= Versuchsleiter) und die Probanden in einer ihnen bekannten Umgebung interagieren, was eine möglicherweise negative Beeinflussung einer ansonsten künstlichen Umgebung wie der eines Untersuchungslabors, das die Güte einer internen Validität erhöht hätte, reduziert (SCHNELL ET AL. 2005).

Die Tests mit den LRS-betroffenen Kindern der Kontrollgruppe, die nicht das Training, aber weiterhin eine LRS-spezifische Förderung erhalten, werden Aufschluss darüber geben können, ob der Trainingseffekt tatsächlich allein durch das Programm erzielt werden konnte. Eine zweite Kontrollgruppe soll aus nicht-betroffenen Kindern derselben Altersgruppe bestehen, welche ebenfalls kein Training durchlaufen, dafür aber die Einstiegs- und Abschlusstestung absolvieren. Die Einrichtung zweier Kontrollgruppen mit unbeeinträchtigten (KG 1) und beeinträchtigten Schülerinnen und Schülern (KG 2) geschieht, um einen Placebo-Effekt oder auch andere Faktoren für eine Leistungssteigerung auszuschließen. Möglich wäre z.B. auch, dass positive oder negative unspezifische Trainingseffekte auftreten, wie besonders intensives Training neben dem eigentlichen Englisch-Rechtschreibtraining, während des Trainingszeitraums auftretende Krankheiten, oder psychologische Änderungen (HUEMER ET AL. 2009). In den Protokollbögen der Trainerinnen und Trainer sollen solche Veränderungen der Begebenheiten festgehalten werden, um aus der qualitativen Analyse dieser Daten Rückschlüsse auf (un-) spezifische Effekte, Rück- oder Fortschritte ziehen zu können. Elternfragebögen (EG und KG2) dienten im Sinne einer anamnestischen Erhebung begleitender Symptomatiken, besondere Schulschwierigkeiten, Schulleistungen, soziale Voraussetzungen und allgemeine Voraussetzungen zum Schriftspracherweb (s. 2.1.1) als Eingangsdiagnostik, ob die Probanden (zusätzlich zum standardisierten Deutschtest) für die Studie in Frage kamen.

Darüber hinaus dient die KG1 generell im Abgleich mit EG und KG2 zur Überprüfung der Hypothese 1, inwiefern überhaupt eine Rechtschreibproblematik bezogen auf in ihrer Muttersprache Deutsch lese-rechtschreib-schwache Schülerinnen und Schülern anzutreffen ist.

Die nachfolgende Tabelle zeigt die Aufteilung der zu Studienbeginn gewonnen Teilnehmer auf die Gruppen sowie den Dropout, der zum Ende der Studie stattgefunden hatte. Aufgeführt wird ebenfalls, welche Erhebungen durchgeführt werden.

Tab. 6: Zusammenstellung der Test- und Kontrollgruppen mit Dropout und Evaluationsansätzen

	Experimentalgruppe	Kontrollgruppen	
	EG	KG 1	KG 2
N zu t1	56 Kinder mit Legasthenie/LRS	50 unbeeinträchtigte Kinder	56 Kinder mit Legasthenie/LRS
Dropout	5 wg. Eignung[162] 2 wg. Krankheit 1 wg. sonstige Gründe	4 wg. Krankheit 2 wg. sonstige Gründe	7 wg. Eignung 2 wg. Krankheit 1 wg. Umzug 2 wg. sonstige Gründe
N zu t3	**48 Kinder mit Legasthenie/LRS**	**44 unbeeinträchtigte Kinder**	**44 Kinder mit Legasthenie/LRS**
Training	Training	Kein Training	Kein Training
QUANT	Eingangs-, Zwischen-, Abschlusstest	Eingangs- und Abschlusstest	Eingangs-, Zwischen-, Abschlusstest
QUAL	Anamnese-, Elternfrage- und Protokollbögen Interviews der Trainer	Keine qualitative Auswertung	Anamnese- und Elternfragebögen

Die Schülerinnen und Schüler sind zwischen 10 und 12 Jahre alt und besuchen damit die 6. oder 7. Klasse und verschiedene Schulformen. Einzelne Probanden waren in der 5. Klasse, konnte allerdings einen intensiven Englisch-Schriftsprachgebrauch in der Grundschule sowie eine geeignete Diagnostik nachweisen, weswegen sie in der Studie aufgenommen wurden.

---

162   Ein Dropout „wegen Eignung" bedeutete, dass die Kinder trotz Bewerbungskriterium „Legasthenie/LRS" im Studienaufruf mittels des standardisierten Deutschtests zu t1 als nicht lese-rechtschreib-schwach eingestuft wurden. Den Kindern und Trainern wurde dann erlaubt, das Material zu nutzen und damit zu arbeiten, jedoch wurden die Ergebnisse der Testungen nicht mit in die Studie einbezogen.

Tab. 7: Probanden in Gruppen nach Schulform und Geschlecht

	N (Schul-form)	N (Klas-se)	männlich			weiblich		
			EG	KG 1	KG 2	EG	KG 1	KG 2
Gymnasium, 5. Klasse		2	1	0	0	0	0	1
Gymnasium, 6. Klasse	41	26	7	8	3	1	5	2
Gymnasium, 7. Klasse		13	4	3	3	2	1	0
Realschule, 5. Klasse		2	0	0	1	0	1	0
Realschule, 6. Klasse	48	29	9	6	5	2	7	0
Realschule, 7. Klasse		17	2	3	5	2	2	3
Hauptschule, 6. Klasse		6	2	0	2	1	1	0
Hauptschule, 7. Klasse	10	4	2	0	1	0	1	0
Gesamtschule, 5. Klasse		1	0	0	1	0	0	0
Gesamtschule, 6. Klasse	37	18	6	2	5	1	3	1
Gesamtschule, 7. Klasse		18	5	0	6	1	1	5
N (Gruppe)			38	22	32	10	22	12
Gesamtzahl			N (männlich) = 92			N (weiblich) = 44		
			N = 136					

Im Rahmen des Aufrufs an Trainerinnen und Trainer bzw. Förderlehrkräfte zur Mitarbeit an der Studie wurden vorab Kriterien festgelegt, welche die lese-rechtschreibschwachen Kinder erfüllen müssen, um möglichst homogene Ausgangsvoraussetzungen zu erreichen um die Gütekriterien einer quantitativen wie qualitativen Auswertung zu erhalten. Folgende Kriterien mussten die Probanden der Experimentalgruppe und der beeinträchtigten Kontrollgruppe erfüllen:

1. Die Probanden zeigen unterdurchschnittliche Leistungen im Rechtschreiben in der Muttersprache Deutsch, was anhand eines standardisierten Rechtschreibtests *(HSP5–9B*, MAY 2000*)* gemessen wird. Es kommen nur Probanden in Frage, die hier einen Prozentrang (PR) von < 20 erreichen.

2. Die Muttersprache der Probanden ist Deutsch.

3. Die Probanden haben mind. 3 Schuljahre Englischunterricht erfahren (z.B. 3. und 4. Klasse Grundschule sowie 5. Klasse weiterführende Schule oder 1.–4. Klasse Grundschule) und besuchen zum Durchführungszeitraum die 5., 6. oder 7. Klasse.

4. Es liegen keine (medizinisch schwerwiegenden) organischen Gründe für Lese-Rechtschreib-Schwierigkeiten vor, welche bspw. medikamentös behandelt werden. Auch graphomotorische Einschränkungen oder eine schwerwiegende AD(H)S sollte nicht vorliegen.[163]

5. Die Probanden können organisatorisch einmal wöchentlich an einer durch die Trainerin/den Trainer durchgeführten einstündigen Trainingsstunde teilnehmen für einen Zeitraum von 25 Wochen.

Auch an die Trainerinnen und Trainer, die mit den Kindern arbeiten, mussten folglich Anforderungen gestellt werden, welche sich wie folgt zusammenfassen lassen:

1. Die Trainerinnen und Trainer müssen pädagogisch ausgebildet sein (Lehramtsstudium, ergotherapeutische/logopädische Ausbildung mit Schwerpunkt der Förderung von Kindern und Jugendlichen, Ausbildung im Bereich Erziehung, sonderpädagogische Ausbildung/Studium)

2. Die Trainerinnen und Trainer müssen grundlegende Kenntnis über Lese-Rechtschreib-Schwierigkeiten/Legasthenie sowie Schriftspracherwerb aufweisen.

3. Die Trainerinnen und Trainer müssen englische Orthographie- und Aussprachekenntnisse mindestens über dem der zu unterrichtenden Schüler haben.[164]

---

163   Sofern ein Proband für eine Förderung in Frage kam, aber Anzeichen einer AD(H)S zeigte, wurde vorab geprüft, welche Schwere diese Störung zeigte. Sofern sie nicht massiv ausgeprägt war und sich z.B. nur in einer leichten Konzentrationsschwäche äußerte, war dies kein Ausschlusskriterium, sondern gilt als sich symptomatisch für Lese-Rechtschreib-Schwierigkeiten im Allgemeinen (s. theoretische Grundlagen).

164   Dezidierte grammatische Kenntnisse werden aufgrund der inhaltlich-methodischen Ausrichtung des Materials nicht nötig sein, eine korrekte Aussprache (ggf. in Abgleich mit den Hörverstehensübungen) sowie eine korrekte orthographische Kompetenz sind allerdings unverzichtbar.

4. Die Trainerinnen und Trainer müssen organisatorisch einmal wöchentlich für einen Zeitraum von 25 Wochen eine einstündige Trainingsstunde mit den Probanden durchführen können.

Die Gruppe der Trainer, die das Trainingsprogramm durchführten, setzte sich folgendermaßen zusammen:

Tab. 8: Übersicht der TrainerInnen

Beruf	Anzahl EG	Anzahl KG 2
LegasthenietrainerIn/-therapeutIn	21	34
Logopäde/Logopädin	5	6
PsychotherapeutIn	3	2
(Förder-)Lehrkraft	2	4
	N = 31	N = 39
	N (gesamt) = 70	

Um für Anonymität der teilnehmenden Trainer und Trainingskinder zu sorgen, wurden die Namen zufällig codiert und mit Ziffern versehen: *Tr3* steht damit für Trainer 3,[165] *Tr12/2* für das zweite Trainingskind von Trainer 12. Sofern speziell einzelne Trainingskinder und/oder Trainer hervorgehoben werden sollen, werden sie diesem Schema folgend benannt. Bei einzelnen Schriftproben, Texten oder Angaben auf den Testbögen wurden sensible Daten wie Namen und Wohnorte geschwärzt und/oder durch die jeweiligen Codes ersetzt, wenn möglich.

5.4   Ergebnisse der quantitativen Erhebungen

Die Ergebnisse der quantitativen Erhebungen werden basierend auf dem Forschungsdesiderat gemäß der in Kapitel 3 aufgestellten Hypothesen geordnet dargestellt. Die Diskussion der Ergebnisse sowie die Verifizierung oder Falsifizierung der Hypothesen erfolgt in Kapitel 6.

Die Aufnahme der Rohdaten erfolgte mittels Excel, die statistische Auswertung mittels SPSS 18. Zur Referenz folgt hier die jeweils pro Testteil erreichbare Punktzahl:

---

165   Diese Bezeichnung sei nicht zu verwechseln mit den drei Testzeitpunkten t1, t2 und t3.

Tab. 9: Gesamtzusammensetzung der Punkte in der Testung

Teil	Aufgabe	Punktzahl
	Vokalersetzung	8
	Restwortbestimmung	8
Teil 1	Lesen von Realwörtern	6
	Lesen von Pseudowörtern	6
	Summe Teil 1	**28**
Teil 2	Rechtschreibung Englisch	20
Teil 3	Rechtschreibung Deutsch (*HSP5–9B*)	49
	GESAMTPUNKTZAHL	**97**

Der standardisierte Test der deutschen Rechtschreibung ist so mit 49 Punkten etwa gleichwertig mit der Summe der für die Studie eigens angefertigten Testabschnitte 1 und 2 mit 48 Punkten.

5.4.1   Hypothese 1: Rechtschreibprobleme im Englischen

Hypothese 1 ging davon aus, dass als lese-rechtschreib-schwach für ihre Muttersprache Deutsch diagnostizierte Schüler auch im Englischen Schwierigkeiten haben. Durch die vorherige Selektion von Schülern, die im standardisierten Deutschtest *HSP5–9B* unter einem Prozentrang von 20 lagen, wurde die Bedingung bereits geschaffen, dass Schwierigkeiten in Deutsch vorgelegen haben. Zur Bestätigung der Hypothese können sowohl die KG1 (Nicht-LRS-Schüler) sowie alle LRS-Schüler der EG und KG2 hinzugezogen werden.

Nachfolgend wird zunächst die Gesamtpunktzahl betrachtet. Insgesamt konnten pro Testung 97 Punkte erreicht werden. Die Gesamtpunktzahl der Testungen für t1 zeigt für die Gruppen folgende Werte:

Tab. 10: Mittelwerte der Gesamtpunktzahlen (t1)

Gruppe	Mittelwert	N	Standardabweichung
Experimentalgruppe	54,00	48	11,574
Kontrollgruppe 1	81,61	44	8,500
Kontrollgruppe 2	54,86	44	11,021
Insgesamt	63,21	136	16,480

Der Mittelwert der KG1 liegt mit 81,61 entsprechend deutlich höher als die Mittelwerte der EG mit 54 und der KG2 mit 54,86. Auch die Standardabweichungen der EG und der KG2 sind vergleichbar, die KG 1 liegt mit 8,5 darunter.

Da drei zu vergleichende Gruppen vorliegen, wird die Nullhypothese varianzanalytisch mittels der one-way ANOVA[166] überprüft:

Tab. 11: One-way ANOVA zum Verhältnis der Gesamtpunktzahl zwischen den Gruppen (t1)

	Quadratsumme	Freiheitsgrade (df)	Mittel der Quadrate	F-Wert	Signifikanz
Zwischen den Gruppen	22039,203	2	11019,601	100,208	0,000
Innerhalb der Gruppen	14625,614	133	109,967		
Gesamt	36664,816	135			

Hier zeigt sich zwischen den Gruppen ein höchst signifikanter Unterschied (p < 0,0005). Daraus ergibt sich, dass nicht alle Gruppen in der Grundgesamtheit einen gleich hohen Mittelwert haben. Um zu ermitteln, welche Gruppenmittelwerte sich signifikant voneinander unterscheiden, wurden Post-hoc-Mehrfachvergleiche durchgeführt und nachfolgend dargestellt.

---

166   Die Varianzanalysen und weitere Berechnungen in dieser Arbeit werden nicht in Kurzform, sondern – soweit möglich – in ihrer Tabellenausgabe zur besseren Übersichtlichkeit präsentiert.

Tab. 12: Post-hoc-Mehrfachvergleiche der Gruppen bezogen auf die Gesamtpunktzahl (t1) nach Scheffé-Prozedur

(I) Gruppe	(J) Gruppe	Mittlere Differenz (I-J)	Standard-fehler	Signifikanz	95%-Konfidenzintervall	
					Untergren-ze	Obergrenze
EG	KG 1	-27,614*	2,189	0,000	-33,03	-22,20
	KG 2	-0,864	2,189	0,925	-6,28	4,55
KG 1	EG	27,614*	2,189	0,000	22,20	33,03
	KG 2	26,750*	2,236	0,000	21,22	32,28
KG 2	EG	0,864	2,189	0,925	-4,55	6,28
	KG 1	-26,750*	2,236	0,000	-32,28	-21,22

*. Die Differenz der Mittelwerte ist auf dem Niveau 0.05 signifikant.

Beim Vergleich der EG und der KG2 mit KG1 zeigt sich, dass sich die Mittelwerte der Gruppen höchst signifikant voneinander unterscheiden ($p < 0,0005$), beim Vergleich der EG mit der KG2 zeigt sich dies nicht ($p = 0,925$). Bezogen auf das hier angesetzte 95%-Konfidenzintervall zeigt sich, dass die durchschnittliche Gesamtpunktzahl der EG mit einer Wahrscheinlichkeit von 95% zwischen 33,03 und 22,2 Punkten niedriger lag als die mittlere Gesamtpunktzahl der KG1, die mittlere Gesamtpunktzahl der rechtschreib-schwachen KG2 lag ähnlich zwischen 32,28 und 21,22 Punkten niedriger als die unbe-einträchtigte KG1.

Diese Unterschiede sind nachfolgend ebenfalls grafisch dargestellt:

Abb. 19: Vergleich der Mittelwerte und Standardabweichungen der einzelnen Gruppen bezogen auf die Gesamtpunktzahl (t1)

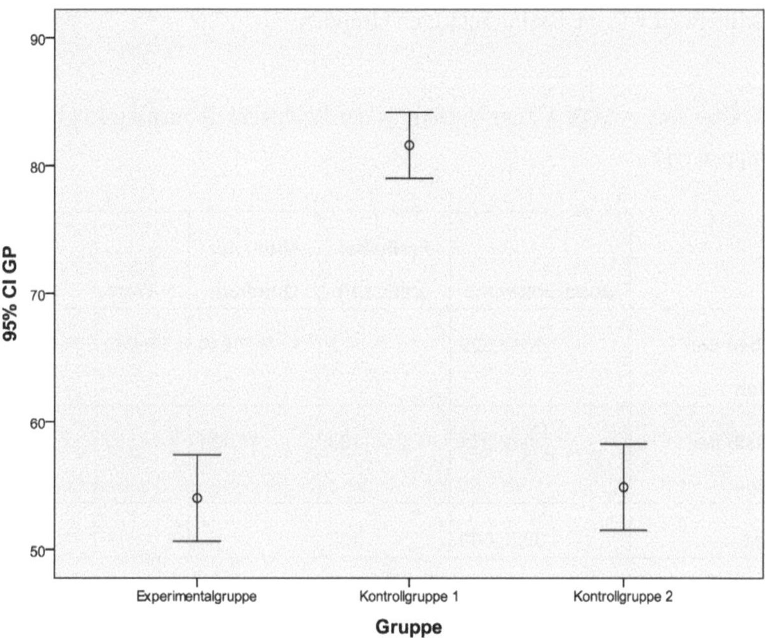

Während bislang die Gesamtpunktzahl betrachtet wurde, werden nachfolgend die Ergebnisse der Eingangsdiagnostik nur bezogen auf die Leistungen in der englischen Rechtschreibung (Test Teil 2) dargestellt.

Tab. 13: Mittelwertanalyse der Rechtschreibleistung im Englischen (t1)

	N	Mittel-wert	Stan-dardab-wei-chung	Standard-fehler	95%-Konfidenzintervall für den Mittelwert Unter-grenze	Ober-grenze	Mini-mum	Maxi-mum
EG	48	6,71	4,332	0,625	5,45	7,97	0	18
KG 1	44	14,77	3,277	0,494	13,78	15,77	5	20
KG 2	44	7,27	3,944	0,595	6,07	8,47	1	16
Gesamt	136	9,50	5,325	0,457	8,60	10,40	0	20

Für die EG sowie die KG 2 ergeben sich niedrige Mittelwerte von 6,71 bzw. 7,27 von insgesamt maximal 20 in dem Teiltest erreichbaren Punkten, dessen Wert als Maximum in der unbeeinträchtigten KG 1 auftritt. Diese zeigt einen mit 14,77 etwa doppelt so hohen Mittelwert wie die beeinträchtigten Gruppen.

Tab. 14: One-way ANOVA zum Verhältnis der Rechtschreibleistung Englisch zwischen den Gruppen (t1)

	Quadratsumme	Freiheits-grade (df)	Mittel der Quadrate	F-Wert	Signifikanz
Zwischen den Gruppen	1815,629	2	907,814	59,999	0,000
Innerhalb der Gruppen	2012,371	133	15,131		
Gesamt	3828,000	135			

Es zeigt sich, dass bezogen auf die Rechtschreibleistung im Englischen in Teiltest 2 der Testungen der Unterschied hinsichtlich der Ergebnisse zwischen den Gruppen mit p < 0,0005 höchst signifikant ist.

Tab. 15: Post-hoc-Mehrfachvergleiche der Gruppen bezogen auf die Rechtschreibleistung im Englischen (t1) nach Scheffé-Prozedur

(I) Gruppe	(J) Gruppe	Mittlere Differenz (I-J)	Standard-fehler	Signifikanz	95%-Konfidenzintervall	
					Untergrenze	Obergrenze
EG	KG 1	-8,064[*]	0,812	0,000	-10,07	-6,05
EG	KG 2	-0,564	0,812	0,786	-2,57	1,45
KG 1	EG	8,064[*]	0,812	0,000	6,05	10,07
KG 1	KG 2	7,500[*]	0,829	0,000	5,45	9,55
KG 2	EG	0,564	0,812	0,786	-1,45	2,57
KG 2	KG 1	-7,500[*]	0,829	0,000	-9,55	-5,45

*. Die Differenz der Mittelwerte ist auf dem Niveau 0.05 signifikant.

Auch die Post-hoc-Mehrfachvergleiche der Gruppen zueinander zeigt einen hoch signifikanten Unterschied zwischen EG und KG 1 sowie KG 1 und KG 2 bezogen auf die Rechtschreibleistung im Englischen. Dabei liegen die durchschnittlichen Testergebnisse der EG im Mittel um ca. 8 Punkte niedriger als die Werte in der unbeeinträchtigten KG 1, während sie im Vergleich zur KG 2 im Mittel einen halben Punkt niedriger liegen.

Bezogen auf das hier angesetzte 95%-Konfidenzintervall zeigt sich, dass die durchschnittliche Punktzahl der EG mit einer Wahrscheinlichkeit von 95% zwischen 10,07 und 6,05 Punkten niedriger lag als die Punktzahl der KG1, die mittlere Gesamtpunktzahl der rechtschreibschwachen KG2 lag mit einer Wahrscheinlichkeit von 95% zwischen 9,55 und 5,45 Punkten niedriger als die unbeeinträchtigte KG1.

Die nachfolgende Grafik zeigt die Unterschiede der einzelnen Gruppen bezogen auf ihre Eingangsdiagnostik in der englischen Rechtschreibung:

Abb. 20: Vergleich der Mittelwerte und 95%-Konfidenzintervalle der einzelnen Gruppen bezogen auf die Rechtschreibleistung Englisch (t1)

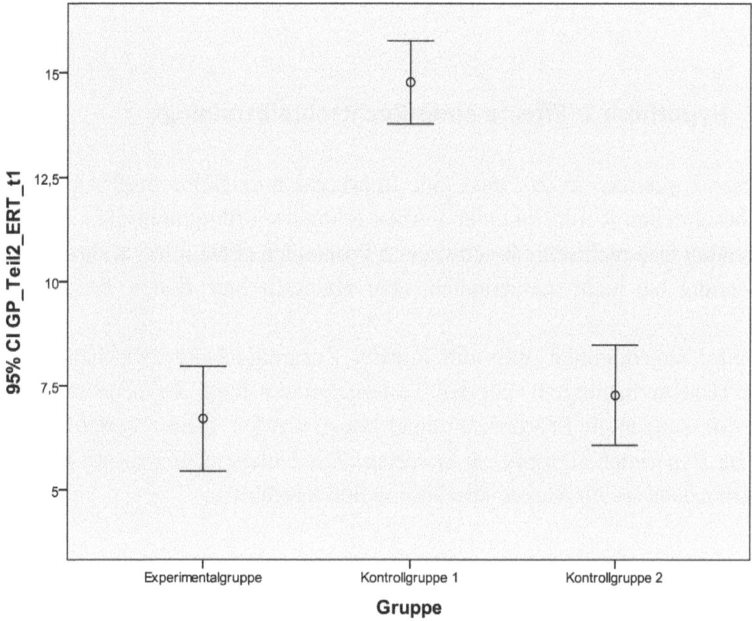

Wie oben bereits beschrieben, zeigt sich unter Einbeziehung des 95%-Konfidenzintervalls eine ähnliche Ausgangslage (t1) der Rechtschreibleistung im Englischen für EG und KG 2, während diese im Mittel bei der unbeeinträchtigten KG 1 mehr als doppelt so hoch liegt

Die allgemeine Entwicklung der einzelnen Gruppen bezogen auf die Rechtschreibleistung im Englischen (maximale Punktzahl: 20) für die einzelnen Testzeitpunkte wird der Vollständigkeit halber nachfolgend dargestellt:

Tab. 16: Entwicklung der Rechtschreibleistung Englisch in Mittelwerten der Gruppen (t1–t3)

		Punktzahl Englisch-Rechtschreibtest (max. 20)					
		t1		t2		t3	
	N	MW	SD	MW	SD	MW	SD
EG	48	6,708	4,3318	10,313	4,308	10,875	4,144
KG 1*	44	14,773	3,277	keine Testung zu t2		15,773	3,154
KG 2	44	7,273	3,944	9,636	3,81	8,477	3,514

* = KG 1 wird zur Referenz mit aufgeführt, wird in dieser Hypothese aber nicht explizit betrachtet.

5.4.2 Hypothese 2: Effekte eines Rechtschreibtrainings

Hypothese 2 geht davon aus, dass eine Intervention eines Rechtschreibfördertrainings, wie es beschrieben wurde, zu einer Verbesserung der orthographischen Kompetenz von trainierenden lese-rechtschreib-schwachen Probanden (EG) führt, während es zu keiner Verbesserung bei nicht-trainierenden, aber ebenfalls betroffenen Teilnehmern (KG2) kommt.

Es wird angenommen, dass ein linearer Zusammenhang zwischen den Messzeitpunkten (Datenerhebungen) und den Testergebnissen liegt, der bedeutet, dass im Verlauf der Messungen die Ergebnisse immer besser werden. Dieser Verlauf ist insbesondere für die Experimentalgruppe zu erwarten. Zur Untersuchung dieser Hypothese wird eine Varianzanalyse für Messwiederholung durchgeführt.

Tab. 17: Entwicklung der Rechtschreibleistung (Gesamtpunktzahl) in Mittelwerten der Gruppen (t1–t3)

		Gesamtpunktzahl (max. 97)					
		t1		t2		t3	
	N	MW	SD	MW	SD	MW	SD
EG	48	54	11,574	59,938	10,853	65,417	10,962
KG 1*	44	81,614	8,5	keine Testung zu t2		83,545	8,077
KG 2	44	54,864	11,021	57,523	10,733	57,841	10,664

* = KG 1 wird zur Referenz mit aufgeführt, wird in dieser Hypothese aber nicht explizit betrachtet.

Die Mittelwerte der EG und der KG 2 liegen zu t1 auf etwa demselben Niveau bei ca. 54 Punkten, die unbeeinträchtigte KG 1 liegt deutlich höher mit durchschnittlich ca. 82 Punkten. Die Werte der KG 1 streuen mit einer Standardabweichung von 8,5 erwartungsgemäß nicht so stark wie die rechtschreibschwachen Gruppen (SD = 11,574 bei der EG, SD = 11,021 bei der KG 2). Dies trifft auch für die weiteren Messpunkte im Vergleich zu: Während sich die KG 1 und die KG 2 im Mittel in ihrer Gesamtpunktzahl von t1 zu t3 um ca. 2 Punkte (KG 1) bzw. 3 Punkte (KG 2) steigert, kommt es bei der trainierenden EG zu einer Steigerung von durchschnittlich über 11 Punkten.

Tab. 18: Test der Innersubjekteffekte von Zeitpunkten (t1–t3) und Gesamtpunktzahlen der EG und KG 2

Quelle		Quadratsumme vom Typ III	df	Mittel der Quadrate	F	Sig.
Zeitpunkt	Sphärizität angenommen	2408,109	2	1204,055	80,620	0,000
	Greenhouse-Geisser	2408,109	1,637	1471,273	80,620	0,000
	Huynh-Feldt	2408,109	1,681	1432,135	80,620	0,000
	Untergrenze	2408,109	1,000	2408,109	80,620	0,000
Zeitpunkt * Gruppe	Sphärizität angenommen	831,080	2	415,540	27,823	0,000
	Greenhouse-Geisser	831,080	1,637	507,762	27,823	0,000
	Huynh-Feldt	831,080	1,681	494,255	27,823	0,000
	Untergrenze	831,080	1,000	831,080	27,823	0,000

Fehler (Zeitpunkt)	Sphärizität ange-nommen	2688,289	180	14,935		
	Greenhouse-Geisser	2688,289	147,308	18,249		
	Huynh-Feldt	2688,289	151,333	17,764		
	Untergrenze	2688,289	90,000	29,870		

Bei angenommener Sphärizität ist der Unterschied sowohl zwischen den drei Zeitpunkten sowie der Wechselwirkung zwischen Zeitpunkten und den Gesamtpunktzahlen der Gruppen jeweils hoch signifikant (p < 0,0005).

Tab. 19: Test der Innersubjektkontraste von Zeitpunkten (t1–t3) und Gesamtpunktzahlen der EG und KG 2

Quelle	Zeitpunkt	Quadrat-summe vom Typ III	df	Mittel der Quadrate	F	Sig.
Zeitpunkt	Linear	2378,129	1	2378,129	111,109	0,000
	Quadratisch	29,980	1	29,980	3,541	0,063
Zeitpunkt * Gruppe	Linear	817,520	1	817,520	38,196	0,000
	Quadratisch	13,560	1	13,560	1,602	0,209
Fehler (Zeitpunkt)	Linear	1926,322	90	21,404		
	Quadratisch	761,967	90	8,466		

Es zeigt sich, dass Zeitpunkt sowie das Verhältnis von Zeitpunkt zu Gruppe eine lineare Entwicklung aufweisen (hohe Signifikanz, p < 0,0005). Ablesbar ist ebenfalls eine höchst signifikante Wechselwirkung zwischen Zeitpunkt und Gruppe (p < 0,0005), dies bedeutet, dass die zeitlichen Verläufe der beiden Gruppen nicht parallel sind.

Abb. 21.: Entwicklung der Rechtschreibleistung von EG und KG2 (t1–t3)

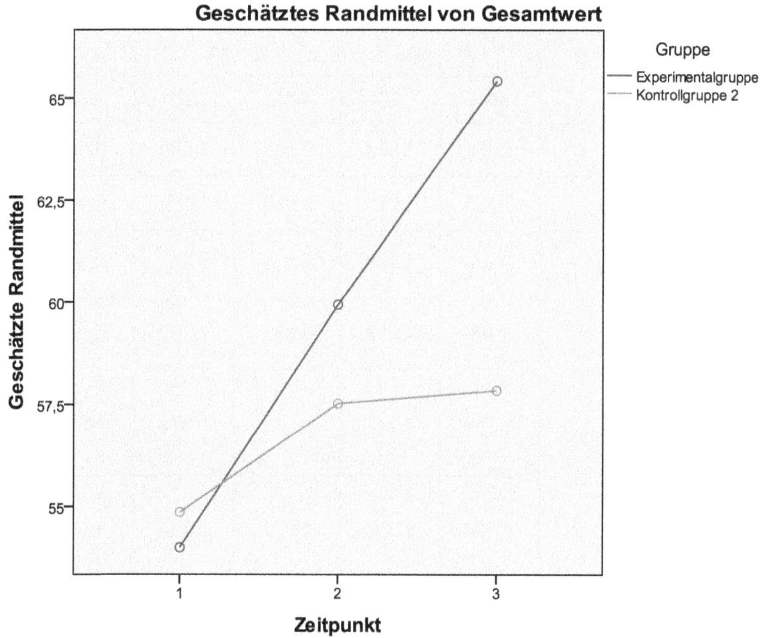

Die Grafik zeigt die ähnlichen Ausgangswerte als Mittel vom Gesamtwert beider Gruppen zum Zeitpunkt 1 (t1), wobei die EG noch leicht darunter beginnt, dann aber fast
linear ansteigt bis zum Zeitpunkt 3 (t3). Auch die KG 2 zeigt einen leichten Anstieg des
Wertes von t1 zu t2, welcher sich aber zu t3 deutlich abschwächt und sich insgesamt als
Randmittel vom Gesamtwert dann deutlich vom Wert der EG unterscheidet.

Tab. 20: Entwicklung der verschiedenen Gruppen in einzelnen Testteilen (t1–t3)

		EG		KG 1		KG 2	
		N = 48		N = 44		N = 44	
		MW	SD	MW	SD	MW	SD
Teil 1	Vokalersetzung	0,854	1,663	0,022	1,088	0,091	1,428
	Restwortbestimmung	0,937	1,277	0,090	0,676	0,455	1,47
	Lesen von Realwörtern	0,43	1,128	-0,136	0,667	-0,159	1,14
	Lesen von Pseudowörtern	1,88	1,877	0,681	1,272	0,068	1,388
Teil 2	Rechtschreibung Englisch	4,166	3,177	1	1,613	1,205	2,237
Teil 3	Rechtschreibung Deutsch (*HSP5-9B*)	3,604	4,315	0,272	2,714	1,318	3,175

Dargestellt ist die Entwicklung in den verschiedenen Bereichen als Mittelwert der Differenz der Testwerte von t1 und t3. Die EG zeigt dabei in allen Bereichen im Mittel größere Entwicklungen als die Kontrollgruppen, bis auf den Bereich des Pseudowortlesens zeigt auch die KG 2 insgesamt eine Steigerung im Vergleich zur KG 1. Bezogen auf das Pseudowortlesen zeigen beide Kontrollgruppen eine leichte Verschlechterung der Leseleistung, dies ist jedoch der einzige Bereich, in dem eine Verschlechterung durch den Vergleich der Mittelwerte messbar ist.

Inwiefern die gemessenen Entwicklungen der verschiedenen Gruppen signifikant unterschiedlich sind, wird mittels einer Varianzanalyse berechnet:

Tab. 21: One-way ANOVA zum Verhältnis der Entwicklung in verschiedenen Testteilen zwischen den Gruppen (t1–t3)

		Quadrat-summe	df	Mittel der Quadrate	F-Wert	Signifikanz
Differenz_HSP	Zwischen den Gruppen	269,064	2	134,532	11,006	0,000
	Innerhalb der Gruppen	1625,752	133	12,224		
	Gesamt	1894,816	135			
Differenz_ Vokalerset-zung	Zwischen den Gruppen	19,848	2	9,924	4,914	0,009
	Innerhalb der Gruppen	268,593	133	2,019		
	Gesamt	288,441	135			
Differenz_ Restwort-bestimmung	Zwischen den Gruppen	16,635	2	8,317	6,033	0,003
	Innerhalb der Gruppen	183,358	133	1,379		
	Gesamt	199,993	135			
Differenz_ Realwörter	Zwischen den Gruppen	10,649	2	5,324	5,250	0,006
	Innerhalb der Gruppen	134,881	133	1,014		
	Gesamt	145,529	135			
Differenz_ Pseudowörter	Zwischen den Gruppen	41,985	2	20,993	8,780	0,000
	Innerhalb der Gruppen	318,008	133	2,391		
	Gesamt	359,993	135			
Differenz_ERT	Zwischen den Gruppen	292,579	2	146,289	24,265	0,000
	Innerhalb der Gruppen	801,826	133	6,029		
	Gesamt	1094,404	135			

Es zeigt sich, dass bezogen auf die Entwicklung in verschiedenen Testteilen die Unterschiede zwischen den Gruppen mit p < 0,0005 bei der Rechtschreibung in Englisch, dem Lesen von Pseudowörtern sowie der Rechtschreibung in Deutsch hochsignifikant sind. Die Unterschiede sind signifikant beim Lesen von Realwörtern (p = 0,006) und den Elementen zur Förderung der phonologischen Bewusstheit im Bereich der Restwortbestimmung (p = 0,003) sowie der Vokalersetzung (p = 0,009).

Tab. 22: Post-hoc-Mehrfachvergleiche der Gruppen zum Verhältnis der Entwicklung in verschiedenen Testteilen zwischen den Gruppen (t1–t3) nach Scheffé-Prozedur

Abhängige Variable	(I) Gruppe	(J) Gruppe	Mittlere Differenz (I-J)	Standard-fehler	Signifi-kanz	95%- Konfidenzintervall	
						Unterg-renze	Ober-grenze
Differenz_HSP	EG	KG 1	3,33144	0,72971	0,000	1,5250	5,1379
		KG 2	2,28598	0,72971	0,009	0,4795	4,0924
	KG 1	EG	-3,33144	0,72971	0,000	-5,1379	-1,5250
		KG 2	-1,04545	0,74540	0,377	-2,8908	0,7998
	KG 2	EG	-2,28598	0,72971	0,009	-4,0924	-,4795
		KG 1	1,04545	0,74540	0,377	-0,7998	2,8908
Differenz_ Vokalersetzung	EG	KG 1	0,83144	0,29660	0,022	0,0972	1,5657
		KG 2	0,76326	0,29660	0,040	0,0290	1,4975
	KG 1	EG	-0,83144	0,29660	0,022	-1,5657	-0,0972
		KG 2	-0,06818	0,30298	0,975	-0,8182	0,6819
	KG 2	EG	-0,76326	0,29660	0,040	-1,4975	-0,0290
		KG 1	0,06818	0,30298	0,975	-0,6819	0,8182
Differenz_ Restwort-bestimmung	EG	KG 1	0,84659	0,24506	0,003	0,2399	1,4533
		KG 2	0,48295	0,24506	0,147	-0,1237	1,0896
	KG 1	EG	-0,84659	0,24506	0,003	-1,4533	-0,2399
		KG 2	-0,36364	0,25033	0,351	-0,9833	0,2561
	KG 2	EG	-0,48295	0,24506	0,147	-1,0896	0,1237
		KG 1	0,36364	0,25033	0,351	-0,2561	0,9833
Differenz_ Realwörter	EG	KG 1	0,57386	0,21018	0,027	0,0535	1,0942
		KG 2	0,59659	0,21018	0,020	0,0763	1,1169
	KG 1	EG	-0,57386	0,21018	0,027	-1,0942	-0,0535
		KG 2	0,02273	0,21470	0,994	-0,5088	0,5542
	KG 2	EG	-0,59659	0,21018	0,020	-1,1169	-0,0763
		KG 1	-0,02273	0,21470	0,994	-0,5542	,5088
Differenz_ Pseudowörter	EG	KG 1	0,73485	0,32273	0,079	-0,0641	1,5338
		KG 2	1,34848	0,32273	0,000	0,5495	2,1474
	KG 1	EG	-0,73485	0,32273	0,079	-1,5338	0,0641
		KG 2	0,61364	0,32967	0,181	-0,2025	1,4298
	KG 2	EG	-1,34848	0,32273	0,000	-2,1474	-0,5495
		KG 1	-0,61364	0,32967	0,181	-1,4298	0,2025
Differenz_ERT	EG	KG 1	3,16667	0,51246	0,000	1,8980	4,4353
		KG 2	2,96212	0,51246	0,000	1,6935	4,2308
	KG 1	EG	-3,16667	0,51246	0,000	-4,4353	-1,8980
		KG 2	-0,20455	0,52348	0,927	-1,5005	1,0914
	KG 2	EG	-2,96212	0,51246	0,000	-4,2308	-1,6935
		KG 1	0,20455	0,52348	0,927	-1,0914	1,5005

Auch die Post-hoc-Mehrfachvergleiche der Gruppen zueinander zeigen signifikante Unterschiede. Die Unterschiede der Entwicklung in der deutschen Rechtschreibleistung zwischen EG und den Kontrollgruppen sind hoch signifikant: Die EG unterscheidet sich hier von der KG 1 mit einer Signifikanz von p < als 0,0005 und von der KG 2 mit p = 0,009. Zwischen der KG 1 und der KG 2 besteht, wie erwartet, kein signifikanter Unterschied (p = 0,377).

Im ersten Testteil zur phonologischen Bewusstheit (Vokalersetzung) unterscheidet sich die EG in ihrer Entwicklung signifikant von der KG 1 (p = 0,022) und der KG 2 (p = 0,04). KG 1 und KG 2 zeigen keinen signifikanten Unterschied (p = 0975). Im zweiten Test zur phonologischen Bewusstheit (Restwortbestimmung) unterscheidet sich die EG zwar in ihrer Entwicklung hochsignifikant von der KG 1 (p = 0,003), allerdings nicht von der KG 2 (p = 0,147), auch besteht kein signifikanter Unterschied zwischen KG 1 und KG 2 (p = 0,351).

Beim Lesen der Realwörter sind die Unterschiede zwischen der EG und den Kontrollgruppen wieder signifikant (EG zu KG 1: p = 0,027, EG zu KG 2: p = 0,02), keinen signifikaten Unterschied kann man hier bei der Entwicklung des Realwortlesens zwischen KG 1 und KG 2 feststellen (p = 0,994). Ein hochsignifikanter Unterschied liegt ebenfalls zwischen der Entwicklung der EG und der KG 2 beim Lesen der Pseudowörter vor (p < 0,0005), während der Unterschied der KG 1 zu EG den lese-rechtschreibschwachen Gruppen nicht signifikant ist (zur EG: p = 0,079, zur KG 2: p = 0,181).

Wie bereits oben verdeutlicht wurde, zeigen sich hoch signifikante Unterschiede zwischen der Entwicklung in der englischen Rechtschreibung zwischen EG und den beiden Kontrollgruppen (p < 0,0005), während sich wie erwartet die KG 1 und KG 2 nicht signifikant voneinander unterscheiden (p = 0,927).

Abb. 22: Vergleich der Mittelwerte und 95%-Konfidenzintervalle der einzelnen Gruppen bezogen auf die Entwicklung (t1–t3) in einzelnen Testteilen

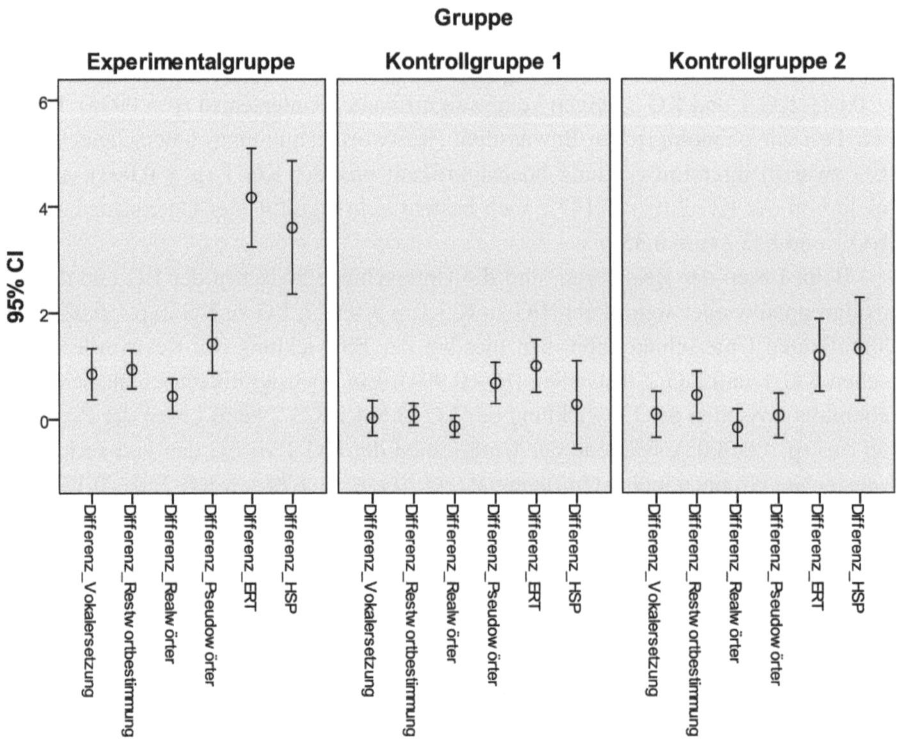

Das Diagramm verdeutlicht noch einmal, dass die Entwicklung in den einzelnen Tests in der Experimentalgruppe im Mittel höher lag. Ein Zuwachs in der EG ist deutlich in den Mittelwerten der Rechtschreibung Englisch (ERT) sowie Deutsch (*HSP5–9B*) abzulesen, welche im 95%-Konfidenzintervall aber auch stark schwanken.

Auch die Effektstärke soll in diesem Zusammenhang zur Bewertung des Effekts des Trainingsprogramms hinzugezogen werden. Die Effektstärke gibt die relative Größe eines Effekts an und kann hier aufgrund der randomisierten Stichprobe sowie der bereits insgesamt gezeigten Signifikanz in der Gesamtauswertung oben dazu dienen, die praktische Relevanz anzuzeigen. Insbesondere in Meta- sowie klinischen Interventionsstudien können sie eine sinnvolle Ergänzung sein, denn

„… Effektstärken (oder Effektgrößen) sind deskriptiv-statistische Maße zur Beschreibung der Größe und Richtung von Effekten in empirischen Untersuchungen. Damit ermöglichen Effektstärken eine Beurteilung der inhaltlichen Relevanz von statistisch signifikanten Effekten (z.B. Wie gut wirkt eine Behandlung?)." (STULZ 2012, S. 289)

Nachfolgend wird mit der Effektstärke nach COHEN gerechnet (Cohens d) als Differenz der Mittelwerte von Testung t1 und t3 durch den Mittelwert der entsprechenden Standardabweichungen. Nach COHEN (1988) wird eine Effektstärke abgestuft bewertet als kleiner Effekt mit d = 0,2, als mittel mit d = 0,5 und als stark mit d = 0,8.

Tab. 23: Effektstärken der verschiedenen Gruppen in einzelnen Testteilen (t1–t3)

		Gruppen								
		EG			**KG 1**			**KG 2**		
		N = 48			N = 44			N = 44		
		MW (t1)	MW (t3)	d	MW (t1)	MW (t3)	d	MW (t1)	MW (t3)	d
Teil 1	Vokal-ersetzung	6,270	7,125	0,701	7,25	7,272	0,024	6,273	6,364	0,07
	Rest-wortbe-stimmung	6,395	7,333	0,969	7,613	7,704	0,155	6,568	7,023	0,385
	Lesen von Real-wörtern	4,979	5,416	0,503	5,818	5,681	-0,261	4,932	4,773	-0,149
	Lesen von Pseudo-wörtern	2,833	4,25	0,914	3,954	4,636	0,620	2,864	2,932	0,048
	Gesamt-punktzahl Teil 1	20,479	24,125	1,223	24,636	25,295	0,297	20,636	21,091	0,134
Teil 2	Recht-schrei-bung Englisch	6,708	10,875	0,983	14,773	15,773	0,311	7,273	8,477	0,323
Teil 3	Recht-schrei-bung Deutsch (HSP5-9B)	26,812	30,416	0,584	42,205	42,477	0,062	26,955	28,273	0,226
	Gesamt-punkt-zahl	54	65,417	1,013	81,613	83,545	0,233	54,864	57,841	0,275

Die jeweiligen Standardabweichungen werden zur besseren Übersichtlichkeit nicht separat aufge-führt.

Erwartungsgemäß kommt es bei der trainierenden EG insgesamt zu einem sehr starken Effekt mit d = 1,013, bei KG 1 und KG 2 kommt es insgesamt zu kleinen bis mittleren Effekten von d = 0,233 bzw. d = 0,275.

Die stärksten Effekte in Einzeltests der EG zeigen sich in der Restwortbestimmung (d = 0,969), dem Lesen von Pseudowörtern (d = 0,914) sowie der Rechtschreibleistung im Englischen (d = 0,983). Andere Teilbereiche liegen mit einer mittleren Effektstärke vor.

In der KG 1 kommt es zu mittleren Effekten beim Lesen von Pseudowörtern (d = 0,62), während das Lesen von Realwörtern weniger effektiv wird (d = -0,261). Letzteres ist ebenfalls bei der KG 2 mit einer schwach negativen Effektstärke von d = -0,149 zu beobachten. Kleine bis mittlere Effekte zeigt die ebenfalls lese-rechtschreib-schwache KG 2 im Bereich der Restwortbestimmung (d = 0,385), in der Rechtschreibleistung im Deutschen (d = 0,226) sowie in der Rechtschreibleistung im Englischen (d = 0,323).

5.4.3   Hypothese 3: Phonologische Bewusstheit und GPK

Hypothese 3 nimmt an, dass durch das Training der phonologischen Bewusstheit und der Festigung von Graphem-Phonem-Korrespondenzen die EG in diesen Testteilen (Teil 1) im Vergleich zur beeinträchtigten KG 2 besser abschneidet.

Mittels der Varianzanalyse wird zunächst untersucht, inwiefern ein Zusammenhang zwischen den Testergebnissen in Teil zu den drei Zeitpunkten zwischen der EG und der KG 2 besteht.

Tab. 24: Test der Innersubjekteffekte von Testteil 1 zwischen EG und KG 2 (t1–t3)

Quelle		Quadrat-summe vom Typ III	df	Mittel der Quadrate	F-Wert	Sig.
Zeitpunkt	Sphärizität angenommen	198,109	2	99,054	20,798	0,000
	Greenhouse-Geisser	198,109	1,800	110,041	20,798	0,000
	Huynh-Feldt	198,109	1,855	106,785	20,798	0,000
	Untergrenze	198,109	1,000	198,109	20,798	0,000
Zeitpunkt * Gruppe	Sphärizität angenommen	119,891	2	59,946	12,586	0,000
	Greenhouse-Geisser	119,891	1,800	66,594	12,586	0,000
	Huynh-Feldt	119,891	1,855	64,624	12,586	0,000
	Untergrenze	119,891	1,000	119,891	12,586	0,001
Fehler (Zeitpunkt)	Sphärizität angenommen	857,304	180	4,763		
	Greenhouse-Geisser	857,304	162,029	5,291		
	Huynh-Feldt	857,304	166,970	5,134		
	Untergrenze	857,304	90,000	9,526		

Bei angenommener Sphärizität ist der Unterschied sowohl zwischen den drei Zeitpunkten sowie der Wechselwirkung zwischen Zeitpunkten und Gruppen jeweils hoch signifikant (p < 0,0005).

Tab. 25: Test der Innersubjektkontraste von Testteil 1 zwischen EG und KG 2 (t1–t3)

Quelle	Zeitpunkt	Quadrat-summe vom Typ III	df	Mittel der Quadrate	F-Wert	Sig.
Zeitpunkt	Linear	192,985	1	192,985	31,931	0,000
	Quadratisch	5,124	1	5,124	1,472	0,228
Zeitpunkt * Gruppe	Linear	116,898	1	116,898	19,342	0,000
	Quadratisch	2,993	1	2,993	,860	0,356
Fehler (Zeitpunkt)	Linear	543,944	90	6,044		
	Quadratisch	313,360	90	3,482		

Mit einer Signifikanz von p < 0,0005 liegt ein linearer Zusammenhang zum Messwiederholungsfaktor vor.

Tab. 26: Entwicklung in Testteil 1 (Phonologische Bewusstheit und GPK) in Mittelwerten der Gruppen (t1–t3)

| | | Punktzahl Testteil 1 (max. 28) | | | | | |
| | | t1 | | t2 | | t3 | |
	N	MW	SD	MW	SD	MW	SD
EG	48	20,479	3,73	22,813	2,929	24,125	2,228
KG 1*	44	24,636	2,221	keine Testung zu t2		25,296	2,216
KG 2	44	20,636	3,431	20,932	3,54	21,091	3,368

* = KG 1 wird zur Referenz mit aufgeführt, wird in dieser Hypothese aber nicht explizit betrachtet.

Zu t1 liegen die EG und KG 2 erwartungsgemäß im Mittel auf einem ähnlichen Niveau mit Mittelwerten von 20,479 sowie 20,636, während die KG 1 einen leicht höheren Mittelwert von 24,636 aufweist. Die KG 1 kann diesen Wert bis t3 leicht steigern auf 25,296, was in der Differenz in etwa dem Zuwachs der KG 2 von 20,636 auf 21,091 entspricht. Die EG steigert sich im gleichen Zeitraum von 20,479 deutlich auf 24,125 und liegt im Mittel zu t3 fast auf dem Niveau der unbeeinträchtigten KG 1 zu t1. Auch die Standardabweichung der EG gleicht sich der der KG 1 deutlich an (t3: SD 2,228 in der EG, SD = 2,216 in der KG 1), während sie zu t1 noch erwartungsgemäß der SD der KG 2 entsprach und sogar leicht darüber lag.

Abb. 23: Entwicklung der Leistung im Testteil 1 (Phonologische Bewusstheit und GPK) von EG und KG2 (t1–t3)

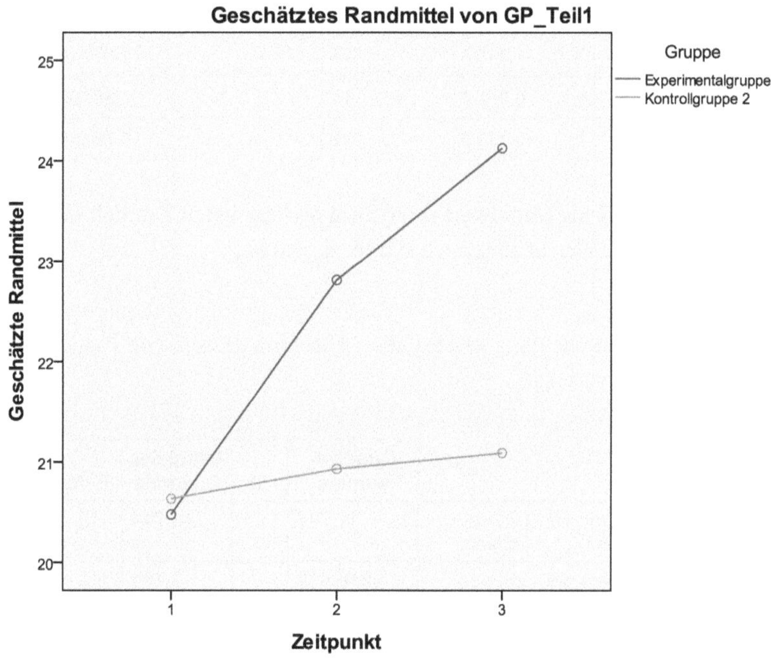

Das Diagramm zeigt die Entwicklung der Punktzahl in Testteil 1 der EG und der KG 2 zu den drei Messzeitpunkten. Ähnlich der Grafik zur Gesamtleistung (siehe Hypothese 1) beginnt die KG 2 leicht über dem Niveau der EG, steigt dann aber zu t2 und t3 nur noch minimal an, während die EG bis t2 sehr stark ansteigt. Zu t3 schwächt sich die Entwicklung der EG leicht ab, liegt dann aber deutlich über dem Mittelwert der Punktzahl in Testteil 1 der KG 2.

Zur zusätzlichen Veranschaulichung wird eine Mittelwertanalyse der Entwicklung (Differenz der Testergebnisse zwischen t1 und t3) im Bereich des Lesens von Pseudowörtern durchgeführt, da das erfolgreiche Lesen von Pseudowörtern für gefestigte Graphem-Phonem-Korrespondenzen spricht.

Tab. 27: Entwicklung in Testteil 1/Abschnitt „Lesen von Pseudo-Wörtern" (GPK) in Mittelwerten der EG und KG 2 (t1–t3)

Gruppe	Mittelwert	N	Standardabweichung
EG	1,4167	48	1,87745
KG 2	0,0682	44	1,38762
Insgesamt	0,7717	92	1,78580

Die EG zeigt mit 1,4167 als Mittelwert ihrer Entwicklung einen deutlich höheren Wert als die KG 2 mit 0,0682, weicht aber auch stärker davon ab.

Tab. 28: ANOVA zur Entwicklung in Testteil 1/Abschnitt „Lesen von Pseudo-Wörtern" (GPK) der EG und KG 2 (t1–t3)

			Quadrat-summe	df	Mittel der Quadrate	F-Wert	Signi-fikanz
Differenz_ Pseudowörter * Gruppe	Zwischen den Gruppen	(Kom-biniert)	41,744	1	41,744	15,121	0,000
	Innerhalb der Gruppen		248,462	90	2,761		
	Insgesamt		290,207	91			

Die Varianzanalyse zeigt einen hochsignifikaten Unterschied zwischen den Gruppen bei der Entwicklung im Lesen der Pseudowörter ($p < 0{,}0005$). Diesen Unterschied verdeutlicht ebenfalls das nachfolgende Diagramm:

Abb. 24: Entwicklung im Testteil 1/Abschnitt „Lesen von Pseudo-Wörtern" (GPK) der
EG und KG 2 (t1–t3)

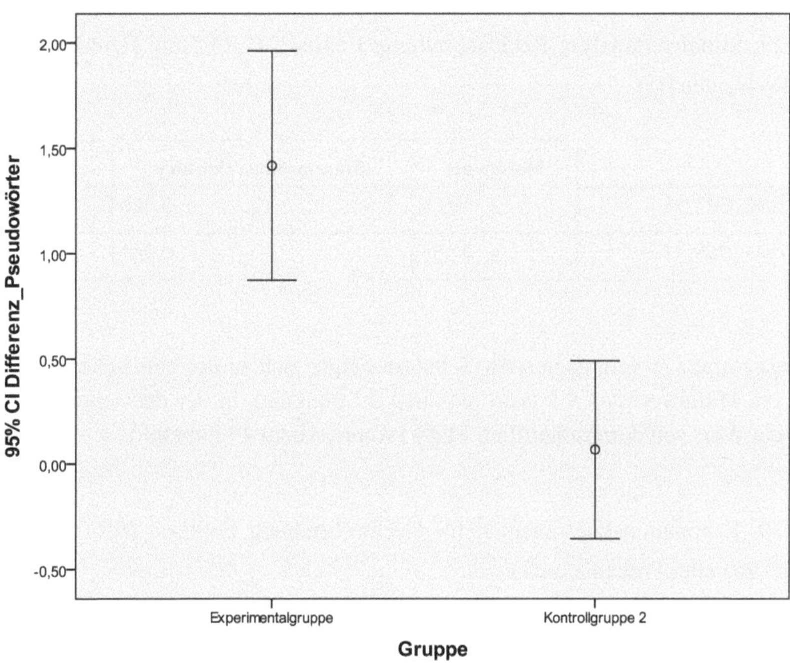

Die Grafik zeigt die Entwicklung im Pseudowortlesen der EG und KG 2 als Mittelwerte
mit dem jeweiligen 95%-Konfidenzintervall. Die Intervalle der beiden Gruppen überschneiden sich dabei nicht. Die KG 2 hat im Mittel eine sehr kleine Entwicklung im
Pseudowortlesen zeigen können. Das 95%-Konfidenzintervall zeigt auch eine teils
leicht negative Entwicklung an, während das Intervall der EG deutlich höher als das der
KG 2 und im positiven Bereich liegt.

5.4.4   Hypothese 4: Rechtschreibleistung in der Muttersprache

Diese Hypothese geht davon aus, dass bei einem multimethodischen Englisch-
Rechtschreibtraining, das ebenfalls allgemein-sprachliche Kompetenzen sowie Lernstrategien fördert, sich aufgrund des Konzepts der Sprachlerneignung auch positive Effekte
in der muttersprachlichen Rechtschreibung zeigen. Diese Effekte sollten in der EG
auftreten, während sie in der KG 2 nicht auftreten sollten.

Zunächst muss geklärt werden, ob die Rechtschreibleistung im Englischen mit der
Leistung im Deutschen korreliert. Dazu wird der Korrelationskoeffizient nach Pearson

zwischen den Ergebnissen des Testteils 2 (Englische Rechtschreibung) und den Ergebnissen des Testteils 3 (*HSP5–9B*) zum Zeitpunkt t1 für alle Gruppen getrennt berechnet.

Tab. 29: Mittelwertanalyse Rechtschreibung Englisch (ERT) und Deutsch (*HSP5–9B*) aller Probanden (t1)

	Mittelwert	**Standardabweichung**	**N**
GP_Teil2_ERT_t1	9,50	5,325	136
GP_Teil3_HSP_t1	31,84	8,941	136

Bei insgesamt 136 teilnehmenden Schülern zeigte sich in der englischen Rechtschreibung ein Mittelwert von 9,5 (von maximal 20 Punkten), in der deutschen Rechtschreibung ein Wert von durchschnittlich 31,84 (von maximal 49 Punkten).

Tab. 30: Korrelationskoeffizienten für Rechtschreibung Englisch (ERT) und Deutsch (*HSP5–9B*) aller Probanden (t1)

		GP_Teil2_ERT_t1	**GP_Teil3_HSP_t1**
GP_Teil2_E RT_t1	Korrelation nach Pearson	1	0,854[**]
	Signifikanz (2-seitig)		0,000
	N	136	136
GP_Teil3_H SP_t1	Korrelation nach Pearson	0,854[**]	1
	Signifikanz (2-seitig)	0,000	
	N	136	136

[**]. Die Korrelation ist auf dem Niveau von 0,01 (2-seitig) signifikant.

Das Ergebnis zeigt, dass zwischen den Variablen der Rechtschreibung Englisch und der Rechtschreibung Deutsch mit 0,854 eine sehr starke, positive Korrelation besteht, die höchst signifikant ist (der 2-seitige p-Wert ist kleiner als 0,0005).

Das folgende Streudiagramm verdeutlicht diese positive Korrelation:

Abb. 25: Streudiagramm der Korrelation von Rechtschreibung Englisch (ERT) und Deutsch (*HSP5–9B*) aller Probanden (t1)

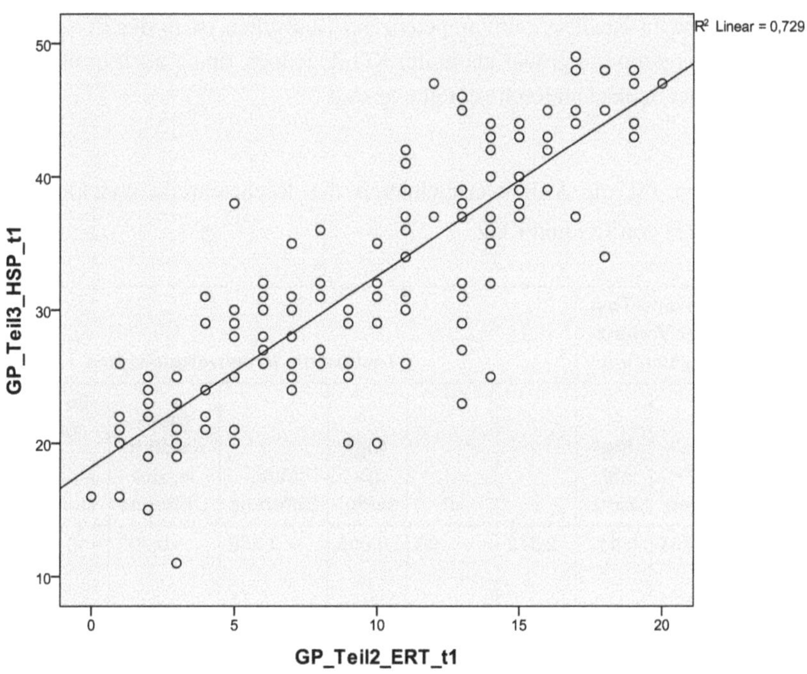

Nachfolgend wird nun überprüft, inwiefern sich die Leistung im standardisierten Rechtschreibtest Deutsch (*HSP5–9B*, Testteil 3) in der EG und der KG 2 entwickelt hat. Ausgangswerte sind hier jeweils die Differenzen des *HSP5–9B*-Testwerts von t1 und t3, da diese die Entwicklung der Probanden darstellt. Insgesamt sind im Testteil 3 49 Punkte zu vergeben.

Tab. 31: Mittelwertanalyse der Entwicklung in der Rechtschreibung Deutsch (*HSP5–9B*, t1–t3) von EG und KG2

	Gruppe	N	Mittelwert	Standard-abweichung	Standardfehler des Mittelwertes
Differenz_HSP	EG	48	3,6042	4,31593	0,62295
	KG 2	44	1,3182	3,17529	0,47869

Zu beobachten ist, dass der Mittelwert der Rechtschreibentwicklung bei der EG bei ca. 3,604 liegt, während er bei der KG 2 einen Wert von ca. 1,318 aufweist. Die Standardabweichung in der EG ist mit 4,316 größer als der in der KG mit 3,175.

Der Zuwachs an Rechtschreibkompetenz im Deutschen ist in der EG entsprechend um mehr als das doppelte größer als in der KG 2. Jedoch findet auch in der KG 2 eine Verbesserung der deutschen Rechtschreibung statt.

Tab. 32: T-Test für die Mittelwertgleichheit der Rechtschreibentwicklung Deutsch (*HSP5–9B*, t1–t3) von EG und KG2

		Levene-Test der Varianzgleichheit		T-Test für die Mittelwertgleichheit						95% Konfidenzintervall der Differenz	
		F-Wert	Signifikanz	T	df	Sig. (2-seitig)	Mittl. Differenz	Standardfehler der Differenz	Untere	Obere	
Differenz_HSP	Varianzen sind gleich	0,664	0,417	2,872	90	0,005	2,286	0,796	0,704	3,867	
	Varianzen sind nicht gleich			2,910	86,085	0,005	2,286	0,786	0,724	3,848	

Da der Levene-Test nicht signifikant ist (p = 0,417), kann man davon ausgehen, dass die Varianz in den beiden betrachteten Gruppen gleich ist. Der T-Test zeigt, dass die EG im Mittel ca. 2,286 Punkte besser war als die KG 2. Dieser Unterschied ist signifikant (p = 0,005). Bemessen am 95%-Konfidenzintervall zeigt sich, dass trainierte lese-rechtschreib-schwache Schüler zwischen 0,7 und 3,867 Punkten besser in der deutschen Rechtschreibentwicklung abschneiden als nicht-trainierte.

Abb. 26: Mittelwertvergleich der Entwicklung in der Rechtschreibung Deutsch (*HSP5–9B*, t1–t3) aller Gruppen

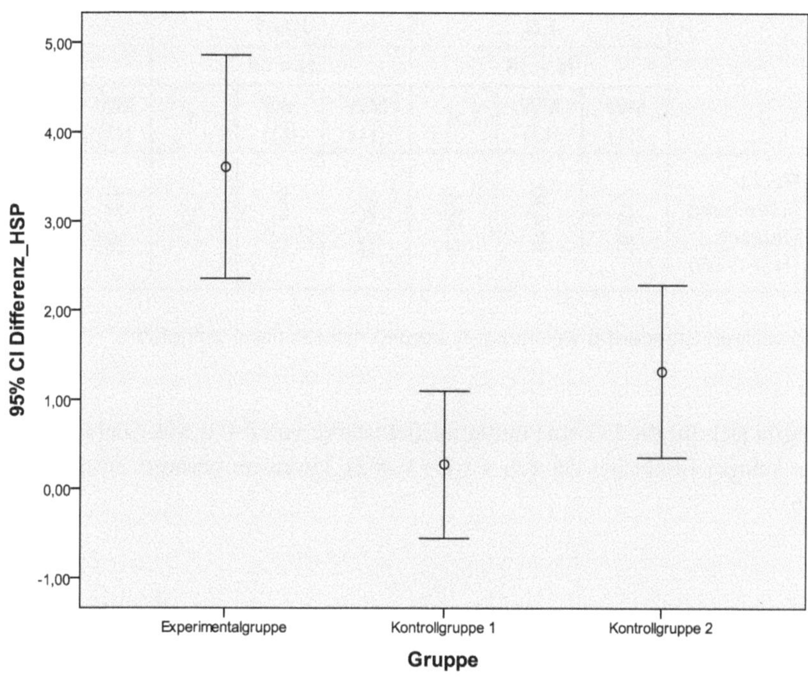

Hier abgebildet sind die Mittelwerte und 95%-Konfidenzintervalle der Rechtschreibentwicklung im Deutschen. Zum Vergleich wurde die KG 1 ebenfalls mit einbezogen. Der Mittelwert ist bei dieser Gruppe am geringsten (MW = 0,272) und schwankt mit einer Standardabweichung von 2,714 nicht so stark wie die EG (MW = 3,604, SD = 4,316) und die KG 2 (MW = 1,318, SD = 3,175). Vom Mittelwert ausgehend den stärksten Zuwachs in der Rechtschreibung Deutsch hat damit die trainierende EG, die ebenfalls rechtschreibschwache KG 2 zeigt einen leichten Zuwachs, während die nicht-betroffene und nicht-trainierende KG 1, dessen Werte bis ins Negative schwanken, nur einen sehr schwachen Zuwachs verzeichnen kann.

Für Hypothese 2 wurden bereits die Effektstärken (Cohens d) für die einzelnen Testbereiche aufgeführt. Speziell für den Bereich der deutschen Rechtschreibleistung werden sie hier noch einmal dargestellt:

Tab. 33: Effektstärken der verschiedenen Gruppen in Testteil 3 (*HSP5–9B*, t1–t3)

		Gruppen								
		EG			KG 1			KG 2		
		N = 48			N = 44			N = 44		
		MW (t1)	MW (t3)	d	MW (t1)	MW (t3)	d	MW (t1)	MW (t3)	d
Teil 3	Recht-schreibung Deutsch (*HSP5-9B*)	26,812	30,416	0,584	42,205	42,477	0,062	26,955	28,273	0,226

Die jeweiligen Standardabweichungen werden nicht separat aufgeführt.

Es ergibt sich für die EG eine mittlere Effektstärke von d = 0,584. Gleichzeitig kommt es zu keinem Effekt bei der KG 1 (d = 0,062), zu einem geringen in der KG 2 (d = 0,226).

5.5   Ergebnisse der qualitativen Erhebungen

Die qualitativen Erhebungen werden – bis auf die Darstellung der durchgeführten Interviews mit den Trainern – an keine spezifische Methode angelehnt und daher als Rohwerte bzw. Rohdaten präsentiert. Vielmehr erhalten sie die Berechtigung ihrer Erhebung und Darstellung insbesondere durch die Triangulation mit den quantitativen Daten im Diskussionskapitel. Die Ergebnisse der Trainerprotokollbögen werden daher gemäß der bereits in den Bögen vorab angelegten Kriterien (siehe auch Kapitel 3.2) vorgestellt. Die Ergebnisse der Interviews mit den Trainern hingegen werden – allein schon bedingt durch die methodische Herangehensweise des Interviews und deren Wichtigkeit und Aussagekraft im Rahmen des gesamten Forschungsvorhabens – mittels der qualitativen Inhaltsanalyse nach MAYRING (2003) evaluiert dargestellt.

5.5.1   Protokollbögen der Trainer

Die Protokollbögen[167] wurden von den Trainern während des gesamten Trainingszeitraumes geführt. Sie sollten insbesondere Aufschluss darüber geben, wie sich Lern- und

---

167   Siehe als Teil des Testmaterials in Anhang C.

Arbeitsverhalten sowie die Motivation und Mitarbeit über den Zeitraum entwickelte. Außerdem geben die Protokollbögen die Möglichkeit, auf bestimmte Übungsformen hinzuweisen, die besonders gut ankamen oder im Gegensatz weniger motivierend waren und somit für das Trainingskonzept überarbeitet werden sollten.

Wie oben bereits angemerkt, werden hier auch zum Teil „quantitative" Daten in Form von Skalen eingesetzt (z.B. wenn die Trainer die Motivation ihres Trainingskindes auf einer Skala von 1 bis 10 einschätzen sollen), allerdings werden diese Daten nicht statistisch ausgewertet, da diese Werte sehr subjektiv sind und jede Angabe jedes Trainers aufgrund der Trainingskinder eine andere Bezugsgröße vermuten lässt. Ist ein Trainingskind z.B. zu Beginn sehr motiviert, da das Englischtraining etwas Neues darstellt, gibt der Trainer vielleicht eine „10", woran macht er jedoch Zwischenschritte nach unten fest, wenn die Motivation abnimmt? Diese subjektiven Daten werden daher nicht statistisch auf ihre Signifikanz überprüft, sondern jeweils als Mittelwerte aller Trainingskinder angegeben und wurden – mit den veranschaulichenden Diagrammen – in Excel erstellt. Diese Daten sollen für die Gesamttriangulation Hinweise liefern können.

5.5.1.1   Abschnitt 1: Eigenschaften des Trainingskindes

Im ersten Abschnitt des Protokollbogens bewerteten die Trainer ihre Trainingskinder in verschiedenen Kategorien zu Beginn (t1) und zum Ende (t3) des Trainings. Diese Werte sind in Mittelwerten mit ihrer Standardabweichung in Abbildung 27 dargestellt.

Allgemein lässt sich sagen, dass die Trainer in allen Bereichen leichte Zuwächse beobachten konnten, außer im Bereich der Einhaltung von Regeln, der Unterstützung daheim sowie der sozialen Kompetenz. Letztere spielte aber auch nur eine Rolle, wenn die Kinder das Training zu zweit oder in Kleingruppen durchführten. Die Unterstützung daheim war vom Trainingskonzept her sehr kontinuierlich durch die Hilfe bei Hausaufgaben und dem Karteikartensystem angelegt. Auch sollten die Kinder zunehmend selbständiger daheim arbeiten, weswegen sich diese Mittelwerte zu beiden Zeitpunkten nicht wesentlich unterscheiden. Das Einhalten von Regeln wiederum wird von den Trainern vermutlich auch unterschiedlich gehandhabt und bewertet, sodass an ihrem bereits auch in anderen Therapiesitzungen Regelwerken sich über den Trainingszeitraum nicht viel geändert hat, diese Regeln dann aber entsprechend in gleichem Maße von den Kindern eingehalten wurden.

Abb. 27: Mittelwerte der vergebenen Punkte „Eigenschaften des Trainingskindes" in Protokollbögen (t1 und t3)

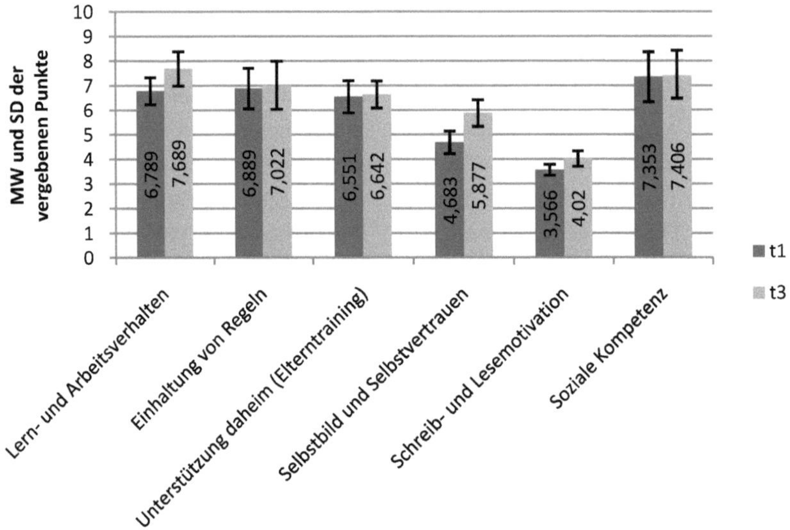

Besonders das Lern- und Arbeitsverhalten und das Selbstbild/Selbstvertrauen haben im Mittel um jeweils etwa einen Punkt zugenommen. Zum einen wurden Lern- und Arbeitstechniken im Trainingskonzept thematisiert, sodass diese am Ende besser beherrscht und so auch von den Trainern wahrgenommen wurden, zum anderen erlebten die Trainer ihr Trainingskind in ihrer gesamten Entwicklung über den Zeitraum der 25 Wochen hinweg und konnten in der Regel Fortschritte in der Rechtschreibung wahrnehmen[168] und setzten die Verstärkersysteme und Motivationselemente ein, sodass sich hier möglicherweise das Selbstbild der Trainingskinder stärken konnte.

Auffällig – aber nicht überraschend – sind die geringen Mittelwerte für die Schreib- und Lesemotivation der Trainingskinder. Trotzdem ist hier ein kleiner, von den Trainern subjektiv wahrgenommener Anstieg zu beobachten gewesen.

5.5.1.2   Abschnitt 2: Inhaltliche Aspekte

Im zweiten Abschnitt des Protokollbogens wurden verschiedene inhaltliche Aspekte des Trainingskonzeptes abgefragt, welche nachfolgend anhand ihrer Nennungen und damit ihrer Priorität aufgeführt werden. Die Trainer konnten diese Anmerkungen als Freitext im Protokollbogen vermerken, sodass diese teilweise sehr ausführlich und detailliert

---

168   Dies wird sowohl durch die statistischen Auswertungen der Tests deutlich als auch in den nachfolgend noch vorzustellenden Interviews, in denen ebenfalls die Entwicklung der Trainingskinder kurz dargelegt wird.

beschrieben waren, teilweise nur einzelne Übungen enthielten. Aufgeführt werden daher hier generell die am häufigsten genannten übergreifenden Übungen, d.h. solche, die an mehreren Stellen des Trainingskonzepts eine Rolle spielen und nicht nur punktuell eingesetzt werden.[169]

Zunächst werden die besonders motivierenden Übungen und Arbeitsblätter vorgestellt.

Tab. 34: Besonders motivierende Übungen laut Protokollbögen

Besonders motivierende Inhalte/Übungen	Nennungen
Moosgummibuchstaben	14
Übungen mit Bewegung	12
Spiele (allgemeine Nennungen)	11
Lernen mit Karteikarten	8
Lerntechniken/Lerntipps (u.a. Mind-Maps)	7
Laufdiktate	6
Übungen zur phonologischen Bewusstheit	6
Entspannungs- und Konzentrationsübungen	4
ABC-Liste	4
Schlangentexte	4
Verstärkerkarten	3
Kreuzworträtsel	3
Word box	3
Reimübungen	2
Morphemschnipsel	1
Unterscheidung /s/ und /z/	1
Wörter-Domino	1

Als besonders motivierende Übungsform wird die Arbeit mit den Moosgummibuchstaben gesehen, welche zur multisensorischen/haptischen Erarbeitung von Wörtern dient und in vielen weiteren Übungen Anwendung findet. Darüber hinaus motivierten Spiele sowie insbesondere Übungen, in denen Bewegungselemente vorkamen. Auch das Lernen mit dem Karteikartensystem sowie diverse Lerntechniken wurden als motivierend eingestuft.

Die zweite Frage bezog sich auf besonders schwierige und komplizierte Übungen und Arbeitsblätter.

---

169 Besonders effektive bzw. weniger effektive Übungen werden ebenfalls im folgenden Unterkapitel der Interview-Auswertungen erhoben.

Tab. 35: Besonders schwierige/komplizierte Übungen laut Protokollbögen

Besonders schwierige/komplizierte Inhalte/Übungen	Nennungen
Fehler finden	8
Arbeit mit Wörterbuch	8
Übungen zur phonologischen Bewusstheit	5
Wortsegmentierung/Morphemgliederung	5
Schwa	3
Kreuzworträtsel	2
Stummes End-<e>	2
Homophone	2
Schlangentexte lesen	1
Hörbeispiele von CD	1
Wörter-Domino	1
Arbeitsblätter mit englischen Anweisungen	1
Übungen mit Bewegung	1
Verstärkerkarten	1

Am schwierigsten wurden die Übungen empfunden, in denen es darum ging, Fehler in Wörtern zu finden, um so ein Fehlerbewusstsein aufzubauen. Auch die Arbeit mit dem Wörterbuch bereitete Schwierigkeiten. Mit jeweils fünf Nennungen sind ebenfalls auch die Übungen zur Segmentierung/Morphemgliederung sowie im Allgemeinen Übungen zur Förderung der phonologischen Bewusstheit zu nennen, welche als schwierig wahrgenommen wurden.

Die Trainer wurden ebenfalls nach möglicherweise unnötigen Inhalten gefragt:

Tab. 36: Unnötige Inhalte laut Protokollbögen

Unnötige Inhalte/Übungen	Nennungen
Anlaut-Mandalas	6
Fehler finden	2
Verstärkerkarten	2
Lerntechniken/Lerntipps (u.a. Mind-Maps)	2
Schwa	1
Silbengliederung	1
Karteikartensystem	1
Wörter-Domino	1
Elternmaterial	1

Insbesondere die dem eigentlichen Trainingsablauf vorangestellten Anlaut-Mandalas wurden als unnötig bewertet. Sie sollten ggf. zur Auflockerung bzw. als Entspannungsübung verwendet werden, wurden aber auch mit dem Hinweis eingeleitet, dass ältere Schüler diese Übungsform des Ausmalens von Buchstaben möglicherweise als „kindisch" empfinden. Darüber hinaus wurden – neben allgemeinen Lerntechniken sowie den Verstärkerkarten – auch die Übungen zum Finden von Fehlern als überflüssig bewertet, was möglicherweise auch mit dem letzten Abschnitt zusammenhängt, in dem diese Übungsform als schwierig/kompliziert gewertet wurde.

Zuletzt sollten die Trainer vermerken, falls ihnen Fehler auffallen oder Stellen, an denen Korrekturen durchgeführt werden sollten.

Tab. 37: Fehler und Korrekturmöglichkeiten laut Protokollbögen

Fehler und Korrekturmöglichkeiten	Nennungen
Wort unpassend/zu schwer	8
Tippfehler	5
Farbig markierte Stellen im Material (rot, pink) erscheinen bei Schwarz-Weiß-Kopien als schwarze Felder	3
Sichtwortschatztraining benötigt mehr Zeit	2
Übung mit Ähnlichkeitshemmung	2
Teilweise Wortschatz verwendet, der im Lernjahr noch nicht bekannt ist	2
Beschreibung Karteikartenbeschriftung nicht verständlich	1
Wörterbuch früher einführen	1
„Silent letters" im Trainingsablauf zu eng beieinander	1

An mehreren Stellen wurden einzelne Wörter in Arbeitsblättern als unpassend bewertet, sodass diese an der Stelle die Trainingskinder möglicherweise verwirrten und keine Regelhaftigkeit verdeutlichen konnten. Darüber hinaus wurden mehrere Tippfehler in diesem Abschnitt genannt, die weitgehend aber keine inhaltliche Relevanz hatten. Von drei Trainern wurde angemerkt, dass die farblichen Hervorhebungen z.B. bestimmte Graphemkombinationen beim Kopieren nach Schwarz-Weiß nicht mehr lesbar waren. Dies sowie alle weiteren Fehler und Korrekturanregungen werden in einer Überarbeitung des Trainingskonzeptes verbessert und optimiert.

5.5.1.3   Abschnitt 3: Anmerkungen zu einzelnen Sitzungen

Im letzten Abschnitt konnten die Trainer zu jeder Trainingssitzung Anmerkungen und Kommentare notieren, welche auch – wie die Korrekturvorschläge (siehe oben) – in eine Überarbeitung des Konzeptes einfließen werden.

Darüber hinaus notierten die Trainer in zwei separaten Spalten für jede Sitzung sowohl die von ihnen subjektiv wahrgenommene Motivation ihres Trainingskindes als auch dessen Mitarbeit. Die Mittelwerte dieses Verlaufs über die 25 Sitzungen werden nachfolgend dargestellt.[170]

Abb. 28: Verlauf der Motivation und Mitarbeit über die Trainingssitzungen in Mittelwerten laut Protokollbögen

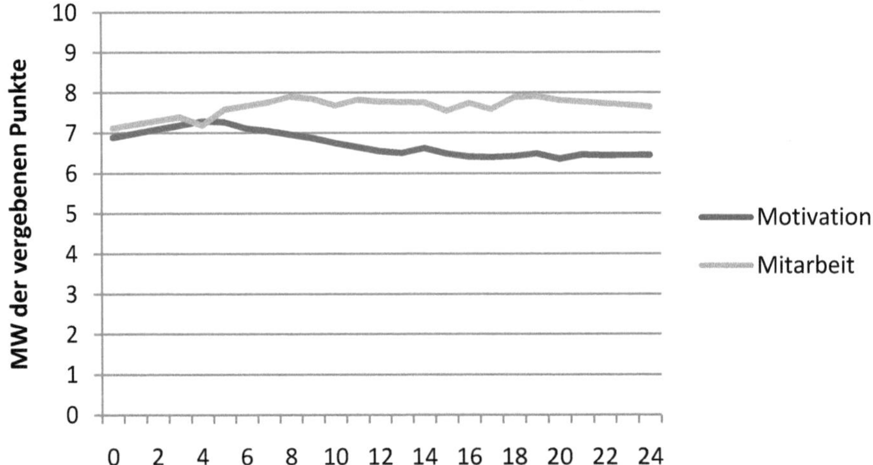

Das Diagramm zeigt, dass sowohl die Motivation (MW = 6,888) als auch die Mitarbeit (MW = 7,122) auf einem hohen Niveau zu Beginn starten und leicht bis Sitzung 3 ansteigen, dann aber voneinander abweichen: Während die Mitarbeit noch einmal leicht ansteigt und dann zwischen MW von 7,5 und 8 schwankt, sinkt die Motivation bis etwa zur Hälfte des Trainingszeitraums, bleibt dann aber auf einem relativ stabilen Niveau mit einem MW von ungefähr 6,5.

5.5.2   Interviews

Für die Interviews mit den Trainern wurde vorab ein Leitfaden entwickelt, welcher mittels offenen bzw. halb-offenen Fragen die Qualität des Trainingskonzepts erfragen sollte. Die Leitfragen des Interviews wurden vorab in zwei Probeinterviews mit Trainern getestet, deren Daten aufgrund von Ausschlusskriterien nicht mehr für die Studie

---

170   Es gilt zu beachten, dass die erste Sitzung die Sitzung „0" war, in der die Testung zu t1 stattfand, die 25. Sitzung ist Sitzung „24", in der sowohl noch trainiert als auch die Testung zu t3 durchgeführt wurde.

verwendet werden konnten (Trainingskinder zu alt bzw. leicht über dem Prozentrang im Deutschtest). Den Einstieg in das Interview bildete grundsätzlich die Frage nach der (subjektiv empfundenen) Entwicklung des Trainingskindes/der Trainingskinder im Rahmen des sechs- bis siebenmonatigen Trainingsprogramms, um anschließend auf verschiedene qualitative Aspekte des Trainings Bezug nehmen zu können. So kann in der Triangulation auch gezeigt werden, ob das subjektive Empfinden über die Fortschritte mit den quantitativen Messungen der Rechtschreibleistung übereinstimmt.

Die Interviews wurden zum Ende der Trainingsphase mit allen Trainern durchgeführt und anschließend mithilfe der Software f4 anonymisiert transkribiert. Bei der Transkription wurde auf einfache Transkriptionsregeln nach KUCKARTZ ET AL. (2008) gesetzt, die z.B. Diskurspartikel, Füllwörter oder Akzente weitgehend vernachlässigt, da die Interviews rein inhaltlich bezogen auf ihre relevanten Daten auszuwerten waren (RICHARDS 2003).[171] Darauf folgte die qualitative, zusammenfassende Inhaltsanalyse in Anlehnung an MAYRING (2003), bei der ausgehend von den bereits durch den Leitfaden deduktiv festgelegten Kategorien Aussagen der Trainer aufgenommen, gebündelt und kategorisiert wurden. Die deduktive Bildung von Oberkategorien ergab sich aus den Fragen des Interviewleitfadens, da die Interviews der Bewertung der qualitativen Güte des Trainingskonzepts dienen sollten.

Das oberste Ziel nach MAYRING bleibt dabei immer im Zentrum, „das Material so zu reduzieren, [dass] die wesentlichen Inhalte erhalten bleiben, durch Abstraktion einen überschaubaren Corpus zu schaffen, der immer noch Abbild des Grundmaterials ist" (MAYRING 2003, S. 58). Im Schritte einer Abstrahierung und Reduktion der Aussagen ergaben sich dann verschiedene Aspekte in einem Raster, welche nachfolgend als Ergebnisse präsentiert werden können.[172] Wurden verschiedene Aspekte von mehreren Trainern gleichzeitig angesprochen, galt dies als quantitatives Indiz der besonderen Wichtigkeit dieses Aspekts.

5.5.2.1   Kategorie 1: Entwicklung der Trainingskinder

Während die meisten Trainer eine subjektiv wahrgenommene Verbesserung ihrer Trainingskinder anmerkten, nannten sieben Trainer explizit eine Verbesserung der Rechtschreibleistung, in einem genannten Fall auch im Deutschen (K1.1). Auch in schulischen Leistungen wie Klassenarbeiten und insbesondere Vokabeltests wurden Steigerungen in Form von weniger Fehlern berichtet (K1.7). Bei einzelnen Trainings-

---

171   Abbrüche im Sprachfluss oder längere Pausen wurden jedoch entsprechend nach KUCKARTZ ET AL. (2008) in den Transkriptionen kenntlich gemacht.

172   Das Kategorienraster findet sich in Gänze in Anhang E. Die Kategorien werden zur besseren Übersichtlichkeit und Referenz zum Raster folgendermaßen codiert: Der vierte Aspekt bzw. die vierte reduzierte Aussage der dritten Kategorie wird als K3.4 (Kategorie 3, Aussage/Reduktion 4) bezeichnet. Die Kategorien werden entsprechend im Fließtext direkt oder in Klammern aufgeführt. Wird auf bestimmte Aussagen einzelner Trainer eingegangen, wird dort die bereits oben eingeführte Codierung genutzt (Tr4 für Trainer 4).

kindern wurde kein Leistungsfortschritt beobachtet bzw. in einem Fall nur im gesprochenen Englisch (K1.2). Ein generelles Motivationsproblem lese-rechtschreibschwacher Kinder sollte mit entsprechenden Methoden entgegengewirkt werden, was in den meisten Fällen auch gelungen ist, sodass die Motivation im Allgemeinen zu Beginn eher schwierig war, im Verlauf des Trainings aber gesteigert bzw. bis auf mögliche „Durchhänger" (Tr03) auf einem entsprechenden Niveau gehalten werden konnte (K1.3). Auch das Selbstbild bzw. die Selbstsicherheit zweier Trainingskinder konnte nach Aussagen ihrer Trainer gesteigert werden (K1.4).

Auf sprachlicher Ebene zeigten einzelne Trainingskinder vor Beginn Schwierigkeiten im Bereich des sprachlichen Wissens bzw. Verständnisses des englischen Sprachsystems, was sich teilweise gebessert hat und auch in einem besseren Fehlerbewusstsein bei der Selbstkorrektur zeigte (K1.5) sowie einer höheren Aufmerksamkeitsfähigkeit und besserem Sprachbewusstsein (K1.6). Eine Steigerung im Verlauf des Trainingszeitraums im Bereich der phonologischen Bewusstheit wurde von vier Trainern auf die Frage nach der Entwicklung ihrer Trainingskinder erwähnt (K1.8).

5.5.2.2   Kategorie 2: Effektive Inhalte und Methoden

Bei der Frage nach den effektivsten Inhalten und Methoden gab der Großteil der Trainer das Karteikartensystem (s. 4.4.2) zum Verinnerlichen und Trainieren schwieriger Wörter als effektivste Methode an (K2.3), insbesondere auch dann, wenn die Eltern bei der Arbeit mit dem Karteikasten daheim mit einbezogen wurden.[173] Von der Anzahl der Nennungen folgt die haptische Arbeit mit Moosgummibuchstaben als förderliches Element im Trainingskonzept (K2.9) sowie der Einsatz von Übungen zur Förderung der phonologischen Bewusstheit (K2.10). Das Lernstrategientraining des „Mind-Mapping" (K2.4) und Laufdiktate (K2.14) als eine Verknüpfung von Aufmerksamkeits- und Schreibtraining wurden ebenfalls positiv bewertet.

Eine große Zahl von Nennungen gab es zudem im Bereich der Spiele und Bewegungsspiele (K2.16) als förderliche Elemente sowie der Entspannungs- und Konzentrationsübungen (K2.13). Beide Übungsbereiche waren flexibel und differenziert einsetzbar und dienten somit auch der Motivations- bzw. Aufmerksamkeitserhaltung.

Auf rein sprachlicher Ebene wurde die konkrete Auseinandersetzung mit der Sprache („forschende Arbeit", Tr01) als förderlich betrachtet (K2.2). In diesem Zusammenhang fällt auch der Einsatz von Textmarkern zur visuellen Unterstützung bestimmter Schreibweisen (K2.8), dass Trainingskinder die passenden Buchstaben in Lückenwörtern erarbeiten mussten (K2.19) und der Trainingsbaustein des Silbentrainings (K2.6),

---

173   Im Trainingskonzept wurde empfohlen, die Eltern als „Kontrollinstanz" bei der Karteikastenarbeit zuhause einzusetzen, damit sowohl das multisensorische Vorgehen bei der Arbeit mit dem Karteikasten eingehalten wird als auch das Wortmaterial bei der eigenständigen Anfertigung der Karten auf Korrektheit überprüft werden konnte, um zu vermeiden, dass sich Fehler einschleichen.

bei dem bewusst Wort-/Morphemgrenzen thematisiert werden. Auch das Zuordnen bestimmter Wortbestandteile (K2.12) oder das visuelle Auffinden von Graphemfolgen in Wortsuchrätseln (K2.15) wurden positiv genannt. Die Thematisierung von für rechtschreibschwache Schüler mutmaßlich schwierige Homophone wurde als effektiv bewertet (K2.11). Auch das Training stark unregelmäßiger, aber häufig vorkommender englischer Wörter – im Konzept „Sichtwortschatztraining" genannt – wurde als förderliche Komponente genannt (K2.5).

Im Trainingsprogramm werden zwei verschiedene Formen von Karten eingesetzt, die als förderlich bewertet werden: Regelkarten (K2.17) zur Verinnerlichung bestimmter Rechtschreibregeln wie der Konsonantenverdoppelung oder Bildung des Plurals sowie Verstärkerkarten (K2.18) zur Unterstützung von Organisations- und Arbeitstechniken (s. 4.4.4.2). Das Belohnungssystem (Token-System) zum Erhalt der Motivation wurde von einem Trainer explizit als förderlich genannt (K2.1).

In der Unterkategorie „Struktur und Organisation" wurde angemerkt, dass der Methodenwechsel und die Struktur des Trainingsprogramms förderlich waren (K2.21). Auch die individuellen Differenzierungsmöglichkeiten im Material mitsamt der Möglichkeit, Vokabular aus dem jeweils aktuellen Schulstoff mit zu integrieren, wurde positiv bewertet (K2.22). Darüber hinaus vermerkte ein Trainer es als förderlich, dass die theoretischen Lerninhalte unmittelbar in den Arbeitsblättern umgesetzt werden konnten (K2.20). Ein anderer merkte an, dass die Vorbereitung der Trainingssitzungen leicht fiel (K2.23).

Ein Trainer erwähnte, dass seine Trainingskinder die verwendete Schrift in den Arbeitsblättern als gut lesbar empfanden und dadurch in dem Fall als förderlich zu werten ist (K2.24).

5.5.2.3   Kategorie 3: Weniger effektive/schwierigere Inhalte und Methoden

Auf die Frage, welche Inhalte oder Methoden sie als weniger effektiv oder schwieriger einschätzen, gaben sechs Trainer die Differenzierung ähnlicher Laute und/oder Schreibweisen an, welche generell lese-rechtschreib-schwachen Kindern durch ihre schwache phonologische Bewusstheit Probleme bereiten (K3.9). Dementsprechend traten auch im Bereich von Homophonen (K3.8), Wortsegmentierung (K3.2) und sprachspezifischen Besonderheiten wie dem Phänomen des stillen <e> (wie z.B. in „plane"), dem Laut /ə/ sowie im Allgemeinen dem Einsatz von Lautschrift Schwierigkeiten auf (K3.10).

Von mehreren Trainern wurde ebenfalls als Schwierigkeit angemerkt, dass teilweise in den Arbeitsblättern und Übungen verwendetes Vokabular den Trainingskindern unbekannt war (K3.13). Auch die strategische Arbeit mit dem Wörterbuch wurde als weniger effektiv bewertet (K3.5).

Einzelne Spiele und Übungselemente wurden von manchen Trainingskindern aus Altersgründen abgelehnt (K3.11) genauso wie die Arbeit mit Moosgummibuchstaben

(K3.4) und Mind-Mapping (K3.3). Zwei Trainer bewerteten den Einsatz von Diktaten aufgrund ihrer negativen Konnotation in der Schule als nicht förderlich (K3.1). Drei Trainer vermieden den Einsatz von Übungen, in denen Fehler identifiziert werden sollten, da sie verhindern wollten, dass sich falsche Schreibweisen einprägen (K3.7).

Neben der stärkeren Hinführung zum freien Schreiben zum Ende des Trainingskonzepts (K3.6) wurden vereinzelt weitere Übungselemente aufgeführt, die als nicht förderlich angesehen wurden (K3.12), wozu aufgrund ihrer doppelten Nennung jeweils Kreuzworträtsel sowie das Suchen von Wörtern im Buchstabensalat besonders zu nennen wären.

Unter organisatorischen Aspekten fiel es mehreren Trainern bzw. ihren Trainingskindern schwer, die Arbeit mit dem Karteikastensystem aufrecht zu erhalten, insbesondere dadurch, dass teilweise die Unterstützung zuhause fehlte (K3.14). So war auch die Elternarbeit insgesamt teilweise erschwert (K3.15).

Zum Material merkten drei Trainer an, dass die Sprachbeispiele auf CD im MP3-Format teilweise zu schwierig oder nicht zielführend waren (K3.16). Ein weiteres Trainingskind empfand generell Arbeitsblätter, die Tabellen enthielten, unmotivierend (K3.17).

5.5.2.4 Kategorie 4: Anregungen/Hinweise zur Überarbeitung des Trainingskonzepts

Während ein Trainer keine Änderung des Trainingsablaufs für nötig hielt (K4.1), merkten mehrere andere an, dass die Trainingssitzungen inhaltlich sehr voll waren und die Inhalte besser auf mehr Trainingssitzungen verteilt, die Dauer einer Sitzung ggf. auf 45 Minuten reduziert werden sollte (K4.2). Auch die Hausaufgaben im Umfang von täglich 15–20 Minuten stellten teilweise bereits eine Überforderung dar, sodass diese möglicherweise individuell reduziert werden sollten (K4.3), bei fehlender Unterstützung der Hausarbeit durch die Eltern merkte ein Trainer an, dass gegebenenfalls zwei Sitzungen pro Woche förderlich seien (K4.4). Mehrere Trainer hielten einen früheren Einsatz der Mind-Mapping-Methode sowie der Arbeit mit den Moosgummibuchstaben für förderlich (K4.9), auch die Auseinandersetzung mit Homophonen sollte möglicherweise auf mehr Sitzungen verteilt werden können (K4.10).

Bezogen auf die Inhalte im Arbeitsmaterial wurde insbesondere angemerkt, dass weitere Differenzierungsmöglichkeiten in Form weiterer Arbeitsblätter hilfreich seien sowie Lösungsblätter für Übungen (K4.5). Auch die Sprachbeispiele auf CD-ROM, die bereits als weniger effektiv eingestuft worden waren (K3.16), sollten sowohl lauter als auch mit regelmäßigeren Abständen und in einer einheitlicheren Reihenfolge aufgenommen werden (K4.6). Dass die Arbeitsblätter aus Kostengründen eher in schwarz-weiß angeboten werden sollten, wurde von einem Trainer angegeben (K4.16).

Wenn Trainingskinder keine Schwierigkeiten im Bereich der phonologischen Bewusstheit haben, sollte die Möglichkeit bestehen, diesen Schwerpunkt zu reduzieren

(K4.7). Als hilfreich wurde auch eine allgemeiner, separater Test der phonologischen Bewusstheit zu Beginn empfunden, um hier generell Förderbedarf feststellen zu können (K4.12). Ähnlich der Schwierigkeiten, die im Zusammenhang mit noch unbekanntem Vokabular auftraten (K3.13), merkte ein Trainer an, dass Beispielsätze generell nur im Present Tense enthalten sein sollten, da das ebenfalls teilweise verwendete Past Tense je nach Schulform erst später eingeführt wird (K4.8).

Die Trainer wünschten sich darüber hinaus zusätzliche Inhalts- und Wortschatzübersichten, die auch ihre Trainingskinder nutzen könnten (K4.11) sowie die Möglichkeit, den Lernfortschritt anhand dessen oder mittels eines Lernplakats transparent zu machen (K4.12). Darüber hinaus wurde von zwei Trainern ein umfangreicherer theoretischer Hintergrund und Anleitung im Material gefordert (K4.15). Insbesondere mehr (Bewegungs-)Spiele sollten zur Abwechslung und Individualisierung eingebunden werden und auch eine verstärkte Regelarbeit wurde angeregt (K4.14).

5.6   Zusammenfassung der Untersuchungsergebnisse

In den quantitativen Untersuchungsergebnissen kommt es bezogen auf den isoliert betrachteten Testteil zur englischen Rechtschreibung zu hochsignifikanten Unterschieden zwischen den beeinträchtigen Gruppen EG/KG2 und der KG1, bei denen die gemessenen Mittelwerte der EG und KG2 auf einem ähnlichen Niveau, allerdings deutlich unter dem Mittelwert der KG1 liegen. Es zeigen sich zudem hochsignifikante Steigerungen der Testergebnisse der EG im Vergleich zu den Kontrollgruppen. Dabei steigt auch die Gesamtpunktzahl der KG2 im Mittel leicht an, allerdings nicht im hohen Umfang, wie dies bei der EG zu beobachten ist. Die Berechnung der Effektstärken einzelner Testteile ergab generell höhere Effektstärken für die EG, während die Effektstärken der Kontrollgruppen auf einem ähnlichen Niveau lagen außer im Bezug auf das Lesen von Pseudowörtern, bei dem in der KG1 ein mittlerer Effekt vorlag, während kein Effekt in der KG2 beobachtet werden konnte. Dieser Testteil wurde ebenfalls gemeinsam mit den anderen Abschnitten zur phonologischen Bewusstheit in Bezug auf die Ergebnisse zu Hypothese 3 (Phonologische Bewusstheit und GPK) betrachtet. Auch hier unterschieden sich die Ergebnisse in der Entwicklung der Testergebnisse der EG und KG2 hochsignifikant voneinander. Darüber hinaus konnte eine hochsignifikante Gesamtkorrelation zwischen der Rechtschreibleistung im Englischen und Deutschen gemessen werden. Die Rechtschreibleistung Deutsch der EG stieg im Trainingsverlauf stärker an als die der beiden Kontrollgruppen.

Im qualitativen Anteil der Untersuchung wurde primär die Güte des Trainingskonzepts erhoben durch die Protokollbögen und Interviews der Trainer. Die Auswertung der Protokollbögen zeigte subjektiv wahrgenommene Steigerungen der Trainingskinder im Bereich des Lern- und Arbeitsverhaltens sowie ihrem Selbstbild und Selbstvertrauen, während die Motivation über die Trainingssitzungen hinweg im Mittel leicht abnahm, die Mitarbeit hingegen zunächst stieg, dann auf einem stabilen Niveau verblieb. Als besonders motivierende und effektive Übungen wurden in den Protokollbögen sowie in den Interviews insbesondere die multisensorische Arbeit mit den Moosgummibuchstaben, Bewegungsübungen/-spiele sowie das Lernen mit dem Karteikartensystem genannt. Auch Elemente zur Förderung der phonologischen Bewusstheit sowie Lernstrategien wurden als förderlich bewertet. Schwierigere Übungen waren diejenigen, in denen z.B. nach Fehlern in Texten gesucht werden sollte sowie die Arbeit mit dem Wörterbuch. Auch Übungen zur phonologischen Bewusstheit wurden hier als weniger effektiv genannt, insbesondere dann, wenn sie die Trainingskinder überforderten. Die Trainer nannten darüber hinaus in den Protokollbögen die als fakultativ mit eingebundenen Anlaut-Mandalas als unnötig und merkten zu diversen Trainingssitzungen unpassendes/zu schwieriges Vokabular oder Tippfehler an.

In den Interviews wurden die Trainer darüber hinaus sowohl zur Entwicklung ihrer Trainingskinder befragt sowie Anregungen für eine Weiterentwicklung des Trainingskonzepts erarbeitet. Bezogen auf die Entwicklung hatten die meisten Trainer eine Verbesserung der Leistung im Englischtraining bemerkt, dies konnte sich in Teilen auch auf die Schule übertragen. Dennoch merkten mehrere Trainer an, dass die 25 Trainingssitzungen inhaltlich sehr gefüllt waren und nahmen dies zum Anlass, als Empfehlung eine Verlängerung und Verteilung der Inhalte auf mehr Trainingssitzungen abzugeben. Zudem wurde insbesondere angemerkt, dass bestimmte Inhalte (insbesondere Lernstrategien sowie der Einsatz von Moosgummibuchstaben) bereits früher im Verlauf des Trainings eingesetzt werden sollten.

6 Diskussion

In diesem Kapitel werden zunächst mögliche Einschränkungen diskutiert, die mit der durchgeführten Studie und den erhobenen Ergebnisse einhergehen können. Dies geschieht vorab, um diese Einschränkungen im Zuge der Triangulation der qualitativen und quantitativen Daten mit einzubeziehen und somit die Aussagekraft der Untersuchungsergebnisse abschließend bewerten zu können. Zudem werden der eigentlichen Diskussion drei Fallbeispiele vorangestellt, die exemplarisch Trainingsverläufe dreier Teilnehmer der EG anonymisiert darstellen und damit beispielhaft einen Einblick in Trainingsverläufe und deren Ergebnisse liefern sollen.

6.1 Kritische Betrachtung der Evaluationsstudie

Wie die meisten Interventionsstudien – insbesondere auch im Bereich der Schriftspracherwerbsforschung – sind für die Evaluation dieser Studie einige Einschränkungen zu beachten, die Einfluss auf die Testergebnisse haben konnten.

Generell liegt die Probandenzahl dieser Untersuchung für die einzelnen Gruppen deutlich höher als viele andere Interventionsstudien im Bereich Legasthenie und Lese-Rechtschreib-Schwierigkeiten (ISE ET AL. 2012). Dennoch ist ihre statistische Aussagekraft trotz 136 Probanden insgesamt nicht so aussagekräftig wie z.B. große nationale und internationale Schulvergleichsstudien mit Tausenden von Teilnehmern. Eine weitere Einschränkung liegt in der Auswahl der potentiellen Teilnehmer für die Gruppen. Zwar wurden die Teilnehmer der EG und KG2 randomisiert auf ihre Gruppen verteilt, dennoch kann man ihnen attestieren, dass sie keine zufällige Stichprobe aus der Gesamtpopulation darstellen, da sie ein großes Interesse an der Studienteilnahme hatten und durch ihr Engagement – insbesondere in der EG – auch ein entsprechend besseres Trainingsergebnis die Folge sein konnte. Auch konnte das schon vorhandene sprachliche Vorwissen in Englisch (bedingt durch Schulform, Klasse sowie Fremdsprachencurricula verschiedener Bundesländer und Schulen), die Kenntnis von Lernstrategien sowie weiteres, allgemeines Vorwissen durch bereits erlebte LRS-Förderung nicht kontrolliert werden. Eine unspezifische Leistungsveränderung in Folge des oben bereits angesprochenen Hawthorne-Effekts (MILES 2007) oder eines Matthäus-Effekts (STANOVICH 1986) ist aufgrund des pädagogisch-therapeutischen Settings daher nicht auszuschließen. Gleichzeitig konnte im Verlauf der Studie nicht kontrolliert werden, inwiefern alle Teilnehmer im Deutsch- und/oder Englischunterricht z.B. durch bestimmte Unterrichtsmethoden oder -inhalte einen Zuwachs oder Verlust orthographischer Kompetenz wahrnehmen konnte.

Auch die Ergebnisse der KG2 sollten dahingehend kritisch betrachtet werden, als dass diese Gruppe angehalten wurde, weiterhin regelmäßige LRS-/Legasthenieförderung in Deutsch zu erhalten. Diese war jedoch nicht spezifisch auf einen bestimmten methodischen Ansatz festgelegt. Hätte es bereits ein evaluiertes Englisch-Trainingskonzept für deutsche Muttersprachler gegeben, hätte die KG2 optimalerweise dieses durchlaufen, damit anschließend Rückschlüsse zur Effektivität und ein Vergleich beider Trainingskonzepte möglich gewesen wäre.

Auch der Trainings- bzw. Untersuchungszeitraum von sieben Monaten könnte zu kurz gewählt worden sein, um ausreichend Effekte und Entwicklungen zu messen, schließlich wird oft eine längerfristige Förderung empfohlen bzw. laufen Interventionsstudien auch länger oder aber durchaus mit positiven Ergebnissen auch kürzer (s. 4.2.1.2). Dennoch enthielten die 25 Trainingssitzungen inhaltlich die Aspekte, die einer guten LRS-Grundlagenförderung für Englisch als Fremdsprache als förderlich erachtet wurden. Während einzelne Trainer auch das Trainingsprogramm in dieser Zeit inhaltlich komplett abschließen konnten, merkten einige in den Interviews an, dass die Trainingssitzungen oft sehr gefüllt waren. Es ist dennoch davon auszugehen, dass die KG2 im etwa gleichen Umfang Deutschförderung erhielt wie die EG mit dem Englischtraining arbeiten konnte (eine Sitzung pro Woche), also hier im vergleichbaren Umfang LRS-Förderung stattgefunden hat.

Auch bezogen auf die Testungen gibt es mögliche Einschränkungen in Erwägung zu ziehen. Zum einen die Tatsache, dass die Testungen aus der Hand des Untersuchungsleiters gegeben wurden, d.h. es kann hier zu individuellen Fehlmessungen gekommen sein, obwohl die Testanleitungen sehr ausführlich waren und bei Unsicherheiten Platz für Kommentare und Hinweise zur Auswertung offenhielten. Es sollte weiterhin beachtet werden, dass die Probanden der EG und KG2 zwar zur Eingangsdiagnostik alle im standardisierten Deutschtest einen Prozentrang von 20 bzw. darunter haben sollten, dennoch zeigte schon insbesondere die im Theorieteil vorgestellte Symptomatik lese-rechtschreib-schwacher Kinder und Jugendlicher, dass die Schwierigkeiten sowohl auf verschiedenen Ebenen liegen, als auch entwicklungs- und tagesformbedingt stark schwanken können. Es ist daher nicht auszuschließen, dass Testergebnisse oder die Effekte des Trainings individuell größere oder schwächere Effekte hatten, je nach dem, welche besonderen (auch sozioökonomischen) Umstände, Schwierigkeiten und Einschränkungen ein Proband zu Beginn oder im entwicklungsbedingten Verlaufe des Trainings – oder am Tag der einzelnen Testungen – aufwies. Wiederum ist auch möglich, dass das in den Testunterlagen gewählte Wortmaterial trotz Pretests für einzelne Probanden zu leicht oder zu schwierig war und es hier zu Abweichungen kam. Auch kann z.B. das Lesen von Wörtern und insbesondere Pseudowörtern im Testmaterial nicht als eindeutiges Kriterium für eine signifikante Steigerung von phonologischer Bewusstheit und der Festigung von Graphem-Phonem-Korrespondenzregeln gewertet werden, sondern lediglich ein Indiz dafür sein. Im gleichen Maße ist es bei einem komplexen, multimethodischen Trainingsprogramm schwierig nachzuvollziehen, welche einzelnen Trainingselemente die Teilnehmer in welchen Bereichen konkret gefördert haben. Hätte man über eine deutlich größere Anzahl von Probanden verfügt, hätte man verschiedene einzelne Trainingskonzepte entwickeln können, die jeweils nur einen methodischen Ansatz enthalten hätten. So wäre die Zuordnung eines Leistungszuwaches in bestimmten Bereichen beim Vergleich der Ansätze unter Umständen möglich gewesen, jedoch wiederspräche die Konzeption eines solchen Ansatzes einer ganzheitlichen und pädagogischen Förderung. Daher wurde das Untersuchungsdesign um Interviews und Protokollbögen der Trainer ergänzt, um Anhaltspunkte für förderliche Elemente im komplexen Trainingskonzept erhalten zu können.

Insbesondere die hohe Signifikanz der im letzten Kapitel berichteten quantitativen Ergebnisse und Unterschiede insbesondere der EG und der KG2 sollten Anlass dazu sein, die Testergebnisse trotz einiger Einschränkungen als durchaus positiv zu bewerten. Zudem stützen die zusätzlich qualitativ erhobenen Daten in dieser Hinsicht die quantitativen Daten.

6.2   Fallbeispiele

Nachfolgend sollen drei Fallbeispiele präsentiert werden, anhand derer verschiedene Entwicklungsverläufe im Rahmen des Trainingskonzepts dargestellt werden: jeweils ein Proband, der sich stark verbessern konnte, ein Proband, der auf dem gleichen Niveau geblieben ist und einer, der sich (in Teilbereichen) verschlechtert hat. Dabei werden sowohl individuelle Vorgeschichten der Trainingskinder aus Elternfragebögen, Schriftproben[174], Notizen aus den Protokollbögen der jeweiligen Trainer sowie die eigentlichen Testergebnisse mit einbezogen.[175]

6.2.1   Fallbeispiel 1: Verbesserung

Die Anamnese des ersten Probanden zu t1 anhand des Elternfragebogens war in weiten Bereichen unauffällig. Der Proband besuchte zu Trainingsbeginn die 5. Klasse des Gymnasiums und hatte bereits in der Grundschule einen starken, produktiv-aktiven Kontakt mit der englischen Schriftsprache. Er erhielt zu dem Zeitpunkt (t1) bereits seit 12 Monaten außerschulische LRS-Förderung und zeigte lediglich im Bereich des Sehens eine Beeinträchtigung durch eine leichte Konvergenzinsuffizienz (Schielen). Aus der Familiengeschichte war bekannt, dass der Vater ebenfalls unter Legasthenie/LRS

---

174   Sofern Schriftproben diskutiert werden, wird primär auf die Symptomatik einer Rechtschreibschwäche eingegangen, d.h. Rechtschreib- und Wortfehler sowie Syntax, weniger auf grammatische Fehler.
175   Die Werte und Angaben dieser Fallbeispiele werden streng anonymisiert und erlauben in ihrer Darstellungsweise keine Rückschlüsse auf einzelne Studienteilnehmer.

litt. Das Notenbild zeigte ein in weiten Teilen gutes bis befriedigendes Bild, die letzte Zeugnisnote in Englisch war ebenfalls „befriedigend" (3).

Bei Trainingsbeginn waren die Eigenschaften des Trainingskindes im mittleren Bereich (vergebene Punkte 6–7) bei einer guten Unterstützung zuhause (8), konnten sich zum Ende hin deutlich steigern (8–9 vergebene Punkte pro Item). Auch die pro Sitzung vergebenen Punkte in Bezug auf Motivation im Durchschnitt bei einem MW von 8,4, die Mitarbeit bei einem MW von 8,44, wenn der Trainer auch anmerkte, dass zur Trainingsitzung 12 und 18 es schwierig war, den Probanden zum Weitermachen zu überzeugen.

Tab. 38: Testergebnisse Fallbeispiel 1 (Verbesserung)

		Testergebnisse Fallbeispiel 1			
		t1	t2	t3	t3–t1
Teil 1	Vokalersetzung	7	8	8	1
	Restwortbestimmung	8	7	8	0
	Lesen von Realwörtern	5	5	5	0
	Lesen von Pseudowörtern	0	5	6	6
	Gesamtpunktzahl Teil 1	20	25	27	7
Teil 2	Rechtschreibung Englisch	6	11	11	5
Teil 3	Rechtschreibung Deutsch (*HSP5–9B*)	32	*	38	6
	Gesamtpunktzahl	**58**	**68**	**76**	**18**

* = Der standardisierte Deutschtest wurde zu t2 nicht durchgeführt, um eine Gewöhnung zu vermeiden. Zur Errechnung der Gesamtpunktzahl wurde der t1-Wert der HSP-Messung für t2 verwendet.

Der Proband zeigte in den Übungen zur phonologischen Bewusstheit keine bzw. nur minimale Fortschritte, konnte aber das Lesen der Pseudowörter auf die maximal mögliche Punktzahl zu t3 verbessern. Die Rechtschreibung in Englisch verbesserte sich bereits zu t2 von 6 auf 11 Punkte und konnte danach nicht gesteigert werden. Die Punktzahl in der deutschen Rechtschreibung verbesserte sich um 6 Punkte.

Zu t1 und t3 waren die Probanden aufgefordert worden, zuhause einen kurzen Text über sich zu schreiben.

Abb. 29: Schriftprobe Fallbeispiel 1 (t1)

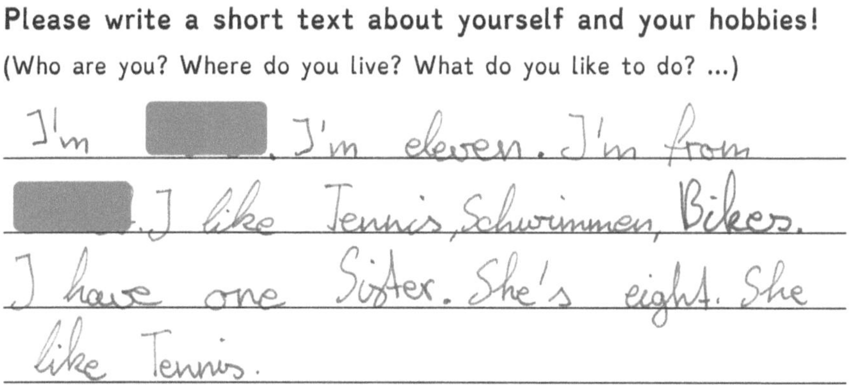
Please write a short text about yourself and your hobbies!

(Who are you? Where do you live? What do you like to do? ...)

I'm [redacted]. I'm eleven. I'm from
[redacted]. I like Tennis, Schwimmen, Bikes.
I have one Sister. She's eight. She
like Tennis.

Auffallend ist die sehr einfache Syntax, sodass in den ersten Sätzen immer die erste Person benutzt wird. Nomen werden zudem generell groß geschrieben, was auf eine Übergeneralisierung aus der Großsschreibung im Deutschen wegen der dort bereits stattgefundenen LRS-Förderung zurückzuführen sein kann. Obwohl ein lautlich kompliziertes Wort wie „eight" korrekt geschrieben wird, ist das Hobby „Schwimmen" direkt aus dem Deutschen übernommen. Darüber hinaus gibt es – trotz der schlechten Ergebnisse der ersten Testung – keine auffälligen Rechtschreibschwierigkeiten, was allerdings auch auf eine Vermeidungsstrategie komplizierter Wörter zurückzuführen sein könnte.

Durch die Anonymisierung verloren ging die Tatsache, dass im dritten Satz der Name einer Stadt erwartet wird. Hier schrieb der Proband jedoch noch einmal seinen Vornamen auf.

Abb. 30: Schriftprobe Fallbeispiel 1 (t3)

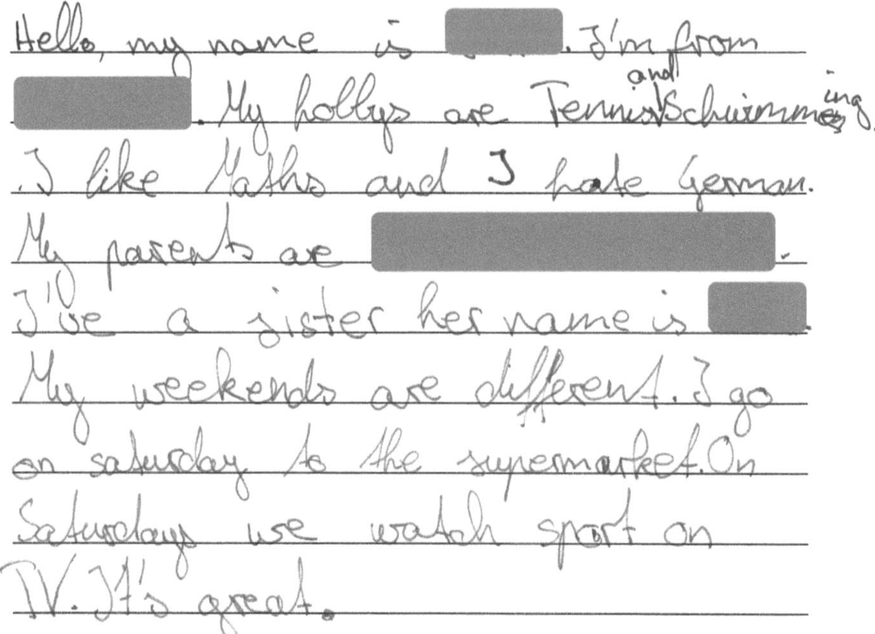

Der möglicherweise einer mangelnden Aufmerksamkeit zuzuschreibende Umstand, dass der Proband in der ersten Schriftprobe seinen Vornamen als Wohnort angegeben hatte, tauchte in dieser Schriftprobe zum Trainingsabschluss nicht mehr auf. Auffällig ist die deutlich umfangreichere Textlänge und Variation in der Syntax z.B. durch satzeinleitende Zeitangaben im vorletzten Satz. Diese Textlänge und -variation ist unterschiedlich interpretierbar: Zum einen kann der Proband mehr Zeit und/oder Unterstützung gehabt haben, um den Text zu verfassen, zum anderen ist es möglich, dass die Übungen zur Textkomposition, die am Ende der Trainingsphase im Konzept einsetzen, hier positive Auswirkungen zeigen.

Vereinzelte Nomen werden noch groß geschrieben, wenn auch nicht kohärent: So sind die Hobbies erneut mit Großbuchstaben begonnen worden, dafür „German" regelkonform groß, „Saturday" allerdings an einer Stelle regelwidrig klein.

Neben der Groß- und Kleinschreibung ebenfalls noch nicht verinnerlicht wurden Regeln zur Pluralbildung („hobbys", obwohl dieses als Wort auch in der Arbeitsanweisung vorkommt), und auch eine lautlich deutsche Schreibung ist anhand des Wortes „Schwimming" noch erkennbar, wobei dieses zu t1 noch als rein deutsches Wort geschrieben wurde.

Zusammenfassend zeigt sich für Proband 1, dass die Testergebnisse eine deutliche Steigerung im Bereich des Lesens von Pseudowörtern zeigen, daher möglicherweise eine deutliche Verbesserung und Stärkung der Graphem-Phonem-Korrespondenzregeln vorliegt. Auch die Rechtschreibung in Englisch und Deutsch konnte sich innerhalb des Trainingszeitraums steigern. Anhand der Schriftproben fällt auf, dass der zweite Text deutlich umfangreicher und variierter ist als der Ausgangstext. Dies zieht zwar rein sprachlich mehr Fehler nach sich, dennoch zeigte sich in bestimmten Aspekten (Groß-/ Kleinschreibung, lautliche Schreibung) auch hier in der Textproduktion eine deutliche Steigerung im Vergleich zu t1.

6.2.2   Fallbeispiel 2: Keine Verbesserung

Proband 2 besuchte während des Trainingszeitraums die 6. Klasse einer Gesamtschule und zeigte auf organischer Ebene keinerlei Einschränkungen. Jedoch wurde im Elternfragebogen angemerkt, dass insbesondere vor Diktaten und Klassenarbeiten im Deutschen Leistungsängste auftreten. Der Proband erhielt zu Trainingsbeginn seit knapp drei Jahren LRS-Förderung. Die letzte Zeugnisnote vor Trainingsbeginn in Englisch belief sich auf ein „ausreichend" (4).

Die Auswertung des Protokollbogens des Trainers ergibt, dass Lern- und Arbeitsverhalten und Schreib-/Lesemotivation mit 6 bzw. 5 Punkten und sowohl zu t1 als auch t3 unverändert im durchschnittlichen Bereich lagen. Der Trainer schätzte das Einhalten von Regeln (t1: 8, t3: 7), die Unterstützung daheim (t1: 8, t3: 7) sowie das Selbstbild und Selbstvertrauen (t1: 7, t3: 6) zu t3 jeweils um einen Punkt schlechter ein. Die Motivation lag über alle Trainingssitzungen hinweg im Mittel bei 7, die Mitarbeit zeigte einen MW = 6.

Tab. 39: Testergebnisse Fallbeispiel 2 (keine Verbesserung)

		Testergebnisse Fallbeispiel 2			
		t1	t2	t3	t3–t1
Teil 1	Vokalersetzung	8	5	8	0
	Restwortbestimmung	7	7	7	0
	Lesen von Realwörtern	4	5	5	1
	Lesen von Pseudowörtern	4	4	4	0
	Gesamtpunktzahl Teil 1	23	21	24	1
Teil 2	Rechtschreibung Englisch	6	6	5	-1
Teil 3	Rechtschreibung Deutsch (*HSP5–9B*)	30		31	1
	Gesamtpunktzahl	**59**	**57**	**60**	**1**

Der Proband zeigte in keinem Bereich eine deutliche Verbesserung oder Verschlechterung der Werte in der Differenz von t1 und t3. Allerdings gab es zur zweiten Testung im Bereich der phonologischen Bewusstheit (Vokalersetzung) ein um drei Punkte schlechteres Ergebnis als zu den Testzeitpunkten t1 und t3, an denen jeweils die maximale Punktzahl erreicht wurde. Zum einen könnte dieser schwächere Wert durch eine schlechte Tagesform bedingt gewesen sein, das Wortmaterial könnte in der Übung für den Probanden zu schwierig gewesen sein oder die entstehende Testsituation in der Trainingssitzung hat hierzu geführt. Für die letzte Erklärung spricht, dass die Eltern Leistungsängste in ihrem Fragebogen aufgeführt hatten und die anderen Testteile keine solche Abweichung aufzeigen. Der Proband hat sich also möglicherweise nach der Einstiegsübung zur „Vokalersetzung" an die Testsituation gewöhnt.

Abb. 31: Schriftprobe Fallbeispiel 2 (t1)

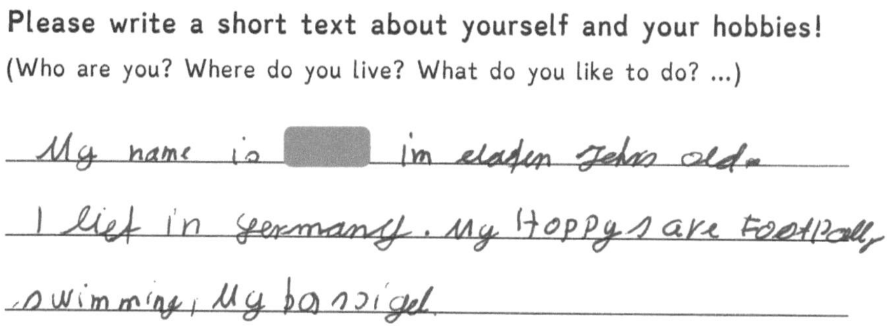

Please write a short text about yourself and your hobbies!
(Who are you? Where do you live? What do you like to do? ...)

> My name is [____] im elafen Jehrs old.
> I lief in germany. My Hoppys are Footlball,
> swimming, My bansigel

In diesem Schriftbeispiel fällt die lautlich deutsche Schreibung („elafen" statt „eleven" und „lief" statt „live") auf. Auch eine lautliche Differenzierung von /b/ und /p/ („Hoppys", „Footpall") scheint Schwierigkeiten zu bereiten. Wie bei Proband 1 werden Nomen groß geschrieben, da diese Regel vermutlich für das Deutsche bereits verinnerlicht und somit übergeneralisiert wurde. Am reinen Schriftbild ist zu erkennen, dass keine zusammenhängende Schreibschrift verwendet wird, sondern meist einzelne Buchstaben aneinander gereiht werden (besonders in „swimming" und „Hoppys" erkennbar).

Abb. 32: Schriftprobe Fallbeispiel 2 (t3)

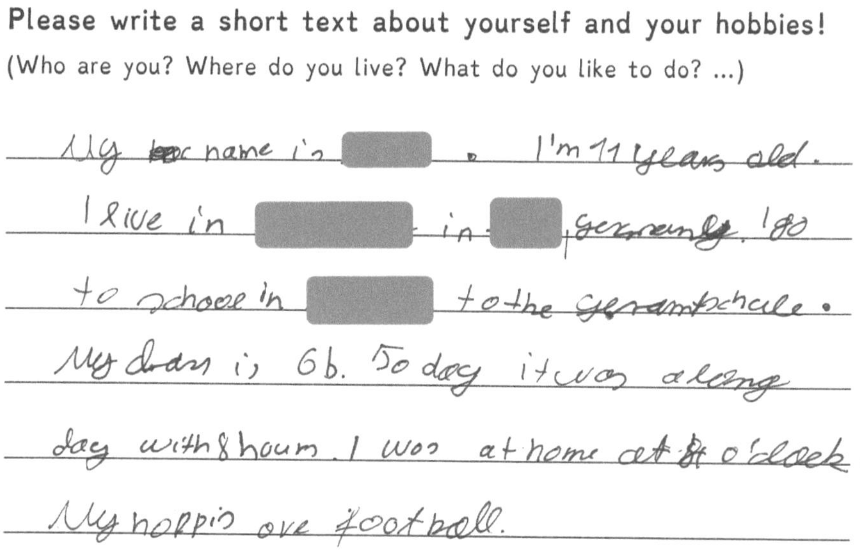

Please write a short text about yourself and your hobbies!
(Who are you? Where do you live? What do you like to do? ...)

> My bor name is [____] . I'm 11 years old.
> I live in [____] in [____] germany. I go
> to schoel in [____] to the Gesamtchule.
> My dlass is 6b. To day it was a long
> day with 8 houm. I was at home at 4t o'clock.
> My hoppis are football.

Nach dem Trainingszeitraum zeigten sich anhand der Schriftprobe einige Verbesserungen: Zum einen ist die Textlänge deutlich gestiegen, zum anderen wird die Groß- und Kleinschreibung ohne Fehler eingehalten. Die Schreibung des Wortes „hoppis" lässt vermuten, dass die lautliche Differenzierung der Plosive noch nicht voll beherrscht wird. Im Gegensatz dazu wird nun „years" korrekt geschrieben, die Zahl „11", die zu t1 ebenfalls Schwierigkeiten bereitete, aber möglicherweise als Vermeidungsstrategie nicht als Wort ausgeschrieben.

Obwohl die Schriftproben eine Steigerung in Bezug auf die Textproduktion erahnen lassen, zeigen die Werte der Testungen insgesamt keine wesentliche Verbesserung. Die Gründe dafür lassen sich anhand der vorliegenden Daten und Erhebungen nicht eindeutig bestimmen. Die Tatsache, dass Selbstbild und Selbstvertrauen sowie die Unterstützung daheim rein subjektiv aus Sicht des Trainers abgenommen hatte, kann negative Auswirkungen auf einen Trainingserfolg gehabt haben. Auch eine schlechte Tagesform zur dritten Testung ist weiterhin denkbar, sodass die Testung möglicherweise unter anderen Umständen im Bereich der englischen und deutschen Rechtschreibung positiver hätte verlaufen können.

6.2.3   Fallbeispiel 3: Verschlechterung

Der Proband des dritten Fallbeispiels, das hier präsentiert werden soll, zeigt eine Verschlechterung in der Gesamtleistung.[176] Der Proband besuchte im Trainingszeitraum die sechste Klasse eines Gymnasiums. Zur Anamnese zu Beginn wurde eine graphomotorische Beeinträchtigung angegeben sowie in der vergangenen Grundschulzeit aufgetretene Versagensängste und depressive Verstimmungen. Familiengeschichtlich war eine Legasthenie beim Vater und Großvater väterlicherseits bekannt, der Proband erhielt seit fast drei Jahren Lese-Rechtschreibförderung in Deutsch. Die letzte Zeugnisnote in Englisch belief sich auf „befriedigend".

Im Protokollbogen vermerkte der Trainer des Probanden, dass sich am Lern-/ Arbeitsverhalten sowie der Einhaltung von Regeln von t1 zu t3 nichts verändert habe – beide Aspekte wurden mit 8 von 10 Punkten bewertet. Die Unterstützung daheim stieg hingegen um einen Punkt von 8 auf 9 sowie jeweils das Selbstbild/Selbstvertrauen um einen Punkt auf 6 und die Schreib-/Lesemotivation auf 7 Punkte. Im Verlauf der Trainingssitzungen merkte der Trainer mehrfach an, dass die Übungen zur phonologischen Bewusstheit (insbesondere Lautdifferenzierung) Schwierigkeiten bereiteten. Die Motivation über den Trainingszeitraum hinweg lag im Mittel bei 7,28, die Mitarbeit mit einem MW = 7,64 etwas höher.

---

176   Es sollte erwähnt werden, dass es insgesamt zwei Probanden in der EG gab, die sich verschlechterten – beide jedoch in der Gesamtpunktzahl um 1 bzw. das hier vorgestellte Fallbeispiel um 2 Punkte.

Tab. 40: Testergebnisse Fallbeispiel 3 (Verschlechterung)

		Testergebnisse Fallbeispiel 3			
		t1	t2	t3	t3–t1
Teil 1	Vokalersetzung	7	4	7	0
	Restwortbestimmung	7	8	8	1
	Lesen von Realwörtern	6	5	5	-1
	Lesen von Pseudowörtern	3	2	1	-2
	Gesamtpunktzahl Teil 1	23	19	21	-2
Teil 2	Rechtschreibung Englisch	7	11	12	5
Teil 3	Rechtschreibung Deutsch (*HSP5–9B*)	28		23	-5
	Gesamtpunktzahl	**58**	**58**	**56**	**-2**

Während die Leistung in der englischen Rechtschreibung bereits zu t2 um 4 Punkte und noch einmal um 1 Punkt zu t3 anstieg, fiel insgesamt die deutsche Rechtschreibung im gleichen Maße ab. Auch im Bereich des Lesens wurde eine schwächere Leistung erbracht, insbesondere beim Lesen von Pseudowörtern wurde zu Beginn noch die Hälfte der Wörter korrekt gelesen, zum Ende nur noch ein Wort.

Abb. 33: Schriftprobe Fallbeispiel 3 (t1)

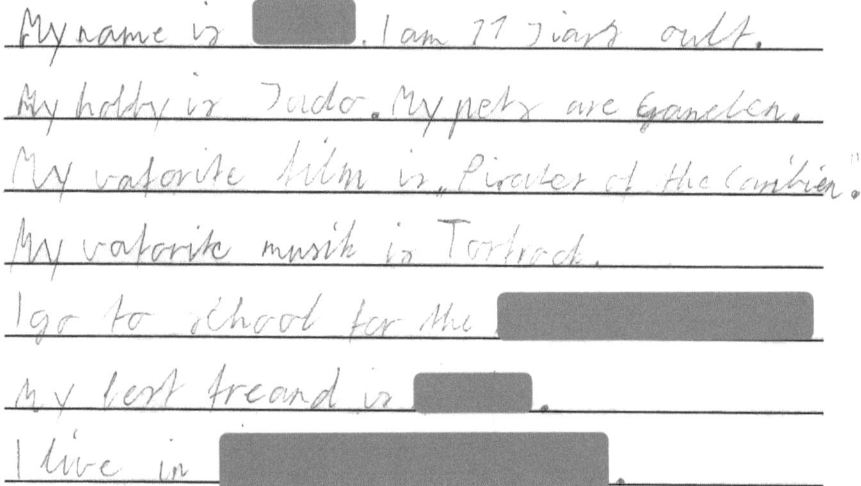

Die Schriftprobe[177] offenbart Schwächen im Einhalten der Graphem-Phonem-Korrespondenzen des Englischen und somit eine lautlich deutsche Schreibung (z.B. „jiars" statt „years", „oult" statt „old"). Allerdings wird in „freand" (statt „friend") die Vokalkombination <ea>, die auch /e/ ausgesprochen werden kann, irrtümlicherweise verwendet. Darüber hinaus bereitet die Unterscheidung der Laute /f/ und /v/ Schwierigkeiten, da „favourite" als „vaforite" geschrieben wird. Die Syntax ist – wie in den vorhergehenden Fallbeispielen – in ihrer Konstruktion simpel, Sätze werden entweder mit dem Possessivpronomen „my" oder dem Personalpronomen der 1. Person eingeleitet.

---

177   Die Schriftprobe musste in Kontrast und Helligkeit stark bearbeitet werden, da sie per Bleistift angefertigt wurde und ansonsten die Schrift im Scan nicht eindeutig erkennbar gewesen wäre.

Abb. 34: Schriftprobe Fallbeispiel 3 (t3)

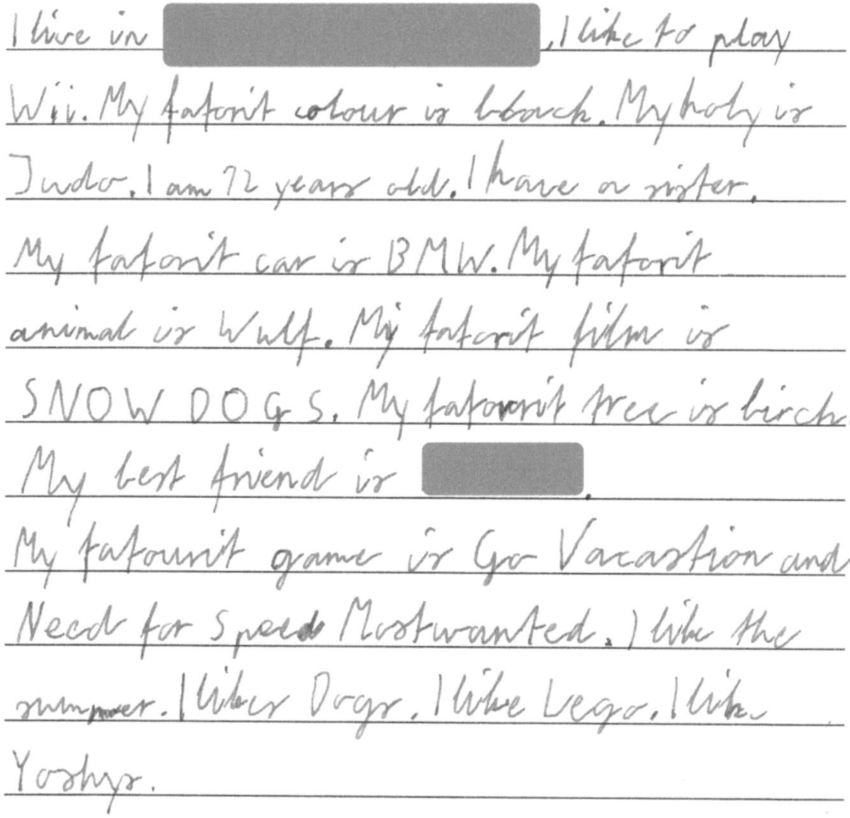

Zwar ist zum Abschluss des Trainings – wie in den beiden anderen Fallbeispielen – die Textlänge größer, jedoch hat dies auf die Variation der Syntax keine größeren Auswirkungen. Die lautlich deutsche Schreibung hat zwar abgenommen („years" wird nun korrekt geschrieben, „wolf" hingegen lautlich eingedeutscht als „wulf"), allerdings wird die Konsonantenverdoppelung in „hobby" (geschrieben als „hoby" nicht beachtet). Die Schwierigkeit der Differenzierung zwischen /f/ und /v/ besteht weiterhin im Wort „favourite". Zudem wird nun das stumme <e> am Ende des Wortes allerdings ausgelassen, wo es zu t1 noch geschrieben wurde und an sich auch eines der explizit vermittelten Rechtschreibregeln darstellt, somit also hätte verinnerlicht werden können. Unklarheit besteht in „favourite" auch in der Schreibweise der zweiten Silbe: Es wird einmal mit in seiner britischen, einmal in seiner amerikanischen Schreibweise geschrieben.

Trotz eines Anstiegs des reinen Testwertes in der englischen Rechtschreibung sank insgesamt das Testergebnis in diesem Fall leicht. Als Hauptursache für das insgesamt schlechtere Abschneiden kann die schlechtere Leistung im deutschen Rechtschreibtest gewertet werden, obwohl diese in der Regel unter entwicklungspsychologischen Gründen sowie des regulären Deutschunterrichts der Schule stabil bleiben sollte, zumal die Probanden der EG im Durchschnitt in den *HSP5–9B*-Testungen zu t3 mehr richtige Wörter schreiben konnten als zu t1. Als Grund hierfür kommen die Schwierigkeiten im Bereich der phonologischen Bewusstheit im Allgemeinen in Frage, konkreter könnte das intensive Training im Englischen mit gleichzeitiger Vernachlässigung der Förderung im Deutschen ein schlechteres Ergebnis hier evoziert haben.

6.3   Überprüfung der Hypothesen und Triangulation

Im Folgenden werden die Untersuchungshypothesen[178] mittels der Triangulation der quantitativen wie qualitativen Daten des letzten Kapitels diskutiert. Außerdem wird an entsprechenden Stellen auf die theoretische Grundlage der Einstiegskapitel zurückgegriffen werden. Es sollte dabei immer beachtet werden, dass für die Diskussion und die Darstellung auch die Einschränkungen gelten, die eingangs dieses Kapitels aufgeführt wurden. Sollten sie bei einem bestimmten Untersuchungsaspekt besonders ausschlaggebend sein, wird darauf gesondert hingewiesen.

Mittels der ersten Untersuchungshypothese sollte überprüft werden, inwiefern Rechtschreibschwierigkeiten auch in der Fremdsprache Englisch auftreten:

Hypothese 1: Rechtschreibprobleme im Englischen

Als lese-rechtschreib-schwach für ihre Muttersprache Deutsch diagnostizierte Kinder im Alter von 11–12 Jahren (Experimentalgruppe, EG) weisen auch im Englischen als Fremdsprache eine höhere Fehlerzahl auf als nicht beeinträchtigte Kinder (Kontrollgruppe, KG1).

Die Hypothese baute auf dem Konzept der Sprachlerneignung auf, dass sich Einschränkungen der sprachlichen Kompetenz (z.B. in der phonologischen Bewusstheit oder dem phonologischen Rekodieren) in der Muttersprache auch zwangsläufig auf die Performanz in der Fremdsprache auswirken müssen. Der Vergleich der drei Gruppen zeigte, dass die KG 1 zur Eingangsdiagnose insgesamt eine deutlich höhere Gesamtpunktzahl aufweisen konnte (MW = 81,61), also weniger Fehler produzierte als die beeinträchtigten Gruppen, die im Mittel nur ca. 54 Punkte erreichen konnten. Dieser Unterschied war höchst signifikant. Die Gesamtpunktzahl bezieht jedoch alle Testteile mit ein, also auch

---

178   Die Hypothesen aus Kapitel 3 werden hier noch einmal der Übersichtlichkeit halber im Volltext eingebunden.

solche, in denen muttersprachliche Kompetenz abgeprüft wird, weswegen die englische Rechtschreibleistung noch separat betrachtet wurde: Auch hier zeigte sich ein höchstsignifikanter Unterschied, bei dem die unbeeinträchtigten Schüler der KG 1 mit einer Wahrscheinlichkeit von 95% bei einer Gesamtpunktzahl im Testbereich „Rechtschreibung Englisch" von maximal 20 Punkten zwischen 10,07 und 6,05 Punkten (im Vergleich zur EG) bzw. zwischen 9,55 und 5,45 (im Vergleich zur KG 2) besser abschnitten. Insgesamt wurde die Untersuchungshypothese damit für die Probanden der Studie bestätigt.

Auch die für Hypothese 4 berechnete positive Korrelation zwischen der Rechtschreibleistung im Englischen und im Deutschen schlägt sich positiv in dieser Hypothese nieder. Dennoch ist die Allgemeingültigkeit dieser Aussage aufgrund der kleinen Untersuchungsgruppen eingeschränkt. Die sprachlichen Fähigkeiten – insbesondere diejenigen, die für Rechtschreibkompetenz von besonderer Bedeutung sind – scheinen bezogen auf die untersuchten Probanden unabhängig von den Sprachen Einfluss auf die Rechtschreibkompetenz zu nehmen, wie beispielsweise die Studien gemäß der *Linguistic Coding Differences Hypothesis* von SPARKS und GANSCHOW (1991, 2001) und RUSSAK/KAHN-HORWITZ (2013) gezeigt haben. Welche einzelnen Kompetenzen dies insbesondere sind, konnte aufgrund der kleinen Gruppen und des Untersuchungsdesigns nicht hinreichend überprüft werden, sollte aber ein Ziel für zukünftige Untersuchungen sein.

Die zweite Untersuchungshypothese bezog sich auf die Entwicklung der einzelnen Gruppen, um einen Effekt des Interventionsprogramms zu evaluieren:

Hypothese 2: Effekte eines Rechtschreibtrainings

Eine Intervention in Form eines multimethodischen Rechtschreibtrainings zur Förderung von Graphem-Phonem-Korrespondenzregeln (GPK) führt zu einer Verbesserung dieser orthographischen Kompetenz bei beeinträchtigten Kindern (EG), während es zu keinem Effekt bei nicht-trainierenden, aber beeinträchtigten Schülerinnen und Schülern (KG2) führt.

In der Gesamtpunktzahl (orthographische Kompetenz) zeigten beide untersuchten Gruppen Steigerungen im Studienverlauf, jedoch war der Anstieg der EG deutlich stärker als der der KG 2, welche einen leichten Anstieg der Gesamtpunktzahl zu t2 zeigte, dann aber wieder abflachte. Die EG konnte sich im Mittel von 54 Punkten auf 65,417 steigern, die KG 2 von 54,864 auf 57,841. Die Kurve der EG in Abb. 21 zeigt eine minimale Abflachung von t2 zu t3 – dies kann möglicherweise auch mit der in der qualitativen Auswertung der Protokollbögen gemessenen schwächeren Motivation in der zweiten Hälfte des Studienzeitraums zusammenhängen trotz des Einsatzes eines Tokensystems sowie Verstärkerkarten, die in der zweiten Trainingshälfte eingeführt werden. Die unterschiedlichen Entwicklungen und jeweiligen Wechselwirkungen zwischen den Messzeitpunkten und den erreichten Testwerten waren jedoch höchst signifikant. Dies lässt darauf schließen, dass die EG eine deutlich größere Steigerung der Testergebnisse abliefern konnte als die KG 2, das Interventionsprogramm somit einen deutlichen Effekt hatte, da die rechtschreibschwachen Schüler der KG 2 ebenfalls in einer unspezifischen Form LRS-Förderung erhielten. Letzteres vermag auch die leichte Steigerung in der Leistung der KG 2 zu erklären: Von Hypothese 1 und 4 ausgehend, dass die Leistungen in der Muttersprache mit dem fremdsprachlichen Bereich korrelieren, kann eine LRS-Förderung der KG 2 in Deutsch natürlich positive Auswirkungen auf die Testergebnisse in der Gesamtpunktzahl haben. Auch die Teilnahme an einer Studie (wenn auch „nur" als Warte-Kontrollgruppe) mag motiviert haben, ein Abfallen der Motivation in der regulären LRS-Förderung könnte dann zur Folge gehabt haben, dass die Entwicklung der KG 2 von t2 zu t3 schwächer ausfiel. Dass jedoch der Trainingsverlauf der EG insgesamt im Vergleich zur KG 2 deutlich positiver ausfällt, spricht für das Interventionskonzept insgesamt.

Die quantitativen Auswertungen der Gesamtentwicklung (t1 zu t3) konnten auch für die einzelnen Testabschnitte signifikante Unterschiede zwischen den Gruppen zeigen: Die EG verbesserte sich im Mittel stärker in allen Testabschnitten, beide Kontrollgruppen zeigten kaum Veränderung, verschlechterten sich aber insbesondere im Bereich des Lesens von Realwörtern. Die Gründe hierfür sind nicht eindeutig benennbar: Es ist möglich, dass das Wortmaterial von t1 zu t3 trotz Pretests schwieriger wurde, was dazu geführt hat, dass beim Lesen mehr Fehler gemacht wurden. Dies würde im Umkehrschluss aber bedeuten, dass man auch bei der EG ein schlechteres Ergebnis erwartet hätte, welches jedoch hier mit einem MW von 0,43 deutlich höher ausfällt als die MW der KG 1 mit -0,136 und der KG 2 mit -0,159.

Auch die Effektstärken im Bereich des Lesens von Realwörtern fallen daher – als einzige aller Testabschnitte – für die Kontrollgruppen negativ aus, während die EG im Realwortlesen einen mittleren Effekt zeigen konnte. Überhaupt sind die Effektstärken nach Cohen in den meisten Bereichen mittel bis stark: Insbesondere der Bereich der Restwortbestimmung mit d = 0,969, das Lesen von Pseudowörtern (d = 0,914) und die Rechtschreibleistung Englisch mit d = 0,983 zeigen sehr starke Effekte. Die Rechtschreibleistung Englisch im Einzelnen betrachtend zeigt sich damit ein starker Effekt in der EG, die Kontrollgruppen zeigen einen jeweils ähnlichen, kleinen bis mittleren Effekt (KG 1 mit d = 0,311, KG 2 mit d = 0,323), der entwicklungspsychologisch über den Studienzeitraum zu erwarten ist, da auch die Konfrontation und Beschäftigung mit englischer Orthographie in der Schule einen gewissen positiven Effekt auf die Rechtschreibleistung haben müsste, weil regulärer Unterricht an sich pro Schuljahr mindestens einen Effekt von d = 0,4, in einem Halbjahr entsprechend einen Effekt von d = 0,2 haben müsste (Hattie 2012). Alle im Ergebnisteil errechneten Effektstärken von über d = 0,2 sind damit als überdurchschnittlich zu bewerten.

In einem ähnlichen Verhältnis ist auch die Entwicklung der Rechtschreibleistung Deutsch in der KG 2 mit d = 0,226 als schwach aber nominell durchschnittlich zu sehen, während der Effekt in der EG (d = 0,584) als mittel einzustufen ist. Interessanterweise zeigt sich kein Effekt in der KG 1 (d = 0,062), sodass der *HSP5–9B* hier keine Entwicklung messen konnte (MW der Entwicklung = 0,272). Dies spricht für den standardisierten Rechtschreibtest insofern, als dass die Rechtschreibleistung im Deutschen in unbeeinträchtigten Schülern über einen Zeitraum von 6 Monaten relativ stabil bleibt, während die EG wie erwartet deutlich besser wird und auch die KG 2 durch die allgemeine LRS-Förderung hier ebenfalls kleine Effekte zeigen konnte.

Auch die meisten Trainer nahmen subjektiv einen Kompetenzzuwachs ihrer Trainingskinder war, wie sie in den Interviews berichteten, sieben explizit auch in der Rechtschreibleistung im Deutschen sowie einige ebenfalls allgemeine Steigerungen in schulischen Leistungen. Diese können aufgrund der Beschäftigung mit und der Teilnahme am Training generell begünstigt worden sein, da der Fokus sowohl von Trainern, Eltern als auch Trainingsteilnehmern spezifisch auf die Verbesserung im Bereich Rechtschreiben und Englisch lag.

Einige Trainer merkten in den Interviews ebenfalls eine Steigerung im Bereich der phonologischen Bewusstheit an, welche Bestandteil der dritten Untersuchungshypothese war:

Hypothese 3: Phonologische Bewusstheit und Graphem-Phonem-Korrespondenzen

Dadurch dass die Förderung der phonologischen Bewusstheit (PhB) bzw. im Besonderen von Graphem-Phonem-Korrespondenzen (GPK) einen Bestandteil des Trainings darstellt, sollte sich die Leistung von beeinträchtigten, trainierenden Kindern (EG) in PhB/GPK-Testelementen verbessern, während sie bei nicht-trainierenden, beeinträchtigten Schülerinnen und Schülern (KG2) stabil bleibt.

Die Steigerung, die die Trainer subjektiv beobachten konnten, zeigte sich auch in den quantitativ ausgewerteten Testabschnitten. Hierfür wurde in der Ergebnisdarstellung insbesondere der Testteil 1 betrachtet, da hier die Punktzahl für die Einzeltests Vokalersetzung und Restwortbestimmung sowie das Lesen von Real- und Pseudowörtern als Indikatoren für eine mögliche Verbesserung der phonologischen Bewusstheit und einer Sicherung der Graphem-Phonem-Korrespondenzen dienen konnten. Die Unterschiede zwischen den Gruppen war hoch signifikant in allen Abschnitten des Testteils 1. Insgesamt zeigte die EG hier im Vergleich zur KG 2 eine deutliche Steigerung von im Mittel 20,479 zu t1 auf 24,125 Punkten in t3, während die KG 2 einen leichten Anstieg von im Mittel 20,636 auf 21,091 verzeichnen konnte, was mit einem entwicklungspsychologisch erwarteten Lernfortschritt regulär erwartet werden dürfte. Abb. 23 zeigte diesen Anstieg als Darstellung der Randmittel, bei der deutlich wird, dass die EG von t1 zu t2 stärker ansteigt als von t2 zu t3. Ein möglicher Grund hierfür ist – wie bereits oben einmal angemerkt – dass möglicherweise trotz Pretests das Wortmaterial in t3 zu schwierig war, sodass kein linearer Anstieg gemessen werden konnte. Auch denkbar sind individuelle Leistungsunterschiede (wie z.B. ein Absinken der Motivation zum Ende des Trainingszeitraums), die zu einem Abflachen der Entwicklung geführt haben kann. Bedacht werden sollte auch, dass insbesondere die erste Hälfte des Trainingskonzepts auf die Stärkung von Graphem-Phonem-Korrespondenzen ausgelegt war, während die zweite Hälfte verstärkt Lerntechniken und zum Ende hin auch Textkomposition thematisiert hat. Möglich wäre hier also auch, dass eine mangelnde Wiederholung und Festigung der GPK einen schlechteren Wert für Testteil 1 zu t3 evoziert hat. In den Interviews führten dementsprechend einige Trainer auch an, dass sie sich mehr Wiederholungen und/oder Alternativübungen wünschten, die auch im späteren Trainingsverlauf noch zur Vertiefung eingesetzt werden können. Die Interviews zeigten auch, dass einzelne Probanden mit den Übungsformen zur Wortsegmentierung und Förderung der morphologischen Bewusstheit Schwierigkeiten hatten: Da dies Schwerpunkte einzelner Sitzungen in der zweiten Trainingshälfte sind, könnten auch diese Übungsformen einen schwächeren Trainingseffekt im Vergleich zu Übungen der ersten Trainingshälfte gezeigt haben.

Insbesondere der Testabschnitt zum Lesen von Pseudowörtern dürfte als Indikator für eine Festigung von Graphem-Phonem-Korrespondenzen dienen: Die EG verbesserte sich im Mittel um 1,417 Punkte, die KG 2 nur um 0,068 Punkte, dieser Unterschied konnte mittels der Varianzanalyse als höchstsignifikant bestätigt werden. Auch die Berechnung der Effektstärken zeigte für das Pseudowortlesen bei der EG einen sehr starken Effekt von d = 0,914, bei der KG 2 keinen Effekt (d = 0,048), während die unbeeinträchtigte KG 1 auch einen mittleren Effekt mit d = 0,62 zeigen konnte. Der Effekt der KG 1 kann hier anzeigen, dass die Schüler der Gruppe eine starke Festigung der GPK durch ihren schulischen Englischunterricht erfahren konnten. Wäre der Effekt der KG 1 größer als der der EG, würde dies darauf hindeuten, dass bei der EG kein Leistungszuwachs im Pseudowortlesen stattgefunden hat. Da die EG aber einen starken Effekt gegenüber dem mittleren der KG 1 zeigt, kann davon ausgegangen werden, dass hier eine Steigerung stattgefunden hat – insbesondere wenn man bedenkt, dass in der KG 2 kein Effekt messbar war.

Obwohl Übungen zur phonologischen Bewusstheit in den Protokollbögen von fünf Trainern als kompliziert angegeben wurden und auch in den Interviews oft als weniger effektiv bewertet wurden, zeigen die quantitativen Ergebnisse doch deutliche Steigerungen der EG im Vergleich mit der KG 2. Einige der Trainer gaben in den Interviews jedoch ebenfalls bereits eine mögliche Erklärung für die subjektiv wahrgenommene, geringere Effektivität: Da die Trainingskinder oft schon im Deutschen eine schwache phonologische Bewusstheit zeigten und mit entsprechenden Übungsformen Probleme hatten, hat sich dies in den Trainingssitzungen vermutlich auf das Üben mit englischem Wortmaterial analog übertragen. Die zentralen Übungsformen jedoch, die primär die Automatisierung von Graphem-Phonem-Korrespondenzregeln üben sollten – nämlich das Karteikartensystem und das Sichtwortschatztraining – wurden in den Interviews am häufigsten als effektive Methoden genannt und dürften sich dementsprechend auch in den Testergebnissen positiv niedergeschlagen haben.

Die vierte und letzte Untersuchungshypothese greift das Konzept der Sprachlerneignung und sprachenunabhängiger Kompetenzen wieder auf:

Hypothese 4: Rechtschreibleistung in der Muttersprache

Ein multimethodisches Training der orthographischen Kompetenz im Englischen und damit verbundenen allgemein-sprachlichen Fähigkeiten (bezogen auf die Sprachlerneignung) und Lernstrategien fördert auch die muttersprachliche Rechtschreibkompetenz in zumindest basalem Maße bei beeinträchtigten Kindern (EG), während diese Leistung bei nicht-trainierenden Kindern (KG2) relativ stabil bleibt.

Um zu bewerten, inwiefern die deutsche Rechtschreibung eine Aussagekraft in Bezug auf die Ergebnisse der englischen Rechtschreibung hat, wurden die Ergebnisse des *HSP5–9B* (Testteil 3) sowie die Ergebnisse des Rechtschreibtests Englisch (Testteil 2) auf ihre Korrelation überprüft. Hierbei wurden die Testergebnisse aller 136 Studienteilnehmer mit einbezogen, da auch die im Schnitt besseren muttersprachlichen Werte der KG 1 eine Korrelation zu ihrer Rechtschreibleistung im Englischen zeigen sollten. Insgesamt zeigte sich mit einem Wert von 0,854 eine sehr starke, positive Korrelation zwischen der deutschen und der englischen Rechtschreibperformanz mit einer hohen Signifikanz. Beachtet werden sollte hierbei, dass die Korrelation keine Kausalität ausdrücken kann: Eine schwache Leistung in der deutschen Rechtschreibung muss nicht zwingend und allgemeingültig eine schwache Leistung im Englischen hervorrufen (und umgekehrt). Die Korrelation zwischen den beiden Testergebnissen aller Probanden bezieht sich auf die Teilnehmer dieser Studie, dennoch liefert sie wieder ein Anzeichen dafür, dass muttersprachliche Fähigkeiten sich auch auf die Fremdsprache auswirken können – und das auch bei nicht-beeinträchtigten Lernern. Entsprechend zielt die Untersuchungshypothese auch darauf ab, dass sich die Leistung im Deutschen bei den Teilnehmern der EG verbessern sollte, was in der Tat messbar war: Die EG verbesserte sich im standardisierten Deutschtest im Mittel um 3,604 Punkte, die KG 2 nur um 1,318 Punkte, während die unbeeinträchtigte KG 1 (wie oben bereits angemerkt) sich kaum steigerte. Der Anstieg der KG 2 ist somit auch durch die unspezifische LRS-Förderung in Deutsch zu erklären, die sie während des Trainingszeitraums als Warte-Kontrollgruppe durchlief, die Effektstärke dafür liegt mit d = 0,226 aber nur im schwachen Bereich und leicht über einem generell erwarteten Effekt bei regulärem Unterricht. Die deutlich stärkere Verbesserung der EG mit einer mittleren Effektstärke im Bereich der deutschen Rechtschreibung von d = 0,584 kann zum einen durch eine große Effektivität des Trainingskonzepts erklärt werden – z.B. merkten auch Trainer in Interviews eine Verbesserung der muttersprachlichen Leistungen an – allerdings ist auch ein unspezifischer Effekt z.B. durch verstärkte Förderung in der Schule denkbar. Dennoch muss diese als weniger wahrscheinlich bewertet werden, da man sonst möglicherweise einen Leistungsanstieg höchstens in dem Maße erwartet hätte, wie die KG 2 durch seine Deutschförderung vorweisen konnte. Möglicherweise hat tatsächlich die intensive Auseinandersetzung mit Sprache, wie sie in Interviews als förderlich bewertet wurde, sowie die eingesetzten Lernstrategien, die sprachenunabhängig eingesetzt werden können (z.B. Karteikartenlernen, Mind-Mapping), zu einem allgemeinen sprachlichen Kompetenzzuwachs geführt. Die Anmerkungen der Trainer aus den Protokollbögen zu förderlichen Methoden können an dieser Stelle nur Indizien liefern, eine spezifische Aussage zu treffen, welche Methode konkret dieses Testergebnis hervorgerufen hat, fällt aufgrund des multi-methodischen Ansatzes schwer. Neben der Förderung der phonologischen Bewusstheit, welche wahrscheinlich den direktesten Einfluss auch auf muttersprachliche Leistungen gehabt haben mag, sind auch eher unspezifische Methoden wie die Aufmerksamkeitsübungen (z.B. Spiele, Laufdiktate) möglicherweise positive Elemente, die eine bessere Leistung im Deutschen hervorgerufen haben. Nicht vernachlässigen sollte man auch, dass die Trainingskinder der EG eventuell bei der Durchführung der Tests durch die Intensität des Trainings über den gesamten Zeitraum hinweg deutlich motivierter waren als die Probanden der KG 2, sodass die Rechtschreibleistung im *HSP5–9B* somit stärker positiv ausfiel.

Wie unterschiedlich die Leistungen in den Testungen individuell ausfallen konnten, zeigten zuletzt auch die vorangestellten Fallbeispiele. Aufgrund der vielfältigen Schwierigkeiten, die lese-rechtschreib-schwache Kinder zeigen, war das Trainingskonzept im für die Zielgruppe in Kapitel 4.1 spezifizierten Rahmen sehr umfassend, vielfältig und ganzheitlich angelegt und erlaubte den Trainern zudem noch individuelle Differenzierungsmöglichkeiten. Hätte man einzelne Trainingselemente untersuchen wollen, wäre es nötig gewesen, mehrere Trainingskonzepte zu konstruieren, die jeweils eine bestimmte Kompetenz (z.B. *nur* phonologische Bewusstheit oder *nur* Lernstrategien) trainieren. Dann wären allerdings die einzelnen Gruppen ausgehend von der Gesamtzahl der Teilnehmer kleiner geworden, die statistische Aussagekraft wäre geringer gewesen, und auch aus ethischen Gründen hätte begründet werden müssen, warum einzelne Schüler möglicherweise eine möglicherweise weniger effektive Trainingsmethode erhalten als andere. Dadurch, dass die Probanden der EG das gesamte Trainingskonzept (mit individuellen Differenzierungsmöglichkeiten der Trainer je nach Leistungsstand der Teilnehmer) durchlaufen haben und die KG 2 als Warte-Kontrollgruppe auch im Anschluss das Training durchführen konnte, wurde unter forschungsethischen Aspekten eine in diesem Setting und dem Forschungsvorhaben folgend größtmögliche Vergleichbarkeit und Reliabilität geschaffen.

Wie in 2.3.4 bereits gezeigt wurde, spielt die Lehrkraft eine große Rolle in Bezug auf den gesteuerten Worterwerb – ein Prinzip, das dieses primär ganzwortbasierte[179] Trainingskonzept ebenfalls verfolgte wegen der Charakteristik des Englischen als orthographisch intransparenter *loose-fit*-Sprache. Dass alle Hypothesen bestätigt werden konnten, ist daher zum einen das große Verdienst der engagierten Trainer und der Probanden, zum anderen spricht es für die Effektivität des Trainingskonzepts insgesamt. Die Definition eines Trainings als „eine strukturierte und zeitlich begrenzte Intervention, in der mittels wiederholter Ausübung von Tätigkeiten die Absicht verfolgt wird, Fertigkeiten und Fähigkeiten aufzubauen oder zu verbessern" (FRIES/SOUVIGNIER 2009, S. 407) wurde demzufolge voll bestätigt. Ohne die zusätzlichen qualitativen Erhebungen

---

179   Im Gegensatz zu vielen deutschen Konzepten, die silbenbasiert sind.

wären aber insbesondere diejenigen Übungen, die als komplizierter oder weniger effektiv bewertet wurden (z.B. Homophone, Übungen zur Segmentierung, Differenzierung englisch-spezifischer Besonderheiten) nicht weiter aufgefallen. So lässt sich erklären, dass in den meisten Testabschnitten die EG von t1 zu t2 einen stärkeren Leistungsanstieg erfährt als von t2 zu t3: Die meisten der als kritisch oder weniger effektiv angemerkten Übungen finden sich in der zweiten Hälfte des Trainingszeitraums wieder. Zwar lässt sich die schwächere Leistungssteigerung auch mit der sinkenden Motivation (trotz Token-System) erklären, die in den Protokollbögen vermerkt wurden, jedoch kann diese wiederum mit den Übungsformen zusammenhängen, die den Trainingskindern der EG weniger Freude und mehr Schwierigkeiten bereitet hat. Da viele Trainer ebenfalls anmerkten, dass die Zeit oft nicht ausreichte und sie sich für eine Überarbeitung des Konzepts eine Ausweitung des Trainingszeitraums wünschten, lässt sich auch vermuten, dass die letzten Trainingssitzungen möglicherweise inhaltlich stärker gefüllt wurden, um noch alle Übungen bis zum Ende des Trainingszeitraums nutzen zu können.[180] Dies könnte dazu geführt haben, dass die Intensität, mit der manche Übungen vielleicht zu Beginn durchgeführt wurden, zum Ende hin nicht mehr erhalten bleiben konnte. Auch eine mangelnde Unterstützung daheim wurde angemerkt bzw., dass das Training dann als effektiver wahrgenommen wurde, wenn die Eltern daheim intensiv unterstützen können. Da dies – auch aufgrund eventuell mangelnder Englischkenntnisse der Eltern – vermutlich nicht in jedem Fall möglich ist, sollten hier weitere Differenzierungs- und Wahlaufgaben ausgearbeitet und den Trainern wie Trainingskindern zur Verfügung gestellt werden. Insbesondere diese Aspekte der Interviews und Protokollbögen sind als sehr wertvoll zu bewerten, die Anregungen und Ideen zur Überarbeitung des Trainingskonzepts enthalten (z.B. längerer Trainingszeitraum, mehr Differenzierungsmöglichkeiten, früheres Einsetzen von Lernstrategien), da sie in einer Neuauflage des Trainingsprogramms eine noch größere Effektstärke als die bereits für die EG gemessene Cohens d = 1,013 hervorrufen könnten.

---

[180]   Dies ist zwar eine mögliche Einschränkung, die Trainer wurden aber auch schon nach t2 per Rundmail darauf hingewiesen, dass sie durchaus von ihren Differenzierungsmöglichkeiten (also Weglassen oder Hinzufügen von Inhalten) Gebrauch machen können, um den Trainingszeitraum einhalten zu können.

7 Fazit und Ausblick

Wie die oben vorgestellten Fallbeispiele auch gezeigt haben, sind die inter- und intraindividuellen Schwierigkeiten lese-rechtschreib-schwacher Schüler sowie deren Ursachen höchst unterschiedlich: Neben Beeinträchtigungen des Arbeitsgedächtnisses und im Aufbau automatisierten Regelwissens sind insbesondere Einschränkungen in der phonologischen Bewusstheit und dem phonologischen Rekodieren (dem Aufbau von Graphem-Phonem-Korrespondenzregeln) die größten ursächlichen Probleme dieser Kinder. Dass sich die Schwierigkeiten, die die Schüler in der Muttersprache Deutsch haben, auf Grundlage des oben diskutierten Konzepts der Sprachlerneignung auch in der wichtigsten Fremdsprache Englisch zeigen, konnte auch in dieser Untersuchung bestätigt werden. Die größere Belastung sowie ein oft schlechtes Selbstbewusstsein oder gar depressive Züge (s. insbesondere Kapitel 2.2.3.10), die die Folge von Lese-Rechtschreibproblemen in der Schule sein können, sprach für eine pädagogisch-therapeutische Herangehensweise an die Rechtschreibförderung im Englischen. Dabei wurde in Kapitel 2 bereits MAYER mit der Aussage zitiert, dass „es zweifelhaft [erscheint], dass der Schriftspracherwerb nur an eine kognitive Grundbedingung geknüpft ist" (MAYER 2010, S. 55). Auch aus diesem Grunde wurde das wordly-Rechtschreibtraining so konzipiert, dass es nicht nur mittels primär multisensorischer Übungen phonologische Bewusstheit oder nur Graphem-Phonem-Korrespondenzen aufbaut, sondern diese beiden Kernbereiche verknüpft und darüber hinaus Regelwissen aufbaut, Graphemfolgen automatisiert sowie Lern- und Organisationsstrategien vermittelt – (meta-)kognitive Kompetenzen also, die lese-rechtschreib-schwachen Schülern oft fehlen. Darüber hinaus bezog das Trainingskonzept fremdsprachendidaktische Aspekte mit ein, die auf modernen Forderungen für erfolgreiches Fremdsprachenlernen und den aktuell akzeptierten Hypothesen zum Fremdsprachenerwerb basieren, welche ebenfalls primär die Stärkung metakognitiver Kompetenzen[181] und ein zunehmend individualisierendes Lernen im Fokus sehen.

Aufgrund dieser Multimodalität und didaktisch-methodischer Herangehensweise ist allerdings nicht eindeutig ermittelbar, welche Förderkomponenten in der Intervention quantitativ den größten Einfluss auf den Zuwachs an orthographischer Kompetenz der Probanden in der EG gehabt haben. Zwar liefern die Aussagen der Trainer, d.h. ihr subjektives Empfinden, auch durch ihre unabhängig voneinander häufigere Nennung einzelner Methoden, Indizien, zusammenfassend lässt sich dem Trainingsprogramm allerdings insgesamt eine Wirksamkeit attestieren, nicht jedoch bezogen auf einzelne Methoden. Gleichwohl basierten alle eingesetzten Methoden auf positiv evaluierten, evidenzbasierten Fördermaßnahmen und anderen Interventionskonzepten, die folglich in

---

181   Hierzu gehören sicherlich auch die bereits unter 2.3.2.1 erwähnte Untersuchung in Bezug auf die Sprachlerneignung, die zeigen konnte, dass junge Fremdsprachenlerner orthographische Prinzipien ihrer Muttersprache auf die neu zu lernende Fremdsprache (L2) übertragen (VAN BERKEL 2005).

ihrer Gesamtheit als Zusammenschluss für ein englisches Rechtschreibtraining eine deutliche Steigerung der orthographischen Kompetenz der Probanden zeigen konnte. Es wird trotzdem ohne Frage für die zukünftige Forschung weiterhin wichtig sein, zu untersuchen, ob es isolierte methodische Herangehensweisen gibt, die effektiver sind als andere bzw. ob ein Training, wie das hier konzipierte, durch eine Anteilssteigerung oder -verminderung einzelner Aspekte im Trainingsverlauf größere Erfolge zeigt.

Auch wurde in der vorliegenden Untersuchung nicht gezeigt, wie stabil die orthographische Kompetenz nach Abschluss des Trainings bleibt, ob die trainierten Schüler also z.B. nach einem bestimmten Zeitraum immer noch einen Vorsprung zeigen im Vergleich zur untrainierten Kontrollgruppe.[182] Der Transfereffekt einzelner Elemente des englischen Rechtschreibtrainings auf die Leistung in der Muttersprache ist nicht eindeutig aufzeigbar, wenn auch die Rechtschreibleistung der EG im Deutschen gegenüber der KG 2 signifikant gestiegen ist und insgesamt korrelierte, was als Indiz für das Konzept der Sprachlerneignung und deren Integration schriftspracherwerbsspezifischer Kompetenzen (bzw. deren Einschränkungen) gewertet werden darf. Dies stützt damit auch die *Linguistic Coding Differences Hypothesis* (SPARKS/GANSCHOW 1991) sowie weitere Studien, die Auswirkungen der orthographischen Kompetenz und des Lesens in der L1 im Transfer auf die L2 untersucht haben (wie zuletzt auch speziell zu Englisch als Fremdsprache: RUSSAK/KAHN-HORWITZ 2013) und damit auch eine Transferleistung von Förderung in Fremdsprachen auf die Muttersprache ermöglichen können. Weitere Trainingskonzepte für andere Sprachen könnten sich diesen Sachverhalt zunutze machen. Beachtet werden sollte, dass die vorliegende Untersuchung die Entwicklung muttersprachlich deutscher Schüler in einem bestimmten Alter betrachtete: Für andere (Mutter-)Sprachen sowie Altersstufen könnten andere Bedingungen und Entwicklungen sowie methodische Herangehensweisen gelten und förderlicher sein.

Bestätigt hat die vorliegende Studie wiederum, dass aus pädagogischen – aber auch aus ethischen – Gründen ein Interventionskonzept grundsätzlich gerade im intensiven Einzel- oder Kleingruppenunterricht möglichst individualisierbar sein sollte, dem „Prinzip der Individualisierung" (s. Kapitel 4.1.2) folgen, d.h. methodisch alternative Zugänge anbieten, damit sich der Trainer bzw. die Förderlehrkraft auf die unterschiedlichen Voraussetzungen einstellen kann, die lese-rechtschreib-schwache Schüler mit sich bringen. Eine hohe Individualisierung geht immer zu Lasten der Größe und des Umfangs der Zielgruppe, die trainiert werden kann. Für die Zukunft wünschenswert wäre trotzdem insbesondere die weitere Entwicklung und ein flächendeckender Einsatz von Förderkonzepten zur Steigerung der Rechtschreib- sowie Lesekompetenz von Schülern – nicht nur im außerschulischen und privaten Bildungssektor, sondern auch in Schulen z.B. im Rahmen von Ganztagsschulkonzepten. Während es für die deutsche Sprache bereits quantitativ betrachtend ausreichend Materialien und evaluierte Trainingskonzepte gibt, war das wordly-Rechtschreibtraining für deutschsprachige Englischlerner ein

---

182 Aus untersuchungsethischen Gründen wurde in dieser Studie auf eine Untersuchung dieser Stabilität verzichtet, da der Trainingszeitraum bereits sieben Monate betrug und der Warte-Kontrollgruppe (KG 2) das Trainingskonzept nicht länger vorenthalten werden sollte.

erster (erfolgreicher) Ansatz zur Förderung der Rechtschreibung im Fremdsprachenbereich.

Durch die zunehmend stärkere Betonung von Inklusion sowie die Forderung nach Mehrsprachigkeit in den letzten Jahren – auch insbesondere zur allgemeinen beruflichen Qualifikation – sollten weitere, in Deutschland wichtige Sprachen folgen, um auch lese-rechtschreib-schwachen Schülern die Chance zu ermöglichen, sich eine Fremdsprache anzueignen und in ihr sprachliche Performanz auf den Ebenen des Lesens und Schreibens verbessern und zeigen zu können. Nicht zuletzt dadurch, dass die Leistungsbewertung auch in Zukunft die sprachliche Richtigkeit – d.h. insbesondere die orthographische Kompetenz – in allen Sprachen mit einbeziehen wird, wird auch hier weiterhin Fokus der Förderung liegen müssen.

8 Implikationen für die Schulentwicklung

Schulentwicklung bedeutet mittlerweile zunehmend die „systematische Qualitätsentwicklung von Schule und Unterricht" (HAUN 2008, S. 573) und wird unter dem Aspekt betrachtet, inwiefern sich die Chancen und Leistungen von Schülern verschiedener Herkunft und verschiedener Voraussetzungen an einer Schule vor Ort z.B. durch die Integration von Konzepten oder durch die Verbesserung von Prozessen optimieren lassen. Diese Qualitätsentwicklung wird daher auch nicht mehr nur unter dem Aspekt der verstärkten Schulautonomie oder der Integration der Kompetenzorientierung im Unterricht (Aufbau von Schulcurricula) gesehen, sondern auch unter dem Rechtsanspruch auf Inklusion vorangetrieben und optimiert. Betrachtet man Inklusion dann nicht nur – wie oft fälschlicherweise – als Integration behinderter Schülerinnen und Schüler im Regelunterricht, sondern – wie es tatsächlich angelegt ist – als Chance (und Pflicht) alle Schüler gleichberechtigt in einem Klassenraum zu unterrichten und zu fördern (PREUSS-LAUSITZ 2012), sollte auch die große Gruppe von Legasthenikern und lese-rechtschreib-schwachen Kindern in den Genuss kommen, eine entsprechende Förderung zu erhalten.

In den meisten Bundesländern werden die Probleme dieser Schüler oft nur durch einen in Verordnungen und Erlassen verankerten Nachteilsausgleich oder durch ein Aussetzen der Rechtschreibbewertung (Notenschutz) aufgefangen. Zwar legen die meisten Erlasse und Verordnungen fest, dass zeitgleich eine Förderung stattfinden soll, jedoch wird diese selten spezifiziert oder gar zielgerecht z.B. mit evidenzbasierten Förderkonzepten umgesetzt. Der Trend zur flächendeckenden Inklusion birgt hier folglich sogar noch eine Gefahr, sobald man davon ausgeht, dass durch Inklusion gewissermaßen automatisch eine individualisierte Förderung (auch bei LRS und Legasthenie) im Regelunterricht stattfinden würde, was aufgrund von Klassen mit mindestens 25–30 Schülern doch immer noch fraglich ist. Die Chancen und Möglichkeiten der Kompetenzorientierung und einem stärker individualisierten Unterricht sind höchst positive Ziele und dürften sicherlich für alle Schüler förderlich sein, jedoch dürfte Inklusion und Individualisierung immer durch den Faktor Personal im Schulalltag begrenzt sein.

Das in dieser Arbeit vorgestellte und evaluierte Konzept war bewusst für den außerschulischen Förderbereich angelegt, da die meisten wissenschaftlichen Förderkonzepte gerade außerschulisch den größten Leistungszuwachs messen konnten. Der Grund dafür ist offensichtlich: Auf die höchst unterschiedlichen Voraussetzungen, Fähigkeiten und Einschränkungen lese-rechtschreib-schwacher Schüler – noch dazu in der Fremdsprache Englisch – kann in größeren Gruppen kaum individuell eingegangen werden. Der Einzel- bzw. Kleingruppenunterricht der vorliegenden Studie wurde auch von den Trainern als positiv bewertet. Aus diesem Grund wurde im vorangehenden Fazit schon der Wunsch nach der Integration von LRS-Förderkonzepten z.B. im Rahmen von Ganztagsschulprogrammen geäußert. Dort könnte beispielsweise im Zuge einer Nachmittagsbetreuung (oder falls möglich sogar parallel zum Englischunterricht) gezielt in Klein- oder

Kleinstgruppen gefördert werden – die beiden Faktoren Material und Personal vorausgesetzt. Da diese Arbeit als Anstoß in die Richtung der Materialentwicklung gesehen werden kann, wird der erste Faktor möglicherweise in den nächsten Jahren immer weniger Lehrkräfte nach passender Lektüre suchen lassen, allein der Faktor Personal dürfte – wie oben bereits angemerkt – zum Mangelfaktor oder mindestens zum qualitätsbestimmenden Faktor werden, denn: Selbst wenn ausreichend (Englisch-)Lehrkräfte abgestellt werden könnten für die Durchführung von LRS-Förderunterricht, sind diese in der Regel weder im Bereich Schriftsprachförderung noch im durchzuführenden Förderkonzept ausgebildet. Dies bedeutet, dass die Lehrkräfte vorab zunächst intensiv fortgebildet werden müssten, um diese Förderung anzubieten.[183] Eine Alternative wäre die Integration von bereits ausgebildeten externen Therapeuten (Logopäden, Ergotherapeuten, Legasthenietrainern/-therapeuten), die bereits langjährige Erfahrung in der Schriftsprachförderung aufweisen und sich dann (wie in der vorliegenden Evaluation) ohne größere Vorarbeit aufgrund der therapeutischen Anlage und Integration bekannter Fördermethoden in ein Förderkonzept für Englisch einarbeiten können.

Schulentwicklung ist neben der Qualitätsentwicklung, die im Begriff mitschwingt, und dessen Evaluation auch immer Autonomieentwicklung, d.h. Schulen bekommen zunehmend mehr Eigenverantwortung, und haben sich bereits in der Vergangenheit als Grundlagen dafür Schulprogramme oder Unterrichtsschwerpunkte setzen dürfen bzw. Unterrichtsentwicklung eingeführt (BASTIAN 1998). Schulentwicklung kann auf mehreren Ebenen ansetzen: auf der untersten Ebene bei allen beteiligten Personen, der Schule mitsamt seiner Rahmenbedingungen und Voraussetzungen auf der nächsthöheren Ebene sowie in der Verortung und „Einbindung der vielen Einzelschulen in Bildungsregionen" (MEYER 2002, S. 183). Sofern Schulen also auch finanzielle sowie infrastrukturelle Möglichkeiten auf den ersten beiden Ebenen – auch als „Zwang" des inklusiven Unterrichtens – zur Verfügung stehen, wäre auch eine Integration von außerschulischen Förderlehrkräften in der Institution Schule durchaus denkbar. Auch eine stetige Fortbildung aller Sprachenlehrkräfte wäre hier sinnvoll, sofern es ein entsprechendes Fortbildungsangebot gibt, welches über Diagnose und Förderung sowie unterrichtliche Binnendifferenzierung von lese-rechtschreib-schwachen Schülern auch im Fremdsprachenunterricht aufzuklären vermag. Zudem kann auch der differenzierende Einsatz einzelner Elemente aus Förderkonzepten wie dem wordly-Rechtschreibtraining im laufenden Unterricht

---

183   Der besondere Bedarf an der Integration von Schriftspracherwerbsdidaktik/-methodik in der Lehrerausbildung auch der ersten beiden Phasen soll an dieser Stelle nicht vertieft werden. Gleichwohl sei angemerkt, dass auch die vorliegende Arbeit gezeigt hat, dass das Thema Schriftspracherwerb und seine Schwierigkeiten nicht nur für Deutsch-Lehramtsstudenten im Primarbereich eine Rolle spielen dürfte, sondern sich auch in den Fremdsprachen niederschlägt und damit auch Thema in der gesamten Lehrerausbildung für die weiterführenden Schulen in Deutsch und allen Fremdsprachen sein sollte (s. z.B. HINTZ/GRÜNKE 2009, THOMÉ 2011, GERLACH 2012; im Ausland auch bestätigt von CUNNINGHAM ET AL. 2004, MOATS/FOORMANN 2003).

vielversprechend sein[184] und auch bei den Lehrkräften ein Bewusstsein für die unterschiedlichen Problembereiche von LRS-Schülern wecken. Darüber hinaus hat die Evaluation dieses Englisch-Interventionskonzepts auch gezeigt, dass evidenzbasierte Methoden universell erfolgreich auf andere Sprachen übertragen werden können und auch förderlich in Bezug auf allgemein-sprachliche Fähigkeiten sein können. Dies soll nicht bedeuten, dass eine isolierte Förderung nur in Deutsch oder nur in Englisch ausreichend ist. Es bedeutet eher, dass die Förderung in ihrer Kombination über möglichst alle zu lernenden Sprachen hinweg möglicherweise hohe Synergieeffekte nutzbar machen könnte, bei der der betroffene Schüler von Transfereffekten und der Stärkung seiner orthographischen Kompetenz im Allgemeinen profitiert – eine enge Kooperation und Absprache der unterrichtenden und fördernden Lehrkräfte und/oder externen Therapeuten natürlich vorausgesetzt.

Eine weitere Chance in der Schulentwicklung ist zusätzlich auf der dritten Ebene nach MEYER (2002) zu sehen: Wenn Bildungsregionen gebildet werden, in denen Schulen miteinander im kooperativen Austausch stehen (GERLACH 2012)[185], könnte sowohl eine Weiterqualifikation von Lehrkräften sowie der regional begrenzte, gemeinsame Einsatz von externen Förderlehrkräften und/oder Therapeuten an den Schulen effektiver koordiniert und auch evaluiert werden. Bei der hohen Zahl von Legasthenikern bzw. Schülern mit allgemeinen Lese-Rechtschreib-Schwierigkeiten scheint ein solches Unterfangen höchst vielversprechend zu sein, bedarf aber natürlich engagierter Lehrkräfte an den Schulen auf der untersten Ebene, die diese Schritte mitgehen und damit ihre Schule auch im gewissen Maße öffnen. Insbesondere die Tatsache, dass dieses Vorgehen dann keine politische, schulgesetzliche bzw. administrative Vorgabe *top down* darstellt, sondern eher auf Basis der Überzeugung von Lehrkräften an einer Schule ausgehen könnte – also *bottom up* –, dürfte diese Lehrkräfte einer autonomeren Schule für die Schwierigkeiten (aber auch Chancen einer entsprechenden Öffnung) sensibilisieren. Wenn dann im inklusiven (Fremd-)Sprachenunterricht aus- oder fortgebildete Lehrkräfte oder Trainer mit schriftsprachtherapeutischer Ausbildung zusätzlich in den Klassenraum kämen, könnte eine effektive, schulinterne Förderung gelingen.

---

184 Hier insbesondere die transparente Einführung der am häufigsten vorkommenden Graphem-Phonem-Korrespondenzen, die Einführung der multisensorischen Karteikartenarbeit sowie Lerntechniken.

185 Das Grundgerüst und -konzept eines solchen Austauschs am Beispiel des Projekts „Schulen im Team" findet sich in BERKEMEYER ET AL. 2011.

Literatur

AARON, P.G.; WILCZYNSKI, S.; KEETAY, V. (1998): „The Anatomy of Word-Specific Memory". In: HULME, C. / JOSHI, R.M. (Hrsg.): *Reading and Spelling: Development and Disorders*. Mahwah, NJ: Lawrence Erlbaum, 405–419.

ADLARD, A.; HAZAN, V. (1998): „Speech perception in children with specific reading difficulties (dyslexia)". In: *The Quarterly Journal of Experimental Psychology* 51 (1), 153–177.

ALEXANDER-PASSE, N. (2006): „How dyslexic teenagers cope: an investigation of self-esteem, coping and depression". In: *Dyslexia* 12 (4), 256–275.

ALEXANDER-PASSE, N. (2008): „The sources and manifestations of stress amongst school-aged dyslexics, compared with sibling controls". In: *Dyslexia* 14 (4), 291–313.

ANDREOU, G.; BASEKI, J. (2012): „Phonological and spelling mistakes among dyslexic and non-dyslexic children learning two different languages: Greek vs English". In: *Psychology* 3 (8), 595–600.

ARO, M.; WIMMER, H. (2003): „Learning to read: English in comparison to six more regular orthographies". In: *Applied Psycholinguistics* 24 (4), 621–663.

AUST, G. (Hrsg.) (1986): *New Trends in Graphemics and Orthography*. Berlin: DeGruyter.

AYLWARD, E.H; RICHARDS, T.L.; BERNINGER, V.W.; NAGY, W.E.; FIELD, K.M.; GRIMME, A.C.; RICHARDS, A.L.; THOMSON, J.B.; CRAMER, S.C. (2003): „Instructional treatment associated with changes in brain activation in children with dyslexia". In: *Neurology* 61 (2), 212–219.

BADDELEY, A. D. (1986): *Working Memory*. Oxford: Clarendon Press.

BADDELEY, A. D. (1990): *Human Memory: Theory and Practice*. Boston [u.a.]: Allyn and Bacon.

BADDELEY, A. D. (1994): „The magical number seven: Still magic after all these years?". In: *Psychological Review* 101 (2), 353–356.

BADDELEY, A. D. (2000): „The episodic buffer: a new component of working memory?". In: *Trends in Cognitive Sciences* 4 (11), 417–423.

BARON, J.; THURSTON, I. (1973): „An analysis of the word superiority effect". In: *Cognitive Psychology* 4 (2), 207–228.

BASTIAN, J. (1998): *Pädagogische Schulentwicklung, Schulprogramm und Evaluation*. Hamburg: Bergmann und Helbig.

BAUSCH, K.R. / CHRIST, H. / KÖNIGS, F. G. / KRUMM, H.J. (Hrsg.) (1999): *Die Erforschung von Lehr- und Lernmaterialien im Kontext des Lehrens und Lernens fremder Sprachen. Arbeitspapiere der 19. Frühjahrskonferenz zur Erforschung des Fremdsprachenunterrichts*. Tübingen: Gunter Narr.

BAUSCH, K.R. / CHRIST, H. / KRUMM, H.J. (Hrsg.) ([4]2003): *Handbuch Fremdsprachenunterricht*. Tübingen: Francke.

BECKER, W. C.; DIXON, R.; ANDERSON-INMAN, L. (1980): *Morphographic and root word analysis of 26,000 high frequency words*. Eugene: University of Oregon Follow Through Project, College of Education.

BENEVENTI, H.; TØNNESSEN, F.E.; ERSLAND, L.; HUGDAHL, K. (2010): „Working memory deficit in dyslexia: behavioral and FMRI evidence". In: *International Journal of Neuroscience* 120 (1), 51–59.

BERGER, N. (2010): *Mehr als nur ein WorT: Zur Diagnostik und Förderung von Grundschulkindern mit schwachen Rechtschreibleistungen im Rahmen des Regelunterrichts.* München: Utz.

BERGER, N.; KÜSPERT, P.; LENHARD, W.; MARX, P.; SCHNEIDER, W.; WEBER, J. (2009): *WorT – Würzburger orthografisches Training.* Berlin: Cornelsen.

BERKEMEYER, N.; BOS, W.; JÄRVINEN, H. (2011): „Unterricht gemeinsam entwickeln. Eine Bilanz nach vier Jahren schulischer Netzwerkarbeit". In: *Pädagogik* (11/2011), 36–39.

BERNARD, M.L.; CHAPARRO, B.S.; MILLS, M.M.; HALCOMB, C.G. (2002): „Examining children's reading performance and preference for different computer-displayed text". In: *Behaviour & Information Technology* 21 (2), 87–96.

BERNINGER, V.W. (2008): „Das lesende Gehirn bei Kindern und Jugendlichen: Ein systemischer Ansatz". In: WONG, B.Y.L. / HORNUNG, C. (Hrsg.): *Lernstörungen verstehen. Ein Praxishandbuch für Psychologen und Pädagogen.* Heidelberg: Spektrum Akademischer Verlag, 185–241.

BERNINGER, V.W.; RASKIND, W.; RICHARDS, T.; ABBOTT, R.; STOCK, P. (2008): „A multidisciplinary approach to understanding developmental dyslexia within working-memory architecture: genotypes, phenotypes, brain, and instruction". In: *Developmental Neuropsychology* 33 (6), 707–744.

BERNINGER, V. W.; VAUGHAN, K.; ABBOTT, R.D.; BEGAY, K.; COLEMAN, K.B.; CURTIN, G.; HAWKINS, J.M.; GRAHAM, S. (2002): „Teaching spelling and composition alone and together: Implications for the simple view of writing". In: *Journal of Educational Psychology* 94 (2), 291–304.

BERNINGER, V.W.; WOLF, B.J. (2009): *Teaching Students with Dyslexia and Dysgraphia. Lessons from Teaching and Science.* Baltimore, MD: Paul H. Brookes.

BERTSCHI-KAUFMANN, A.; ROSEBROCK, C. (2009): *Literalität – Bildungsaufgabe und Forschungsfeld.* Weinheim [u.a.]: Juventa-Verlag.

BERWANGER, D. (2006): „Ordnungsschwellentraining". In: VON SUCHODOLETZ, W. (Hrsg.): *Therapie der Lese-Rechtschreib-Störung (LRS): Traditionelle und alternative Behandlungsmethoden im Überblick.* Stuttgart: Kohlhammer, 135–166.

BIRSH, J.R. (Hrsg.) (^{3}2011): *Multisensory Teaching of Basic Language Skills.* Baltimore: Paul H. Brookes.

BLACHMAN, B.A.; FLETCHER, J.M.; SCHATSCHNEIDER, C.; FRANCIS, D.J.; CLONAN, S.M.; Shaywitz B.A.; SHAYWITZ, S.E. (2004): „Effects of intensive reading remediation for second and third graders and a 1-year follow-up". In: *Journal of Educational Psychology* 96 (3), 444–461.

BLOMERT, L.; WILLEMS, G. (2010): „Is there a causal link from a phonological awareness deficit to reading failure in children at familial risk for dyslexia?". In: *Dyslexia* 16 (4), 300–317.

BÖRNER, W. (2000): „Didaktik und Methodik der Wortschatzarbeit: Bestandsaufnahme und Perspektiven". In: KÜHN, P. (Hrsg.): *Wortschatzarbeit in der Diskussion. Studien zu Deutsch als Fremdsprache V.* Hildesheim [u.a.]: Georg Olms, 29–56.

BÖRNER, W. / VOGEL, K. (Hrsg.) (1999): *Lehrwerke im Fremdsprachenunterricht: Lernbezogene, interkulturelle und mediale Aspekte.* Bochum: AKS.

BOT, K. de / GINSBERG, R.B. / KRAMSCH, C. (Hrsg.) (1991): *Foreign Language Research in Cross-Cultural Perspective.* Amsterdam/Philadelphia: J. Benjamins.

BÖTTGER, H. (2010): *Englisch lernen in der Grundschule.* Bad Heilbrunn: Klinkhardt.

BOULDOUKIAN, J.; WILKINS, A.J.; EVANS, B.J.W. (2002): „Randomised controlled trial of the effect of coloured overlays on the rate of reading of people with specific learning difficulties". In: *Ophthalmic and Physiological Optics* 22 (1), 55–60.

BOVET, G. / HUWENDIEK, V. (HRSG.) ([6]2008): *Leitfaden Schulpraxis. Pädagogik und Psychologie für den Lehrberuf.* Berlin: Scriptor.

BOWERS, P.G. (1995): „Tracing symbol naming speed's unique contribution to reading disabilities over time". In: *Reading and Writing: An Interdisciplinary Journal* 7 (2), 189–216.

BRADLEY, L.; BRYANT, P.E. (1978): „Difficulties in auditory organisation as a possible cause of reading backwardness". In: *Nature* (271), 746–747.

BRADLEY, L.; BRYANT, P.E. (1983): „Categorizing sounds and learning to read – a causal connection". In: *Nature* (301), 419–421.

BRADLEY, L.; BRYANT, P.E. (1985): *Rhyme and Reason in Reading and Spelling.* Ann Arbor: University of Michigan Press.

BRATEN, I.; LIE, A.; ANDREASSEN, R.; OLAUSSEN, B.S. (1999): „Leisure time reading and orthographic processes in word recognition among Norwegian third- and fourth-grade students". In: *Reading and Writing* 11 (1), 65–88.

BRETHERTON, L.; HOLMES, V.M. (2003): „The relationship between auditory temporal processing, phonemic awareness, and reading disability". In: *Journal of Experimental Child Psychology* 84 (3), 218–243.

BRITISH PSYCHOLOGICAL SOCIETY (HRSG.) (1999): *Dyslexia, Literacy and Psychological Assessment.* Leicester: British Psychological Society.

BROOKS, R.B. (2001): „Fostering motivation, hope, and resilience in children with learning disorders". In: *Annals of Dyslexia* 51 (1), 9–20.

BROOKS-GUNN, J. / DUNCAN, G.J. (Hrsg.) (1997): *Consequences of Growing up Poor.* New York: Russell Sage Foundation.

BROPHY, J.E. (1998): *Motivating Students to Learn.* Boston: McGraw-Hill.

BRÜGELMANN, H. (Hrsg.) (1986): *ABC und Schriftsprache – Rätsel für Kinder, Lehrer und Forscher.* Konstanz: Faude.

BRUNSDON, R.; COLTHEART, M.; NICKELS, L. (2005): „Treatment of irregular word spelling in developmental surface dysgraphia". In: *Cognitive Neuropsychology* 22 (2), 213–251.

BRUNSWICK, N.; MCCRORY, E.; PRICE, C.; FRITH, C.; FRITH, U. (1999): „Explicit and implicit processing of words and pseudowords by adult developmental dyslexics: A search for Wernicke's Wortschatz". In: *Brain* 122 (10), 1901–1917.

BRYANT, P.; BRADLEY, L. (1985): *Children's Reading Problems. Psychology and Education.* Oxford: Basil Blackwell.

BUDA, C. (2005): *Englisch richtig schreiben, leichter lesen. Schritt für Schritt.* Lehrte: Felicitas Hübner.

BUDA, C. (2012): *Fremdsprachen-Legasthenie Englisch. Defizite berücksichtigen, Kompetenzen fördern. Handbuch zur Förderung.* Lehrte: Hübner.

BUONINCONTRI, R.; BACHE, I.; SILAHTAROGLU, A.; ELBRO, C.; NIELSEN, A.-M; ULLMANN, R.; ARKESTEIJN, G.; TOMMERUP, N. (2011): „A cohort of balanced reciprocal translocations associated with dyslexia: Identification of two putative candidate genes at DYX1". In: *Behavior Genetics* 41 (1), 125–133.

CAHEN, L.S.; CRAUN, M.J.; JOHNSON, S.K. (1971): „Spelling difficulty: A survey of the research". In: *Revue of Educational Research* 41 (4), 281–301.

CAMERON, J.; PIERCE, W.D. (1994): „Reinforcement, reward, and intrinsic motivation: A meta-analysis". In: *Review of Educational Research* 64 (3), 363–423.

CARAVOLAS, M. (2004): „Spelling development in alphabetic writing systems: A cross-linguistic perspective". In: *European Psychologist* 9 (1), 3–14.

CARAVOLAS, M.; VOLIN, J.; HULME, C. (2005): „Phoneme awareness is a key component of alphabetic literacy skills in consistent and inconsistent orthographies: evidence from Czech and English children". In: *Journal of Experimental Child Psychology* 92 (2), 107–139.

CARLISLE, J.F. (2003): „Morphology matters in learning to read: A commentary.". In: *Reading Psychology* 24 (3–4), 291–332.

CARR, T.H.; DAVIDSON, B.J.; HAWKINS, H.L. (1978): „Perceptual flexibility in word recognition: Strategies affect orthographic computation but not lexical access". In: *Journal of Experimental Psychology: Human Perception and Performance* 4 (4), 674–690.

CARROLL, J. (1962): „The prediction of success in intensive foreign language training". In: GLASER, R. (Hrsg.): *Training and Research in Education.* Pittsburgh: University of Pittsburgh Press, 87–136.

CARROLL, J.B.; DAVIES, P.; RICHMAN, B. (1971): *The American Heritage Word Frequency Book.* Boston: Houghton Mifflin.

CASALIS, S.; COLÉ, P.; SOPO, D. (2004): „Morphological awareness in developmental dyslexia". In: *Annals of Dyslexia* 54 (1), 114–138.

CASSAR, M.; TREIMAN, R.; MOATS, L.C.; POLLO, T.C.; KESSLER, B. (2005): „How do the spellings of children with dyslexia compare with those of nondyslexic children?". In: *Reading and Writing* 18 (1), 27–49.

CASTLES, A.; COLTHEART, M. (2004): „Is there a causal link from phonological awareness to success in learning to read?". In: *Cognition* 91 (1), 77–111.

CASTLES, A.; COLTHEART, M.; WILSON, K.; VALPIED, J.; WEDGWOOD, J. (2009): „The genesis of reading ability: What helps children learn letter–sound correspondences?". In: *Journal of Experimental Child Psychology* 104 (1), 68–88.

CHAMOT, U.; O'MALLEY, M.J. (1990): *Learning Strategies in Second Language Acquisition.* Cambridge: Cambridge University Press.

COHEN, J. (1988): *Statistical Power Analysis for the Behavioral Sciences.* Hillsdale, NJ: L. Erlbaum Associates.

COLTHEART, M. (1978): „Lexical access in simple reading tasks". In: UNTERWOOD, G. (Hrsg.): *Strategies in Information Processing.* London: Academic Press, 151–216.

COOK, V. / BASSETTI, B. (Hrsg.) (2005): *Second Language Writing Systems.* Clevedon, Buffalo: Multilingual Matters.

COPE-POWELL, J. (1991): „Foreign Language Classroom Anxiety: Institutional Responses". In: HORWITZ, E.K. / YOUNG, D.J. (Hrsg.): *Language Anxiety: From Theory and Research to Classroom Implications.* Englewood Cliffs: Prentice Hall, 169–176.

COSTARD, S. (2007): *Störungen der Schriftsprache – modellgeleitete Diagnostik und Therapie.* Stuttgart [u.a.]: Thieme.

COVINGTON, Martin V. (1992): *Making the Grade. A Self-worth Perspective on Motivation and School Reform.* Cambridge: Cambridge University Press.

COVINGTON, M.V.; TEEL, K.M. (1996): *Overcoming Student Failure. Changing Motives and Incentives for Learning.* Washington, DC: American Psychological Association.

CROMBIE, M.A. (2000): „Dyslexia and the learning of a foreign language in school: Where are we going?". In: *Dyslexia* 6 (2), 112–123.

CRONIN, V. S. (2011): „RAN and Double-Deficit Theory". In: *Journal of Learning Disabilities* 46 (2), 182–190.

CUMMINS, J. / DAVISON, C. (Hrsg.) (2007): *International Handbook of English Language Teaching*. New York: Springer.

CUNNINGHAM, A.E.; PERRY, K.E.; STANOVICH, K.E. (2001): „Converging evidence for the concept of orthographic processing". In: *Reading and Writing* (14), 549–568.

CUNNINGHAM, A.; PERRY, K.; STANOVICH, K.; STANOVICH, P. (2004): „Disciplinary knowledge of K-3 teachers and their knowledge calibration in the domain of early literacy". In: *Annals of Dyslexia* 54 (1), 139–167.

DAST, H. (2003): *Das unnötige Versagen in Englisch*. Böblingen: Institut für schriftsprachliche Pädagogik.

DAVIES, A. / ELDER, C. (Hrsg.) (2004): *The Handbook of Applied Linguistics*. Malden: Blackwell.

DE LEEUW, R. (2010): *Special Font For Dyslexia?* Master's Thesis: University of Twente.

DE KEYSER, R. M. (1995): „Learning second language grammar rules: An experiment with a miniature linguistic system". In: *Studies in Second Language Acquisition* (17), 379–410.

DEMB, J.B.; BOYNTON, G.M.; HEGER, D.J. (1997): „Brain activity in visual cortex predicts individual differences in reading performance". In: *Proceedings of the National Academy of Sciences of the United States of America* 94 (24), 13363–13366.

DENCKLA, M.B.; RUDEL, R.G. (1976): „Rapid ‚automatized' naming (R.A.N.): Dyslexia differentiated from other learning disabilities". In: *Neuropsychologia* 14 (4), 471–479.

DESI-KONSORTIUM (HRSG.) (2008): *Unterricht und Kompetenzerwerb in Deutsch und Englisch. Ergebnisse der DESI-Studie (Deutsch Englisch Schülerleistungen International)*. Basel/Weinheim: Beltz.

DIEHR, B. / RYMARCZYK, J. (Hrsg.) (2010): *Researching Literacy in a Foreign Language among Primary School Learners. Forschung zum Schrifterwerb in der Fremdsprache bei Grundschülern*. Frankfurt am Main: Peter Lang.

DÖHNERT, M.; D. ENGLERT, E. (2003): „Das Irlen-Syndrom – gibt es pathophysiologische Korrelate und wissenschaftliche Evidenz für das ‚Lesen mit Farben'?". In: *Zeitschrift für Kinder- und Jugendpsychiatrie und Psychotherapie* 31 (4), 305–309.

DÖRNYEI, Z. (2001): *Motivational Strategies in the Language Classroom*. Cambridge [u.a.]: Cambridge University Press.

DÖRNYEI, Z. (2005): *The Psychology of the Language Learner – Individual Differences in Second Language Acquisition*. New York, NY [u.a.]: Routledge.

DÖRNYEI, Z. (2007): „Creating a motivating classroom environment". In: CUMMINS, J. / DAVISON, C. (Hrsg.): *International Handbook of English Language Teaching*. New York: Springer, 719–731.

DOUGHTY, C. / WILLIAMS, J. (Hrsg.) (1998): *Focus on Form in Classroom Second Language Acquisition*. Cambridge: Cambridge University Press.

DOUGHTY, C.; WILLIAMS, J. (1998): „Pedagogical choices in focus on form". In: DOUGHTY, C. / WILLIAMS, J. (Hrsg.): *Focus on Form in Classroom Second Language Acquisition*. Cambridge: Cambridge University Press, 197–261.

DOWNEY, D.M.; SNYDER, L.E.; HILL, B. (2000): „College Students with Dyslexia: Persistent Linguistic Deficits and Foreign Language Learning". In: *Dyslexia* 6 (2), 101–111.

DROR, I.E.; MAKANY, T.; KEMP, J. (2011): „Overcoming learning barriers through knowledge management". In: *Dyslexia* 17 (1), 38–47.

DUBIN, F.; OLSHTAIN, E. (1986): *Course design: Developing programs and materials for language learning.* Cambridge [u.a.]: Cambridge University Press.

DUMMER, L. (Hrsg.) (1987): *Legasthenie – Bericht über den Fachkongress 1986.* Hannover: Bundesverband Legasthenie.

EDELENBOS, P.; JOHNSTONE, R.; KUBANEK, A. (2006): „The main pedagogical principles underlying the teaching of languages to very young learners. Languages for the children of Europe. Published research, good practice and main principles". In: EUROPEAN COMMISSION (HRSG.): *Final Report of the EAC 89/04, Lot 1 study (October 2006).* Brüssel: European Commission.

EHRI, L.C. (1986): „Sources of difficulty in learning to spell and read". In: WOLRAICH, M. / ROUTH, D. K. (Hrsg.): *Advances in Developmental and Behavioral Pediatrics.* Greenwich: JAI Press, 121–195.

EHRI, L.C. (1989): „The development of spelling knowledge and its role in reading acquisition and reading disability". In: *Journal of Learning Disabilities* 22 (6), 356–365.

EHRI, L.C. (1992): „Reconceptualizing the development of sight word reading and its relationship to recoding". In: GOUGH, P.B. / EHRI, L.C. (Hrsg.): *Reading acquisition.* Hillsdale: Erlbaum, 107–143.

EHRI, L.C. (2002): „Reading processes, acquisition, and instructional implications". In: REID, G. / WEARMOUTH, J. (Hrsg.): *Dyslexia and Literacy: Theory and Practice.* Chichester, UK, New York: J. Wiley & Sons, 167–185.

EHRI, L.C. (2005): „Development of sight word reading: phases and findings". In: SNOWLING, M.J. / HULME, C. (Hrsg.): *The Science of Reading: A Handbook.* Oxford, UK: Blackwell Publishing, 135–154.

EHRI, L.C.; NUNES, S.R.; WILLOWS, D.M.; SCHUSTER, B.V.; YAGHOUB-ZADEH, Z.; SHANAHAN, T. (2001): „Phonemic awareness instruction helps children learn to read: Evidence from the National Reading Panel's meta-analysis". In: *Reading Research Quarterly* 36 (3), 250–287.

EHRI, L.C.; ROBBINS, C. (1992): „Beginners need some decoding skill to read words by analogy". In: *Reading Research Quarterly* (27), 13–26.

EHRI, L.C.; WILCE, L.S. (1983): „Development of word identification speed in skilled and less skilled beginning readers". In: *Journal of Educational Psychology* 75 (1), 3–18.

EHRMAN, M. (1996): *Understanding Second Language Learning Difficulties.* Thousand Oaks: Sage.

EHRMAN, M. (1998): „The Modern Language Aptitude Test for predicting learning success and advising students". In: *Applied Language Learning* (9), 31–70.

EHRMAN, M.; OXFORD, R. (1995): „Cognition plus: Correlates of language learning success". In: *Modern Language Journal* 79 (1), 67–89.

ELBRO, C.; ARNBAK, E. (1996): „The role of morpheme recognition and morphological awareness in dyslexia". In: *Annals of Dyslexia* 46 (1), 209–240.

ELDREDGE, J.L. (1995): *Teaching Decoding in Holistic Classrooms.* Englewood Cliffs, NJ: Merrill.

ELLIS, R. (1989): „Classroom learning styles and their effect on second language acquisition: A study of two learners". In: *System* 17 (2), 249–262.

ELLIS, R. (2004): „Individual differences in second language learning". In: DAVIES, A. / ELDER, C. (Hrsg.): *The Handbook of Applied Linguistics.* Malden: Blackwell, 525–551.

ELLIS, A.W.; YOUNG, A.W. (1988): *Human Cognitive Neuropsychology.* Hove [u.a.]: Erlbaum.

EPSTEIN, M.A.; SHAYWITZ, S.E.; SHAYWITZ, B.A.; WOOLSTON, J.L. (1991): „The Boundaries of Attention Deficit Disorder". In: *Journal of Learning Disabilities* 24 (2), 78–86.

ESSER, G. (1991): *Was wird aus Kindern mit Teilleistungsschwächen? – Der langfristige Verlauf umschriebener Entwicklungsstörungen.* Stuttgart: Enke.

ESSER, G.; SCHMIDT, M. (1994): „Children with specific reading retardation – early determinants and long-term outcome". In: *Acta Paedopsychiatrica* 56 (3), 229–237.

ESSER, G.; WYSCHKON, A.; SCHMIDT, M.H. (2002): „Was wird aus Achtjährigen mit einer Lese- und Rechtschreibstörung? Ergebnisse im Alter von 25 Jahren". In: *Zeitschrift für Klinische Psychologie und Psychotherapie* 31 (4), 235–242.

EUROPEAN COMMISSION (HRSG.) (2006): *Final Report of the EAC 89/04, Lot 1 study (October 2006).* Brüssel: European Commission.

EVERATT, J. (2002): „Visual Processes". In: REID, G. / WEARMOUTH, J. (Hrsg.): *Dyslexia and Literacy: Theory and Practice.* Chichester, UK, New York: J. Wiley & Sons, 85–98.

EVERATT, J. (2007): „Research methods in dyslexia". In: *Dyslexia* 13 (4), 231–233.

FATKE, R. (1997): „Fallstudien in der Erziehungswissenschaft". In: FRIEBERTSHÄUSER, B. / PRENGEL, A. (Hrsg.): *Handbuch Qualitative Forschungsmethoden in der Erziehungswissenschaft.* Weinheim, München: Juventa, 56–68.

FAWCETT, A.J. (Hrsg.) (2001): *Dyslexia. Theory and Good Practice.* London: Whurr.

FISCHBACH, A.; KÖNEN, T.; RIETZ, C.S.; HASSELHORN, M. (2013): „What is not working in working memory of children with literacy disorders? Evidence from a three-year-longitudinal study". In: *Reading and Writing* (online), URL: http://link.springer.com/article/10.1007/s11145-013-9444-5 (zuletzt kontrolliert am 21. Juli 2013).

FOORMAN, B.R.; FRANCIS, D.J.; FLETCHER, J.M.; SCHATSCHNEIDER, C.; MEHTA, P. (1998): „The Role of instruction in learning to read: preventing reading failure in at-risk children". In: *Journal of Educational Psychology* 90 (1), 37–55.

FOWLER, C.A.; LIBERMAN, I.Y.; SHANKWEILER, D.P. (1977): „On interpreting the error pattern in beginning reading". In: *Language and Speech* 20 (2), 162–173.

FRANZKOWIAK, T. (2008): *Vom BLISS-Symbol zur alphabetischen Schrift. Entwicklung und Erprobung eines vorschulischen Förderansatzes zur Prävention von Lernschwierigkeiten beim Schriftspracherwerb.* Dissertation: Universität Siegen.

FRICKE, S.; STACKHOUSE, J.; WELLS, B. (2007): „Phonologische Bewusstheitsfähigkeiten deutschsprachiger Vorschulkinder – eine Pilotstudie". In: *Forum Logopädie* (3), 14–19.

FRIEBERTSHÄUSER, B. / PRENGEL, A. (Hrsg.) (1997): *Handbuch Qualitative Forschungsmethoden in der Erziehungswissenschaft.* Weinheim, München: Juventa.

FRIES, S.; SOUVIGNIER, E. (2009): „Training". In: WILD, E. / MÖLLER, J. (Hrsg.): *Pädagogische Psychologie.* Heidelberg: Springer Medizin, 405–428.

FRITH, U. (Hrsg.) (1980): *Cognitive Approaches in Spelling.* London: Academic Press.

FRITH, U. (1985): „Beneath the surface of developmental dyslexia". In: PATTERSON, K.E. / MARSHALL, J.C. / COLTHEART, M. (Hrsg.): *Surface Dyslexia.* Hillsdale: Lawrence Erlbaum, 300–330.

FRITH, U. (1986): „Psychologische Aspekte des orthographischen Wissens: Entwicklung und Entwicklungsstörung". In: AUST, G. (Hrsg.): *New trends in graphemics and orthography.* Berlin: DeGruyter, 218–233.

FRITH, U. (1997): „Brain, mind and behaviour in dyslexia". In: HULME, C. / SNOWLING, M.J. (Hrsg.): *Dyslexia: Biology, Cognition and Intervention.* London: Whurr, 1–19.

FRITH, U. (2002): „Resolving the paradoxes of dyslexia". In: REID, G. / WEARMOUTH, J. (Hrsg.): *Dyslexia and Literacy: Theory and Practice.* Chichester, UK, New York: J. Wiley & Sons, 45–68.

FRÖHLICH, L.P.; PETERMANN, F.; METZ, D. (2013): „Phonological awareness: factors of influence". In: *European Early Childhood Education Research Journal* 21 (1), 5–22.

FROYEN, D.J.W.; BONTE, M.L.; VAN ATTEVELDT, N.; BLOMERT, L. (2009): „The long road to automation: neurocognitive development of letter-speech sound processing". In: *Journal of Cognitive Neuroscience* 21 (3), 567–580.

FRY, E. (1980): „The new instant word list". In: *The Reading Teacher* 34, 284–289.

FUNK, H. (2010): „Materialentwicklung". In: HALLET, W. / KÖNIGS, F.G. (Hrsg.): *Handbuch Fremdsprachendidaktik.* Seelze-Velber: Klett Kallmeyer, 307–312.

FUNK, H.; KOENIG, M. (1991): *Grammatik lehren und lernen.* Berlin: Langenscheidt.

GAGE, N.L.; BERLINER, D.C. (1996): *Pädagogische Psychologie.* München: Psychologie Verlags Union.

GALABURDA, G.M.; LOTURCO, J.; RAMUS, F.; FITCH, H.R.; ROSEN, G.D. (2006): „From genes to behaviour in developmental dyslexia". In: *Nature Neuroscience* 9 (10), 1213–1217.

GANSCHOW, L.; SPARKS, R. (1995): „Effects of direct instruction in Spanish phonology on the native-language skills and foreign-language aptitude of at-risk foreign-language learners". In: *Journal of Learning Disabilities* 28 (2), 107–120.

GANSCHOW, L.; SPARKS, R.L. (2000): „Reflections on foreign language study for students with language learning problems: research, issues, and challenges". In: *Dyslexia* 6 (2), 87–100.

GARDNER, R.C.; MACINTYRE, P.D. (1992): „A student's contributions to second language learning. Part I: Cognitive variables". In: *Language Teaching* 25 (4), 211–220.

GASS, S.M.; SELINKER, L. (1994): *Second language acquisition: An introductory course.* Hillsdale, NJ: Erlbaum.

GERLACH, D. (2010): *Legasthenie und LRS im Englischunterricht: Theoretische Befunde und praktische Einsichten.* Münster [u.a.]: Waxmann.

GERLACH, D. (2012): „Warum unsere Schulen lernschwache Schüler/innen nicht fördern können … oder etwa doch? Eine kritische Stellungnahme aus der Praxis". In: *Diskurs Kindheits- und Jugendforschung* (2/2012), 227–232.

GERSONS-WOLFENSBERGER, D.C.M; RUIJSSENAARS, Wied A.J.J.M. (1997): „Definition and treatment of dyslexia: A report by the committee on dyslexia of the Health Council of the Netherlands". In: *Journal of Learning Disabilities* 30 (2), 209–213.

GILLINGHAM, A.; STILLMAN, B. (1960): *Remedial Training for Children with Specific Disability in Reading, Spelling, and Penmanship.* New York: Sackelt and Wilhelms.

GLASER, R. (Hrsg.) (1962): *Training and Research in Education.* Pittsburgh: University of Pittsburgh Press.

GOLLWITZER, P.M. (1999): „Implementation intentions: Strong effects of simple plans". In: *American Psychologist* (54), 493–503.

GOSWAMI, U. (1992): „Phonological factors in spelling development". In: *Journal of Child Psychology and Psychiatry, and Allied Disciplines* 33 (6), 967–975.

GOSWAMI, U. (1993): „Toward an interactive analogy model of reading development: Decoding vowel graphemes in beginning reading". In: *Journal of Experimental Child Psychology* 56 (3), 443–475.

GOSWAMI, U. (1995): „Phonological development and reading by analogy: what is analogy, and what is it not?". In: *Journal of Research in Reading* 18 (2), 139–145.

GOSWAMI, U. (2000): „Phonological representations, reading development and dyslexia: Towards a cross-linguistic theoretical framework". In: *Dyslexia* 6 (2), 133–151.

GOSWAMI, U.; BRYANT, P.G. (1990): *Phonological Skills and Learning to Read.* Hove: Erlbaum.

GOUGH, P.B. / EHRI, L.C. (Hrsg.) (1992): *Reading Acquisition.* Hillsdale: Erlbaum.

GOULANDRIS, N. (Hrsg.) (2003): *Dyslexia in Different Languages.* London: Whurr.

GRAHAM, S.; HARRIS, K.R.; LOYNACHAN, C. (1994): „The spelling for writing list". In: *Journal of Learning Disabilities* 27 (4), 210–214.

GRIMM, H. / SKOWRONEK H. (HRSG.) (1993): *Language Acquisition Problems and Reading Disorders: Aspects of Diagnosis and Intervention.* New York: DeGruyter.

GROTJAHN, R. (^{3}2003): „Lernstile/Lernertypen". In: BAUSCH, K.R. / CHRIST, H. / KRUMM, H.J. (Hrsg.): *Handbuch Fremdsprachenunterricht.* Tübingen: Francke, 326–330.

GRUNEBERG, M.M. / MORRIS, P.E. / SYKES, R.N. (Hrsg.) (1978): *Practical Aspects of Memory.* London: Academic Press.

GÜNTHER, K.B. (1986): „Ein Stufenmodell der Entwicklung kindlicher Lese- und Schreibstrategien". In: BRÜGELMANN, H. (Hrsg.): *ABC und Schriftsprache – Rätsel für Kinder, Lehrer und Forscher.* Konstanz: Faude, 32–54.

GÜNTHER, B.; GÜNTHER, H. (2007): *Erstsprache, Zweitsprache, Fremdsprache. Eine Einführung.* Weinheim, Basel: Beltz.

GUTEZEIT, G.; PONGRATZ, E. (1975): „Erfolgskontrolle eines tachistoskopischen Trainings mit legasthenen Kindern aus 3. Klassen". In: *Praxis der Kinderpsychologie und Kinderpsychiatrie* 24 (5), 169–174.

GUYER, B.P.; SABATINO, D. (1989): „The Effectiveness of a multisensory alphabetic phonetic approach with college students who are learning disabled". In: *Journal of Learning Disabilities* 22 (7), 430–434.

HAGTVET, B.E.; LYSTER, S.A.H. (2003): „The spelling errors of good and poor decoders: A developmental cross-linguistic perspective". In: GOULANDRIS, N. (Hrsg.): *Dyslexia in Different Languages.* London: Whurr, 181–207.

HALLET, W. / KÖNIGS, F.G. (Hrsg.) (2010): *Handbuch Fremdsprachendidaktik.* Seelze-Velber: Klett Kallmeyer.

HARRIS, C. W. (Hrsg.) (1960): *Encyclopedia of Educational Research.* New York: Macmillan.

HASS, F. (2006): *Fachdidaktik Englisch. Tradition, Innovation, Praxis.* Stuttgart: Klett.

HASSELHORN, M.; MARX, H.; SCHNEIDER, W. (2008): „Aktuelle Trends der Rechtschreibdiagnostik: Eine Einführung". In: SCHNEIDER, W. / MARX, H. / HASSELHORN, M. (Hrsg.): *Diagnostik von Rechtschreibleistungen und -kompetenz: Tests und Trends.* Göttingen: Hogrefe, 1–6.

HATCHER, P.J.; HULME, C.; ELLIS, A.W. (1994): „Ameliorating early reading failure by integrating the teaching of reading and phonological skills: The phonological linkage hypothesis". In: *Child Development* 65 (1), 41–57.

HATTIE, J. (2012): *Visible Learning for Teachers. Maximizing Impact on Learning.* London, New York: Routledge.

HAUN, M. (2008): „Schulentwicklung als Aufgabe der Lehrerausbildung". In: BOVET, G. / HUWENDIEK, V. (Hrsg.): Leitfaden Schulpraxis. Pädagogik und Psychologie für den Lehrberuf. Berlin: Scriptor, 573–595.

HAWKINS, J. A. (1986): *A Comparative Typology of English and German: Unifying the Contrasts.* London: Croom Helm.

HEIMLICH, U. / WEMBER, F.B. (Hrsg.) (2007): *Didaktik des Unterrichts im Förderschwerpunkt Lernen. Ein Handbuch für Studium und Praxis.* Stuttgart: W. Kohlhammer.

HELLAND, T.; KAASA, R. (2005): „Dyslexia in English as a second language". In: *Dyslexia* 11 (1), 41–60.

HERPERTZ-DAHLMANN, B. / RESCH, F. / SCHULTE-MARKWORT, M. / WARNKE, A. (Hrsg.) (2003): *Entwicklungspsychiatrie.* Stuttgart: Schattauer.

HINTZ, A.-M.; GRÜNKE, M. (2009): „Einschätzungen von angehenden Lehrkräften für Sonder- und allgemeine Schulen zur Wirksamkeit von Interventionen für den Schriftspracherwerb bei lernschwachen Kindern". In: *Empirische Sonderpädagogik* (1), 45–61.

HOEFT, F.; UENO, T.; REISS, A.L.; MEYLER, A.; WHITFIELD-GABRIELI, S.; GLOVER, G.H.; KELLER, T.A.; KOBAYASHI, N.; MAZAIKA, P.; JO, B.; JUST, M.A.; GABRIELI, J.D.E. (2007): „Prediction of children's reading skills using behavioral, functional, and structural neuroimaging measures". In: *Behavioral Neuroscience* 121 (3), 602–613.

HOFMANN, B. / SASSE, A. (Hrsg.) (2006): *Legasthenie. Lese-Rechtschreibstörungen oder Leseschreibschwierigkeiten? Theoretische Konzepte und praktische Erfahrungen mit Förderprogrammen.* Berlin: DGLS.

HOGG, R.M.; DENISON, D. (2008): *A History of the English Language.* Cambridge [u.a.]: Cambridge University Press.

HOLOPAINEN, L.; AHONEN, T.; LYYTINEN, H. (2001): „Predicting delay in reading achievement in a highly transparent language". In: *Journal of Learning Disabilities* 34 (5), 401–413.

HORN, E. (1960): „Spelling". In: HARRIS, C. W. (Hrsg.): *Encyclopedia of Educational Research.* New York: Macmillan, 1337–1354.

HORNSBY, B.; SHEAR, F.; POOL, J. (2006): *Alpha to Omega: Teacher's Handbook.* London: Heinemann.

HORWITZ, E.K. / YOUNG, D.J. (Hrsg.) (1991): *Language Anxiety: From Theory and Research to Classroom Implications.* Englewood Cliffs: Prentice Hall.

HUBER, L. (Hrsg.) (1998): *Einblicke in den Schriftspracherwerb.* Braunschweig: Westermann.

HUEMER, S.M.; POINTNER, A.; LANDERL, K. (2009): *Evidenzbasierte LRS-Förderung. Bericht über die wissenschaftlich überprüfte Wirksamkeit von Programmen und Komponenten, die in der LRS-Förderung zum Einsatz kommen.* URL: http://www.schulpsychologie.at/uploads/media/lrs_evidenzbasiert.pdf (zuletzt kontrolliert am 11. Juni 2013).

HULME, C. / JOSHI, R.M. (Hrsg.) (1998): *Reading and Spelling: Development and Disorders.* Mahwah, NJ: Lawrence Erlbaum.

HULME, C. / SNOWLING, M.J. (Hrsg.) (1997): *Dyslexia: Biology, Cognition and Intervention.* London: Whurr.

HULME, C.; SNOWLING, M. (2009): *Developmental Disorders of Language Learning and Cognition.* Oxford, Malden: Wiley-Blackwell.

ISE, E.; ENGEL, R.R.; SCHULTE-KÖRNE, G. (2012): „Was hilft bei der Lese-Rechtschreibstörung?". In: *Kindheit und Entwicklung* 21 (2), 122–136.

ISE, E.; SCHULTE-KÖRNE, G. (2012): „Implizites Lernen und LRS: Spielen Defizite im impliziten Lernen eine Rolle bei der Entstehung von Schwierigkeiten im Lesen und Rechtschreiben?". In: *Lernen und Lernstörungen* 1 (2), 79–97.

JANSEN, H.; MANNHAUPT, G.; MARX, H.; SKOWRONEK, H. (1999): *Das Bielefelder Screening zur Früherkennung von Lese-Rechtschreibschwierigkeiten (BISC)*. Göttingen: Hogrefe.

JAVORSKY, J.; SPARKS, R. L.; GANSCHOW, L. (1992): „Perceptions of college students with and without specific learning disabilities about foreign language courses". In: *Learning Disabilities Research & Practice* 7 (1), 31–44.

JEFFRIES, S.; EVERATT, J. (2004): „Working memory: Its role in dyslexia and other specific learning difficulties". In: *Dyslexia* 10 (3), 196–214.

JONG, P.F. de (1998): „Working memory deficits of reading disabled children". In: *Journal of Experimental Child Psychology* 70 (2), 75–96.

JOSHI, R.M.; DAHLGREN, M.; BOULWARE-GOODEN, R. (2002): „Teaching reading in an inner city school through a multisensory teaching approach". In: *Annals of Dyslexia* 52 (1), 229–242.

JUNGMANN, T. (2009): „Lese-Rechtschreib-Förderung". In: LOHAUS, A. / DOMSCH, H. (Hrsg.): *Psychologische Förder- und Interventionsprogramme für das Kindes- und Jugendalter*. Berlin: Springer, 99–112.

KAST, M.; MEYER, M.; VÖGELI, C.; GROSS, M.; JÄNCKE, L. (2007): „Computer-based multisensory learning in children with developmental dyslexia". In: *Restorative Neurology and Neuroscience* 25 (3), 355–369.

KATZ, L. / FROST, R. (Hrsg.) (1992): *Orthography, Phonology, Morphology, and Meaning*. New York: North-Holland.

KATZ, L.; FROST, R. (1992): „The reading process is different for different orthographies: The orthographic depth hypothesis". In: KATZ, L. / FROST, R. (Hrsg.): *Orthography, Phonology, Morphology, and Meaning*. New York: North-Holland, 67–84.

KELLER, G.; BINDER, A.; THIEL, R. D. (1997): *Sich besser motivieren – erfolgreicher lernen: Lern- und Arbeitsverhaltenstraining (LAT) für Schüler ab 14 Jahren*. Göttingen [u.a.]: Hogrefe.

KERSTIN, B. (2009): *Fit in Englisch trotz LRS: Vokale*. Buxtehude: AOL.

KESSLER, B.; TREIMAN, R. (2003): „Is English spelling chaotic? Misconceptions concerning its irregularity". In: *Reading Psychology* 24 (3–4), 267–289.

KIM, A.-H.; VAUGHN, S.; WANZEK, J.; SHANGJIN WEI (2004): „Graphic organizers and their effects on the reading comprehension of students with LD: A synthesis of research". In: *Journal of Learning Disabilities* 37 (2), 105–118.

KIPER, H. / MEYER, H. / TOPSCH, W. (Hrsg.): *Einführung in die Schulpädagogik*. Berlin: Cornelsen Scriptor.

KIRCHLER, E.; WALENTA, C. (2010): *Motivation*. Wien: Facultas wuv.

KIRSCHHOCK, E.M. (2004): *Entwicklung schriftsprachlicher Kompetenzen im Anfangsunterricht*. Bad Heilbrunn/Obb.: Klinkhardt.

KLAUER, K.J. (Hrsg.) (1977): *Jahrbuch für empirische Erziehungswissenschaft*. Düsseldorf: Pädagogischer Verlag Schwann.

KLEMM, H. (2004): *Entwicklung von Unterrichtsmaterialien*. Heidelberg: Heidelberger Institut Beruf und Arbeit.

KLICPERA, C.; GASTEIGER-KLICPERA, B. (1995): *Psychologie der Lese- und Schreibschwierigkeiten – Entwicklung, Ursachen, Förderung*. Weinheim: Beltz.

KLICPERA, C.; GASTEIGER-KLICPERA, B. (2000): „Sind Rechtschreibschwierigkeiten Folge einer phonologischen Störung? Die Entwicklung des orthographischen Wissens und der phonologischen Rekodierungsfähigkeit bei Schülern der 2. bis 4. Klasse Grundschule".

In: *Zeitschrift für Entwicklungspsychologie und Pädagogische Psychologie* 32 (3), 134–142.

KLICPERA, C.; GASTEIGER-KLICPERA, B.; SCHABMANN, A. (1993): *Lesen und Schreiben. Entwicklung und Schwierigkeiten: Die Wiener Längsschnittuntersuchungen über die Entwicklung, den Verlauf und die Ursachen von Lese- und Schreibschwierigkeiten in der Pflichtschulzeit.* Bern: Huber.

KLICPERA, C.; SCHABMANN, A. (1993): „Die Häufigkeit von emotionalen Problemen und Verhaltensauffälligkeiten im Unterricht und der Zusammenhang mit Lese- und Rechtschreibschwierigkeiten: Ergebnisse einer Längsschnittuntersuchung". In: *Praxis der Kinderpsychologie und Kinderpsychiatrie* 42 (10), 358–363.

KLICPERA, C.; SCHABMANN, A.; GASTEIGER-KLICPERA, B. (2010): *Legasthenie – LRS – Modelle, Diagnose, Therapie und Förderung.* München [u.a.]: Reinhardt.

KLIEME, E.; ARTELT, C.; HARTIG, J.; JUDE, N.; KÖLLER, O.; PRENZEL, M.; SCHNEIDER, W.; STANAT, P. (2010): *PISA 2009. Bilanz nach einem Jahrzehnt.* Münster [u.a.]: Waxmann.

KNAPP, K. ([4]2003): „Englisch". In: BAUSCH, K.R. / CHRIST, H. / KRUMM, H.J. (Hrsg.): *Handbuch Fremdsprachenunterricht.* Tübingen: Francke, 529–533.

KÖNIGS, F. G. (1999): „Artenschutz durch Artenvielfalt! Plädoyer für eine breit gefächerte Lehrmaterialforschung". In: BAUSCH, K.R. / CHRIST, H. / KÖNIGS, F.G. / KRUMM, H.J. (Hrsg.): *Die Erforschung von Lehr- und Lernmaterialien im Kontext des Lehrens und Lernens fremder Sprachen. Arbeitspapiere der 19. Frühjahrskonferenz zur Erforschung des Fremdsprachenunterrichts.* Tübingen: Gunter Narr, 105–112.

KÖNIGS, F.G. ([4]2003): „Die Dichotomie Lernen/Erwerben". In: BAUSCH, K.R. / CHRIST, H. / KRUMM, H.J. (Hrsg.): *Handbuch Fremdsprachenunterricht.* Tübingen: Francke, 435–439.

KÖNIGS, F.G. (2010a): „Lernpsychologische und psycholinguistische Grundlagen des Fremdsprachenlernens". In: HALLET, W. / KÖNIGS, F.G. (Hrsg.): *Handbuch Fremdsprachendidaktik.* Seelze-Velber: Klett Kallmeyer, 326–329.

KÖNIGS, F.G. (2010b): „Spracherwerb und Sprachenlernen". In: HALLET, W. / KÖNIGS, F.G. (Hrsg.): *Handbuch Fremdsprachendidaktik.* Seelze-Velber: Klett Kallmeyer, 322–325.

KÖNIGS, F. G. (2010c): „Zweitsprachenerwerb und Fremdsprachenlernen: Begriffe und Konzepte". In: KRUMM, H.J. / FANDRYCH, C. / HUFEISEN, B. / RIEMER, C. (Hrsg.): *Deutsch als Fremd- und Zweitsprache. Ein internationales Handbuch (1. Halbband).* Berlin, New York: De Gruyter Mouton, 754–764.

KORTMANN, B. (1999): *Linguistik: Essentials.* Berlin: Cornelsen.

KOSSOW, H.J. (1972): *Zur Therapie der Lese-Rechtschreibschwäche – Aufbau und Erprobung eines theoretisch begründeten Therapieprogramms.* Berlin: Deutscher Verlag der Wissenschaften.

KOSSOW, H.J. ([2]1991): *Leitfaden zur Bekämpfung der Lese-Rechtschreibschwäche.* Berlin: Deutscher Verlag der Wissenschaften.

KRASHEN, S.D. (1981): *Second Language Acquisition and Second Language Learning.* Oxford [u.a.]: Pergamon Press.

KRASHEN, S.D. (1982): *Principles and Practice in Second Language Acquisition.* London: Longman.

KRASHEN, S.; TERRELL, T. (1983): *The Natural Approach. Language Acquisition in the classroom.* Hayward: Alemany Press.

KRONBICHLER, M.; HUTZIER, F.; WIMMER, H. (2002): „Dyslexia: Verbal impairments in the absence or magnocellular impairments". In: *Neuroreport* 13 (5), 617–620.

KRUMM, H.J. / FANDRYCH, C. / HUFEISEN, B. / RIEMER, C. (Hrsg.) (2010): *Deutsch als Fremd- und Zweitsprache. Ein internationales Handbuch (1. Halbband)*. Berlin, New York: De Gruyter Mouton.

KUCKARTZ, U.; DRESING, T.; RÄDIKER, S.; STEFER, C. (2008): *Qualitative Evaluation. Der Einstieg in die Praxis*. Wiesbaden: VS Verlag für Sozialwissenschaften.

KÜHN, P. (Hrsg.) (2000): *Wortschatzarbeit in der Diskussion. Studien zu Deutsch als Fremdsprache V*. Hildesheim [u.a.]: Georg Olms.

KÜSPERT, P. (1998): *Phonologische Bewußtheit und Schriftspracherwerb. Zu den Effekten vorschulischer Förderung der phonologischen Bewußtheit auf den Erwerb des Lesens und Rechtschreibens*. Frankfurt am Main: Peter Lang.

LAASONEN, M.; SALOMAA, J.; COUSINEAU, D.; LEPPÄMÄKI, S.; TANI, P.; HOKKANEN, L.; DYE, M. (2012): „Project DyAdd: Visual attention in adult dyslexia and ADHD". In: *Brain and Cognition* 80 (3), 311–327.

LABAS, M.; BEDERSKI, H. (2004): „Das Üben mit der Wortkartei". In: LAUTH, G.W. / GRÜNKE, M. / BRUNSTEIN, J.C. (Hrsg.): *Interventionen bei Lernstörungen. Förderung, Training und Therapie in der Praxis*. Göttingen: Hogrefe, 307–319.

LADE, E. / KOWALCZYK, W. (Hrsg.) (1998): *Konkrete Handlungsanleitungen für erfolgreiche Beratungsarbeit mit Schülern, Eltern und Lehrern*. Kissing: WEKA Fachverlag.

LADO, R.; FRIES, C.C. (1957): *Linguistics across Cultures – Applied Linguistics for Language Teachers*. Ann Arbor: University of Michigan Press.

LANDAUER, T.K.; BJORK, R.A. (1978): „Optimum rehearsal patterns and name learning". In: GRUNEBERG, M.M. / MORRIS, P.E. / SYKES, R.N. (Hrsg.): *Practical Aspects of Memory*. London: Academic Press, 625–632.

LANDERL, K. (2000): „Influences of orthographic consistency and reading instruction on the development of nonword reading skills". In: *European Journal of Psychology of Education* (3), 239–257.

LANDERL, K. (2003): „Dyslexia in German-speaking children". In: GOULANDRIS, N. (Hrsg.): *Dyslexia in Different Languages*. London: Whurr, 15–32.

LANDERL, K. (2009): „Lese-/Rechtschreibstörung". In: SCHNEIDER, S. / MARGRAF, J. (Hrsg.): *Lehrbuch der Verhaltenstherapie*. Berlin, Heidelberg: Springer, 395–410.

LASNIER, J.-C. / MORFELD, P. / BORNETO, C.S. (o.J.): *European Language Learning Materials: Examples of Good Practice*. URL: http://ec.europa.eu/languages/documents/doc529_en.pdf (zuletzt kontrolliert am 28. März 2013).

LAUFER, B.; HULSTIJN, J. (2001): „Incidental vocabulary acquisition in a second language: the construct of task-induced involvement". In: *Applied Linguistics* 22 (1), 1–26.

LAUTH, G.W. / GRÜNKE, M. / BRUNSTEIN, J.C. (Hrsg.) (2004): *Interventionen bei Lernstörungen. Förderung, Training und Therapie in der Praxis*. Göttingen: Hogrefe.

LEECH, G.N.; RAYSON, P.; WILSON, A. (2001): *Word Frequencies in Written and Spoken English Based on the British National Corpus*. Harlow [u.a.]: Longman.

LEMOINE, H.E.; LEVY, B.A.; HUTCHINSON, A. (1993): „Increasing the naming speed of poor readers: Representations formed across repetitions". In: *Journal of Experimental Child Psychology* 55 (3), 297–328.

LENZEN, D. / BAUMERT, J. / WATERMANN, R. / TRAUTWEIN, U. (Hrsg.) (2004): *PISA und die Konsequenzen für die erziehungswissenschaftliche Forschung*. Wiesbaden: VS Verlag für Sozialwissenschaften.

LEONARD, C.; ECKERT, M.; GIVEN, B.; VIRGINIA, B.; EDEN, G. (2006): „Individual differences in anatomy predict reading and oral language impairments in children". In: *Brain* 129 (12), 3329–3342.

LEVY, B.A. (2001): „Moving the bottom: Improving reading fluency". In: WOLF, M. (Hrsg.): *Dyslexia, fluency and the brain.* Parkton: York Press, 357–379.

LEVY, B.A.; ABELLO, B.; LYSYNCHUK, L. (1997): „Transfer from word training to reading in context: Gains in reading fluency and comprehension". In: *Learning Disability Quarterly* 20 (3), 173–188.

LEWANDOWSKI, T. (^{5}1990): *Linguistisches Wörterbuch.* Heidelberg [u.a.]: Quelle und Meyer.

LINDERKAMP, F. (2004): „Motivierung (durch operante Verstärkung)". In: LAUTH, G.W. / GRÜNKE, M. / BRUNSTEIN, J.C. (Hrsg.): *Interventionen bei Lernstörungen. Förderung, Training und Therapie in der Praxis.* Göttingen: Hogrefe, 124–133.

LIPOWSKA, M.; CZAPLEWSKA, E.; WYSOCKA, A. (2011): „Visuospatial deficits of dyslexic children". In: *Medical science monitor* 17 (4), C216–221.

LIVINGSTONE, M.; ROSEN, G.D.; DRISLANE, F.W.; GALABURDA, A.M. (1991): „Physiological and anatomical evidence for a magnocellular defect in developmental dyslexia". In: *Proceedings of the National Academy of Sciences of the United States of America* 88 (18), 7943–7947.

LOHAUS, A. / DOMSCH, H. (Hrsg.) (2009): *Psychologische Förder- und Interventionsprogramme für das Kindes- und Jugendalter.* Berlin: Springer.

LONG, M.H. (1991): „Focus on form: A design feature in language teaching methodology". In: BOT, K. de / GINSBERG, R. B. / KRAMSCH, C. (Hrsg.): *Foreign Language Research in Cross-Cultural Perspective.* Amsterdam/Philadelphia: J. Benjamins, 39–52.

LOVETT, M.W.; WARREN-CHAPLIN, P.M.; RANSBY, M.J.; BORDEN, S.L. (1990): „Training the word recognition skills of reading disabled children: Treatment and transfer effects". In: *Journal of Educational Psychology* 82 (4), 769–780.

MABBOTT, A.S. (1995): „Arguing for multiple perspectives on the issue of learning disabilities and foreign language acquisition". In: *Foreign Language Annals* 28 (4), 488–494.

MAHONY, D.; SINGSON, M.; MANN, V. (2000): „Reading ability and sensitivity to morphological relations". In: *Reading and Writing* 12 (3/4), 191–218.

MANIS, F.R.; MCBRIDE-CHANG, C.; SEIDENBERG, M.S.; KEATING, P.; DOI, L. M.; MUNSON, B.; PETERSEN, A. (1997): „Are speech perception deficits associated with developmental dyslexia?". In: *Journal of Experimental Child Psychology* 66 (2), 211–235.

MANN, V.; WIMMER, H. (2002): „Phoneme awareness and pathways into literacy: A comparison of German and American children". In: *Reading and Writing: An Interdisciplinary Journal* 15 (7–8), 653–682.

MANNHAUPT, G. (2006): „Ergebnisse von Therapiestudien". In: VON SUCHODOLETZ, W. (Hrsg.): *Therapie der Lese-Rechtschreib-Störung (LRS): Traditionelle und alternative Behandlungsmethoden im Überblick.* Stuttgart: Kohlhammer, 93–110.

MARX, P. (2004): *Intelligenz und Lese-Rechtschreibschwierigkeiten: Macht es Sinn, Legasthenie und allgemeine Lese-Rechtschreibschwäche zu unterscheiden?* Hamburg: Kovac.

MARX, P. (2007): *Lese- und Rechtschreiberwerb.* Paderborn [u.a.]: Schöningh.

MARX, H.; JANSEN, H.; MANNHAUPT, G.; SKOWRONEK, H. (1993): „Prediction of difficulties in reading and spelling on the basis of the Bielefelder Screening". In: GRIMM, H. / SKOWRONEK H. (HRSG.): *Language Acquisition Problems and Reading Disorders: Aspects of Diagnosis and Intervention.* New York: DeGruyter, 219–242.

MARX, P.; WEBER, J.M.; SCHNEIDER, W. (2001): „Legasthenie versus allgemeine Lese-Rechtschreibschwäche: Ein Vergleich der Leistungen in der phonologischen und visuellen Informationsverarbeitung". In: *Zeitschrift für Pädagogische Psychologie* (15), 85–98.

MATTHES, G. (2006): *Individuelle Lernförderung bei Lernstörungen.* Potsdam: Univ.-Verl.

MAUGHAN, B.; PICKLES, A.; HAGELL, A.; RUTTER, M.; YULE, W. (1996): „Reading problems and antisocial behaviour: Developmental trends in comorbidity". In: *Journal of Child Psychology and Psychiatry* 37 (4), 405–418.

MAY, P. (2000): *Hamburger Schreib-Probe – HSP; Diagnose orthographischer Kompetenz zur Erfassung der grundlegenden Rechtschreibstrategien.* Hamburg: vpm, Verlag für Pädagogische Medien.

MAY, P. (2009): *Welche schulische Förderung ist erfolgreich?*

MAY, P.; MALITZKY, V. (1998): „Erfassung der Rechtschreibkompetenz in der Sekundarstufe mit der Hamburger Schreibprobe (HSP 4/5 und HSP 5–9)". In: LADE, E. / KOWALCZYK, W. (Hrsg.): *Konkrete Handlungsanleitungen für erfolgreiche Beratungsarbeit mit Schülern, Eltern und Lehrern.* Kissing: WEKA Fachverlag, 1–18.

MAY, P.; VIELAUF, U.; MALITZKY, V. (2010): *Hamburger Schreib-Probe.* Diagnose orthographischer Kompetenz: zur Erfassung der grundlegenden Rechtschreibstrategien mit der Hamburger Schreibprobe. Hamburg: vpm, Verlag für Pädagogische Medien.

MAYER, A. (2008): *Phonologische Bewusstheit, Benennungsgeschwindigkeit und automatisierte Leseprozesse – Aufarbeitung des Forschungsstandes und praktische Fördermöglichkeiten.* Aachen: Shaker.

MAYER, A. (2009): *Blitzschnelle Worterkennung (BliWo).* Dortmund: Borgmann Media.

MAYER, A. (2010): *Gezielte Förderung bei Lese- und Rechtschreibstörungen.* München, Basel: Reinhardt.

MAYRING, P. (2001): „Kombination und Integration qualitativer und quantitativer Analyse". In: *Forum Qualitative Sozialforschung/Forum Qualitative Social Research* 2 (1).

MAYRING, P. (2002): *Einführung in die qualitative Sozialforschung. Eine Anleitung zu qualitativem Denken.* Weinheim [u.a.]: Beltz.

MAYRING, P. (2003): *Qualitative Inhaltsanalyse – Grundlagen und Techniken.* Weinheim [u.a.]: Beltz.

McDAVID, J.C.; HAWTHORN, L.R.L. (2006): *Program Evaluation & Performance Measurement: An Introduction to Practice.* Thousand Oaks: Sage Publications.

MEARA, P. (Hrsg.) (1986): *Spoken Language.* London: Centre for Information on Language Teaching.

MEIERS, K. (1998): *Lesen lernen und Schriftspracherwerb im ersten Schuljahr.* Bad Heilbrunn: Klinkhardt.

MENGHINI, D.; CARLESIMO, G.A.; MAROTTA, L.; FINZI, A.; VICARI, S. (2010): „Developmental dyslexia and explicit long-term memory". In: *Dyslexia* 16 (3), 213–225.

METSALA, J.L. / EHRI, L.C. (Hrsg.) (1998): *Word Recognition in Beginning Literacy.* Hillsdale, NJ: Erlbaum.

MEYER, H. (2002): „Schulentwicklung". In: KIPER, H. / MEYER, H. / TOPSCH, W. (Hrsg.): *Einführung in die Schulpädagogik.* Berlin: Cornelsen Scriptor. 183–192.

MEYER, M.S.; WOOD, F.B.; HART, L.A.; FELTON, R.H. (1998): „Selective predictive value of rapid automatized naming in poor readers". In: *Journal of Learning Disabilities* 31 (2), 106–117.

MILES, E. (1997): *The Bangor Dyslexia Teaching System.* London: Whurr.

MILES, T.R. (2007): „Criteria for evaluating interventions". In: *Dyslexia* 13 (4), 253–256.

MILES, T.R.; HASLUM, M.N.; WHEELER, T.J. (1998): „Gender ratio in dyslexia". In: *Annals of Dyslexia* 48 (1), 27–55.

MOATS, L.C. (2009): „Teaching spelling to students with language and learning disabilities". In: TROIA, G.A. (Hrsg.): *Instruction and Assessment for Struggling Writers. Evidence-based Practices.* New York: Guilford Press, 269–289.

MOATS, L.; FOORMAN, B. (2003): „Measuring teachers' content knowledge of language and reading". In: *Annals of Dyslexia* 53 (1), 23–45.

MOATS, L.C.; FOORMAN, B.R.; TAYLOR, P. (2006): „How quality of writing instruction impacts high-risk fourth graders' writing". In: *Reading and Writing: An Interdisciplinary Journal* 19 (4), 363–391.

MOLL, K.; LANDERL, K. (2011): „Lesedefizite und Rechtschreibdefizite – zwei Seiten derselben Medaille?". In: SCHULTE-KÖRNE, G. (Hrsg.): *Legasthenie und Dyskalkulie: Stärken erkennen – Stärken fördern.* Bochum: Dr. Dieter Winkler, 11–24.

MÖLLER, J.; ZAUNBAUER-WOMELSDORF, A.C.M. (2008): „Erwerb fremdsprachlicher Kompetenzen". In: SCHNEIDER, W. / HASSELHORN, M. (Hrsg.): *Handbuch der Pädagogischen Psychologie.* Göttingen [u.a.]: Hogrefe, 587–596.

MORTON, J. (1969): „Interaction of information in word recognition". In: *Psychological Review* 76 (2), 165–178.

MORTON, J. (1980): „The logogen model and orthographic structure". In: FRITH, U. (Hrsg.): *Cognitive Approaches in Spelling.* London: Academic Press, 117–133.

MURJAHN, I.; LATOSKA, K.; BORG-LAUFS, M. (2005): „Computergestützte Rechtschreibförderung mit dem Programm COLLI. Ergebnisse zweier Evaluationsstudien". In: *Psychologie in Erziehung und Unterricht* (4), 261–271.

MUTER, V.; DIETHELM, K. (2001): „The contribution of phonological skills and letter knowledge to early reading development in a multilingual population". In: *Language Learning* 51 (2), 187–219.

NAEGELE, I. / VALTIN, R. (Hrsg.) (1989): *LRS in den Klassen 1–10. Handbuch der Lese- und Rechtschreibschwierigkeiten.* Weinheim, Basel: Beltz.

NAEGELE, I. / VALTIN, R. (Hrsg.) (2001): *LRS – Legasthenie in den Klassen 1–10. Handbuch der Lese-Rechtschreib-Schwierigkeiten. Band 2: Schulische Förderung und außerschulische Therapien.* Weinheim, Basel: Beltz.

NAGY, W.E.; ANDERSON, R.C. (1984): „How many words are there in printed school English?". In: *Reading Research Quarterly* (19), 304–330.

NATIONAL INSTITUTE OF CHILD HEALTH AND HUMAN DEVELOPMENT (2000): *Report of the National Reading Panel. Teaching Children to Read: An Evidence-based Assessment of the Scientific Research Literature on Reading and its Implications for Reading Instruction.* Washington, DC: U.S. Government Printing Office.

NESBIT, J.C.; ADESOPE, O.O. (2006): „Learning with concept and knowledge maps: A meta-analysis". In: *Review of Educational Research* 76 (3), 413–448.

NICOLSON, R.I. (2001): „Developmental dyslexia: Into the future". In: FAWCETT, A. J. (Hrsg.): *Dyslexia. Theory and Good Practice.* London: Whurr, 1–35.

NICOLSON, R.I.; FAWCETT, A.J. (1990): „Automaticity: a new framework for dyslexia research?". In: *Cognition* 35 (2), 159–182.

NIEBERLE, G. (2005): *Englische Rechtschreibung – Probleme deutschsprachiger Schüler: Englische Rechtschreibung mit Alfi und Betty, Band 1.* Regensburg: Verlag für kognitive Lernförderung.

NIJAKOWSKA, J. (2010): *Dyslexia in the Foreign Language Classroom.* Bristol: Multilingual Matters.

NITTROUER, S. (1999): „Do temporal processing deficits cause phonological processing problems?". In: *Journal of Speech, Language, and Hearing Research* 42 (4), 925–942.

ORTNER, A.; ORTNER, R. (2000): *Verhaltens- und Lernschwierigkeiten: Ein Handbuch für die Grundschulpraxis.* Weinheim, Basel: Beltz.

ORTON, S.T. (1937): *Reading, Writing and Speech Problems in Children – a Presentation of Certain Types of Disorders in the Development of the Language Faculty.* London: Chapman und Hall.

PAIVIO, A. (1971): *Imagery and Verbal Processes.* New York [u.a.]: Holt, Rinehart and Winston.

PATTERSON, K.E. / MARSHALL, J.C. / COLTHEART, M. (Hrsg.) (1985): *Surface Dyslexia.* Hillsdale: Lawrence Erlbaum.

PAUELS, W. (1995): „Sprachbegabung im Lichte kognitiver Zweitspracherwerbsmodelle". In: *Die Neueren Sprachen* 94 (6), 622–633.

PENNINGTON, B.F.; VAN ORDEN, G.C.; SMITH, S.D.; HAITH, M.M. (1990): „Phonological processing skills and deficits in adult dyslexics". In: *Child Development* 61 (6), 1753–1778.

PERFETTI, C.A. (1992): „The representation problem in reading acquisition". In: GOUGH, P. B. / EHRI, L. C. (Hrsg.): *Reading acquisition.* Hillsdale: Erlbaum, 145–174.

PERFETTI, C.A.; BELL, L. (1991): „Phonemic activation during the first 40 ms of word identification: evidence from backward masking and priming". In: *Journal of Memory and Language* 30 (4), 473–485.

PHILIPS, B.M.; CLANCY-MENCHETTI, J.; LONIGAN, C.J. (2008): „Successful phonological awareness instruction with preschool children. Lessons from the classroom". In: *Topics in Early Childhood Special Education* 28 (1), 3–17.

PIENEMANN, M. (1998): *Language Processing and Second Language Acquisition: Processability Theory.* Amsterdam: Benjamins.

PISA-KONSORTIUM DEUTSCHLAND (2004): *PISA 2003: Der Bildungsstand der Jugendlichen in Deutschland. Ergebnisse des zweiten internationalen Vergleichs.* Münster [u.a.]: Waxmann.

PISKE, T. (2010): „Positive and negative effects of exposure to L2 orthographic input in the early phases of foreign language learning: a review". In: DIEHR, B. / RYMARCZYK, J. (Hrsg.): *Researching Literacy in a Foreign Language among Primary School Learners. Forschung zum Schrifterwerb in der Fremdsprache bei Grundschülern.* Frankfurt am Main: Peter Lang, 37–50.

PLUME, E.; WARNKE, A. (2007): „Definition, Symptomatik, Prävalenz und Diagnostik der Lese-Rechtschreib-Störung". In: *Monatsschrift Kinderheilkunde* 155 (4), 322–327.

PREUSS-LAUSITZ, U. (2012): „Inklusion: Modewort oder Hoffnungsträger? Was ist neu an Inklusion und wie kann sie gelingen?" In: Pädagogik (9/2012), 41–45.

PUGH, K.R.; SANDAK, R.; FROST, S.J.; MOORE, D.; EINAR MENCL, W. (2005): „Examining reading development and reading disability in English language learners: Potential contributions from neuroimaging". In: *Learning Disabilites Research and Practice* 20 (1), 24–30.

PUNCH, K. (2009): *Introduction to Research Methods in Education.* Los Angeles: Sage.

QUETZ, J. (1999): „Welche linguistischen, didaktischen, administrativen und ökonomischen Normen muss ein Lehrwerk erfüllen, bevor es selbst Normen ersetzen kann?". In:

BÖRNER, W. / VOGEL, K. (Hrsg.): *Lehrwerke im Fremdsprachenunterricht: Lernbezogene, interkulturelle und mediale Aspekte.* Bochum: AKS, 3–30.

RABERGER, T.; WIMMER, H. (2003): „On the automaticity/cerebellar deficit hypothesis of dyslexia: balancing and continuous rapid naming in dyslexic and ADHD children".

RAMUS, F. (2004): „Neurobiology of dyslexia: a reinterpretation of the data". In: *Trends in Neurosciences* 27 (12), 720–726.

RAMUS, F. (2006): „Genes, brain, and cognition: A roadmap for the cognitive scientist". In: *Cognition* 101 (2), 247–269.

RAMUS, F.; MARSHALL, C.R.; ROSEN, S.; VAN DER LELY, H.K.J. (2013): „Phonological deficits in specific language impairment and developmental dyslexia: towards a multidimensional model". In: *Brain* 136 (2), 630–645.

RAMUS, F.; ROSEN, S.; DAKIN, S.C.; DAY, B.L.; CASTELLOTE, J.M.; WHITE, S.; FRITH, U. (2003): „Theories of developmental dyslexia: insights from a multiple case study of dyslexic adults". In: *Brain* 126 (4), 841–865.

RANSCHBURG, P. (1916): *Die Leseschwäche (Legasthenie) und Rechenschwäche (Arithmasthenie) der Schulkinder im Lichte des Experiments.* Berlin: Springer.

REASON, R. (2002): „From assessment to intervention: The educational psychology perspective". In: REID, G. / WEARMOUTH, J. (Hrsg.): *Dyslexia and Literacy: Theory and Practice.* Chichester, West Sussex, UK; New York: J. Wiley & Sons, 187–200.

REID, G. / WEARMOUTH, J. (Hrsg.) (2002): *Dyslexia and Literacy: Theory and Practice.* Chichester, UK, New York: J. Wiley & Sons.

REISS, G.; WENER, B. (2007): „Offener Unterricht". In: HEIMLICH, U. / WEMBER, F.B. (Hrsg.): *Didaktik des Unterrichts im Förderschwerpunkt Lernen. Ein Handbuch für Studium und Praxis.* Stuttgart: W. Kohlhammer, 112–124.

REMSCHMIDT, H. (2011): *Multiaxiales Klassifikationsschema für psychische Störungen des Kindes- und Jugendalters nach ICD-10 der WHO – mit einem synoptischen Vergleich von ICD-10 mit DSM-IV.* Bern: Huber.

RESNICK, L.B. / WEAVER, P.A. (Hrsg.) (1979): *Theory and Practice of Early Reading.* Hillsdale, NJ: Erlbaum.

REUTER-LIEHR, C. (1993): „Behandlung der Lese-Rechtschreibschwäche nach der Grundschulzeit: Anwendung und Überprüfung eines Konzeptes". In: *Zeitschrift für Kinder- und Jugendpsychiatrie* 21 (3), 135–147.

REUTER-LIEHR, C. ([2]2001): *Eine Einführung in das strategiegeleitete Lernen zum Training von Phonemstufen auf der Basis des rhythmischen Syllabierens.* Bochum: Winkler.

REUTER-LIEHR, C. (2006): *Lautgetreue Lese-Rechtschreibförderung.* Bochum: Winkler.

RHEINBERG, F.; KRUG, S. ([3]2005): *Motivationsförderung im Schulalltag – psychologische Grundlagen und praktische Durchführung.* Göttingen [u.a.]: Hogrefe.

RICHARDS, K. (2003): *Qualitative Inquiry in TESOL.* New York: Palgrave Macmillan.

RICHARDS, T.L.; CORNIA, D.; SERAFINI, S.; STEURY, K.; ECHELARD, D.R.; DAGER, S.R.; MARRO, K.; ABBOTT, R.D.; MARAVILLA, K.R.; BERNINGER, V.W. (2000): „The effects of a phonologically driven treatment for dyslexia on lactate levels measured by proton MR spectroscopic imaging". In: *American Journal of Neuroradiology* 21 (5), 916–922.

RIEGER, C.L. (1999): „Visualisierungen in modernen DaF-Lehrbüchern". In: *Die Unterrichtspraxis/Teaching* 32, 174–181.

RIEMER, C. (2009): „Training und Stretching im Fremdsprachenunterricht – Fremdsprachenlerneignung, Lernstile und Lernstrategien". In: *Fremdsprachen Lehren und Lernen* (38), 18–36.

RIEMER, C. (2010a): „Motivation". In: HALLET, W. / KÖNIGS, F.G. (Hrsg.): *Handbuch Fremdsprachendidaktik.* Seelze-Velber: Klett Kallmeyer, 168–172.

RIEMER, C. (2010b): „Spracherwerb und Spracherwerbstheorien". In: SURKAMP, C. (Hrsg.): *Lexikon Fremdsprachendidaktik – Ansätze, Methoden, Grundbegriffe.* Stuttgart: Metzler, 276–280.

RITCHEY, K.D.; GOEKE, J.L. (2006): „Orton-Gillingham and Orton-Gillingham-Based Reading Instruction: A review of the literature". In: *The Journal of Special Education* 40 (3), 171–183.

ROCHELLE, K.S.H.; TALCOTT, J.B. (2006): „Impaired balance in developmental dyslexia? A meta-analysis of the contending evidence". In: *Journal of Child Psychology and Psychiatry* 47 (11), 1159–1166.

ROOS, J.; SCHÖLER, H. (2009): *Entwicklung des Schriftspracherwerbs in der Grundschule.* Wiesbaden: VS Verlag für Sozialwissenschaften.

ROSENTHAL, J.; EHRI, L.C. (2011): „Pronouncing new words aloud during the silent reading of text enhances fifth graders' memory for vocabulary words and their spellings". In: *Reading and Writing* 24 (8), 921–950.

ROTH, B. (2012): „Aufmerksamkeit – Konzentration – Ablenkbarkeit. Arbeitsdisziplin aus motivations- und volitionspsychologischer Sicht". In: *Pädagogik* (1), 34–37.

ROTH, E.; SCHNEIDER, W. (2002): „Langzeiteffekte einer vorschulischen Förderung der phonologischen Bewusstheit und der Buchstabenkenntnis auf die spätere Sprachkompetenz". In: *Zeitschrift für Pädagogische Psychologie* (16), 99–107.

RUSSAK, S.; KAHN-HORWITZ, J. (2013): „English as a foreign language spelling: comparisons between good and poor spellers". In: *Journal of Research in Reading* (online), URL: http://ldx.sagepub.com/content/46/2/182.full.pdf+html (zuletzt kontrolliert am 20. Juli 2013).

RUSTEMEYER, R. (^{3}2011): *Einführung in die Unterrichtspsychologie.* Darmstadt: WBG, Wissenschaftliche Buchgesellschaft.

RUTTER, M.; TIZARD, J.; WHITMORE, K. (1970): *Education, Health and Behaviour.* London: Longman Group.

RYMARCZYK, J. (2010): „Früher Schriftspracherwerb in der ersten Fremdsprache Englisch bei Kindern mit Migrationshintergrund". In: *Forum Sprache* (4), 60–78.

SCHEERER-NEUMANN, G. (1979): *Intervention bei Lese-Rechtschreibschwäche: Überblick über Theorien, Methoden und Ergebnisse.* Bochum: Kamp.

SCHEERER-NEUMANN, G. (1981): „The utilization of intraword structure in poor readers: Experimental evidence and a training program". In: *Psychological Research* 43 (2), 155–178.

SCHEERER-NEUMANN, G. (1986): „Wortspezifisch: ja – Wortbild: nein". In: BRÜGELMANN, H. (Hrsg.): *ABC und Schriftsprache – Rätsel für Kinder, Lehrer und Forscher.* Konstanz: Faude, 171–185.

SCHEERER-NEUMANN, G. (1987): „Ein Entwicklungsmodell zur Analyse der Rechtschreibschwäche". In: DUMMER, L. (Hrsg.): *Legasthenie – Bericht über den Fachkongress 1986.* Hannover: Bundesverband Legasthenie.

SCHEERER-NEUMANN, G. (1988): *Rechtschreibtraining mit rechtschreibschwachen Hauptschülern auf kognitionspsychologischer Grundlage.* Opladen: Westdeutscher Verlag, 205–223.

SCHEERER-NEUMANN, G. (1993): „Interventions in developmental reading and spelling disorders". In: GRIMM, H. / SKOWRONEK H. (HRSG.): *Language Acquisition Problems and Reading Disorders: Aspects of Diagnosis and Intervention.* New York: DeGruyter, 319–352.

SCHEERER-NEUMANN, G. (1997): „Lesen und Leseschwierigkeiten". In: WEINERT, F. E. (Hrsg.): *Enzyklopädie der Psychologie. Band 3: Psychologie des Unterrichts und der Schule.* Göttingen: Hogrefe, 279–325.

SCHEERER-NEUMANN, G. (1998): „Schriftspracherwerb: „The State of the Art" aus psychologischer Sicht". In: HUBER, L. (Hrsg.): *Einblicke in den Schriftspracherwerb.* Braunschweig: Westermann, 31–46.

SCHEERER-NEUMANN, G.; KRETSCHMANN, R.; BRÜGELMANN, H. (1986): „Andrea, Ben und Jana: Selbstgewählte Wege zum Lesen und Schreiben". In: BRÜGELMANN, H. (Hrsg.): *ABC und Schriftsprache – Rätsel für Kinder, Lehrer und Forscher.* Konstanz: Faude, 55–96.

SCHENK, C. (1999): *Lesen und Schreiben lernen und lehren. Eine Didaktik des Schriftspracherwerbs.* Baltmannsweiler: Schneider Hohengehren.

SCHLAK, T. (2008): „Fremdsprachenlerneignung: Tabuthema oder Forschungslücke? Zum Zusammenhang von Fremdsprachenlerneignung, Fremdsprachenlernen und Fremdsprachenvermittlung". In: *Zeitschrift für Fremdsprachenforschung* 19 (1), 3–30.

SCHLAK, T. (2010): „Sprachlerneignung". In: HALLET, W. / KÖNIGS, F.G. (Hrsg.): *Handbuch Fremdsprachendidaktik.* Seelze-Velber: Klett Kallmeyer, 257–261.

SCHNEIDER, W. (1980): *Bedingungsanalysen des Recht-Schreibens.* Bern [u.a.]: Huber.

SCHNEIDER, W. / HASSELHORN, M. (Hrsg.) (2008): *Handbuch der Pädagogischen Psychologie.* Göttingen [u.a.]: Hogrefe.

SCHNEIDER, S. / MARGRAF, J. (Hrsg.) (2009): *Lehrbuch der Verhaltenstherapie.* Berlin, Heidelberg: Springer.

SCHNEIDER, W. / MARX, H. / HASSELHORN, M. (Hrsg.) (2008): *Diagnostik von Rechtschreibleistungen und -kompetenz: Tests und Trends.* Göttingen: Hogrefe.

SCHNEIDER, W.; NÄSLUND, J. (1999): „The impact of early metalinguistic competencies and memory capacity on reading and spelling in elementary school: Results of the Munich Longitudinal Study on the Genesis of Individual Competencies (LOGIC)". In: *European Journal of Psychology of Education* 8 (3), 273–288.

SCHNEIDER, W.; ROTH, E.; KÜSPERT, P. (1999): „Frühe Prävention von Lese-Rechtschreibproblemen. Das Würzburger Trainingsprogramm zur Förderung sprachlicher Bewusstheit bei Kindergartenkindern". In: *Kindheit und Entwicklung* 8 (3), 147–152.

SCHNEIDER, W.; ROTH, E.; ENNEMOSER, M. (2000): „Training phonological skills and letter knowledge in children at risk for dyslexia". In: *Journal of Educational Psychology* 92 (2), 284–295.

SCHNEIDER, W.; SPRINGER, A. (1978): „Individualisiertes Rechtschreibtraining auf verhaltenstherapeutischer Basis". In: *Psychologie in Erziehung und Unterricht* 25, 197–204.

SCHNELL, Rainer; HILL, Paul B.; ESSER, Elke (2005): *Methoden der empirischen Sozialforschung.* München: Oldenbourg Wissenschaftsverlag.

SCHNITZLER, C.D. (2008): *Phonologische Bewusstheit und Schriftspracherwerb.* Stuttgart: Thieme.

SCHRADER, F.W. (2008): „Diagnoseleistungen und diagnostische Kompetenzen von Lehrkräften". In: SCHNEIDER, W. / HASSELHORN, M. (Hrsg.): *Handbuch der Pädagogischen Psychologie.* Göttingen [u.a.]: Hogrefe, 168–177.

SCHRÜNDER-LENZEN, A. (2009): *Schriftspracherwerb und Unterricht – Bausteine professionellen Handlungswissens.* Wiesbaden: VS Verlag für Sozialwissenschaften.

SCHULTE-KÖRNE, G. (Hrsg.) (2002): *Legasthenie: Zum aktuellen Stand der Ursachenforschung, der diagnostischen Methoden und der Förderkonzepte.* Bochum: Dr. Dieter Winkler.

SCHULTE-KÖRNE, G. (2002): „Neurobiologie und Genetik der Lese-Rechtschreibstörung (Legasthenie)". In: SCHULTE-KÖRNE, G. (Hrsg.): *Legasthenie: Zum aktuellen Stand der Ursachenforschung, der diagnostischen Methoden und der Förderkonzepte.* Bochum: Dr. Dieter Winkler, 13–42.

SCHULTE-KÖRNE, G. (Hrsg.) (2011): *Legasthenie und Dyskalkulie: Stärken erkennen – Stärken fördern.* Bochum: Dr. Dieter Winkler.

SCHULTE-KÖRNE, G. (2011): „Lese- und Rechtschreibstörung im Schulalter. Neuropsychologische Aspekte". In: *Zeitschrift für Psychiatrie, Psychologie und Psychotherapie* 59 (1), 47–55.

SCHULTE-KÖRNE, G.; DEIMEL, W.; HÜLSMANN, J.; SEIDLER, T.; REMSCHMIDT, H. (2001): „Das Marburger Rechtschreib-Training – Ergebnisse einer Kurzzeit-Intervention". In: *Zeitschrift für Kinder- und Jugendpsychiatrie und Psychotherapie* 29 (1), 7–15.

SCHULTE-KÖRNE, G.; DEIMEL, W.; MÜLLER, K.; GUTENBRUNNER, C.; REMSCHMIDT, H. (1996): „Familial aggregation of spelling disability". In: *Journal of Child Psychology and Psychiatry* 37 (7), 817–822.

SCHULTE-KÖRNE, G.; DEIMEL, W.; REMSCHMIDT, H. (2003): „Practice in spelling in remedial groups – results of an evaluation study in secondary education". In: *Zeitschrift für Kinder- und Jugendpsychiatrie und Psychotherapie* 31 (2), 85–98.

SCHULTE-KÖRNE, G.; MATHWIG, F. (2001): *Das Marburger Rechtschreibtraining – ein regelgeleitetes Förderprogramm für rechtschreibschwache Kinder.* Bochum: Winkler.

SCHULTE-KÖRNE, G.; SCHÄFER, J.; DEIMEL, W.; REMSCHMIDT, H. (1997): „Das Marburger Eltern-Kind-Rechtschreibtraining". In: *Zeitschrift für Kinder- und Jugendpsychiatrie* 26 (3), 151–159.

SCHUMACHER, J.; ANTHONI, H.; DAHDOUH, F.; KÖNIG I.R.; HILLMER, A.M.; KLUCK, N.; MANTHEY, M.; PLUME, E.; WARNKE, A.; REMSCHMIDT, H.; HÜLSMANN, J.; CICHON, S.; LINDGREN, C.M.; PROPPING, P.; ZUCCHELLI, M.; ZIEGLER, A.; PEYRARD-JANVID, M.; SCHULTE-KÖRNE, G.; NÖTHEN, M.M.; KERE, J. (2006): „Strong genetic evidence for DCDC2 as a susceptibility gene for dyslexia". In: *American Journal of Human Genetics* 78 (1), 52–62.

SCHWENCK, C.; SCHNEIDER, W. (2003): „Der Zusammenhang von Rechen- und Schriftsprachkompetenz im frühen Grundschulalter". In: *Zeitschrift für Pädagogische Psychologie* 17 (3–4), 261–267.

SELINKER, L. (1972): „Interlanguage". In: *International Review of Applied Linguistics in Language Teaching* 10 (1–4), 209–231.

SELINKER, L. (1992): *Rediscovering Interlanguage.* London [u.a.]: Longman.

SELLIN, K. (2008): *Wenn Kinder mit Legasthenie Fremdsprachen lernen – mit zahlreichen Übungsvorschlägen.* München [u.a.]: Reinhardt.

SERNICLAES, W.; VAN HEGHE, S.; MOUSTY, P.; CARRÉ, R.; SPRENGER-CHAROLLE, L. (2004): „Allophonic mode of speech perception in dyslexia". In: *Journal of Experimental Child Psychology* 87 (4), 336–361.

SHAPIRO, B.K. / ACCARDO, P.J. / CAPUTE, A.J. (Hrsg.) (1998): *Specific Reading Disability: A View of the Spectrum.* Timonium, MD: York Press.

SHARE, D.L. (1995): „Phonological recoding and self-teaching: sine qua non of reading acquisition". In: *Cognition* 55 (2), 151–218.

SHAYWITZ, S. (2005): *Overcoming Dyslexia: A New and Complete Science-Based Program for Reading Problems at Any Level.* New York: Vintage.

SHAYWITZ, S.E.; SHAYWITZ, B. A.; FLETCHER, J.M.; ESCOBAR, M.D. (1990): „Prevalence of reading disability in boys and girls: Results of the Connectitut longitudinal study". In: *Journal of the American Medical Association* 264 (8), 998–1002.

SHAYWITZ, B.A.; SHAYWITZ, S. E.; PUGH, K.R.; CONSTABLE, R.T.; SKUDLARSKI, P.; FULBRIGHT, R.K.; BRONEN, R.A.; FLETCHER, J.M.; SHANKWEILER, D.P.; KATZ, L. (1995): „Sex differences in the functional organization of the brain for language". In: *Nature* 373 (6515), 607–609.

SHAYWITZ, B.A.; SHAYWITZ, S.E.; BLACHMAN, B.A.; PUGH, K.R.; FULBRIGHT, R.K.; SKUDLARSKI, P.; EINAR MENCL, W.; CONSTABLE, R.C.; HOLAHAN, J.M.; MARCHIONE, K.E.; FLETCHER, J.M.; LYON, G.R.; GORE, J.C. (2004): „Development of left occipito-temporal systems for skilled reading in children after a phonologically-based intervention". In: *Biological Psychiatry* 55 (9), 926–933.

SIEGEL, L.S. (2008): „Morphological awareness skills of English language learners and children with dyslexia". In: *Topics in Language Disorders* 28 (1), 15–27.

SIEGEL, M.A.; MISSELT, A.L. (1984): „Adaptive feedback and review paradigm for computer-based drills". In: *Journal of Educational Psychology* 76 (2), 310–317.

SILANI, G.; FRITH, U.; DEMONET, J.F.; FAZIO, F.; PERANI, D.C.; PRICE, C. (2005): „Brain abnormalities underlying altered activation in dyslexia: A voxel based morphometric study". In: *Brain* 128 (10), 2453–2461.

SIMON, C.S. (2000): „Dyslexia and learning a foreign language: A personal experience". In: *Annals of Dyslexia* 50 (1), 155–187.

SIMON, L.H.; HANSEN, R.A.; KELSTEIN, I.; PORTERFIELD, R. (1976): „A remedial program for poor decoders in an inner-city high school". In: *Journal of Reading Behavior* 8 (3), 311–319.

SIMON, D.P.; SIMON, H.A. (1973): „Alternative uses of phonemic information in spelling". In: *Review of Educational Research* 43 (1), 115–137.

SKEHAN, P. (1986): „Where does language aptitude come from?". In: MEARA, P. (Hrsg.): *Spoken Language.* London: Centre for Information on Language Teaching, 95–113.

SKEHAN, P. (1998): *A Cognitive Approach to Learning.* Oxford: Oxford University Press.

SKOWRONEK, H.; MARX, H. (1989): „Die Bielefelder Längsschnittstudie zur Früherkennung von Risiken der Lese-Rechtschreibschwäche: Theoretischer Hintergrund und erste Befunde". In: *Heilpädagogische Forschung,* 38–49.

SMITH, S.; BOON, R.T.; STAGLIANO, C.; GRÜNKE, M. (2011): „Story Mapping: Eine Methode zur Verbesserung der Fähigkeit von leseschwachen Grundschulkindern, Sachtexte zu verstehen". In: *Empirische Sonderpädagogik* (1), 37–50.

SMITH, J. R.; BROOKS-GUNN, J.; KLEBANOV, P.K. (1997): „Consequences of living in poverty for young children's cognitive and verbal ability and early school achievement". In: BROOKS-GUNN, J. / DUNCAN, G. J. (Hrsg.): *Consequences of Growing up Poor.* New York: Russell Sage Foundation, 132–189.

SMITH-SPARK, J.H.; FISK, J.E. (2007): „Working memory functioning in developmental dyslexia". In: *Memory* 15 (1), 34–56.

SNOWLING, M.J. (^{2}2000): *Dyslexia.* Oxford [u.a.]: Blackwell Publishers.

SNOWLING, M.J. (2001): „From language to reading and dyslexia". In: *Dyslexia* 7 (1), 37–46.

SNOWLING, M.J. / HULME, Charles (Hrsg.) (2005): *The Science of Reading: A Handbook.* Oxford, UK: Blackwell Publishing.

SNOWLING, M.J.; WAGTENDONK, B. v.; STAFFORD, C. (1988): „Object-naming deficits in developmental dyslexia". In: *Journal of Research in Reading* 11 (2), 67–85.

SOLEIMANI, H.; MOHAMMADI, E. (2012): „The effect of text typographical features on legibility, comprehension, and retrieval of EFL learners". In: *English Language Teaching* 5 (8) (online), URL: http://ccsenet.org/journal/index.php/elt/article/view/18852/12443 (zuletzt kontrolliert am 3. April 2013).

SPADA, N. (1997): „Form-focussed instruction and second language acquisition: A review of classroom and laboratory research". In: *Language Teaching* 30 (2), 73–87.

SPARKS, R. (1995): „Examining the linguistic coding differences hypothesis to explain individual differences in foreign language learning". In: *Annals of Dyslexia* 45 (1), 187–214.

SPARKS, R.; ARTZER, M.; GANSCHOW, L.; SIEBENHAR, D.; PLAGEMAN, M.; PATTON, J. (1998): „Differences in native-language skills, foreign-language aptitude, and foreign-language grades among high-, average-, and low-proficiency foreign-language learners: Two studies". In: *Language Testing* 15 (2), 181–216.

SPARKS, R.; GANSCHOW, L. (1991): „Foreign language learning difficulties: Affective or native language aptitude differences?". In: *Modern Language Journal* 75 (1), 3–16.

SPARKS, R.; GANSCHOW, L. (1993): „The effects of a multisensory structured language approach on the native and foreign language aptitude of at-risk foreign language learners: a follow-up and replication study". In: *Annals of Dyslexia* 43 (1), 194–216.

SPARKS, R.; GANSCHOW, L. (1995): „Parent perceptions in the screening for performance in foreign language courses". In: *Foreign Language Annals* 28 (3), 371–391.

SPARKS, R.; GANSCHOW, L. (2001): „Aptitude for learning a foreign language". In: *Annual Review of Applied Linguistics* 21 (1), 90–111.

SPARKS, R.; GANSCHOW, L.; POHLMAN, J.; ARTZER, M.; SKINNER, S. (1992): „The effects of a multisensory, structured language approach on the native and foreign language aptitude skills of at-risk foreign language learners". In: *Annals of Dyslexia* 43 (1), 25–53.

SPARKS, R.; MILLER, K. (2000): „Teaching a foreign language using multisensory structured language techniques to at-risk learners: A review". In: *Dyslexia* 6 (2), 124–132.

SPARKS, R.; PATTON, J.; GANSCHOW, L.; HUMBACH, N.; JAVORSKY, J. (2006): „Native language predictors of foreign language proficiency and foreign language aptitude". In: *Annals of Dyslexia* 56 (1), 129–160.

STACKHOUSE, J.; WELLS, B. (1997): *Children's Speech and Literacy Difficulties – A Psycholinguistic Framework.* London: Whurr.

STAGE, S.A.; WAGNER, R.K. (1992): „Development of young children's phonological and orthographic knowledge as revealed by their spellings". In: *Developmental Psychology* 28 (2), 287–296.

STAHL, S.A.; OSBORN, J.; LEHR, F. (1990): *Beginning to Read: Thinking and Learning about Print, by Marilyn Jager Adams: A Summary.* Champaign, Ill: Center for the Study of Reading, the Reading Research and Education Center, University of Illinois at Urbana-Champaign.

STANOVICH, K.E. (1982): „Individual differences in the cognitive process of reading I: Word decoding". In: *Journal of Learning Disabilities* 15 (8), 485–493.

STANOVICH, K.E. (1986): „Matthew effects in reading: Some consequences of individual differences in the acquisition of literacy". In: *Reading Research Quarterly* 11, 360–407.

STEIN, J. (2001): „The Magnocellular Theory of Developmental Dyslexia". In: *Dyslexia* 7 (1), 12–36.

STEIN, J.; WALSH, V. (1997): „To see but not to read; the magnocellular theory of dyslexia". In: *Trends in Neuroscience* 20 (4), 147–152.

STEINBRINK, C.; KLATTE, M. (2008): „Phonological working memory in German children with poor reading and spelling abilities". In: *Dyslexia* 14 (4), 271–290.

STOCK, C.; MARX, P.; SCHNEIDER, W. (2003): *BAKO 1–4. Basiskompetenzen für Lese-Rechtschreibleistungen.* Weinheim: Beltz.

STORK, A. (2010): „Fähigkeiten und Fertigkeiten". In: HALLET, W. / KÖNIGS, F.G. (Hrsg.): *Handbuch Fremdsprachendidaktik.* Seelze-Velber: Klett Kallmeyer, 64–66.

STREHLOW, U. (2004): „Langfristige Perspektiven von Kindern mit Lese-Rechtschreib-störungen". In: VON SUCHODOLETZ, W. (Hrsg.): *Welche Chancen haben Kinder mit Entwicklungsstörungen.* Stuttgart: Hogrefe, 201–218.

STREHLOW, U.; HAFFNER, J. (2002): „Definitionsmöglichkeiten und sich daraus ergebende Häufigkeit der umschriebenen Lese- bzw. Rechtschreibstörung – theoretische Überlegungen und empirische Befunde an einer repräsentativen Stichprobe junger Erwachsener". In: *Zeitschrift für Kinder- und Jugendpsychiatrie* 30 (2), 254–265.

STULZ, N. (2012): „Effektstärken: Zur klinischen Relevanz von Studienergebnissen". In: *PPmP – Psychotherapie · Psychosomatik · Medizinische Psychologie* 62 (7), 288–289.

SUMNER, E.; CONNELLY, V.; BARNETT, A.L. (2013): „Children with dyslexia are slow writers because they pause more often and not because they are slow at handwriting execution". In: *Reading and Writing* 26 (6), 991–1008.

SURKAMP, C. (Hrsg.) (2010): *Lexikon Fremdsprachendidaktik – Ansätze, Methoden, Grundbegriffe.* Stuttgart: Metzler.

SWAN, D.; GOSWAMI, U. (1997): „Picture naming deficits in developmental dyslexia: the phonological representations hypothesis". In: *Brain and Language* 56 (3), 334–353.

SWANSON, H.L.; COONEY, J.B.; MCNAMARA, J.K. (2008): „Lernstörungen und Gedächtnis". In: WONG, Bernice Y. L. / HORNUNG, Cathrine (Hrsg.): *Lernstörungen verstehen. Ein Praxishandbuch für Psychologen und Pädagogen.* Heidelberg: Spektrum Akademischer Verlag, 39–90.

SYKES, J. (2008): *Dyslexia, Design and Reading: Making Print Work for College Students with Dyslexia. A Qualitative Interaction Design Study.* Dissertation: Carnegie Mellon University.

TACKE, G. (2002): „Buchstabenlücken ausfüllen und andere Rechtschreibübungen: Wirksamkeit und Wirkfaktoren". In: *Zeitschrift für Pädagogische Psychologie* 16 (3–4), 177–191.

TACKE, G. (2011): „Ein umfassendes Konzept zur schulischen und häuslichen Lese-Rechtschreibförderung von Klasse 1 bis in die Sekundarstufe". In: SCHULTE-KÖRNE, G. (Hrsg.): *Legasthenie und Dyskalkulie: Stärken erkennen – Stärken fördern.* Bochum: Dr. Dieter Winkler, 135–164.

TALLAL, P.; MERZENICH, M.; MILLER, S.; JENKINS, W. (1998): „Language learning impairment: Integrating research and remediation". In: *Scandinavian Journal of Psychology* 39 (3), 197–199.

TAN, A.; NICHOLSON, T. (1997): „Flashcards revisited: Training poor readers to read words faster improves their comprehension of text". In: *Journal of Educational Psychology* 89 (2), 276–288.

TAUSCH, R.; BÖDIKER, M. L.; SCHWAB, R. (1974): „Förderung rechtschreibschwacher Schüler durch Anwendung einfacher technischer Trainingsmethoden". In: *Psychologie in Erziehung und Unterricht* 5, 303–309.

TAVAKOLI, E.; KHEIRZADEH, S. (2011): „The effect of font size on reading comprehension skills: Scanning for key words and reading for general idea". In: *Theory and Practice in Language Studies* 1 (7), 915–919.

THOMÉ, G. (Hrsg.) (2004): *Lese-Rechtschreib-Schwierigkeiten (LRS) und Legasthenie: Eine grundlegende Einführung.* Weinheim, Basel: Beltz.

THOMÉ, G. (2004): „LRS/Legasthenie und die Notwendigkeit interdisziplinärer Arbeit". In: THOMÉ, G. (Hrsg.): *Lese-Rechtschreib-Schwierigkeiten (LRS) und Legasthenie: Eine grundlegende Einführung.* Weinheim, Basel: Beltz, 13–20.

THOMÉ, G. (2011): *ABC und andere Irrtümer über Orthographie, Rechtschreiben, LRS/Legasthenie.* Oldenburg: Institut für sprachliche Bildung.

THOMÉ, G.; EICHLER, W. (2008): „Rechtschreiben Deutsch". In: DESI-KONSORTIUM (HRSG.): *Unterricht und Kompetenzerwerb in Deutsch und Englisch. Ergebnisse der DESI-Studie (Deutsch Englisch Schülerleistungen International).* Weinheim, Basel: Beltz, 104–111.

TIMM, J.P. (Hrsg.) (1998): *Englisch lernen und lehren. Didaktik des Englischunterrichts.* Berlin: Cornelsen.

TOMLINSON, B. (Hrsg.) (1998): *Materials Development in Language Teaching.* Cambridge: Cambridge University Press.

TOMLINSON, B. (1998): „Introduction". In: TOMLINSON, B. (Hrsg.): *Materials Development in Language Teaching.* Cambridge: Cambridge University Press, 1–24.

TORGESEN, J. (1998): „Instructional interventions for children with reading disabilities". In: SHAPIRO, B.K. / ACCARDO, P.J. / CAPUTE, A.J. (Hrsg.): *Specific Reading Disability: A View of the Spectrum.* Timonium, MD: York Press, 197–220.

TORGESEN, J.K. (2008): „Ein historischer und konzeptueller Überblick". In: WONG, Bernice Y. L. / HORNUNG, Cathrine (Hrsg.): *Lernstörungen verstehen. Ein Praxishandbuch für Psychologen und Pädagogen.* Heidelberg: Spektrum Akademischer Verlag, 4–38.

TRAUTWEIN, U. (2008): „Hausaufgaben". In: SCHNEIDER, W. / HASSELHORN, M. (Hrsg.): *Handbuch der Pädagogischen Psychologie.* Göttingen [u.a.]: Hogrefe, 563–573.

TRAUTWEIN, U.; LÜDTKE, O.; SCHNYDER, I.; NIGGLI, A. (2006): „Predicting homework effort: Support for a domain-specific, multilevel homework model". In: *Journal of Educational Psychology* 98 (2), 438–456.

TREIMAN, R. (1993): *Beginning to Spell: A Study of First-Grade Children.* New York: Oxford University Press.

TRIM, J.; NORTH, B.; COSTE, D. (2001): *Gemeinsamer europäischer Referenzrahmen für Sprachen. Lernen, lehren, beurteilen: Niveau A1, A2, B1, B2, C1, C2.* Berlin, Zürich: Langenscheidt.

TROIA, G.A. (Hrsg.) (2009): *Instruction and Assessment for Struggling Writers. Evidence-based Practices.* New York: Guilford Press.

TSCHIRNER, E. (1996): „Spracherwerb im Unterricht: Der Natural Approach". In: *Fremdsprachen Lehren und Lernen* (25), 50–69.

UHRY, J.K. (2011): „Teaching phonemic awareness". In: BIRSH, J.R. (Hrsg.): *Multisensory Teaching of Basic Language Skills.* Baltimore: Paul H. Brookes Publishing, 113–143.

UNTERBERG, D. (2005): *Die Entwicklung von Kindern mit LRS nach Therapie durch ein sprachsystematisches Förderkonzept. Kurz- und langfristige Wirksamkeit des Förderkonzepts nach Reuter-Liehr.* Bochum: Winkler.

UNTERWOOD, G. (Hrsg.) (1978): *Strategies in Information Processing.* London: Academic Press.

UPWARD, C.; DAVIDSON, G. (2011): *The History of English Spelling.* Malden, MA [u.a.]: Wiley-Blackwell.

VALTIN, R. (1970): *Legasthenie. Theorien und Untersuchungen.* Weinheim, Basel: Beltz.

VALTIN, R. (1981): „Zur „Machbarkeit" der Ergebnisse der Legasthenieforschung". In: VALTIN, R. / JUNG, U. / SCHEERER-NEUMANN, G. (Hrsg.): *Legasthenie in Wissenschaft und Unterricht.* Darmstadt: Wissenschaftliche Buchgesellschaft, 88–182.

VALTIN, R. (2001): „Von der klassischen Legasthenie zu LRS – notwendige Klarstellungen". In: NAEGELE, I. / VALTIN, R. (Hrsg.): *LRS – Legasthenie in den Klassen 1–10. Handbuch der Lese-Rechtschreib-Schwierigkeiten. Band 2: Schulische Förderung und außerschulische Therapien.* Weinheim, Basel: Beltz, 16–35.

VALTIN, R. (2004): „Das Konstrukt Legasthenie – Wem schadet es? Wem nützt es?". In: THOMÉ, G. (Hrsg.): *Lese-Rechtschreib-Schwierigkeiten (LRS) und Legasthenie: Eine grundlegende Einführung.* Weinheim, Basel: Beltz, 56–63.

VALTIN, R. (2006): „Der medizinische Ansatz der Legasthenie und seine Problematik". In: HOFMANN, B. / SASSE, A. (Hrsg.): *Legasthenie. Lese-Rechtschreibstörungen oder Leseschreibschwierigkeiten? Theoretische Konzepte und praktische Erfahrungen mit Förderprogrammen.* Berlin: DGLS, 44–58.

VALTIN, R. / JUNG, U. / SCHEERER-NEUMANN, G. (Hrsg.) (1981): *Legasthenie in Wissenschaft und Unterricht.* Darmstadt: Wissenschaftliche Buchgesellschaft.

VAN BERKEL, A. (2005): „The role of the phonological strategy in learning to spell English as a second language". In: COOK, V. / BASSETTI, B. (Hrsg.): *Second Language Writing Systems.* Clevedon, Buffalo: Multilingual Matters, 97–121.

VELLUTINO, F.R. (1979): *Dyslexia. Theory and Research.* Cambridge, MA: MIT Press.

VELLUTINO, F.R.; PRUZEK, R.M.; STEGER, J.A.; MESHOULAM, U. (1973): „Immediate visual recall in poor and normal readers as a function of orthographic-linguistic familiarity". In: *Cortex: A Journal Devoted to the Study of the Nervous System and Behavior* 9 (4), 370–386.

VELTING, O.N.; WHITEHURST, G.J. (1997): „Inattention-hyperactivity and reading achievement in children from low-income families: A longitudinal model". In: *Journal of Abnormal Child Psychology* 25 (4), 321–331.

VENEZKY, R.L. (1999): *The American Way of Spelling. The Structure and Origins of American English Orthography.* New York, NY: Guilford Press.

VIDYASAGAR, T.R.; PAMMER, K. (2010): „Dyslexia: a deficit in visuo-spatial attention, not in phonological processing". In: *Trends in Cognitives Sciences* 14 (2), 57–63.

VON SUCHODOLETZ, W. (Hrsg.) (2004): *Welche Chancen haben Kinder mit Entwicklungsstörungen.* Stuttgart: Hogrefe.

VON SUCHODOLETZ, W. (Hrsg.) (2006): *Therapie der Lese-Rechtschreib-Störung (LRS): Traditionelle und alternative Behandlungsmethoden im Überblick.* Stuttgart: Kohlhammer.

VON SUCHODOLETZ, W. (2006): „Alternative Therapieangebote im Überblick". In: VON SUCHODOLETZ, W. (Hrsg.): *Therapie der Lese-Rechtschreib-Störung (LRS): Traditionel-*

le und alternative Behandlungsmethoden im Überblick. Stuttgart: Kohlhammer, 167–269.

VON SUCHODOLETZ, W. (2007): „Lese-Rechtschreibstörung (LRS) im Sprachenvergleich und im Fremdsprachenunterricht". In: *Sprache • Stimme • Gehör* 31 (3), 1–6.

WADSWORTH, S.J.; OLSON, R.K.; PENNINGTON, B.F.; DEFRIES, J.C. (2000): „Differential genetic etiology of reading disability as a function of IQ". In: *Journal of Learning Disabilities* 33 (2), 192–199.

WAGNER, R.K.; TORGESEN, J.K. (1987): „The nature of phonological processing and its causal role in the acquisition of reading skills". In: *Psychological Bulletin* 101 (2), 192–212.

WAGNER, R.K.; TORGESEN, J.K.; RASHOTTE, C.A. (1994): „Development of reading-related phonological processing abilities: New evidence of bidirectional causality from a latent variable longitudinal study". In: *Developmental Psychology* 30 (1), 73–87.

WALLACH, M.A.; WALLACH, L. (1979): „Helping disadvantaged children to read by teaching them phoneme identification skills". In: RESNICK, L. B. / WEAVER, P. A. (Hrsg.): *Theory and Practice of Early Reading.* Hillsdale, NJ: Erlbaum, 197–215.

WARNKE, A. (2003): „Umschriebene Entwicklungsstörung des Lesens und der Rechtschreibung". In: HERPERTZ-DAHLMANN, B. / RESCH, F. / SCHULTE-MARKWORT, M. / WARNKE, A. (Hrsg.): *Entwicklungspsychiatrie.* Stuttgart: Schattauer, 404–436.

WARWEL, K. (1975): „Signalgruppen und strukturgemäßes Lesenlernen". In: *Grundschule* 7, 311–316.

WEBER, J.; MARX, P. (2008): „Lese-Rechtschreibschwierigkeiten". In: SCHNEIDER, W. / HASSELHORN, M. (Hrsg.): *Handbuch der Pädagogischen Psychologie.* Göttingen [u.a.]: Hogrefe, 631–641.

WEBER, J.; MARX, P.; SCHNEIDER, W. (2002): „Profitieren Legastheniker und allgemein lese-rechtschreibschwache Kinder in unterschiedlichem Ausmaß von einem Rechtschreibtraining?". In: *Psychologie in Erziehung und Unterricht* 49 (1), 56–70.

WEBER, J.-M.; MARX, P.; SCHNEIDER, W. (2007): „Die Prävention von Lese-Rechtschreibschwierigkeiten bei Kindern nichtdeutscher Herkunftssprache durch ein Training der phonologischen Bewusstheit". In: *Zeitschrift für Pädagogische Psychologie* 21 (1), 65–75.

WEIDENMANN, B. (1991): *Lernen mit Bildmedien. Psychologische und didaktische Grundlagen.* Weinheim: Beltz.

WEINERT, F.E. (Hrsg.) (1997): *Enzyklopädie der Psychologie. Band 3: Psychologie des Unterrichts und der Schule.* Göttingen: Hogrefe.

WERTH, R. (2001): *Legasthenie und andere Lesestörungen – wie man sie erkennt und behandelt.* München: Beck.

WILD, E. (2004): „Häusliches Lernen. Forschungsdesiderate und Forschungsperspektiven". In: LENZEN, D. / BAUMERT, J. / WATERMANN, R. / TRAUTWEIN, U. (Hrsg.): *PISA und die Konsequenzen für die erziehungswissenschaftliche Forschung.* Wiesbaden: VS Verlag für Sozialwissenschaften, 37–64.

WILD, E. / MÖLLER, J. (Hrsg.) (2009): *Pädagogische Psychologie.* Heidelberg: Springer Medizin.

WILEMAN, R. E. (1993): *Visual Communicating.* Englewood Cliffs, NJ: Educational Technology.

WILKINS, A.J.; SMITH, J.; WILLISON, C.K.; BEARE, T.; BOYD, A.; HARDY, G.; MELL, L.; PEACH, C.; HARPER, S. (2007): „Stripes within words affect reading". In: *Perception* 36 (12), 1788–1803.

WILLIAMS, J. (1979): „The ABD's of reading: A program for the learning disabled". In: RESNICK, L.B. / WEAVER, P.A. (Hrsg.): *Theory and Practice of Early Reading.* Hillsdale, NJ: Erlbaum, 179–195.

WIMMER, H.; GOSWAMI, U. (1994): „The influence of orthographic consistency on reading development: Word recognition in English and German children". In: *Cognition* 51 (1), 91–103.

WIMMER, H.; HUMMER, P. (1990): „How German-speaking first graders read and spell: Doubts on the importance of the logographic stage". In: *Applied Psycholinguistics* 11 (4), 349.

WIMMER, H.; LANDERL, K.; SCHNEIDER, W. (1994): „The role of rhyme awareness in learning to read a regular orthography". In: *British Journal of Developmental Psychology* 12 (4), 469–484.

WIMMER, H.; MAYRINGER, H. (2002): „Dysfluent reading in the absence of spelling difficulties: A specific disability in regular orthographies". In: *Journal of Educational Psychology* 94 (2), 272–277.

WIMMER, H.; MAYRINGER, H.; LANDERL, K. (2000): „The double-deficit hypothesis and difficulties in learning to read a regular orthography". In: *Journal of Educational Psychology* 92 (4), 668–680.

WIMMER, H.; SCHURZ, M. (2010): „Dyslexia in regular orthographies: manifestation and causation". In: *Dyslexia* 16 (4), 283–299.

WIMMER, H.; ZWICKER, T.; GUGG, D. (1991): „Schwierigkeiten beim Lesen und Schreiben in den ersten Schuljahren: Befunde zur Persistenz und Verursachung". In: *Zeitschrift für Entwicklungspsychologie und Pädagogische Psychologie* 23 (4), 280–298.

WISE, B.W.; OLSON, R.K.; RING, J.; JOHNSON, M. (1998): „Interactive computer support for improving phonological skills". In: METSALA, J.L. / EHRI, L.C. (Hrsg.): *Word recognition in beginning literacy.* Hillsdale, NJ: Erlbaum, 189–208.

WISE, J.C.; SEVCIK, R.A.; MORRIS, R.D.; LOVETT, M.W.; WOLF, M. (2007): „The growth of phonological awareness by children with reading disabilities: A result of semantic knowledge or knowledge of grapheme-phoneme correspondences?". In: *Scientific Studies in Reading* 11 (2), 151–164.

WODE, H. (1981): *Learning a Second Language – an Integrated View of Language Acquisition.* Tübingen: Narr.

WOLF, M. (Hrsg.) (2001): *Dyslexia, Fluency and the Brain.* Parkton: York Press.

WOLF, M.; BALLY, H.; MORRIS, R. (1986): „Automaticity, retrieval processes, and reading: A longitudinal study in average and impaired readers". In: *Child Development* 57 (4), 988–1000.

WOLF, M.; BOWERS, P.G. (1999): „The double-deficit hypothesis for the developmental dyslexia". In: *Journal of Educational Psychology* 91 (3), 415–438.

WOLRAICH, M. / ROUTH, D.K. (Hrsg.) (1986): *Advances in Developmental and Behavioral Pediatrics.* Greenwich: JAI Press.

WONG, B.Y.L. / HORNUNG, C. (Hrsg.) (2008): *Lernstörungen verstehen. Ein Praxishandbuch für Psychologen und Pädagogen.* Heidelberg: Spektrum Akademischer Verlag.

YEUNG, S.S.S.; SIEGEL, L.S.; CHAN, C.K.K. (2012): „Effects of a phonological awareness program on English reading and spelling among Hong Kong Chinese ESL children". In: *Reading and Writing* 26 (5), 681–704.

YULE, W.; RUTTER, M.; BERGER, M.; THOMPSON, J. (1974): „Over- and under-achievement in reading: Distribution in the general population". In: *British Journal of Educational Psychology* 44 (1), 1–12.

ZIEGLER, J.C.; BERTRAND, D.; TOTH, D.; CSEPE, V.; REIS, A.; FAISCA, L.; SAINE, N.; LYYTINEN, H.; VAESSEN, A.; BLOMERT, L. (2010): „Orthographic depth and its impact on universal predictors of reading: A cross-language investigation". In: *Psychological Science* 21 (4), 551–559.

ZIEGLER, J.C.; GOSWAMI, U. (2005): „Reading acquisition, developmental dyslexia, and skilled reading across languages: A psycholinguistic grain size theory". In: *Psychological Bulletin* 131 (1), 3–29.

ZIEGLER, J.C.; GOSWAMI, U. (2006): „Becoming literate in different languages: similar problems, different solutions". In: *Developmental Science* 9 (5), 429–445.

ZIEGLER, A.; KÖNIG, I.R.; DEIMEL, W.; PLUME, E.; NÖTHEN, M.M.; PROPPING, P.; KLEENSANG, A.; MÜLLER-MYHSOK, B.; WARNKE, A.; REMSCHMIDT, H.; SCHULTE-KÖRNE, G. (2005): „Developmental dyslexia – recurrence risk estimates from a German bicenter study using the single proband sib pair design". In: *Human Heredity* 59 (3), 136–143.

ZIEGLER, J.C.; VAN ORDEN, G.C.; JACOBS, A.M. (1997): „Phonology can help or hurt the perception of print". In: *Journal of Experimental Psychology: Human Perception and Performance* 23 (3), 845–860.

ZIMDARS, K.; ZINK, S. (2006): „Computergestütze Trainingsverfahren". In: SUCHODOLETZ, W. v. (Hrsg.): *Therapie der Lese-Rechtschreib-Störung (LRS): Traditionelle und alternative Behandlungsmethoden im Überblick.* Stuttgart: Kohlhammer, 58–81.

ZUR OEVESTE, H. (1977): „Untersuchung zur Rechtschreibung von Schülern". In: KLAUER, K.J. (Hrsg.): *Jahrbuch für empirische Erziehungswissenschaft.* Düsseldorf: Pädagogischer Verlag Schwann.

ZUR OEVESTE, H. (1981): „Vorhersage orthographischer Strukturfehler". In: *Psychologie in Erziehung und Unterricht* 28 (2), 72–81.

ZYDATIß, W. (2010): „Kompetenzen und Fremdsprachenlernen". In: HALLET, W. / KÖNIGS, F.G. (Hrsg.): *Handbuch Fremdsprachendidaktik.* Seelze-Velber: Klett Kallmeyer, 59–63.

Zusammenfassung/Summary

Ziel der Untersuchung war die Konzeption und Evaluation eines Interventionskonzepts zur Förderung der orthographischen Kompetenz lese-rechtschreib-schwacher/ legasthener, muttersprachlich-deutscher Englischlerner innerhalb der ersten drei Jahre der weiterführenden Schulen in außerschulischer Förderung. Auf Grundlage evidenzbasierter Methoden sowie empirischer Studien zum Schriftspracherwerb wurde ein Konzept entwickelt, das Graphem-Phonem-Korrespondenzregeln explizit und multisensorisch vermittelt, phonologische Bewusstheit trainiert, höchst intransparente sowie hochfrequente Schreibweisen und Wörter automatisiert sowie (meta-)kognitive Lernstrategien einführt. Insgesamt nahmen 136 Schülerinnen und Schüler teil, 48 davon in der trainierenden Experimentalgruppe, 44 in der nicht-trainierenden, aber auch lese-rechtschreib-schwachen Kontrollgruppe 2, welche aber weiterhin Deutsch-LRS-Förderung erhielten, sowie 44 nicht-trainierende, unbeeinträchtigte Schülerinnen und Schüler in der Kontrollgruppe 1. Die Ergebnisse nach dem Interventionszeitraum zeigten im Vergleich mit den Kontrollgruppen hochsignifkante Leistungszunahmen der Experimentalgruppe in allen Testbereichen wie der phonologischen Bewusstheit, der Steigerung von Graphem-Phonem-Korrespondenzregeln (Pseudowortlesen), der Rechtschreibleistung im Englischen sowie in der Rechtschreibleistung Deutsch gemessen anhand eines standardisierten Deutsch-Rechtschreibtests. Zudem konnte gezeigt werden, dass die schwache Rechtschreibleistung im Englischen aller betroffenen Schülerinnen und Schüler mit der schlechten Rechtschreibleistung im Deutschen korrelierte. In qualitativen Erhebungen wurden insbesondere Automatisierungsstrategien, multisensorische sowie spielerische Herangehensweisen an die englische Schriftsprache als lernförderlich bewertet.

The goal of this study was to design and evaluate an intervention concept to foster the orthographic competence of native German-speaking English learners with poor reading and writing skills or dyslexia within the first three years of secondary school through extracurricular support. A concept was developed, using evidence-based methods as well as empirical studies on written language acquisition, that teaches graphemephoneme correspondence rules in an explicit, multisensory way, exercises phonological awareness, automates highly non-transparent and high-frequency spellings and words, and introduces (meta-)cognitive learning strategies. A total of 136 students took part: 48 in the experimental exercise group, 44 in control group 2, who did not participate in the intervention but also had poor reading and writing skills and continued to receive German reading and writing support, and 44 unimpaired students in control group 1 who did not do the exercises either. The results after the intervention period, compared with the control groups, showed highly significant improvements in performance for the experimental group in every test area, such as phonological awareness, increased application of grapheme-phoneme correspondence rules (reading pseudo-words), spelling skills in English, and spelling skills in German based on a standardized German spelling test. In addition, it was shown that weak spelling skills in English correlated to poor spelling skills in German for all of the students in question. Qualitative surveys particularly found that automation strategies as well as multisensory and playful approaches to written English help promote learning.

Anhang A: Studienaufruf

Auf den nächsten Seiten ist der offizielle Studienaufruf dargestellt, wie er über die eigene Website und verschiedene Verteiler wie Verbände und Therapeuten ausgegeben wurde. Er enthält sowohl allgemeine Informationen als auch das Anmeldeformular für Trainer und Eltern sowie vorab antizipierte Fragen und Antworten, die sich die Trainer möglicherweise stellen konnten.

Liebe Eltern, Therapeuten und Schüler,

im Rahmen meiner Forschung an der Philipps-Universität in Marburg entwickele ich ein Rechtschreibtraining für deutschsprachige legasthene/lese-rechtschreibschwache Kinder, die auch Schwierigkeiten im Englischen haben.

Gesucht werden deutschsprachige legasthene/lese-rechtschreibschwache Schülerinnen und Schüler

Voraussetzungen:

- Die Kinder können ab August/September 2012 ein halbes Jahr von ihrer/ihrem **Legasthenie-trainerIn, Förderlehrkraft** oder **TherapeutIn** trainiert werden
- Die Kinder besuchen ab diesem Zeitpunkt die 6. oder 7. Klasse (5.-Klässler auch möglich, aber: *mindestens* 2 Jahre intensiver Schriftsprachunterricht in Englisch in der Grundschule!)

Vorteil für die TrainerInnen:

- Sie dürfen das gesamte Trainingsprogramm (über 300 Seiten sowie weiteres Material) behalten.
- Das überarbeitete Material bekommen Sie nach der Evaluation zusätzlich kostenfrei zur Verfügung gestellt.
- Das Training ist im dem Umfang und Ansatz bislang im deutschsprachigen Raum einzigartig.

Hinweis: Die Hälfte der TeilnehmerInnen wird als (Warte-)Kontrollgruppe evaluiert, d.h. diese Kinder durchlaufen im ersten Halbjahr die Testungen ohne Training. Die TeilnehmerInnen werden per Zufallsverfahren auf die Gruppen verteilt. Im Anschluss daran erhalten die jeweiligen TrainerInnen allerdings ebenfalls das Rechtschreibtraining zur freien Verfügung und können sogleich mit dem Training beginnen!
Anmeldeschluss: 31. Juli 2012

Ich freue mich sehr auf Ihre Unterstützung!

Herzliche Grüße

Ihr David Gerlach

> **Datenschutzrechtlicher Hinweis:** Aus datenschutzrechtlichen Gründen sei hier darauf hingewiesen, dass im Rahmen der Studie alle erhobenen Daten streng anonymisiert werden und damit nicht individuell zurückverfolgbar sind!

Einverständniserklärung der TrainerInnen

Hiermit melde ich mich als ☐ Legasthenietrainerin/-trainer, ☐ Förderlehrkraft, ☐ Logopäde/Logopädin, ☐ ErgotherapeutIn, ☐ Sonstige für die Studie an und erhalte vor Trainingsbeginn das Material zur Durchführung mit LRS-SchülerInnen der 6./7. Klasse (bzw. 5. Klasse, wenn in der Grundschule bereits 2 Jahre intensiv englische Schriftsprache unterrichtet wurde).

Ich verpflichte mich für den gesamten Studienzeitraum zur Verschwiegenheit. Ich erhalte bei Abschluss der Studie noch einmal das evaluierte und überarbeitete Material zur freien Verfügung im Rahmen meiner Tätigkeit als TherapeutIn/TrainerIn. Ich weiß, dass ich mich bei Fragen/Schwierigkeiten jederzeit telefonisch oder per E-Mail an Herrn Gerlach (info@legasthenie-englisch.de, 06421-3046893) wenden kann.

Per Post schicken (Adresse oben) oder faxen an 06421-3046592.

(Anmeldeformular auch online unter www.legasthenie-englisch.de/studie/anmeldung)

Name: ____

Straße: ____

PLZ, Ort: ____

E-Mail: _________________________________ Telefon: __________________________

____

Wohnort, Datum, Unterschrift

Einverständniserklärung der Eltern *(kann auch bei Trainingsbeginn nachgereicht werden)*

Hiermit bestätige ich, dass mein Sohn/meine Tochter _____________________________ an der Studie zur Evaluation eines Englisch-Rechtschreibtrainings über einen Zeitraum von ca. 6 Monaten teilnehmen darf. Bei Fragen kann ich mich jederzeit an den Studienleiter (info@legasthenie-englisch.de, 06421-3046893) oder die Trainerin/den Trainer (Name: _______________________) wenden.

Per Post schicken oder faxen an 06421-3046592.

____

Wohnort, Datum, Unterschrift

Anhang B: Inhaltlicher Ablauf des Trainings

Die nachfolgende Tabelle enthält die Inhalte des wordly Trainingskonzepts aufgeschlüsselt nach allgemeinen Inhalten (z.B. Lernstrategientraining), Inhalten nach Graphemen (z.B. explizite Vermittlung bestimmter Vokale/Konsonanten oder deren Kombinationen) und Inhalten nach Phonemen (Differenzierung bestimmter Laute, Übungen zur phonologischen Bewusstheit).

Verwendete Abkürzungen: phBW = phonologische Bewusstheit, Wd. = Wiederholung, K = Konsonant(en), V = Vokal(e)

Sitzung	Inhalte allgemein	Inhalte nach Graphemen	Inhalte nach Phonemen
0	**Einstiegstestung** Lernvertrag		
1	Einleitung Lernen mit Karteikasten	Kurzvokale I	/æ/ und /ɪ/
2	Lernen mit Karteikasten	Kurzvokale II Anfangskonsonanten	/ʌ/, /e/ und /ɒ/ **phBW:** Identifizieren & Segmentieren
3		Anfangskonsonanten Endkonsonanten	**phBW:** Segmentieren & Manipulieren
4	Motivationstechnik „Smile"	„y" als Vokal Endkonsonanten K-Zusammensetzungen	/aɪ/, /eɪ/ und /iː/ /m/, /n/
5	Konzentrationstipps	Kurzvokale K-Zusammensetzungen	**phBW:** Identifizieren
6	Einführung: Arbeit mit Wörterbuch	Kurzvokale K-Zusammensetzungen	/æ/, /ɪ/, /ʌ/, /e/ und /ɒ/ /ɔː/ und /ɑː/ **phBW:** Identifizieren
7	Arbeit mit Wörterbuch Motivationstechnik	Digraphe Vokal-Zusammensetzungen	/tʃ/ und /ʃ/, /r/ **phBW:** Segmentieren (& Manipulieren)
8		Vokal-Zusammensetzungen	/aʊ/ und /əʊ/ /d/ und /t/
9	Lernstrategien	Wd. Vokale	**phBW:** Identifizieren, Segmentieren & Mani pulieren
10		Stummes End-„e"	Langvokale (/ɪə/, /juː/) /f/ und /v/ /ɔɪ/
11		Stummes End-„e" Weitere stumme Buchstabenfolgen	/p/ und /b/ /h/ und /j/

Sitz-ung	Inhalte allgemein	Inhalte nach Graphemen	Inhalte nach Phonemen
12	**Zwischentestung** Verstärkerkarten (selbstre-guliertes Arbeiten)		/æ/, /ɪ/, /ʌ/, /e/ und /ɒ/ **phBW:** Identifizieren, Segmentieren & Mani-pulieren
13	Lerntechnik: Kategorisieren	Wörter mit „-le"	/l/, (/ə/) /k/ und /g/
14	Lerntechnik: Mind-Maps	Wd. K-Zusammensetzungen	„Schwa" (/ə/) /eə/
15	Lernstrategien Beginn Training Sichtwortschatz	Homophone Wd. V-Zusammensetzungen	/dʒ/ und /ʒ/ **phBW:** Identifizieren
16		Rechtschreibregeln („Drop e"-Rule)	/s/ und /z/
17		Homophone	**phBW:** Identifizieren
18	Mind-Maps	Homophone Konsonantenverdoppelung	
19		Konsonantenverdoppelung Silben und Morpheme	
20	Schreibübungen	Pluralbildung Silben und Morpheme	
21	Beginnende Textproduktion (kreatives Schreiben) Förderung des Fehlerbe-wusstseins	Silben und Morpheme	/ʊ/ und /uː/
22	Textproduktion/-revision Fehlerbewusstsein Mind-Maps		/ɜː/
23	Textproduktion/-revision Mind-Maps Fehlerbewusstsein		/w/
24	**Abschlusstestung** Textrevision Groß-/Kleinschreibung		

Anhang C: Das Testmaterial

Das Testmaterial wurde den Teilnehmern der Trainings- und Kontrollgruppen in Form einer Mappe (Testmappe) separat zugeschickt. Die Inhalte der gesamten Mappe werden auf den folgenden Seiten in ihrer ursprünglichen Reihenfolge mit dem gesamten Testmaterial eingefügt. (Der *HSP5–9B* wird aus urheberrechtlichen Gründen nicht eingebunden.)

David Gerlach

wordly Rechtschreibtraining

Testmaterial

Material für die Trainingsgruppe

Allgemeine Hinweise

Zunächst auch noch einmal an dieser Stelle vielen Dank für Ihre Unterstützung meines Forschungs-vorhabens zur Förderung von lese-rechtschreibschwachen Englischlernern. In dieser Mappe erhalten Sie das gesamte Material, das für die Testungen und die Messung der Kompetenzsteigerung von be-sonderer Wichtigkeit ist.

Bei Fragen stehe ich Ihnen jederzeit per E-Mail an mail@davidgerlach.de oder telefonisch unter 06421-3046893 zur Verfügung.

Die Testungen werden

1. vor Beginn des Trainings bzw. im August/September 2012 (t1, in Sitzung 0)
2. zur Hälfte des Trainings bzw. im Oktober/November 2012 (t2, Sitzung 12 – entsprechend Zeit wird während der Sitzung freigehalten)
3. zum Ende des Trainings bzw. im Januar/Februar 2013 (t3, Sitzung 24 – entsprechend Zeit wird während der Sitzung freigehalten)

durchgeführt.

Die Testungen enthalten:

- **t1**: Elternfragebogen, Testmaterial: Teil 1 *(verschiedene Kompetenzbereiche)*, Teil 2 *(Rechtschreibleistung Englisch)*, Teil 3 *(Rechtschreibleistung Deutsch)*, Teil 4 *(freies Schreiben)*
- **t2**: Testmaterial: Teil 1 *(verschiedene Kompetenzbereiche)*, Teil 2 *(Rechtschreibleistung Eng-lisch)*
- **t3**: Testmaterial: Teil 1 *(verschiedene Kompetenzbereiche)*, Teil 2 *(Rechtschreibleistung Eng-lisch)*, Teil 3 *(Rechtschreibleistung Deutsch)*, Teil 4 *(freies Schreiben)*

Die sich wiederholenden Testungen enthalten (bis auf Teil 3) differenziertes Wortmaterial, sind aber in ihrer Struktur und Schwerpunktsetzung gleich. Sie sollten dennoch nicht gegeneinander ausge-tauscht werden.

Enthaltenes Material

Protokollbogen

Der Protokollbogen dient dazu, Ihre Beobachtungen während des gesamten Trainingszeitraumes zu notieren. Nehmen Sie sich am besten nach jeder Sitzung kurz Zeit, um kurze Notizen zu machen. Soll-te der Platz nicht reichen, nehmen Sie ein weiteres Blatt hinzu.

> Alternativ können Sie den **Protokollbogen als Word-Datei** unter
> www.legasthenie-englisch.de/download/Protokollbogen.doc herunterladen und so nach und nach am eigenen Rechner ausfüllen. Schicken Sie den Protokollbogen dann am Ende bitte in ausgedruckter Form nach.

Elternfragebogen

Geben Sie den Elternfragebogen den Eltern zur Beantwortung mit nach Hause. Sie können ihn dort in Ruhe ausfüllen und zur ersten regulären Trainingssitzung wieder mitbringen. Eventuell noch ausstehende Fragen können Sie mit den Eltern vor Beginn des Trainings noch klären.

Testmaterial

Das Testmaterial besteht – je nach Testzeitpunkt – jeweils aus mehreren Teilen: einer Testung allgemeiner Fertigkeiten (z.B. phonologischer Bewusstheit, Lesen von Real- und Pseudowörtern), einem Diktat auf Englisch, einem Diktat auf Deutsch und einem freien Text. Letzteren schreibt Ihr Trainingskind daheim.

Anleitungen zu den Tests finden Sie jeweils unmittelbar vor oder in den Testmaterialien. Lesen Sie sich diese bitte unbedingt bereits einmal vor der Testdurchführung durch! So ist sichergestellt, dass die Testungen flüssig und ohne unnötige Wartezeit ablaufen können.

Durchführung der Testung

Die Tests sollten ohne Hektik und Druck durchgeführt werden. Verdeutlichen Sie Ihrem Trainingskind, dass es auf den Test keine Schulnote gibt, sondern dass es darum geht, festzustellen, dass es wirkliche Fortschritte in den nächsten Wochen macht. Wenn ihm etwas unklar ist, soll es zunächst immer fragen.

Gemäß der Anleitung der einzelnen Test- und Übungsformen erläutern Sie Ihrem Kind anhand von Beispielen das Vorgehen bei den Übungen. Nach jedem Übungsteil können Sie eine kurze Pause von ca. einer halben Minute einlegen, in der Ihr Trainingskind z.B. einen Schluck Wasser o.ä. nehmen kann. Lesen Sie sich vor der Durchführung das Testmaterial bitte mindestens einmal durch und fragen Sie mich bei Verständnisproblemen oder anderen Schwierigkeiten.

Sie benötigen für die Testungen: das jeweilige Material, die entsprechenden MP3s zum Abspielen (über MP3-Player oder PC), einen eigenen Stift und einen Stift für das Trainingskind. (Wählen Sie bitte einen Stift, mit dem Ihr Trainingskind gut schreiben kann – am besten benutzt es einen eigenen Füller oder Kugelschreiber.)

Rücksendung & Auswertung der Unterlagen

Um die Auswertung müssen Sie sich nicht kümmern, dies wird alles gebündelt in Marburg durchgeführt. Schicken Sie bitte die Testunterlagen daher direkt nach der Testung zurück (David Gerlach,   ). In Ihrem Paket finden Sie drei bereits vorfrankierte Rückumschläge, in die Sie die Unterlagen nur einstecken müssen.

Sie erhalten im Anschluss an die Trainingsphase eine Übersicht über die Entwicklung Ihres Trainingskindes. Außerdem erhalten Sie die Ergebnisse der Gesamtstudie zugesandt, sobald diese verfügbar sind.

Wann muss was eingeschickt werden?

- **Nach dem ersten Test, vor Beginn des Trainings (Sitzung 0, t1)**:
  - Elternfragebogen
  - Testmaterial: Teil 1 *(verschiedene Kompetenzbereiche)*, Teil 2 *(Rechtschreibleistung Englisch)*, Teil 3 *(Rechtschreibleistung Deutsch)*, Teil 4 *(freies Schreiben)*

- **Nach der Hälfte des Trainings (Sitzung 12, t2)**:
  - Testmaterial: Teil 1 *(verschiedene Kompetenzbereiche)*, Teil 2 *(Rechtschreibleistung Englisch)*

- **Nach dem letzten Test (Sitzung 24, t3)**:
  - Protokollbogen (nur Trainingsgruppe!)
  - Testmaterial: Teil 1 *(verschiedene Kompetenzbereiche)*, Teil 2 *(Rechtschreibleistung Englisch)*, Teil 3 *(Rechtschreibleistung Deutsch)*, Teil 4 *(freies Schreiben)*

Protokollbogen für Trainerin/Trainer

bei mehreren Trainingskindern bitte pro Trainingskind einen Bogen nutzen!
(kann auch digital als Word-Vorlage genutzt werden – Link siehe Seite 1)

Name/Institut der Trainerin/des Trainers: ____

Name Ihres Kindes: ______________________________ Geburtsmonat/-jahr: ______________

Beginn des Trainings: ____________________

Ende des Trainings: ____________________

Zu Beginn ausfüllen: Eigenschaften des Trainingskindes

Bewerten Sie folgende Aspekte Ihres Trainingskindes von einer Skala (0 = sehr schlecht, 10 = sehr
gut) **zu Beginn des Trainings** (z.B. nach Sitzung 1 oder 2).

Lern- und Arbeitsverhalten: ☐ 0 ☐ 1 ☐ 2 ☐ 1 ☐ 3 ☐ 4 ☐ 5 ☐ 6 ☐ 7 ☐ 8 ☐ 9 ☐ 10

Einhaltung von Regeln: ☐ 0 ☐ 1 ☐ 2 ☐ 1 ☐ 3 ☐ 4 ☐ 5 ☐ 6 ☐ 7 ☐ 8 ☐ 9 ☐ 10

Unterstützung daheim (Elterntraining): ☐ 0 ☐ 1 ☐ 2 ☐ 1 ☐ 3 ☐ 4 ☐ 5 ☐ 6 ☐ 7 ☐ 8 ☐ 9 ☐
10

Selbstbild und Selbstvertrauen: ☐ 0 ☐ 1 ☐ 2 ☐ 1 ☐ 3 ☐ 4 ☐ 5 ☐ 6 ☐ 7 ☐ 8 ☐ 9 ☐ 10

Schreib- und Lesemotivation: ☐ 0 ☐ 1 ☐ 2 ☐ 1 ☐ 3 ☐ 4 ☐ 5 ☐ 6 ☐ 7 ☐ 8 ☐ 9 ☐ 10

(falls im Gruppentraining) Soziale Kompetenz im Umgang mit anderen Trainingskindern:
☐ 0 ☐ 1 ☐ 2 ☐ 1 ☐ 3 ☐ 4 ☐ 5 ☐ 6 ☐ 7 ☐ 8 ☐ 9 ☐ 10

Zum Ende: Eigenschaften des Trainingskindes

Bewerten Sie folgende Aspekte Ihres Trainingskindes von einer Skala (0 = sehr schlecht, 10 = sehr
gut) **zum Ende des Trainings** (nach Sitzung 24).

Lern- und Arbeitsverhalten: ☐ 0 ☐ 1 ☐ 2 ☐ 1 ☐ 3 ☐ 4 ☐ 5 ☐ 6 ☐ 7 ☐ 8 ☐ 9 ☐ 10

Einhaltung von Regeln: ☐ 0 ☐ 1 ☐ 2 ☐ 1 ☐ 3 ☐ 4 ☐ 5 ☐ 6 ☐ 7 ☐ 8 ☐ 9 ☐ 10

Unterstützung daheim (Elterntraining): ☐ 0 ☐ 1 ☐ 2 ☐ 1 ☐ 3 ☐ 4 ☐ 5 ☐ 6 ☐ 7 ☐ 8 ☐ 9 ☐
10

Selbstbild und Selbstvertrauen: ☐ 0 ☐ 1 ☐ 2 ☐ 1 ☐ 3 ☐ 4 ☐ 5 ☐ 6 ☐ 7 ☐ 8 ☐ 9 ☐ 10

Schreib- und Lesemotivation: ☐ 0 ☐ 1 ☐ 2 ☐ 1 ☐ 3 ☐ 4 ☐ 5 ☐ 6 ☐ 7 ☐ 8 ☐ 9 ☐ 10

(falls im Gruppentraining) Soziale Kompetenz im Umgang mit anderen Trainingskindern:
☐ 0 ☐ 1 ☐ 2 ☐ 1 ☐ 3 ☐ 4 ☐ 5 ☐ 6 ☐ 7 ☐ 8 ☐ 9 ☐ 10

Inhaltliche Aspekte

Besonders motivierende Übungen/Arbeitsblätter (Angabe von Seite oder AB-Nummer reicht):

____

____

____

Besonders schwierige/komplizierte Übungen/Arbeitsblätter (Angabe von Seite oder AB-Nummer reicht):

____

____

____

Möglicherweise unnötige Inhalte (Angabe von Seite oder AB-Nummer reicht):

____

____

____

Fehler und Korrekturmöglichkeiten im Material:

____

____

____

Anmerkungen zu einzelnen Sitzungen

Tragen Sie hier Auffälligkeiten oder Anmerkungen zu einzelnen Sitzungen ein (z.B. auch, wenn Sie Übungen ausgelassen oder eigene differenzierend ergänzt haben). Tragen Sie *am Ende jeder Sitzung* rechts die **Motivation (MOT)** und die **Mitarbeit (MA)** Ihres Trainingskindes mithilfe einer Skala von *0 = sehr unmotiviert/sehr schlecht* bis *10 = sehr motiviert/sehr gut* ein.

Machen Sie – je nach besonderem Auffallen – u.a. auch Anmerkungen zu: Lern- und Arbeitsverhalten, Schwierigkeiten, Konzentration.

Sitzung Nr.	Anmerkungen	MOT	MA
0			
1			
2			
3			
4			
5			
6			
7			
8			
9			
10			
11			
12			

13			
14			
15			
16			
17			
18			
19			
20			
21			
22			
23			
24			

Eltern-Fragebogen

(von den Eltern auszufüllen – kann in Ruhe daheim geschehen)

> Liebe Eltern,
>
> dieser Fragebogen dient zur Eingangsdiagnose der Schwierigkeiten Ihres Kindes. Nehmen Sie sich die Zeit, ihn in Ruhe auszufüllen. Machen Sie ggf. Korrekturen bitte deutlich sichtbar. Bringen Sie diesen Bogen der Trainerin/dem Trainer Ihres Kindes zur nächsten Trainingssitzung wieder mit. Falls Sie noch Fragen zu einzelnen Punkten haben, können Sie diese Fragen dann auch noch klären! **Vielen Dank für Ihre Mitarbeit und Unterstützung!**

Name/Institut der Trainerin/des Trainers: ____

Name Ihres Kindes: ___________________________________ Geburtsmonat/-jahr: ______________

Klasse: ____________ Schulform (z.B. Gymnasium): _______________________________________

Allgemeine Voraussetzungen

Hat Ihr Kind Beeinträchtigungen beim Hören? (z.B. Hörgerät, beeinträchtigtes Hören auf einem Ohr)

☐ nein   ☐ ja, und zwar ____

Hat Ihr Kind Beeinträchtigungen beim Sehen? (Brille, Kontaktlinsen, Rot-Grün-Sehschwäche o.ä.)

☐ nein   ☐ ja, und zwar ____

Hat oder hatte Ihr Kind Schwierigkeiten beim Schreibenlernen (motorisch, Handhaltung)?

☐ nein   ☐ ja, und zwar ____

Zeigt Ihr Kind Symptome einer ADS oder ADHS?

☐ nein   ☐ ja, und zwar ____

Sind bei Ihrem Kind in der Vergangenheit die folgenden Schwierigkeiten aufgetreten?

☐ Versagensangst, Zeitpunkt/-raum: _______________________
☐ Depressive Verstimmung, Zeitpunkt/-raum: _______________________
☐ Stressempfinden, Zeitpunkt/-raum: _______________________
☐ Angst vor Klassenarbeiten/Tests, Zeitpunkt/-raum: _______________________
☐ Probleme beim Bearbeiten der Hausaufgaben, Zeitpunkt/-raum: _______________________

Gibt es in Ihrer Familie weitere Mitglieder mit LRS/Legasthenie?

☐ nein   ☐ ja, bei ____ (Geschwister, Eltern)

Bekommt Ihr Kind bereits Lese-Rechtschreibförderung in Deutsch?

☐ nein   ☐ ja, seit ___________ (Monat/Jahr) ☐ in der Schule ☐ außerschulisch

Schulische Leistungen

Welche Note hatte Ihr Kind im letzten Halbjahr in Englisch? _______________

Welche Note hatte Ihr Kind in der letzten Klassenarbeit in Englisch? _______________

Welche Durchschnittsnote hatte Ihr Kind auf dem letzten Zeugnis? (alle Fächer) _______________

(Durchschnittsnote = alle Noten zusammengerechnet geteilt durch die Anzahl der Einzelnoten)

Wie würden Sie die Motivation Ihres Kindes einschätzen, Englisch zu lernen?
(0 sehr niedrig, 10 = sehr hoch) ☐ 0 ☐ 1 ☐ 2 ☐ 1 ☐ 3 ☐ 4 ☐ 5 ☐ 6 ☐ 7 ☐ 8 ☐ 9 ☐ 10

Soziale Auffälligkeiten

Wie würden Sie das Verhältnis zu den Mitschülerinnen/Mitschülern Ihres Kindes beschreiben?

____

____

Welche Spiele oder Spielformen bevorzugt Ihr Kind?

____

____

Gab es in den letzten zwei Jahren einen Schulwechsel?
    ☐ nein   ☐ ja, wegen ____

Ergebnisse früherer Testungen

Tragen Sie bitte hier – falls vorhanden – die Ergebnisse früherer Testungen laut Gutachten ein. Tragen Sie bitte auch jeweils den Namen des Tests ein.

Intelligenztest:

____

Rechtschreib- und/oder Lesetest:

____

weitere Tests:

____

____

Testung 1 (vor Beginn des Trainings, *t1*)

Bitte ausfüllen:

Name/Institut der Trainerin/des Trainers: _______________________________________

Datum, Unterschrift des Trainers: ____
(zur Bestätigung, dass die Testung nach Anleitung und vollständig korrekt durchgeführt wurde.)

Name: ____ Geburtsmonat/-jahr: ___________________

Nicht von Trainerin/Trainer auszufüllen (wird zur Gesamtevaluation ausgefüllt)   Proband Nr. _______

Teil 1: _________/20 | Teil 2: _________/20 | Teil 3: _________/40   T-Wert Teil 3: _______

Teil 1 – Teilbereiche: Aufgabe 1 ______/8, A2 ______/8, A3 ______/6, A4 ______/6

Teil 1 – verschiedene Kompetenzbereiche

Die Aufgabenformate dieses Testabschnittes sind angelehnt an Teile des BAKO 1-4 (Basiskompetenzen für Lese-Rechtschreibleistungen) von Stock/Marx/Schneider.

Aufgabe 1 – Vokalersetzung

„Zuerst wollen wir eine Geheimsprache ausprobieren, in der man immer „i" statt „a" sagt. In den Wörtern, die ich dir vorlese, gibt es immer den Laut /a:/. Wiederhole das richtige Wort und ersetze dann das /a/ bitte durch den Laut /i:/ ."

- Beispiele: Mama → Mimi, Rasen → Ri(e)sen
- Darauf hinweisen, dass nach den deutschen auch englische Wörter kommen.
- Bei falschem Nachsprechen des Originalwortes das Kind darauf hinweisen und nochmal vorlesen.
- Feedback zu jeder Antwort geben!
- **Noch zwei weitere Items auf nächster Seite!**

Item	bei falscher Antwort kurze Erläuterung	richtig = 1, falsch = 0
Mittag		
Sandra		
Januar		
warm		
laugh		
bark		

March		
arm		

Aufgabe 2 – Restwortbestimmung

„Bei den nun folgenden Wörtern sollst du nun immer den ersten Laut weglassen und das Wort ohne diesen Laut sagen. Sag also zunächst das Wort, das ich dir vorlese noch einmal und lasse dann den ersten Laut weg."

- Beispiele: Floß → loß, krumm → rum
- Bei falschem Nachsprechen des Originalwortes das Kind darauf hinweisen und nochmal vorlesen.
- Feedback zu jeder Antwort geben!

Item	bei falscher Antwort kurze Erläuterung	richtig = 1, falsch = 0
Ende		
Trick		
Atlas		
Buch		
take		
name		
look		
present		

Aufgabe 3 – Lesen englischer Realwörter

Nehmen Sie den Zettel mit den Realwörtern (kann auch vorab als Karten ausgeschnitten werden): „Ich zeige dir jeweils ein englisches Wort. Lies es in Ruhe durch und dann laut auf Englisch vor, wie du vermutest, dass es gesprochen wird."

Item	bei falscher Antwort kurze Erläuterung	richtig = 1, falsch = 0
milk		
story		
letter		
chair		
always		
explain		

Aufgabe 4 – Lesen englischer Nonsense-Wörter

Nehmen Sie die Zettel mit den Nonsense-Wörtern und zeigen Sie sie Ihrem Trainingskind nacheinander. „Ich zeige dir jeweils ein englisches Wort, das es eigentlich gar nicht gibt. Trotzdem kann man die Wörter auf Englisch aussprechen. Lies es in Ruhe durch und dann laut auf Englisch vor, wie du vermutest, dass es gesprochen wird.“

Item	bei falscher Antwort kurze Erläuterung	richtig = 1, falsch = 0
tope, /təʊp/		
weab, /wiːb/		
mave, /meɪv/		
biz, /bɪz/		
tun, /tʌn/		
vam, /væm/		

Teil 2 – Rechtschreibleistung im Englischen (Diktat)

Geben Sie Ihrem Trainingskind den Bogen auf der Seite 17/18. Sagen Sie ihm, es soll einzelne Wörter in die Lücken der Sätze eintragen. Die Sätze werden ihm in der MP3-Datei inklusive der Wörter diktiert: zunächst wird die Nummer des Satzes genannt, dann das einzusetzende Wort, der gesamte Satz wird diktiert und zuletzt wird noch einmal das Wort genannt. In der Zeit während des Diktates und 5 Sekunden danach trägt Ihr Trainingskind das Wort leserlich in die Lücke ein. Kann es das Wort nicht schreiben, soll die Lücke offen gelassen werden. Eine weitere Wiederholung ist nicht vorgesehen.

Die 20 Diktatsätze enthalten verschiedene sprachliche Phänomene und Schwierigkeitsstufen.

1. During summer it can get very **hot**.
2. I am going to visit my grandma **next** Sunday.
3. I have to get up at seven o'clock in the **morning**.
4. This task can have **different** answers.
5. We don't take the bus to school, we take the **train**.
6. Clowns always look a little **crazy**.
7. Apples and bananas are kinds of **fruits**.
8. I have just washed my car. It's **clean** now.
9. In the morning, I sometimes eat **toast**.
10. Sam **believes** there is life on other planets.
11. Our **teacher** can be very funny.
12. Milk chocolate tastes very **sweet**.
13. At **night** you can see the moon shine.
14. This **game** isn't fun.
15. Don't wait for me. I am going to be **late**.

16. Could you **give** me an apple, please?
17. I need a **knife** to eat this.
18. The **weather** today is beautiful.
19. Sandy can't get **enough** of these cheese cakes.
20. Mary is one of my best **friends**.

Schwerpunkte

Satz 1-4: Vokale

Satz 5-9: Konsonantzusammensetzungen/-cluster

Satz 10-12: Vokalzusammensetzungen

Satz 13: Stumme Buchstaben

Satz 14-16: stummes End-e und Ausnahmen

Satz 17: Weitere stumme Buchstaben(folgen)

Satz 18-20: Sichtwortschatz

Teil 3 – Rechtschreibleistung im Deutschen (HSP 5-9B)

Führen Sie den HSP 5-9 (*Hamburger Schreib-Probe* von Peter May) durch. (Es sind mehrere Bögen beigelegt, falls einer verloren geht. Sie benötigen für diese Testung und die Testung am Ende des Trainings jeweils einen Bogen.)

Der Test verläuft analog zur Testung im Teil 2, die Wörter müssen Sie allerdings selbst vorlesen. Geben Sie dem Kind den Bogen und lesen Sie die Wörter und Sätze vor. Die Bilder dienen als Erinnerungshilfe. Geben Sie keine Hilfen! Ihr Trainingskind darf in seinem eigenen Tempo schreiben.

Hier die Wörter und Sätze des HSP 5-9B:

Seite 1	Seite 2	Seite 3	Seite 4
der Hauptbahnhof	die Fußballmannschaft	Der Torwart schimpft mit dem Schiedsrichter.	Der Briefträger merkt, dass er das Päckchen vergessen hat.
das Verkehrsschild	der Tischtennisschläger		
das Frühstücksei	der Reißverschluss	„Dauernd ist der doofe Computer kaputt", stöhnt die Sekretärin.	Der Polizist knackt das Fahrradschloss.
die Verkäuferin	der Bankräuber		
die Lehrerin	das Geburtstagsgeschenk		Wenn man dem Mann nicht vertrauen kann, wem denn dann?
die Gießkanne	das Fernsehprogramm	Die Tierärztin pflegt das verletzte Nilpferd.	
die Bohrmaschine	das Spinnennetz		

Sie brauchen den Test **nicht** selbst auszuwerten! Stecken Sie den Bogen einfach mit den anderen Unterlagen in den Umschlag.

Teil 4 – Freies Schreiben

Bitten Sie Ihr Trainingskind zur nächsten Sitzung einen kurzen Text über sich und seine Hobbies auf Englisch (!) zu schreiben. Es kann dazu den Bogen auf Seite 18 verwenden.

Nach Beendigung ist die Testung 1 beendet. Senden Sie – wenn Sie den Teil „freies Schreiben" Ihres Trainingskindes zurückerhalten haben – alle Unterlagen (Elternfragebogen sowie Testung 1 mit allen 4 Teilen) bitte umgehend wie oben beschrieben zurück.

Real-Wörter zu Testung 1, Teil 1 – Aufgabe 3

milk

story

letter

chair

always

explain

Nonsense-Wörter zu Testung 1, Teil 1 – Aufgabe 4

tope   weab

mave   biz

tun   vam

Testung 1, Teil 2

Name: _________________________________ Geburtsmonat/-jahr: ________________

(zur Identifizierung)

---

1. During summer it can get very __________________.

2. I am going to visit my grandma ________________

   Sunday.

3. I have to get up at seven o'clock in the

   __________________.

4. This task can have __________________ answers.

5. We don't take the bus to school, we take the

   __________________.

6. Clowns always look a little __________________.

7. Apples and bananas are kinds of __________________.

8. I have just washed my car. It's __________________ now.

9. In the morning, I sometimes eat __________________.

---

10. Sam ___________________ there is life on other planets.

11. Our ___________________ can be very funny.

12. Milk chocolate tastes very ___________________.

13. At ___________________ you can see the moon shine.

14. This ___________________ isn't fun.

15. Don't wait for me. I am going to be ___________________.

16. Could you ___________________ me an apple, please?

17. I need a ___________________ to eat this.

18. The ___________________ today is beautiful.

19. Sandy can't get ___________________ of the cheese cake.

20. Mary is one of my best ___________________.

Testung 1, Teil 4

Name: _________________________________ Geburtsmonat/-jahr: _________________

(zur Identifizierung)

Please write a short text about yourself and your hobbies!

(Who are you? Where do you live? What do you like to do? ...)

____

____

____

____

____

____

____

____

____

____

Testung 2 (zur Hälfte des Trainings, *t2*)

Bitte ausfüllen:

Name/Institut der Trainerin/des Trainers: _______________________________________

Datum, Unterschrift des Trainers: ____
(zur Bestätigung, dass die Testung nach Anleitung und vollständig korrekt durchgeführt wurde.)

Name: _______________________________________ Geburtsmonat/-jahr: ____________________

Nicht von Trainerin/Trainer auszufüllen (wird zur Gesamtevaluation ausgefüllt)　　　　Proband Nr. ______

Teil 1: _______/20 | Teil 2: _______/20

Teil 1 – Teilbereiche: Aufgabe 1 ______/8, A2 ______/8, A3 ______/6, A4 ______/6

Teil 1 – verschiedene Kompetenzbereiche
Die Aufgabenformate dieses Testabschnittes sind angelehnt an Teile des BAKO 1-4 (Basiskompetenzen für Lese-Rechtschreibleistungen) von Stock/Marx/Schneider.

Aufgabe 1 – Vokalersetzung
„Zuerst wollen wir eine Geheimsprache ausprobieren, in der man immer „i" statt „a" sagt. In den Wörtern, die ich dir vorlese, gibt es immer den Laut /a:/. Wiederhole das richtige Wort und ersetze dann das /a/ bitte durch den Laut /i:/ ."

- Beispiele: Mama → Mimi, Rasen → Ri(e)sen
- Darauf hinweisen, dass nach den deutschen auch englische Wörter kommen.
- Bei falschem Nachsprechen des Originalwortes das Kind darauf hinweisen und nochmal vorlesen.
- Feedback zu jeder Antwort geben!
- **Noch zwei Items auf nächster Seite!**

Item	bei falscher Antwort kurze Erläuterung	richtig = 1, falsch = 0
Sonntag		
Sandra		
Februar		
warm		
fast		
bark		

dark		
arm		

Aufgabe 2 – Restwortbestimmung

„Bei den nun folgenden Wörtern sollst du nun immer den ersten Laut weglassen und das Wort ohne diesen Laut sagen. Sag also zunächst das Wort, das ich dir vorlese noch einmal und lasse dann den ersten Laut weg.“

- Beispiele: Floß → loß, krumm → rum
- Bei falschem Nachsprechen des Originalwortes das Kind darauf hinweisen und nochmal vorlesen.
- Feedback zu jeder Antwort geben!

Item	bei falscher Antwort kurze Erläuterung	richtig = 1, falsch = 0
Ende		
Plan		
Atlas		
Kopf		
take		
time		
fire		
tree		

Aufgabe 3 – Lesen englischer Realwörter

Nehmen Sie den Zettel mit den Realwörtern (kann auch vorab als Karten ausgeschnitten werden): „Ich zeige dir jeweils ein englisches Wort. Lies es in Ruhe durch und dann laut auf Englisch vor, wie du vermutest, dass es gesprochen wird.“

Item	bei falscher Antwort kurze Erläuterung	richtig = 1, falsch = 0
city		
story		
painter		
chair		
today		
explain		

Aufgabe 4 – Lesen englischer Nonsense-Wörter

Nehmen Sie die Zettel mit den Nonsense-Wörtern und zeigen Sie sie Ihrem Trainingskind nacheinander. „Ich zeige dir jeweils ein englisches Wort, das es eigentlich gar nicht gibt. Trotzdem kann man die Wörter auf Englisch aussprechen. Lies es in Ruhe durch und dann laut auf Englisch vor, wie du vermutest, dass es gesprochen wird."

Item	bei falscher Antwort kurze Erläuterung	richtig = 1, falsch = 0
pam, /pæm/		
teat, /tiːt/		
rit, /rɪt/		
tay, /teɪ/		
aft, /æft/		
cline, /klaɪn/		

Teil 2 – Rechtschreibleistung im Englischen (Diktat)

Geben Sie Ihrem Trainingskind den Bogen auf der Seite 26/27. Sagen Sie ihm, es soll einzelne Wörter in die Lücken der Sätze eintragen. Die Sätze werden ihm in der MP3-Datei inklusive der Wörter diktiert: zunächst wird die Nummer des Satzes genannt, dann das einzusetzende Wort, der gesamte Satz wird diktiert und zuletzt wird noch einmal das Wort genannt. In der Zeit während des Diktates und 5 Sekunden danach trägt Ihr Trainingskind das Wort leserlich in die Lücke ein. Kann es das Wort nicht schreiben, soll die Lücke offen gelassen werden. Eine weitere Wiederholung ist nicht vorgesehen.

Die 20 Diktatsätze enthalten verschiedene sprachliche Phänomene und Schwierigkeitsstufen.

1. Can you take my **dog** for a walk?
2. I am very tired. I have to go to **bed**.
3. You have pretty nice flowers in your **garden**.
4. I feel warm. It's very **hot** in here.
5. You can **dream** of holidays on an island.
6. Ben cannot come to school on **Friday**.
7. The **story** Grandpa told us yesterday can't be true.
8. Sam's dad just bought a new **clock**.
9. We have an enormous tree in **front** of our house.
10. Usually I eat **bread** in the evening.
11. Look, there's some money on the **ground**.
12. I hope we can have a dog **soon**.
13. Can you switch off the **light**, please?
14. Do you have some **time** to help me?
15. Sam got a **cake** for his birthday.

16. Where do you **live**?
17. Last night, I swear I saw a **ghost**.
18. **Where** can I find a library in this city?
19. There are just too many **people** in this place right now.
20. Sam must leave **because** he has a date.

Nach Beendigung ist die Testung 2 beendet. Senden Sie dann alle Unterlagen (Testung 2 mit beiden Teilen) wie oben beschrieben zurück.

Real-Wörter zu Testung 2, Teil 1 – Aufgabe 3

city

story

painter

chair

today

explain

Nonsense-Wörter zu Testung 2, Teil 1 – Aufgabe 4

pam   teat

rit   tay

aft   cline

Testung 2, Teil 2

Name: _______________________________________ Geburtsmonat/-jahr: ___________________
(zur Identifizierung)

1. Can you take my ___________________ for a walk?

2. I am very tired. I have to go to ___________________.

3. You have pretty nice flowers in your

   ___________________.

4. I feel warm. It's very ___________________ in here.

5. You can ___________________ of holidays on an island.

6. Ben cannot come to school on ___________________.

7. The ___________________ Grandpa told us yesterday

   can't be true.

8. Sam's dad just bought a new ___________________.

9. We have an enormous tree in ___________________ of our

   house.

10. Usually I eat _________________ in the evening.

11. Look, there's some money on the _________________.

12. I hope we can have a dog _________________.

13. Can you switch off the _________________, please?.

14. Do you have some _________________ to help me?

15. Sam got a _________________ for his birthday.

16. Where do you _________________?

17. Last night, I swear I saw a _________________.

18. _________________ can I find a library in this city?

19. There are just too many _________________ in this

place right now.

20. Sam must leave _________________ he has a date.

Testung 3 (am Ende des Trainings, *t3*)

Bitte ausfüllen:

Name/Institut der Trainerin/des Trainers: ____

Datum, Unterschrift des Trainers: ____
(zur Bestätigung, dass die Testung nach Anleitung und vollständig korrekt durchgeführt wurde.)

Name: ____ Geburtsmonat/-jahr: _________________

Nicht von Trainerin/Trainer auszufüllen *(wird zur Gesamtevaluation ausgefüllt)*   Proband Nr. ______

Teil 1: ________/20 | Teil 2: ________/20 | Teil 3: ________/40   T-Wert Teil 3: _______

Teil 1 – Teilbereiche: Aufgabe 1 ______/8, A2 ______/8, A3 ______/6, A4 ______/6

Teil 1 – verschiedene Kompetenzbereiche
Die Aufgabenformate dieses Testabschnittes sind angelehnt an Teile des BAKO 1-4 (Basiskompetenzen für Lese-Rechtschreibleistungen) von Stock/Marx/Schneider.

Aufgabe 1 – Vokalersetzung
„Zuerst wollen wir eine Geheimsprache ausprobieren, in der man immer „i" statt „a" sagt. In den Wörtern, die ich dir vorlese, gibt es immer den Laut /a:/. Wiederhole das richtige Wort und ersetze dann das /a/ bitte durch den Laut /i:/ ."

- Beispiele: Mama → Mimi, Rasen → Ri(e)sen
- Darauf hinweisen, dass nach den deutschen auch englische Wörter kommen.
- Bei falschem Nachsprechen des Originalwortes das Kind darauf hinweisen und nochmal vorlesen.
- Feedback zu jeder Antwort geben!
- **Noch zwei weitere Items auf nächster Seite!**

Item	bei falscher Antwort kurze Erläuterung	richtig = 1, falsch = 0
Mittag		
Maja		
Januar		
Garn		
laugh		
start		

     wordly Rechtschreibtraining – **Testmaterial** | 28

March		
after		

Aufgabe 2 – Restwortbestimmung

„Bei den nun folgenden Wörtern sollst du nun immer den ersten Laut weglassen und das Wort ohne diesen Laut sagen. Sag also zunächst das Wort, das ich dir vorlese noch einmal und lasse dann den ersten Laut weg."

- Beispiele: Floß → loß, krumm → rum
- Bei falschem Nachsprechen des Originalwortes das Kind darauf hinweisen und nochmal vorlesen.
- Feedback zu jeder Antwort geben!

Item	bei falscher Antwort kurze Erläuterung	richtig = 1, falsch = 0
leer		
Trick		
Ampel		
Buch		
late		
name		
toast		
present		

Aufgabe 3 – Lesen englischer Realwörter

Nehmen Sie den Zettel mit den Realwörtern (kann auch vorab als Karten ausgeschnitten werden): „Ich zeige dir jeweils ein englisches Wort. Lies es in Ruhe durch und dann laut auf Englisch vor, wie du vermutest, dass es gesprochen wird."

Item	bei falscher Antwort kurze Erläuterung	richtig = 1, falsch = 0
milk		
very		
letter		
cheap		
always		
example		

Aufgabe 4 – Lesen englischer Nonsense-Wörter

Nehmen Sie die Zettel mit den Nonsense-Wörtern und zeigen Sie sie Ihrem Trainingskind nacheinander. „Ich zeige dir jeweils ein englisches Wort, das es eigentlich gar nicht gibt. Trotzdem kann man die Wörter auf Englisch aussprechen. Lies es in Ruhe durch und dann laut auf Englisch vor, wie du vermutest, dass es gesprochen wird."

Item	bei falscher Antwort kurze Erläuterung	richtig = 1, falsch = 0
ake, /eɪk/		
smite, /smaɪt/		
laip, /leɪp/		
tiz, /tɪz/		
toon, /tuːn/		
ight, /aɪt/		

Teil 2 – Rechtschreibleistung im Englischen (Diktat)

Geben Sie Ihrem Trainingskind den Bogen auf der Seite 34/35. Sagen Sie ihm, es soll einzelne Wörter in die Lücken der Sätze eintragen. Die Sätze werden ihm in der MP3-Datei inklusive der Wörter diktiert: zunächst wird die Nummer des Satzes genannt, dann das einzusetzende Wort, der gesamte Satz wird diktiert und zuletzt wird noch einmal das Wort genannt. In der Zeit während des Diktates und 5 Sekunden danach trägt Ihr Trainingskind das Wort leserlich in die Lücke ein. Kann es das Wort nicht schreiben, soll die Lücke offen gelassen werden. Eine weitere Wiederholung ist nicht vorgesehen.

Die 20 Diktatsätze enthalten verschiedene sprachliche Phänomene und Schwierigkeitsstufen.

1. I do **not** want to go to school today.
2. Could you put my books into your **bag**, please?
3. There is only little **water** in the river in summer.
4. It is going to rain soon. Let's go **inside**.
5. My last test was very good. My mom was **proud** of me.
6. Most of the time old movies are shot in **black** and white.
7. We will need more time to get to school. There is a lot of **traffic**.
8. **Clowns** always scare me a little bit.
9. Teachers always want a **correct** answer.
10. It's sunny outside. Let's go to the **beach**.
11. My sister **always** makes fun of me at lunch.
12. Last night I could not **sleep** at all.
13. Can we go to the movies **tonight**?
14. It smells strange. There must be a **fire** nearby.

15. Could you **take** my dog for a walk?
16. I don't **have** any money left in my pocket.
17. I did **knock** on his door, but he didn't hear me.
18. Sam has to buy some **meat** for the family barbecue.
19. Can you tell me **what** Sam told you about the party?
20. I hate it when we **lose** a soccer match.

Teil 3 – Rechtschreibleistung im Deutschen (HSP 5-9B)

Führen Sie den HSP 5-9 (*Hamburger Schreib-Probe* von Peter May) durch. (Es sind mehrere Bögen beigelegt, falls einer verloren geht. Sie benötigen für diese Testung und die Testung am Ende des Trainings jeweils einen Bogen.)

Der Test verläuft analog zur Testung im Teil 2, die Wörter müssen Sie allerdings selbst vorlesen. Geben Sie dem Kind den Bogen und lesen Sie die Wörter und Sätze vor. Die Bilder dienen als Erinnerungshilfe. Geben Sie keine Hilfen! Ihr Trainingskind darf in seinem eigenen Tempo schreiben.

Hier die Wörter und Sätze des HSP 5-9B:

Seite 1	Seite 2	Seite 3	Seite 4
der Hauptbahnhof	die Fußballmannschaft	Der Torwart schimpft mit dem Schiedsrichter.	Der Briefträger merkt, dass er das Päckchen vergessen hat.
das Verkehrsschild	der Tischtennisschläger		
das Frühstücksei	der Reißverschluss	„Dauernd ist der doofe Computer kaputt", stöhnt die Sekretärin.	Der Polizist knackt das Fahrradschloss.
die Verkäuferin	der Bankräuber		
die Lehrerin	das Geburtstagsgeschenk	Die Tierärztin pflegt das verletzte Nilpferd.	Wenn man dem Mann nicht vertrauen kann, wem denn dann?
die Gießkanne	das Fernsehprogramm		
die Bohrmaschine	das Spinnennetz		

Sie brauchen den Test **nicht** selbst auszuwerten! Stecken Sie den Bogen einfach mit den anderen Unterlagen in den Umschlag.

Teil 4 – Freies Schreiben

Bitten Sie Ihr Trainingskind zur nächsten Sitzung einen kurzen Text über sich und seine Hobbies auf Englisch (!) zu schreiben. Es kann dazu den Bogen auf Seite 36 verwenden.

Nach Beendigung ist die Testung 3 beendet. Senden Sie dann alle verbliebenen Unterlagen (Protokollbogen sowie Testung 3 mit allen 4 Teilen und dem Abschnitt „freies Schreiben" Ihres Trainingskindes) wie oben beschrieben zurück.

Real-Wörter zu Testung 3, Teil 1 – Aufgabe 3

milk   very

letter   cheap

always   example

Nonsense-Wörter zu Testung 3, Teil 1 – Aufgabe 4

ake

smite

laip

tiz

toon

ight

Testung 3, Teil 2

Name: _______________________________________ Geburtsmonat/-jahr: _______________

(zur Identifizierung)

1. I do _______________ want to go to school today.

2. Could you put my books into your ___________, please?

3. There is only little _______________ in the river in

   summer.

4. It is going to rain soon. Let's go _______________.

5. My last test was very good. My mom was

   _______________ of me.

6. Most of the time old movies are shot in

   _______________ and white.

7. We will need more time to get to school. There is a lot

   of _______________.

8. _______________ always scare me a little bit.

9. Teachers always want a _______________ answer.

10. It's sunny outside. Let's go to the ________________.

11. My sister ________________ makes fun of me at lunch.

12. Last night I could not ________________ at all.

13. Can we go to the movies ________________?

14. It smells strange. There must be a ________________

nearby.

15. Could you ________________ my dog for a walk?

16. I don't ________________ any money left in my pocket.

17. I did ________________ on his door, but he didn't hear me.

18. Sam has to buy some ________________ for the family

barbecue.

19. Can you tell me ________________ Sam told you about

the party?

20. I hate it when we ________________ a soccer match.

Testung 3, Teil 4

Name: _________________________________ Geburtsmonat/-jahr: _________________

(zur Identifizierung)

Please write a short text about yourself and your hobbies!

(Who are you? Where do you live? What do you like to do? ...)

____

____

____

____

____

____

____

____

____

____

____

Anhang D: Die 300 häufigsten Wörter im Englischen

Nachfolgend findet sich die Auflistung der 200 häufigsten im Englischen gebrauchten Wörter nach Auszählungen auf Basis des *British National Corpus (BNC)* und LEECH ET AL. (2001) sowie Ergänzungen aus Auszählungen von Jugendliteratur (CARROLL ET AL. 1971, FRY 1980, ELDREDGE 1995) und Schriftproben englischer Muttersprachler (GRAHAM ET AL. 1994). Die Items sind nicht lemmatisiert und enthalten damit ebenfalls Partikel wie Genitiv-„'s" oder „'ve", welche im Trainingsprogramm ebenfalls an entsprechender Stelle thematisiert werden. Da einige Items in verschiedenen sprachlichen Funktionen vorkommen (z.B. „her" als Objekt- und als Possessivpronomen), wurde die Liste entsprechend um die Anzahl an gelöschten Duplikaten erhöht, um insgesamt 300 verschiedene Items zu erhalten. Item-Doppelungen sowie Diskurspartikel wie „em" und „er" wurden aus der Auflistung herausgenommen, da sie im Schriftsprachgebrauch des fremdsprachlichen Anfangsunterrichts sowie für das Interventionskonzept keine größere Relevanz haben.

Für die Auszählungen von LEECH ET AL. (2001) gilt in der folgenden Auflistung: **PoS** *(Part of Speech)* gibt den Gebrauch an, **Freq** *(Frequency)* die Häufigkeit des Items pro 1 Millionen gesprochene und geschriebene Wörter.

	Word	PoS	Freq
1.	the	Det	61847
2.	of	Prep	29391
3.	and	Conj	26817
4.	a	Det	21626
5.	in	Prep	18214
6.	it	Pron	10875
7.	is	Verb	9982
8.	to	Prep	9343
9.	was	Verb	9236
10.	I	Pron	8875
11.	for	Prep	8412
12.	that	Conj	7308
13.	you	Pron	6954
14.	he	Pron	6810
15.	be	Verb	6644
16.	with	Prep	6575
17.	on	Prep	6475
18.	by	Prep	5096
19.	at	Prep	4790
20.	have	Verb	4735
21.	are	Verb	4707
22.	not	Neg	4626
23.	this	DetP	4623
24.	's	Gen	4599
25.	but	Conj	4577

26.	had	Verb	4452
27.	they	Pron	4332
28.	his	Det	4285
29.	from	Prep	4134
30.	she	Pron	3801
31.	which	DetP	3719
32.	or	Conj	3707
33.	we	Pron	3578
34.	's	Verb	3490
35.	an	Det	3430
36.	~n't	Neg	3328
37.	were	Verb	3227
38.	as	Conj	3006
39.	do	Verb	2802
40.	been	Verb	2686
41.	their	Det	2608
42.	has	Verb	2593
43.	would	VMod	2551
44.	there	Ex	2532
45.	what	DetP	2493
46.	will	VMod	2470
47.	all	DetP	2436
48.	if	Conj	2369
49.	can	VMod	2354
50.	her	Det	2183
51.	said	Verb	2087
52.	who	Pron	2055
53.	one	Num	1962
54.	so	Adv	1893
55.	up	Adv	1795
56.	as	Prep	1774
57.	them	Pron	1733
58.	some	DetP	1712
59.	when	Conj	1712
60.	could	VMod	1683
61.	him	Pron	1649
62.	into	Prep	1634
63.	its	Det	1632
64.	then	Adv	1595
65.	two	Num	1561
66.	out	Adv	1542
67.	time	NoC	1542
68.	my	Det	1525
69.	about	Prep	1524
70.	did	Verb	1434
71.	your	Det	1383
72.	now	Adv	1382

73.	me	Pron	1364
74.	no	Det	1343
75.	other	Adj	1336
76.	only	Adv	1298
77.	just	Adv	1277
78.	more	Adv	1275
79.	these	DetP	1254
80.	also	Adv	1248
81.	people	NoC	1241
82.	know	Verb	1233
83.	any	DetP	1220
84.	first	Ord	1193
85.	see	Verb	1186
86.	very	Adv	1165
87.	new	Adj	1145
88.	may	VMod	1135
89.	well	Adv	1119
90.	should	VMod	1112
91.	like	Prep	1064
92.	than	Conj	1033
93.	how	Adv	1016
94.	get	Verb	995
95.	way	NoC	958
96.	one	Pron	953
97.	our	Det	950
98.	made	Verb	943
99.	got	Verb	932
100.	after	Prep	927
101.	think	Verb	916
102.	between	Prep	903
103.	many	DetP	902
104.	years	NoC	902
105.	've	Verb	891
106.	those	DetP	888
107.	go	Verb	881
108.	being	Verb	862
109.	because	Conj	852
110.	down	Adv	845
111.	're	Verb	835
112.	yeah	Int	834
113.	three	Num	797
114.	good	Adj	795
115.	back	Adv	793
116.	make	Verb	791
117.	such	DetP	763
118.	on	Adv	756
119.	there	Adv	746

120.	through	Prep	743
121.	year	NoC	737
122.	over	Prep	735
123.	'll	VMod	726
124.	must	VMod	723
125.	still	Adv	718
126.	even	Adv	716
127.	take	Verb	715
128.	too	Adv	701
129.	here	Adv	699
130.	own	DetP	695
131.	come	Verb	695
132.	last	Ord	691
133.	does	Verb	687
134.	oh	Int	684
135.	say	Verb	679
136.	no	Int	662
137.	going	Verb	658
138.	'm	Verb	658
139.	work	NoC	653
140.	where	Adv	628
141.	us	Pron	623
142.	government	NoC	622
143.	same	DetP	615
144.	man	NoC	614
145.	might	VMod	614
146.	day	NoC	610
147.	yes	Int	606
148.	however	Adv	605
149.	put	Verb	596
150.	world	NoC	590
151.	over	Adv	584
152.	another	DetP	581
153.	in	Adv	573
154.	want	Verb	572
155.	life	NoC	566
156.	most	Adv	565
157.	against	Prep	562
158.	again	Adv	561
159.	never	Adv	559
160.	under	Prep	553
161.	old	Adj	544
162.	much	DetP	531
163.	something	Pron	526
164.	why	Adv	509
165.	each	DetP	508
166.	while	Conj	503

167.	house	NoC	501
168.	part	NoC	496
169.	number	NoC	493
170.	out of	Prep	491
171.	found	Verb	489
172.	off	Adv	486
173.	different	Adj	484
174.	went	Verb	483
175.	really	Adv	481
176.	'	Gen	479
177.	thought	Verb	473
178.	came	Verb	472
179.	used	Verb	469
180.	children	NoC	466
181.	always	Adv	462
182.	four	Num	461
183.	where	Conj	458
184.	without	Prep	456
185.	give	Verb	451
186.	few	DetP	450
187.	within	Prep	449
188.	about	Adv	447
189.	system	NoC	447
190.	local	Adj	445
191.	place	NoC	443
192.	great	Adj	442
193.	during	Prep	440
194.	although	Conj	436
195.	small	Adj	435
196.	before	Prep	434
197.	look	Verb	433
198.	next	Ord	431
199.	when	Adv	431
200.	case	NoC	431
201.	end	NoC	429
202.	things	NoC	424
203.	social	Adj	422
204.	find	Verb	420
205.	group	NoC	414
206.	quite	Adv	412
207.	mean	Verb	411

Ergänzungen nach CARROLL ET AL. **1971,** FRY **1980,** ELDREDGE **1995 und**
GRAHAM ET AL. **1994 (siehe 4.1.2.2) in alphabetischer Reihenfolge:**

208. animals
209. anything
210. around
211. asked
212. baby
213. ball
214. bird
215. book
216. boy
217. brown
218. city
219. dad
220. dark
221. everyone
222. father
223. friend
224. fun
225. garden
226. girl
227. green
228. hand
229. help
230. home
231. house
232. jump
233. let
234. little
235. live
236. long
237. maybe
238. mom
239. morning
240. mother
241. name
242. night
243. outside
244. picture
245. play
246. read
247. room
248. run
249. sat
250. saw
251. school

252. sea
253. sister
254. sleep
255. small
256. someone
257. sometime
258. soon
259. stop
260. stories
261. story
262. sun
263. teacher
264. tell
265. thing
266. things
267. three
268. together
269. told
270. top
271. tree
272. truck
273. try
274. two
275. wait
276. walk
277. water
278. way
279. well
280. wind
281. white
282. woman
283. words
284. write

Anhang E: Interviews

Hier werden der Übersichtlichkeit halber zunächst die Leitfragen des Interviews, dann die Ergebnisse der qualitativen Inhaltsanalyse und anschließend die Interview-Transkriptionen präsentiert.

Leitfragen des Interview-Leitfadens

Die Interviews wurden als Leitfadeninterviews entworfen. Wie vorne bereits beschrieben, wurden zunächst zwei Probeinterviews geführt, um die Fragefolge und -auswahl zu bestimmen. Die folgenden Fragen haben sich dabei als zielführend herausgestellt. Sie bilden damit deduktiv auch die Leitbereiche der qualitativen Inhaltsanalyse (siehe unten), in denen die Aussagen zusammengefasst werden:

1. Beschreiben Sie die Entwicklung Ihres Trainingskinds über den Trainingszeitraum!

2. Welche Methoden/Techniken aus dem Trainingskonzept halten Sie für besonders effektiv?

3. Welche Methoden/Techniken aus dem Trainingskonzept halten Sie für nicht effektiv/schwierig?

4. Welche Vorschläge, Kommentare und/oder Hinweise hätten Sie für die Überarbeitung des Trainingskonzepts?

Qualitative Inhaltsanalyse

In Anlehnung an die zusammenfassende, qualitative Inhaltsanalyse nach MAYRING (1997) wird nachfolgend das Kategorienraster dargelegt, welches als Reduktion des gesamten durch die Interviews erzielten Material-Corpus zu verstehen ist. Aus den Einzelfragen des Interviewleitfadens ergaben sich deduktiv die vier Kategorien, in die die Aussagen, Generalisierungen und Reduktionen gerastert werden. Die nach den Codierregeln ausgewählten Paraphrasen der einzelnen Interviews werden mitsamt der Transkriptionsstelle im Format TrXX.Y–Z dargestellt z.B. als Tr04.36–38 (= Transkription des Interviews mit Trainer 04, Zeile 36–38). Eine voneinander unabhängige, häufigere Nennung einzelner Aspekte verschiedenen Befragten wird als besondere Wichtigkeit dieses Aspekts gewertet und entsprechend in der Darstellung der Interviewergebnisse in Kapitel 5 präsentiert.

Paraphrase	Generalisierung	Reduktion
Kategorie 1: Entwicklung der Trainingskinder		
Rechtschreibleistung hat sich verbessert (Tr01.11–13, Tr13.20, Tr17.12–13, Tr19.13–14, Tr27.12, Tr28.9)	Rechtschreibung verbessert	K1.1 Rechtschreibung hat sich subjektiv aus Sicht der Trainer verbessert, teilweise auch im Deutschen, aber deutlich stärker im Englischen
Positive Entwicklung bezogen auf Rechtschreibphänomene (Tr04.9–11)		
Leistungen in Deutsch haben sich verbessert (Tr01.13–15)	Auch Verbesserung in deutscher Rechtschreibung	
In Englisch stärker verbessert als im Deutschen (Tr18.3–6)	Stärkere Verbesserung in Englisch	
Leistung der Trainingskinder gleichbleibend (Tr05.6–7, Tr22.6–7)	Keine Veränderung in der Entwicklung	K1.2 Keine Veränderung sichtbar gewesen bzw. nur im gesprochenen Englisch
Keine Verbesserung im Schriftlichen aber im gesprochenen Englisch (Tr12.6–12)	Keine Veränderung im Schriftlichen, dafür aber im gesprochenen Englisch	
Trainingskind hat Englisch nicht gerne gemocht/verweigert, braucht Überwindung, ist aber motiviert beim Trainingskonzept (Tr02.3–7/30–31, Tr08.4)	Motivation des Trainingskindes auf niedrigem Niveau	K1.3 Motivation der Trainingskinder gegenüber Englisch meist schwierig, Trainingskonzept konnte dies aber in der Regel von Anfang erhöhen und meist halten
Motivation des Trainingskindes ist schwierig (Tr20.6)		
Trainingskind motiviert Englisch zu lernen, aber Legasthenie erschwert dies (Tr02.8–10)	Motivation für Englisch hoch, wird aber von Legasthenie erschwert	
Motivation gestiegen (Tr25.6–12, Tr26.4–5, Tr31.3–7)	Steigerung der Motivation im Trainingsverlauf	
Trainingskinder zu Anfang sehr motiviert, zur Hälfte „Durchhänger" (Tr03.3–5)	Motivation konnte nicht durchgehend auf hohem Niveau gehalten werden	
Trainingskind ist sicherer geworden (Tr09.3, Tr25.3–5)	Größere Sicherheit	K1.4 Selbstbild und Sicherheit der Trainingskinder hat sich gesteigert
Trainingskind vorher schüchtern, konnte kaum Blickkontakt halten, hat sich stark gebessert (Tr10.3–7)	Trainingskind ist aufgeschlossener und/oder selbstsicherer	

Paraphrase	Generalisierung	Reduktion
Trainingskind hat besseres Fehlerbewusstsein (Tr09.3–4/12–13)	Besseres Fehlerbewusstsein	K1.5 Trainingskinder zeigen schwaches (meta-) kognitives/linguistisches Wissen, steigern dies teilweise allerdings und gewinnen ein größeres Fehlerbewusstsein
Trainingskind hat noch kein Konzept der englischen Sprache (Tr07.4–7/25)	Kein (meta-)kognitives Wissen über die englische Sprache	
Sprachverständnis hat sich verbessert (Tr16.3)	(Meta-)kognitives Wissen hat sich gesteigert	
Trainingskinder zeigt gesteigerte Aufmerksamkeit und Sprachbewusstsein (Tr06.5–9)	Größere Aufmerksamkeit und Sprachbewusstsein	K1.6 Trainingskinder zeigen bessere Konzentrationsfähigkeit, Sprachbewusstsein und Mitarbeit
Trainingskind besser konzentriert und arbeitet besser mit (Tr30.7–9)	Höhere Konzentration und bessere Mitarbeit	
Trainingskind nicht schlecht in Englisch (Tr06.5–6)	Keine schlechte Leistung in Schul-Englisch	K1.7 Wenn Trainingskinder in der Schule Schwierigkeiten hatten, haben sich die schulischen Leistungen verbessert (bis auf 2 Ausnahmen)
Trainingskinder machen weniger Rechtschreibfehler schulischen Klassenarbeiten (Tr03.13–14, Tr11.13–15)	Verbesserung in Klassenarbeiten	
Trainingskind hat sich in schulischer Klassenarbeit verbessert (Tr05.21–23)		
Trainingskind hat sich in Vokabeltests verbessert (Tr09.18, Tr13.21–24, Tr15.13–16, Tr19.20)	Verbesserung in Vokabeltests	
Weniger Rechtschreibfehler in der Schule (Tr04.24–25)	Weniger Rechtschreibfehler in der Schule	
Trainingskind hat sich in Schule nicht verbessert (Tr10.23–29, Tr16.13)	Keine Verbesserung in der Schule	
Trainingskind vorher große Schwierigkeiten in phonologischer Bewusstheit, was sich gebessert hat (Tr04.15–16, Tr15.3–7, Tr19.4–5)	Steigerung der phonologischen Bewusstheit	K1.8 Trainingskinder zeigen Steigerung im Bereich der phonologischen Bewusstheit
Enorme Steigerung in phonologischer Bewusstheit (Tr24.4–5)		
Kategorie 2: Effektive Inhalte und Methoden		
Übergreifende Methoden		
Belohnungssystem (Tr21.49–52)	Belohnungssystem ist förderlich	K2.1 Belohnungssystem ist ein förderliches Element im Trainingskonzept

Paraphrase	Generalisierung	Reduktion
„Forschende Arbeit" mit Sprache (Tr01.17–18) Über Vokabeln/Lernen sprechen (Tr17.36–37)	Über Sprache, Vokabeln, Lernen sprechen ist förderlich	K2.2 (Meta-)Kognitive Auseinandersetzung mit Sprache und Wörtern im Trainingskonzept ist ein förderliches Element
Bewusste Auseinandersetzung mit Wörtern und Schreibweisen (Tr23.9–17, Tr26.25–28)	Bewusste Konfrontation mit Wörtern und Schreibweisen ist förderlich	
„Look, Read, Cover, Write, Check" (Tr04.32, Tr29.25–28)	Karteikartenmethode „Look, Read, Cover, Write, Check" ist förderlich	K2.3 Karteikastensystem ist ein sehr förderliches Element im Trainingskonzept, insbesondere wenn die Eltern bei der Arbeit mit dem Karteikasten daheim die Trainingskinder unterstützen
Karteikasten (Tr01.23, Tr03.14/23, Tr08.30, Tr11.5–6, Tr13.20–21/34, Tr20.26–29, Tr21.14–16/24, Tr23.9/29–31, Tr25.39–40, Tr27.16–21, Tr28.49–51) Karteikarten (Tr02.19)	Karteikastensystem ist förderlich	
Karteikasten effektiv, wenn Eltern mit einbezogen werden (Tr03.24–25, Tr05.15–16)	Effektive Arbeit mit dem Karteikasten, wenn die Eltern die Trainingskinder unterstützen	
Mind-Mapping (Tr01.Z23, Tr03.28–29, Tr09.30, Tr11.18, Tr27.24–27)	Mind-Mapping ist förderlich	K2.4 Mind-Mapping ist ein sehr förderliches Element im Trainingskonzept
Sichtwortschatztraining (Tr11.6–8/18, Tr14.35–36)	Sichtwortschatztraining ist förderlich	K2.5 Das Sichtwortschatztraining ist ein förderliches Element im Trainingskonzept
Silbentraining (Tr18.17)	Silbentraining ist förderlich	K2.6 Silbentraining ist ein förderliches Element im Trainingskonzept
Wörterbucharbeit (Tr05.55–59, Tr25.48)	Wörterbucharbeit ist förderlich	K2.7 Die Arbeit mit dem Wörterbuch ist ein förderliches Element im Trainingskonzept
Arbeit mit Textmarkern (Tr01.24–25) Buchstaben mit Textmarkern markieren (Tr04.36–38, Tr24.125–126)	Arbeit mit Textmarkern ist förderlich	K2.8 Der Einsatz von Textmarkern zur visuellen Unterstützung ist ein förderliches Element im Trainingskonzept
Arbeit mit Moosgummibuchstaben (Tr07.52–54, Tr13.38–40, Tr14.53–55, Tr19.28, Tr21.25, Tr22.42–43, Tr24.50–54, Tr25.44–48, Tr28.27–28, Tr31.18–19)	Arbeit mit Moosgummibuchstaben förderlich	K2.9 Einsatz von Moosgummibuchstaben ist ein förderliches Element

Paraphrase	Generalisierung	Reduktion
Inhalte		
Übungen mit Selbstlauten und phonologischer Differenzierung (Tr05.39–41)	Übungen zur Differenzierung von Lauten sind förderlich	K2.10 Übungen zur Förderung der phonologischen Bewusstheit sind förderliche Elemente im Trainingskonzept
Differenzierung von Lauten (Tr09.24–25, Tr14.30–32, Tr22.47–50, Tr29.28–31, Tr30.34–35)		
Training der Aussprache (Tr02.19)	Training der Aussprache ist förderlich	
Vokaltraining (Tr04.30)	Training von Vokalen ist förderlich	
Übungen zur phonologischen Bewusstheit (Tr03.41, Tr07.43–46, Tr25.60–62, Tr30.28–29)	Übungen zur phonologischen Bewusstheit sind förderlich	
Elemente des BAKO zur Förderung der phonologischen Bewusstheit (Tr10.32–33)	Elemente aus dem BAKO-Test sind zur Förderung der phonologischen Bewusstheit förderlich	
Homophone (Tr15.19–23, Tr18.17, Tr23.37–39)	Arbeit mit Homophonen ist förderlich	K2.11 Die Arbeit mit Homophonen ist ein förderliches Element im Trainingskonzept
Wörterschnipsel zusammenlegen (Tr05.49–50, Tr22.43–47)	Zuordnen von Wortbestandteilen ist förderlich	K2.12 Das Zuordnen von Wortbestandteilen/-teilen ist ein förderliches Element im Trainingskonzept
Entspannungsübungen (Tr03.28)	Entspannungsübungen sind förderlich	K2.13 Entspannungs- und Konzentrationsübungen (insbesondere auch Memory-Spiele) sind förderliche Elemente im Trainingskonzept
Konzentrationsübungen (Tr09.34)	Konzentrationsübungen sind förderlich	
Memory-Spiel (Tr02.20–21, Tr08.15/36, Tr14.28, Tr23.35)	Memory spielen ist förderlich	
Laufdiktate (Tr04.35–36, Tr11.18–19, Tr24.35–36/114–116, Tr30.39–41, Tr31.16–18)	Laufdiktate sind förderlich	K2.14 Laufdiktate sind ein förderliches Element im Trainingskonzept
Wortsuchrätsel (Tr24.40–41)	Wortsuchrätsel sind förderlich	K2.15 Wortsuchrätsel sind förderliche Elemente im Trainingskonzept

Paraphrase	Generalisierung	Reduktion
Spiele (Tr06.19, Tr09.29, Tr10.9–12, Tr12.42–44, Tr16.23–24, Tr19.29)	Spiele sind förderlich	K2.16 Spiele sowie Bewegungsspiele sind sehr förderliche Elemente im Trainingskonzept
Spiel „I'm going shopping" (Tr14.29–30)		
Spiel „Hangman" (Tr08.33–34)		
Übungen mit Wettkampfcharakter (Tr11.24)		
Bewegungsspiele (Tr24.106–108, Tr30.30–32, Tr31.15–16)	Bewegungsspiele sind förderlich	
Bewegungsspiel „Walking Warmers" (Tr25.66–67)		
Regelkarten (Tr09.24, Tr25.52–53)	Regeltraining ist förderlich	K2.17 Der Einsatz von Regel- und Merkkarten sind förderliche Elemente im Trainingskonzept
Regeltraining (Tr17.33)		
Merkkarten (Tr12.50–55)	Merkkarten sind förderlich	
Verstärkerkarten (Tr09.29, Tr19.45–46)	Verstärkerkarten sind förderlich	K2.18 Verstärkerkarten sind ein förderliches Element im Trainingskonzept
Arbeitsblätter mit Lückenbuchstaben (Tr16.25–27)	Einsetzen von Buchstaben in Lücken ist förderlich	K2.19 Einsetzen von korrekten Buchstaben in Lücken ist ein förderliches Element im Trainingskonzept
Struktur und Organisation		
Direkte Umsetzung von Lerninhalten in Arbeitsblättern (Tr12.40–41)	Direkte Umsetzung von Inhalte in Arbeitsblättern förderlich	K2.20 Direkte Verknüpfung von Inhalten mit Arbeitsblättern ist ein förderliches Element des Trainingskonzepts
Einteilung der Lektionen und deren Struktur abwechslungsreich (Tr04.59–61, Tr25.31–33)	Strukturierung und Methodenwechsel abwechsungsreich und förderlich	K2.21 Strukturierung und Methodenwechsel sind förderliche Elemente des Trainingskonzepts
Regelmäßige Methodenwechsel (Tr07.49, Tr19.27)		
Differenzierungsmöglichkeiten im Material (Tr10.35–39, Tr15.38–39, Tr25.59)	Differenzierungsmöglichkeiten im Material förderlich	K2.22 Differenzierungsmöglichkeit sowie die Möglichkeit der Verknüpfung mit Vokabular aus dem Schulbuch sind förderliche Elemente des Trainingskonzepts
Verknüpfung mit Wortmaterial aus Lehrbuch (Tr19.49–52)	Möglichkeit der Verknüpfung mit Wortmaterial aus Lehrbuch förderlich	
Trainingsstunden einfach vorzubereiten (Tr05.95–97)	Vorbereitung der Trainingssitzungen einfach	K2.23 Vorbereitung der Trainingssitzungen fiel Trainer leicht

Paraphrase	Generalisierung	Reduktion
Sonstiges		
Schrift der Arbeitsblätter wurde als gut lesbar empfunden (Tr04.72–73)	Schrift der Arbeitsblätter förderlich	K2.24 Schrift der Arbeitsblätter wurde als förderlich empfunden
Kategorie 3: Weniger effektive/schwierigere Inhalte/Methode		
Übergreifende Methoden		
Diktate (Tr25.73–80, Tr28.57–58)	Diktate nicht förderlich	K3.1 Diktate sind kein förderliches Element im Trainingskonzept
Segmentierung von Wörtern (word parts) (Tr17.45–46)	Wortsegmentierung nicht förderlich	K3.2 Wortsegmentierung ist kein förderliches Element im Trainingskonzept
Mind-Mapping (Tr20.56)	Mind-Mapping nicht förderlich	K3.3 Mind-Mapping ist kein förderliches Element im Trainingskonzept
Arbeit mit Moosgummibuchstaben (Tr08.59–60)	Arbeit mit Moosgummibuchstaben nicht förderlich	K3.4 Arbeit mit Moosgummibuchstaben ist kein förderliches Element im Trainingskonzept
Arbeit mit Wörterbuch (Tr08.71–72, Tr09.40–46, Tr12.58–65)	Arbeit mit Wörterbuch nicht förderlich	K3.5 Arbeit mit Wörterbuch kein förderliches Element im Trainingskonzept
Freies Schreiben (Tr22.64, Tr24.73–77)	Freies Schreiben nicht förderlich	K3.6 Freies Schreiben kein förderliches Element im Trainingskonzept
Inhalte		
Übung „Finde den Fehler" (Tr03.33–35, Tr.17.63–68, Tr29.42–45)	Fehleridentifizierung nicht förderlich	K3.7 Übung zur Fehleridentifizierung sind kein förderliches Element im Trainingskonzept
Homophone wurden von Trainingskindern als schwer empfunden (Tr04.43–47)	Homophone nicht förderlich	K3.8 Training von Homophonen sind kein förderliches Element im Trainingskonzept
Differenzierung von klangähnlichen Lauten oder Schreibweisen (Tr11.31–36, Tr21.39–41, Tr23.42–45, Tr25.113–117)	Differenzierung von klangähnlichen Lauten oder Schreibweisen weniger förderlich	K3.9 Differenzierung ähnlicher Laute und Schreibweisen wurde als deutlich schwieriger/weniger förderlich wahrgenommen.
Unterscheidung /f/ und /v/ wurde als schwer empfunden (Tr06.36–37)	Differenzierung ähnlicher Laute wurde als schwer empfunden	
Unterscheidung <y> und <i> wurde als schwer empfunden (Tr04.52)		

Paraphrase	Generalisierung	Reduktion
„Silent <e>" wurde als schwer empfunden (Tr04.54–56)	Einheit zu stillem End-e schwierig	K3.10 Die Einheiten zum stillen End-e, Schwa und der allgemeine Einsatz von Lautschrift wurde als schwierig empfunden
Einheit zu „Schwa" schwierig (Tr17.41–42, Tr26.36–41)	Einheit zu Schwa schwierig	
Lautschrift wurde als schwierig empfunden (Tr05.80)	Einsatz von Lautschrift schwierig	
„Kindischere" Übungen wie Mandalas und Verstärkerkarten (Tr12.68–71)	Nicht altersgemäße Übungen wenig förderlich	K3.11 Nicht altersgemäße Übungen und/oder (Bewegungs-)Spiele sind keine förderlichen Elemente im Trainingskonzept
Ablehnung gegenüber Spielen (Tr20.52–55, Tr21.64–68)	Spiele nicht förderlich	
Bewegungsübung „Walking Warmers" (Tr13.50–52, Tr26.44–47)	Bewegungsübung nicht förderlich	
Motivationskarten (Tr31.28)	Motivationskarten nicht förderlich	K3.12 Einzelne Übungselemente, die als nicht förderlich eingestuft werden: • Motivationskarten • Kreuzworträtsel • Wörter-Domino • Schlangensätze • Buchstabensalat
Kreuzworträtsel (Tr22.52–53, Tr27.51)	Kreuzworträtsel nicht förderlich	
Wörter-Domino (Tr24.65)	Wörter-Domino nicht förderlich	
Übung zu Schlangensätzen schwierig, später besser geworden (Tr03.43–44)	Übung zu Schlangensätzen schwierig	
Wörter in Buchstabensalat heraussuchen (Tr13.44–47, Tr27.51)	Buchstabensalat nicht förderlich	
Wortmaterial in Arbeitsblättern teilweise nicht zielführend (Tr07.58–69)	Wortmaterial teilweise nicht zielführend	K3.13 Wortmaterial im Trainingskonzept teilweise zu schwierig für Trainingskinder in bestimmten Lernstufen
Wörter zu schwierig für Lernstufe (Tr21.7–11, Tr22.58–62)	Wörter teilweise zu schwierig für Lernstufe	
Wortschatz je nach Stand der Trainingskinder zu schwierig (Tr03.56–58, Tr28.121–136, Tr31.41–44)		
Teilweise Ausnahmen auch in Arbeitsblättern thematisiert (Tr07.81–84)	Teilweise Regelausnahmen in Arbeitsblättern enthalten	

Paraphrase	Generalisierung	Reduktion
Struktur/Organisation		
Zu viele Arbeitsblätter als Hausaufgabe (Tr21.45–47)	Zu viele Hausaufgaben	K3.14 Aufrechterhalten der Hausaufgaben bzw. Arbeit mit dem Karteikasten schwierig, insbesondere wenn die Unterstützung durch Eltern fehlt bzw. zu viele Arbeitsblätter bearbeitet werden mussten
Aufrechterhalten der Vokabelarbeit bzw. der Arbeit mit Karteikasten (Tr06.22/27–33)	Schwierigkeiten die Arbeit mit dem Karteikasten aufrecht zu erhalten	
Hausaufgaben zu erledigen wurde als schwierig empfunden, wenn keine Unterstützung daheim (Tr08.46–48, Tr19.45–46)	Schwierigkeit Hausaufgaben zu erledigen, wenn keine Unterstützung daheim	
Eltern einzubeziehen war schwierig (Tr03.66–67)	Schwierigkeit Eltern einzubeziehen	K3.15 Elternarbeit schwierig
Sonstiges		
Beispiele von CD als schwierig empfunden, eher auf Trainer geachtet (Tr09.46–53, Tr31.19–22)	Aufnahmen von CD schwierig	K3.16 Einsatz der Sprachbeispiele von CD schwierig zu verstehen, sodass eher auf Aussprache des Trainers geachtet wurde
Aufnahmen auf CD schwierig zu verstehen (Tr19.36–37)		
Arbeitsblätter mit Tabellen als unmotivierend empfunden (Tr11.42–43)	Tabellenformatierung in Arbeitsblättern unmotivierend	K3.17 Einsatz von Tabellen in Arbeitsblättern wurde als unmotivierend/nicht förderlich empfunden
Kategorie 4: Anregungen/Hinweise zur Überarbeitung des Konzepts		
Struktur/Organisation		
Vom Ablauf nichts ändern (Tr14.33–34)	Ablauf muss nicht geändert werden	K4.1 Keine Änderung des Trainingsablaufs nötig
Nicht viel Zeit bestimmte Inhalte zu vertiefen (Tr06.43–47)	Vertiefung von Inhalten aufgrund begrenzter Zeit nicht möglich	K4.2 Trainingskonzept sollte auf mehr Stunden verteilt werden und ggf. auf 45 Minuten reduziert werden
Trainingszeit auf mehr Stunden verteilen (Tr01.37–38, Tr06.52–54, Tr07.93–96, Tr25.143–147)	Trainingskonzept aufgrund der Fülle auf mehr Stunden verteilen	
Trainingssitzungen inhaltlich voll (Tr09.61, Tr16.35–38)		
Dauer einer Trainingssitzung auf 45 Minuten reduzieren (Tr10.44–45)	Dauer einer Trainingssitzung auf 45 Minuten reduzieren	

Paraphrase	Generalisierung	Reduktion
Wochenhausaufgaben auf Tage aufteilen (Tr24.119–121)	Wochenhausaufgabe auf Teile aufteilen	K4.3 Hausaufgaben sollten auf einzelne Wochentage aufgeteilt und insgesamt reduziert werden
Weniger Hausaufgaben (Tr08.84–85)	Hausaufgaben/Trainingszeit zuhause reduzieren	
Trainingszeit von 15–20 Minuten/Tag zuhause zu viel (Tr12.75–78)		
Zwei Trainingsstunden pro Woche, wenn die Unterstützung daheim fehlt/nicht ausreicht (Tr08.85–89)	Zwei Trainingssitzungen, falls keine Unterstützung zuhause möglich	K4.4 Bei fehlender Unterstützung zuhause möglicherweise zwei Trainingssitzungen durchführen
Inhalte		
Weitere Differenzierungsmöglichkeiten/Arbeitsblätter (Tr09.70, Tr28.66–71/88–91/182–188)	Mehr Material/Übungen zur Differenzierung einbinden	K4.5 Anregungen für das Arbeitsmaterial: • Mehr Material zur Differenzierung • Möglichkeit mit dem Material freier zu arbeiten • Weniger Material, dafür mehr Übungen im visuellen/akustischen Bereich • Mehr Lösungsblätter • Innerhalb einer Sitzung Ablauf durchnummerieren
Möglichkeit, freier zu arbeiten (Tr30.46–70)	Freiere Arbeit	
Anzahl der Arbeitsblätter reduzieren, dafür mehr visuelles/akustisches Material (Tr19.56–61)	Weniger Arbeitsblätter zugunsten von Übungen im visuellen/akustischen Bereich	
Mehr Lösungsblätter (Tr01.38–40, Tr10.77–79, Tr20.81–83)	Mehr Lösungsblätter zur Verfügung stellen	
Ablauf der Sitzung durchnummerieren (Tr01.46–58/70–71)	Innerhalb einer Sitzung den Ablauf zur besseren Übersichtlichkeit durchnummerieren	
MP3s auf CD-ROM lauter aufnehmen (Tr01.67–69)	Sprachbeispiele auf CD lauter	K4.6 Die Sprachbeispiele auf CD sollten lauter, die Abstände zwischen ihnen regelmäßiger und die Reihenfolge einheitlich sein
Abstände und Reihenfolge in MP3s unterschiedlich (Tr29.56–76)	Abstände in Sprachbeispielen sollten regelmäßiger sein und die Reihenfolge einheitlich	
Weniger Schwerpunkt auf Übungen zur phonologischen Bewusstheit (Tr11.50–52, Tr23.59–61)	Schwerpunkt auf phonologischer Bewusstheit reduzieren	K4.7 Schwerpunkt auf phonologischer Bewusstheit sollte im Trainingskonzept reduziert werden
Manche Sätze im Simple Past, was noch nicht bei Trainingskind bekannt war, generell in Present Tense setzen (Tr03.45–50)	Alle Übungssätze in Past Tense zu schwierig, in Present Tense setzen	K4.8 Generell alle Übungssätze in Present Tense anbieten, um alle Lernstufen integrieren zu können

Paraphrase	Generalisierung	Reduktion
Struktur/Organisation		
Mind-Mapping früher einführen (Tr11.50)	Früherer Einsatz von Mind-Mapping	K4.9 Mind-Mapping und Arbeit mit Moosgummibuchstaben sollten im Trainingskonzept früher eingeführt werden
Moosgummibuchstaben früher einsetzen (Tr13.57–60, Tr21.73–76)	Früherer Einsatz von Moosgummibuchstaben	
Homophone auf mehr Sitzungen aufteilen (Tr25.134–135)	Übungen zu Homophonen zu stark komprimiert	K4.10 Übungen zu Homophonen zu komprimiert, auf mehr Trainingssitzungen aufteilen
Ergänzungen und Wünsche		
Inhaltsübersicht auch für Trainingskinder (Tr06.58–61)	Zusätzliche Inhalts- und Wortschatzübersicht für Trainingskinder	K4.11 Trainingskinder sollten zusätzliche Inhalts- und Wortschatzübersicht erhalten sowie
Wortschatzübersicht auch für Trainingskind (Tr23.71–74)		
Trainingskindern Vorteile für bestimmte Übungen näherbringen (Tr24.91–95)	Vorteile für bestimmte Übungen für Trainingskind transparenter machen	
Einstiegstest mit Testung der phonologischen Bewusstheit (Tr23.56–57)	Separaten Test zu phonologischer Bewusstheit am Anfang einbinden	K4.12 Separaten Test zu phonologischer Bewusstheit zu Beginn des Trainings einbinden
Zwischenbilanzen z.B. in Form von Lernplakaten einbauen (Tr10.65–69)	Lernfortschritt oder Zwischenbilanz anhand von Lernplakaten	K4.13 Lernfortschritt durch Lernplakat den Trainingskindern transparent machen
Mehr Merkkarten für jede Stunde (Tr12.52–54)	Mehr Merkkarten einbinden	K4.14 Elemente, von denen mehr Varianten/Übungen im Trainingskonzept eingebunden werden sollten: • Merkkarten • Regeltraining • Spiele • Bewegungsspiele • „Scrabble"-Spiel • Bewegung allgemein • Konzentrationsübungen • ABC-Lied • Freies Schreiben auf Satzebene
Mehr Regeltraining (Tr17.75–82, Tr20.131–139)	Mehr Regeltraining einbinden	
Mehr Spiele (Tr08.83–84, Tr28.66)	Mehr Spiele einbinden	
Mehr Bewegungsspiele (Tr25.68–70)	Mehr Bewegungsspiele einbinden	
Scrabble-Spiel einbinden (Tr22.69–84)	Scrabble-Spiel einbinden	
Mehr Bewegung (Tr26.53–59)	Mehr Bewegung einbinden	
Mehr Konzentrationsübungen (Tr23.69–71)	Mehr Konzentrationsübungen einbinden	
ABC-Lied integrieren zur Förderung des Alphabets (Tr10.71–75)	ABC-Lied einbinden	
Mehr kurze Sätze selbst frei schreiben (Tr27.30–37)	Mehr freies Schreiben auf Satzebene einbinden	

Paraphrase	Generalisierung	Reduktion
Arbeitsblätter in schwarz-weiß zum Kopieren (Tr10.62–63)	Arbeitsblätter in schwarz-weiß	K4.15 Arbeitsblätter aus Kostengründen in Schwarz-Weiß integrieren
Mehr theoretischer Hintergrund und Anleitung für Trainer (Tr17.85–87, Tr20.78–81/102–105)	Mehr Theorie und Anleitung für Trainer	K4.16 Ergänzung der theoretischen Hinweise und Anleitungen im Trainingskonzept

Danksagung

Ich danke an erster Stelle Prof. Dr. Königs dafür, dass er für das doch sehr spezielle Thema offen war und mir die Möglichkeit gegeben hat, diese Arbeit als Verknüpfung der Bereiche Schriftsprachförderung und der Disziplin der Sprachlehrforschung unter seiner stets wertschätzenden und kooperativen Betreuung zu schreiben.

Darüber hinaus danke ich Prof. Dr. Kreyer, dass er ebenso offen ein schulpädagogisches Thema aus seiner Perspektive des englischen Philologen begutachtet hat.

Ein ganz großes Dankeschön gilt allen Teilnehmerinnen und Teilnehmern, Trainerinnen und Trainern, die mit solch großem Einsatz über den langen Trainingszeitraum hinweg wunderbare Arbeit geleistet, wertvolles Feedback geliefert haben und zum Ende schöne Erfolge vorweisen konnten. Ohne alle Probanden (auch in den Kontrollgruppen) wäre eine Studie in einem solchen Umfang gar nicht möglich gewesen. Vielen Dank!

Ich möchte mich auch bei allen bedanken, denen ich die große Zahl an Probanden zu verdanken habe, da sie meinen Studienaufruf weitergegeben und veröffentlicht haben: LegaKids.net, News4Teachers.de, Dachverband Legasthenie Deutschland, CJD Oberurff (Bad Zwesten) und viele andere durch ihre Mundpropaganda, Verteilerlisten etc.

Darüber hinaus möchte ich Annette Uhlén danken, die mich als ehemalige Kollegin an meiner „alten" Referendariatsschule und Mitarbeiterin des dortigen Legastheniezentrums sowohl in allen Phasen der Konzeptentwicklung kritisch und konstruktiv begleitet hat als auch jederzeit bei der Koordination und Organisation der Testungen hilfreich zur Seite stand. Auch den Mitarbeitern des Pädagogisch-Therapeutischen Zentrums in Oberurff einen herzlichen Dank für die Kooperation!

Großer Dank auch meiner Kollegin und Geschäftspartnerin Angelika Stein dafür, dass sie mir trotz zahlreicher, spannender Projekte und Ideen immer den Freiraum lässt, „noch mehr" zu machen und mich dadurch auch wissenschaftlich weiter zu entwickeln.

Für die mentale Unterstützung und wohltuende Ablenkung auch während meiner gesamten Studienzeit danke ich meinen engsten Freunden Dr. Christopher Grosche, Yorgos Zafiris, Patrick Ölkrug, Alexander Santino Harms, Teresa Senge, Dr. Rebecca Ölkrug sowie zusätzlich dem „harten Kern der (teils Ex-)Marburger" seit meiner Rückkehr, Dr. Basil el Jundi, Stephan Ellenberger, Christian Grabner, Dr. Carsten Heuer, Markus Lakemeyer und Michael Rath.

Auch für die Ablenkung, noch mehr aber für ihre Unterstützung und ihre Liebe danke ich ganz besonders Carolin Lehmann.

Und zu guter Letzt gilt der Dank meinem Bruder und meinen Eltern, da sie mich jederzeit unterstützt haben.

Vielen Dank!

David Gerlach

Legasthenie und LRS im Englischunterricht

Theoretische Befunde und praktische Einsichten

2010, 128 Seiten, br., 24,90 €
ISBN 978-3-8309-2348-0
E-Book-Preis: 22,40 €

Diese Publikation stellt das theoretische Konstrukt hinter den Begriffen Legasthenie und LRS dar und bezieht dieses auf Schwierigkeiten leserechtschreib-schwacher Schülerinnen und Schüler in der Fremdsprache Englisch. Im Rahmen der Untersuchung wurden zudem qualifizierte Therapeuten, Lehrer und Legasthenietrainer interviewt, deren Erfahrungen und Hilfen dargestellt werden.